CORTÁZAR
Un álbum biográfico

Edición de Aurora Bernárdez
y Carles Álvarez Garriga
Diseño: Sergio Kern

CORDELALAALAZ

ALFAGUARA

CORTÁZAR DE LA A A LA Z

ALFAGUARA

© Herederos de Julio Cortázar, 2014
© Aurora Bernárdez (por la edición de la obra), 2014
© De esta edición:

Santillana Ediciones Generales S.A. de C.V.
Av. Río Mixcoac 274, Col. Acacias
C.P. 03240, México, D.F.
Teléfono 5420 7530
www.alfaguara.com

ISBN: 978-607-11-3036-5

Primera edición: diciembre de 2013

© Diseño: Sergio Kern

CORTÁZAR DE LA A LA Z

Un álbum biográfico

Edición de Aurora Bernárdez
y Carles Álvarez Garriga
Diseño: Sergio Kern

ALFAGUARA

Justificación

¿Por qué un álbum biográfico? Porque no podíamos esperar más. La Internacional Cronopia reclamaba ya con demasiada insistencia una nueva aproximación al escritor y al hombre. Lo previsible era otra biografía, pero cómo olvidar lo que dijo en una entrevista en 1981: "No soy muy amigo de la biografía en detalle, de la documentación en detalle. Eso, que lo hagan los demás cuando yo haya muerto". Frente a tanta tristeza pensamos en la enorme diversión de sus libros-almanaque y decidimos intentar un volumen afín a su espíritu anticonvencional, antisolemne.

¿Recuerdan que a fines de los 40, tímido y desconocido, se dejó empujar por un amigo hasta las puertas del British Council de Buenos Aires donde un señor extraordinariamente parecido a una langosta recorrió con aire consternado un capítulo de *Imagen de John Keats* en el que Keats y Cortázar se paseaban por el barrio de Flores hablando de tantas cosas, y le devolvió el manuscrito con una sonrisa cadavérica? "Fue una lástima porque era un hermoso libro, suelto y despeinado, lleno de interpolaciones y saltos y grandes aletazos y zambullidas, un libro como los que aman los poetas y los cronopios." ¿Por qué no intentar algo parecido? ¿Un diccionario biográfico ilustrado?, ¿una fotobiografía autocomentada con retratos de todas las épocas y las primeras ediciones de todos sus libros?, ¿una antología de textos acompañada de objetos y cuadros que fueron suyos, con reproducciones de manuscritos y mecanuscritos originales y algunos inéditos?

El alfabeto, ese invento griego que apenas ha cambiado en 3.000 años y que los niños aprenden con facilidad pasmosa, nos pareció el mejor modo de ordenar/desordenar los materiales. Nada de pautas cronológicas o temáticas; que las palabras marquen su propio ritmo, que el libro sea a su manera muchos libros pero que pueda leerse sobre todo de dos modos: en la forma corriente (de la *A* a la *Z*) o de manera salteada, siguiendo la espiral de la curiosidad y del A*Z*ar. Que quien mire las imágenes y lea las palabras que siguen, sepa —como la invitación que es su obra, como fue su vida— "abrir las puertas para salir a jugar".

Carles Álvarez Garriga

Abuela

La abuela materna de Cortázar,
Victoria Gabel de Descotte,
c. 1960

... la abuela sacaba el mantel blanco y tendía la mesa bajo el emparrado, cerca de los jazmines, y alguien encendía la lámpara y era un rumor de cubiertos y de platos en bandejas, un charlar en la cocina, la tía que iba hasta el callejón de la puerta blanca para llamar a los chicos que jugaban con los amigos en el jardín de adelante o en la vereda, y hacía el calor de las noches de enero, la abuela había regado el jardín y el huerto antes de que oscureciera y se sentía el olor de la tierra mojada, de los ligustros ávidos, de la madreselva llena de translúcidas gotas que multiplicaban la lámpara para algún chico con ojos nacidos para ver esas cosas.

De Libro de Manuel

A B C D E F G H I J K L M N O P Q R S T U V W X Y Z

Victoria Gabel de Descotte, 1939

Abanico japonés que fue de la abuela

ABUELA MUERTA

El angelito que tantos años dibujé al pie de unas cartas,
y el *à bientôt* de las despedidas, y ese nombre en el sobre
han de seguir en alguna parte, han de ser algo vivo,
no es posible que nada sobreviva de esa ternura y esa gracia.
De alguna manera nos seguiremos escribiendo siempre,
alguien llamará a las puertas y nos dará las cartas,
tú estarás bien y yo te contaré de viajes,
tú estarás bien y yo seré el que besa
el borde del papel donde una letra fina
me envuelve el corazón en sábanas, me da las buenas noches
y sale silenciosa para que llegue el sueño.

1963
De Obras completas, IV

A B C D E F G H I J K L M N O P Q R S T U V W X Y Z

Acotaciones

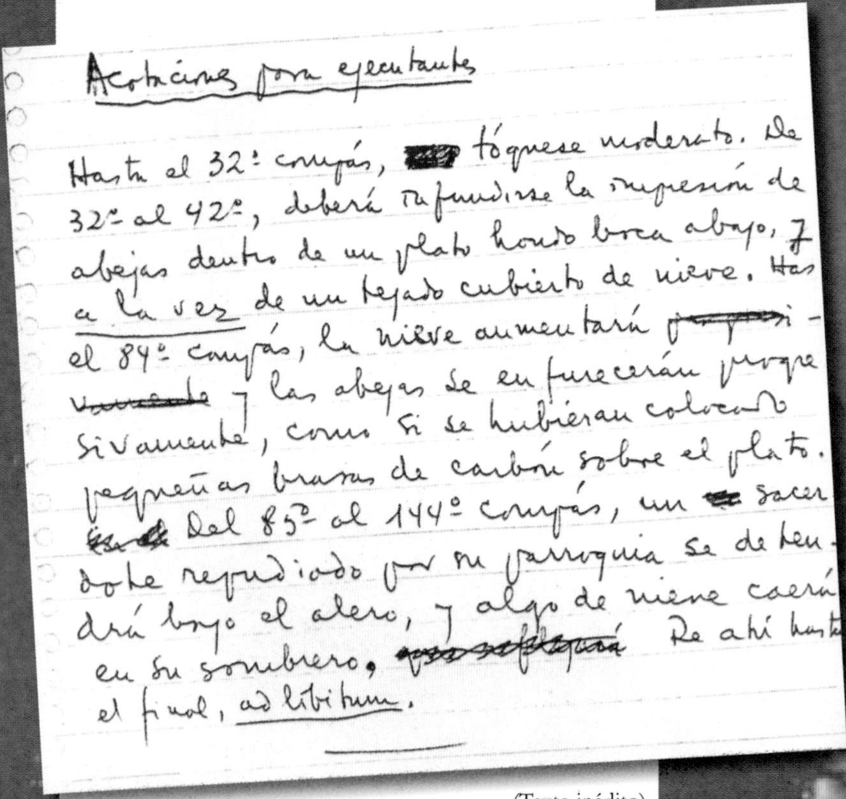

Acotaciones para ejecutantes

Hasta el 32° compás, ~~tré~~ tóquese moderato. De 32° al 42°, deberá ~~ra~~ fundirse la impresión de abejas dentro de un plato hondo boca abajo, y a la vez de un tejado cubierto de nieve. Has el 84° compás, la nieve aumentará ~~progresi-~~ ~~vamente~~ y las abejas se enfurecerán progresivamente, como si se hubieran colocado pequeñas brasas de carbón sobre el plato. ~~Esto de~~ Del 85° al 144° compás, un ~~sac~~ sacerdote repudiado por su parroquia se detendrá bajo el alero, y algo de nieve caerá en su sombrero. ~~y que aplique~~ De ahí hasta el final, ad libitum.

(Texto inédito)

Adolescencia

Me veo a los veinte años envuelto en las telarañas del autodidactismo, mezclando la peor literatura con los primeros pantallazos sobrecogedores de Roberto Arlt, Dostoyevski, Thomas Mann, saltos y recaídas de Amado Nervo a Rilke, de Pierre Loti a Aldous Huxley. Me faltaba el coagulante instantáneo que un día fijara las materias preciosas y mandara a la basura todo el resto. Algunos se estremecerán al saber que ese coagulante se llamó para mí Jean Cocteau; pero Ramón [Gómez de la Serna] fue quien me lo trajo, quien me curó para siempre de la cursilería, él que tanto sabía sobre lo cursi y que escribió su tipología definitiva.

En una librería de la calle Corrientes me atrajo no sé por qué la edición española de *Opio, diario de una desintoxicación* narrada a su manera por Cocteau. El prólogo era de Ramón, y tan admirable como los muchos prólogos que antes y después leí de él: su presentación de Baudelaire, por ejemplo, donde con su estilo despeinado y meandroso va creando la atmósfera del París romántico al alba del modernismo, ese homenaje a la vez profundo y de sobremesa al "desgarrado Baudelaire", su frase final que suena en mi recuerdo con una lenta reverberación de gong: "Él es la estatua de bronce en la plaza central de nuestra memoria".

En un café empecé la lectura de *Opio*, y el camino de Damasco fue fulgurantemente para mí el camino de París, con Ramón como psicopompo y Jean Cocteau como sacerdote. Es fácil sonreír ahora frente a conversaciones donde la ingenuidad viste de blanco a ese neófito que bebe su café sin poder arrancar los ojos del libro. Yo sé que fue hermoso y que me salvó del probable destino que me esperaba al término de mis estudios oficiales; esa tarde dos manos invisibles me tomaron por los hombros y me empujaron hacia una nueva visión de la realidad. En unas pocas horas supe por Ramón que Cocteau no era el playboy que denunciaban y siguen denunciando los hombres serios de la literatura, y la lectura de su libro me abrió a una de las puertas que llevaban a vertiginosos paisajes llamados Chirico, Roussel, Eisenstein, Picabia, Radiguet, Rilke, Gide, Buñuel, Picasso, Diaghilev, Dalí, Satie. Paradójicamente, esa casi brutal inmersión en una realidad insospechada me ayudó a sentir mejor lo argentino, a separar casi inmediatamente lo malo de lo bueno, a leer a Borges y a González Tuñón y olvidarme por fin de Capdevila y de Hugo Wast.

De "Los pescadores de esponjas", en Obras completas, VI

Cubierta y portada del ejemplar que fue de Cortázar

Peripecias del Agua

Basta conocerla un poco para comprender que el agua está cansada de ser un líquido. La prueba es que apenas se le presenta la oportunidad se convierte en hielo o en vapor, pero tampoco eso la satisface; el vapor se pierde en absurdas divagaciones y el hielo es torpe y tosco, se planta donde puede y en general sólo sirve para dar vivacidad a los pingüinos y a los gin and tonic. Por eso el agua elige delicadamente la nieve, que la alienta en su más secreta esperanza, la de fijar para sí misma las formas de todo lo que no es agua, las casas, los prados, las montañas, los árboles.

Pienso que deberíamos ayudar a la nieve en su reiterada pero efímera batalla, y que para eso habría que escoger un árbol nevado, un negro esqueleto sobre cuyos brazos incontables baja a establecerse la blanca réplica perfecta. No es fácil, pero si en previsión de la nevada aserráramos el tronco de manera que el árbol se mantuviera de pie sin saber que ya está muerto, como el mandarín memorablemente decapitado por un verdugo sutil, bastaría esperar que la nieve repitiera el árbol en todos sus detalles y entonces retirarlo a un lado sin la menor sacudida, en un leve y perfecto desplazamiento.

No creo que la gravedad deshiciera el albo castillo de naipes, todo ocurriría como en una suspensión de lo vulgar y lo rutinario; en un tiempo indefinible, un árbol de nieve sostendría el realizado sueño del agua. Quizá le tocara a un pájaro destruirlo, o el primer sol de la mañana lo empujara hacia la nada con un dedo tibio. Son experiencias que habría que intentar para que el agua esté contenta y vuelva a llenarnos jarras y vasos con esa resoplante alegría que por ahora sólo guarda para los niños y los gorriones.

De Papeles inesperados

Revista en que este texto
se publicó por primera vez

VOL. 4, NO. 1 · $8   FALL/WINTER, 1994

POINT
OF
CONTACT

Julio Cortázar
1914 - 1984

This issue sponsored by Syracuse University
Syracuse, New York

Ajedrez

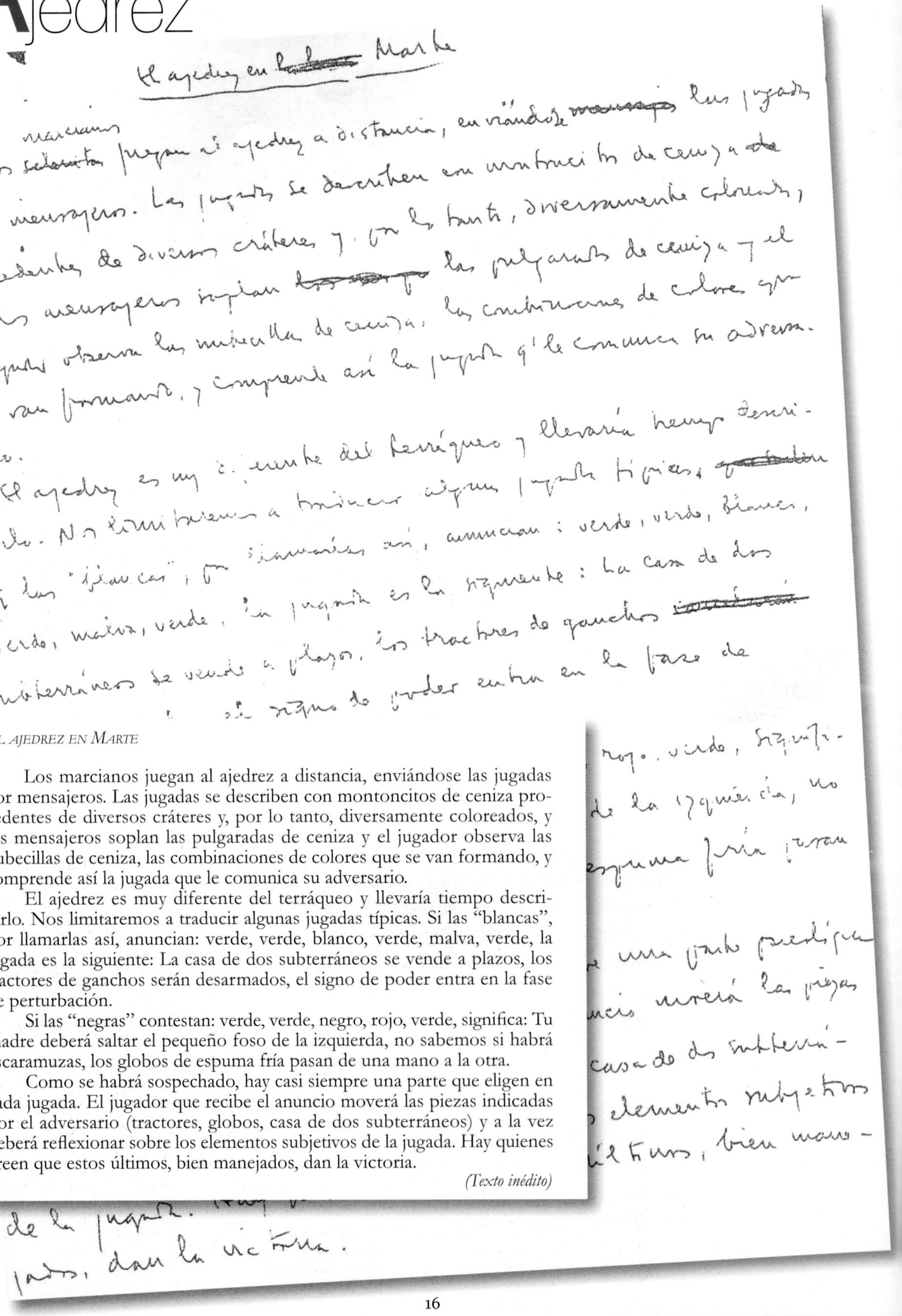

[manuscrito]

EL AJEDREZ EN MARTE

Los marcianos juegan al ajedrez a distancia, enviándose las jugadas por mensajeros. Las jugadas se describen con montoncitos de ceniza procedentes de diversos cráteres y, por lo tanto, diversamente coloreados, y los mensajeros soplan las pulgaradas de ceniza y el jugador observa las nubecillas de ceniza, las combinaciones de colores que se van formando, y comprende así la jugada que le comunica su adversario.

El ajedrez es muy diferente del terráqueo y llevaría tiempo describirlo. Nos limitaremos a traducir algunas jugadas típicas. Si las "blancas", por llamarlas así, anuncian: verde, verde, blanco, verde, malva, verde, la jugada es la siguiente: La casa de dos subterráneos se vende a plazos, los tractores de ganchos serán desarmados, el signo de poder entra en la fase de perturbación.

Si las "negras" contestan: verde, verde, negro, rojo, verde, significa: Tu madre deberá saltar el pequeño foso de la izquierda, no sabemos si habrá escaramuzas, los globos de espuma fría pasan de una mano a la otra.

Como se habrá sospechado, hay casi siempre una parte que eligen en cada jugada. El jugador que recibe el anuncio moverá las piezas indicadas por el adversario (tractores, globos, casa de dos subterráneos) y a la vez deberá reflexionar sobre los elementos subjetivos de la jugada. Hay quienes creen que estos últimos, bien manejados, dan la victoria.

(Texto inédito)

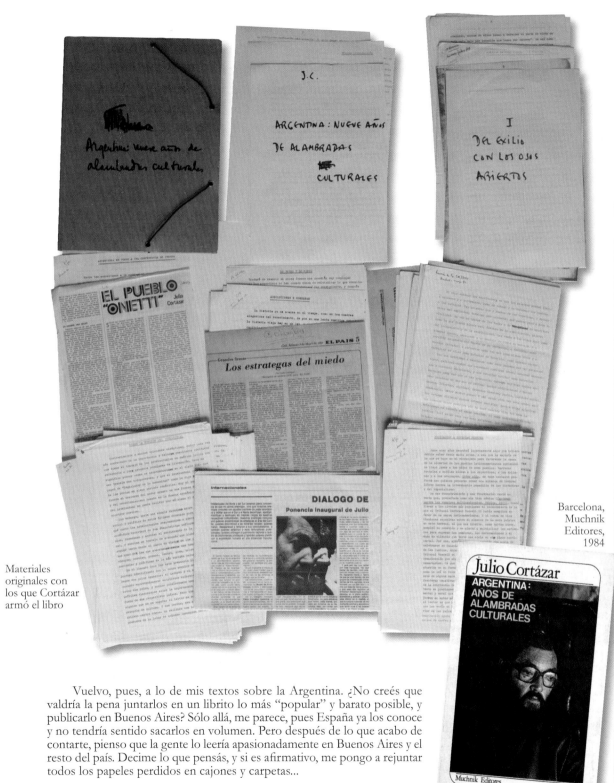

Materiales
originales con
los que Cortázar
armó el libro

Barcelona,
Muchnik
Editores,
1984

Vuelvo, pues, a lo de mis textos sobre la Argentina. ¿No creés que valdría la pena juntarlos en un librito lo más "popular" y barato posible, y publicarlo en Buenos Aires? Sólo allá, me parece, pues España ya los conoce y no tendría sentido sacarlos en volumen. Pero después de lo que acabo de contarte, pienso que la gente lo leería apasionadamente en Buenos Aires y el resto del país. Decime lo que pensás, y si es afirmativo, me pongo a rejuntar todos los papeles perdidos en cajones y carpetas...

De una carta a Mario Muchnik, 12 de diciembre de 1983

A
B
C
D
E
F
G
H
I
J
K
L
M
N
O
P
Q
R
S
T
U
V
W
X
Y
Z

Álbum de fotos

En alguna parte Morelli procuraba justificar sus incoherencias narrativas, sosteniendo que la vida de los otros, tal como nos llega en la llamada realidad, no es cine sino fotografía, es decir que no podemos aprehender la acción sino tan sólo sus fragmentos eleáticamente recortados. No hay más que los momentos en que estamos con ese otro cuya vida creemos entender, o cuando nos hablan de él, o cuando él nos cuenta lo que le ha pasado o proyecta ante nosotros lo que tiene intención de hacer. Al final queda un álbum de fotos, de instantes fijos; jamás el devenir realizándose ante nosotros, el paso del ayer al hoy, la primera aguja del olvido en el recuerdo. Por eso no tenía nada de extraño que él hablara de sus personajes en la forma más espasmódica imaginable; dar coherencia a la serie de fotos para que pasaran a ser cine (como le hubiera gustado tan enormemente al lector que él llamaba el lector-hembra) significaba rellenar con literatura, presunciones, hipótesis e invenciones los hiatos entre una y otra foto. A veces las fotos mostraban una espalda, una mano apoyada en una puerta, el final de un paseo por el campo, la boca que se abre para gritar, unos zapatos en el ropero, personas andando por el Champ de Mars, una estampilla usada, el olor de *Ma Griffe*, cosas así. Morelli pensaba que la vivencia de esas fotos, que procuraba presentar con toda la acuidad posible, debía poner al lector en condiciones de aventurarse, de participar casi en el destino de sus personajes. Lo que él iba sabiendo de ellos por vía imaginativa, se concretaba inmediatamente en acción, sin ningún artificio destinado a integrarlo en lo ya escrito o por escribir. Los puentes entre una y otra instancia de esas vidas tan vagas y poco caracterizadas, debería presumirlos o inventarlos el lector, desde la manera de peinarse, si Morelli no la mencionaba, hasta las razones de una conducta o una inconducta, si parecía insólita o excéntrica. El libro debía ser como esos dibujos que proponen los psicólogos de la Gestalt, y así ciertas líneas inducirían al observador a trazar imaginativamente las que cerraban la figura. Pero a veces la líneas ausentes eran las más importantes, las únicas que realmente contaban. La coquetería y la petulancia de Morelli en este terreno no tenían límite.

De Rayuela, *cap. 109*

México,
Fondo de
Cultura
Económica,
1985

Buenos Aire
Alfaguara,
2014

Pierre Alechinsky

Aquí seguimos adelante, y Alechinsky, Silva y yo estamos convencidos de que el libro va a ser fenomenal y que va a tene
una gran repercusión. Alechinsky me mostró la otra noche una serie de dibujos, grabados, y una suerte de tiras cómicas qu
está haciendo, y que son cronopiescos a rabiar, de modo que el libro, con el formato y la tipografía que está ensayando Silva
va a resultar estupendo.

De una carta a Paco Porrúa, 14 de noviembre de 196

La Louvière,
Daily-Bul,
1968

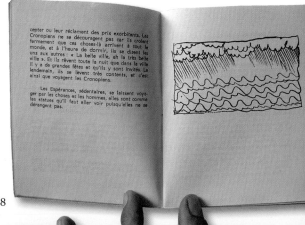

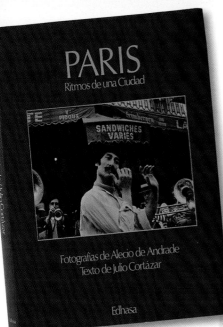

Barcelona, Edhasa, 1981

A

Alecio

Alecio

Siguiendo sin duda el ritmo de un tambor imaginario, un músico joven toca una flauta también imaginaria, mientras un chiquillo pasa llevando la baguette del desayuno apretada bajo el brazo. Valéry Giscard d'Estaing asiste a las carreras de caballos de Longchamps. Los bomberos ofrecen una demostración de habilidad mientras los jóvenes que frecuentan las terrazas de los cafés contemplan el espectáculo callejero. En el Louvre, tres monjas conversan con las tres Gracias, y una pareja de enamorados pasea su símbolo moviente por las orillas del Sena.

Contemplar las imágenes de Alecio de Andrade significa entrar en un París tangible e intangible al mismo tiempo, incorporarse a su vida y a sus ritmos. En París la poesía está en la calle, y esa niña que pregona periódicos es acaso su musa. Puede ocurrir que encontremos de pronto a personajes famosos que siempre habíamos admirado desde lejos. Y así como en Le Dôme se diría que Sartre sigue sentado cerca de nosotros, también James Baldwin puede abrirse paso hasta nuestra mesa, mientras David Hockney dormita en La Coupole donde nos hemos refugiado después de una fiesta. París se ofrece a nosotros en todas sus formas, y nos da las imágenes infinitas de sus noches y sus días.

Alecio de Andrade es un joven fotógrafo brasileño cuya cámara perspicaz y sensible trata de prever y capturar la imagen de la ciudad, no sólo en sus celebrados encantos y bellezas sino también en su inherente deslucimiento, en su fealdad única. Esta no es la Ciudad Luz de los Borbones y los Bonapartes, sino un microcosmos de la vida cotidiana, una imagen del París personal de Andrade, pintada con los innumerables matices de gris tan característicos de la ciudad. Esta visión es extrapolada en el ensayo de Julio Cortázar

2

que sirve de prólogo al libro. Parisiense desde 1951, Cortázar tiene un conocimiento íntimo de la ciudad y de su alma, que muestra como sólo un poeta puede hacerlo; pero es que París ha sido siempre un segundo hogar para ese poeta que hay en todos nosotros.

Mecanuscrito de Cortázar para la solapa de *París: ritmos de una ciudad*

19

Alejandra

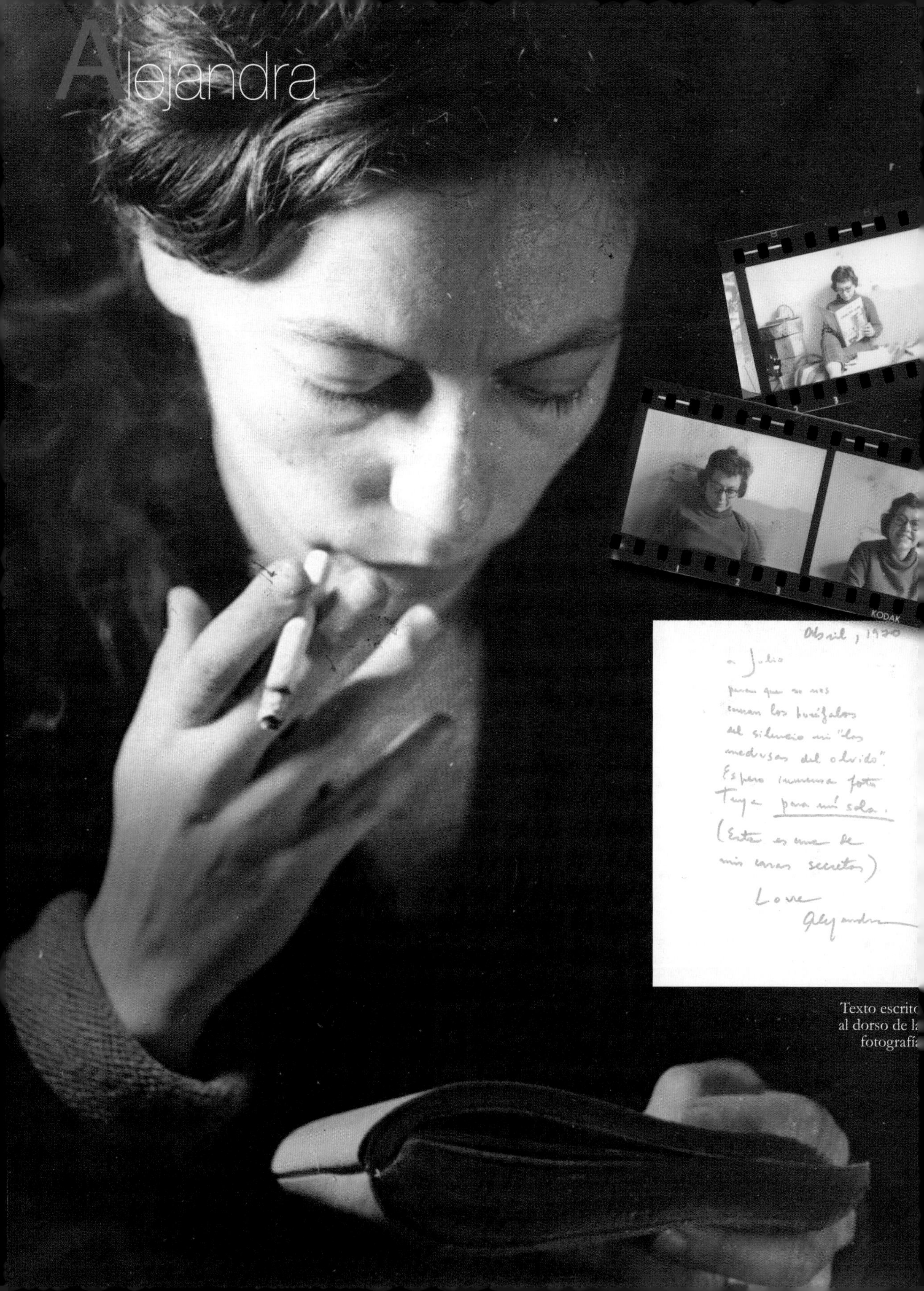

Texto escrito
al dorso de la
fotografía

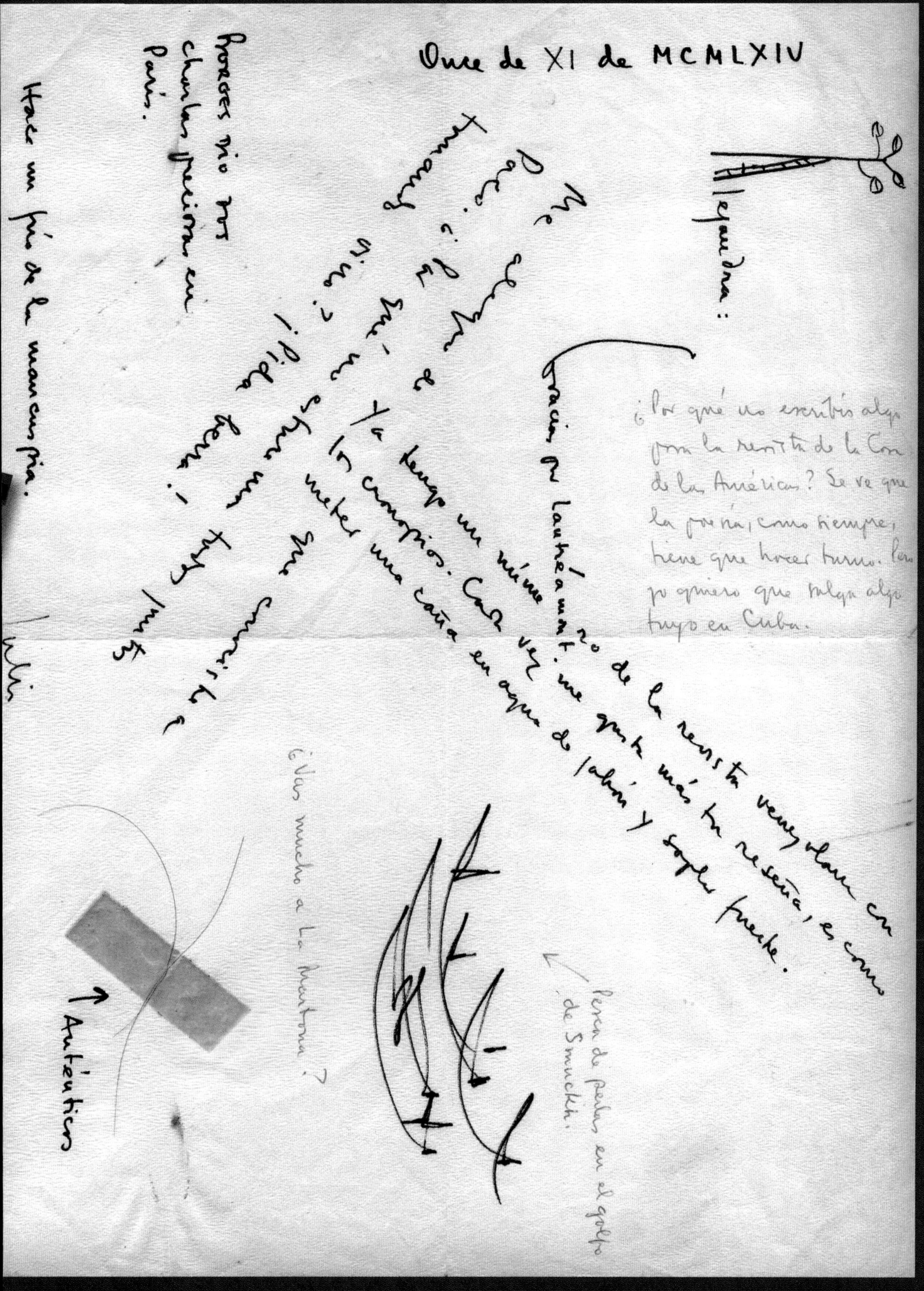

Once de XI de MCMLXIV

Alejandra:

¿Por qué no escribís algo
para la revista de la Casa
de las Américas? Se ve que
la poesía, como siempre,
tiene que hacer turno. Pero
yo quiero que salga algo
tuyo en Cuba.

Gracias por lautreamont de la revista venezolana en
poco. ¿Me escribís una vez más tu reseña, es como
tememos. ¿Y qué — ya tengo un nuevo que me gusta más
que... ¿Y me... La corrupción. Cada vez...
metes una carta en agua de Colonia y soples fuerte.

¿Vas mucho a La Habana?

Perros de piedra en el golfo
de Smucki.

↑ Auténtico

Flores río por
charla poiema en
París.

Hace un pié de la manuscrita.

Julio

Carta a Alejandra Pizarnik, con dos cabellos "auténticos"

La **A**lfabetización difícil

A los maestros les pagan muy bien en Silvalandia porque a los niños, no se sabe por qué, les disgusta sobremanera el alfabeto, y las primeras clases transcurren entre llantos, bofetadas y penitencias.

A nadie se le ha ocurrido averiguar por qué a los niños de Silvalandia no les gusta el alfabeto. Desconfían, acaso, de sus astutas combinaciones que poco a poco van ocupando el lugar de las cosas que ellos encuentran, conocen y aman sin mayores palabras. Parecería que no tienen ganas de entrar en la historia, cosa que bien mirada no es del todo idiota.

Los inspectores, que no comprenden lo que pasa, piden a los maestros que alfabeticen a los alumnos de la manera más amena posible; y así sucede que un maestro se disfraza de letra B y desde una tarima procura convencer a los niños de que esta letra revista entre las más importantes, y que sin ella nadie podría ser bachiller, hebreo, abanderado o barrendero. Con su vivacidad habitual, los niños le hacen notar que gracias a tan ventajosa carencia tampoco él tiene derecho a tratarlos de burros, vagabundos o analfabetos. Esto último claro está, desconsuela particularmente al maestro que corre a disfrazarse de X o de W con la esperanza de fomentar con menos riesgo el alfabeto en la mente de los niños. Pero esas letras son de una parsimonia notoria y los ejemplos se vuelven difíciles, con lo cual en vez de réplicas inquietantes se advierte más bien un coro de bostezos, que según Pestalozzi es el signo manifiesto de todo fracaso pedagógico.

De Silvalandia

Con Vassilis Vassilikos después del estreno de la película Z,
París, febrero de 1969

Alguien que anda por ahí

—De *Octaedro* a *Alguien que anda por ahí* ¿cómo pasa de un libro al otro?

—Un libro no es más que el momento en que un autor terminó un montón de cuentos, los juntó y los dio a editar. La separación entre un libro y otro es falsa. Es posible que el día mismo en que un escritor entrega su libro a un editor, por la tarde, escribe otro cuento que, por un simple azar, no formó parte del libro.

No hay una voluntad especial de decir: terminé este libro de cuentos y ahora empiezo otro. La noción de libro no existe cuando se trata de cuentos.

Es muy diferente de la novela que sí es un ente autónomo. Además cuando se termina una novela uno queda tan cansado que la idea de escribir otra no se le ocurre para nada; en cambio un cuento, sí.

La prueba es que cuando yo terminé estos cuentos de *Alguien que anda por ahí* y se los mandé al editor, me fui a Londres unos pocos días después y al tomar el metro vi repetido un póster de Glenda Jackson que me dio la idea de un cuento que si yo no hubiera mandado antes el manuscrito, podía haber entrado en el libro.

De Ernesto González Bermejo: Conversaciones con Cortázar

México,
Hermes,
1977

Madrid,
Alfaguara,
1977

A B C D E F G H I J K L M N O P Q R S T U V W X Y Z

Alto el Perú

México, Nueva Imagen, 1984
(Las dos páginas sueltas corresponden
a materiales de trabajo)

Alto el Perú
Manja Offerhaus
Julio Cortázar
EDITORIAL NUEVA IMAGEN

Sin que nada de esto tenga mayor importancia, creo que hay aquí toda la libertad posible entre dos maneras de ver que confluyen sin confundirse, que se alternan, se xxxxxxxxx contestan y se funden como a lo largo de una sonata para dos instrumentos.

No sé demasiado cuál es el estado de ánimo de Manja Offerhaus cuando toma sus fotografías; por lo que se refiere a mí, una vez más me ha ocurrido no tener ninguna idea precisa al escribir lo que sigue. Las imágenes preceden por varios años al texto, y entre nosotros no hubo el menor acuerdo previo en el sentido de un reportaje o una encuesta, y el resultado es que imágenes y palabras se imbrican a su manera, y si las palabras no son un comentario, las fotos no son una ilustración; juego de espejos o cajas de resonancia, unas ahondan en otras y las devuelven con un aura diferente.

No es la primera vez que intento lo que llamo textos paralelos, pero ya se ve que en este caso el paralelismo es más que dudoso y en todo caso extremadamente einsteniano: todo converge y diverge, todo va y viene (o busca ir y venir) de la mirada que entra en un campo de tres dimen- siones a la que recorre ese hilo tipográfico que se resuelve en signos descifrables. Si en los dos casos hay comunicación, la índole del contacto de la mirada con una imagen o con una serie de palabras crea siempre una distancia, una especialización; precisamente por eso *aquí se* buscar fusionar lo más posible esos significantes tan disimiles pero cuidando de no confundirlos ni derogarlos. Creo que ambos siguen plena- mente abiertos; hay esa apertura a la que incita la fotografía cuando arranca una escena al tiempo y al espacio y la propone en un plano y una duración diferentes, y hay la apertura de un lenguaje igualmente instigador de un tiempo y un espacio diferentes, pero de adentro.

Para la solapa o contratapa

cualquier lector

Ese momento en que ~~llllllllllllll~~ nos fatiga bruscamente. Los ojos se niegan, buscan por fuera de la ventana de la página otra ventana, van y vienen *llllll* por el aire, se aferran a ese perfil de muchacha o de bicicleta que entra y sale de su campo sin ~~no avisa~~ que *la* de ser simplemente lo que *es. Estamos* en otra lectura, claro, pero la palabra lectura no tiene ya sentido puesto que tampoco hay palabra; los ojos recobran su función directa, aspiradores de un entorno que resbala de sensación a percepción, de intuición a concepto. Cierro un libro, me oigo respirar como en ~~eeeeeeeee~~ *ese* silencio del bandoneón que el músico despliega sin apretar las teclas, dejándolo henchirse en su lenta bandoneonidad -pulmón de sí mismo, estar vivo, ser eso que vive: la vida.

Puede pasar en cualquier parte, un bar de estación, este departamento en la rue Saint-Honoré. No ya palabras impresas, no ya la sumisión de la mirada a su tarea de télex para el mecanismo de alto nivel que la volverá comunicación, traspaso ~~llllll~~ a idea, a sentimiento. Huelga de ojos, reivindicación de obreros hartos de alienación; negarse a mirar lo que no es, lo que sólo será en otra instancia, siempre después. Ese vaso de vino en la mesita baja es otra cosa que la lectura de las palabras ese-vaso-de-vino-en-la-mesita-baja; los ojos tocan, envuelven, saborean, huelen. Distraído cansado, cedo a la inocencia de una pura visión; cierto, ahora sé que hay un vaso de vino en la mesita baja, y eso es ya otra cosa que la mirada; pero mis ojos y yo fuimos más libres en ese instante previo, estuvimos más cerca de algo que no se enunciaba, que solamente era. Durará un instante, efímera criatura de la distracción después, comprender que eso es un vaso de vino en la mesita baja entrará en la nomenclatura, ingresará en la conciencia: las palabras saltan instantáneamente sobre las cosas, arañas fulminantes.

Amigos

Puerto de Buenos Aires, sábado 23 de noviembre de 1957

Los amigos

En el tabaco, en el café, en el vino,
al borde de la noche se levantan
como esas voces que a lo lejos cantan
sin que se sepa qué, por el camino.

Livianamente hermanos del destino,
dióscuros, sombras pálidas, me espantan
las moscas de los hábitos, me aguantan
que siga a flote en tanto remolino.

Los muertos hablan más, pero al oído,
y los vivos son mano tibia y techo,
suma de lo ganado y lo perdido.

Así un día, en la barca de la sombra,
de tanta ausencia abrigará mi pecho
esta antigua ternura que los nombra.

De Salvo el crepúsculo

1. Gladis Bernárdez. 2. Perla Rotzait. 3. María Rocchi de Jonquières. 4. Damián Bayón. 5. Esther Burd. 6. Aurora Bernárdez. 7. Julio Cortázar. 8. Ricardo Bernárdez. 9. Eduardo Jonquières.

Animalito de juguete que fue de Cortázar

Yo considero que el gato es mi animal totémico y los gatos lo saben porque lo he comprobado muchas veces cuando llego a casa de amigos que tienen perros y gatos: los perros son indiferentes conmigo pero los gatos me buscan enseguida.

De Ernesto González Bermejo: Conversaciones con Cortázar

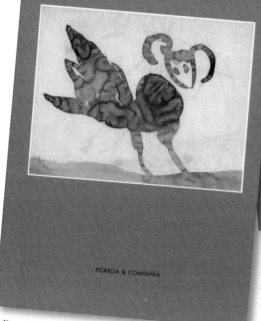

Barcelona, Porrúa & Compañía, 2005

Anteojos

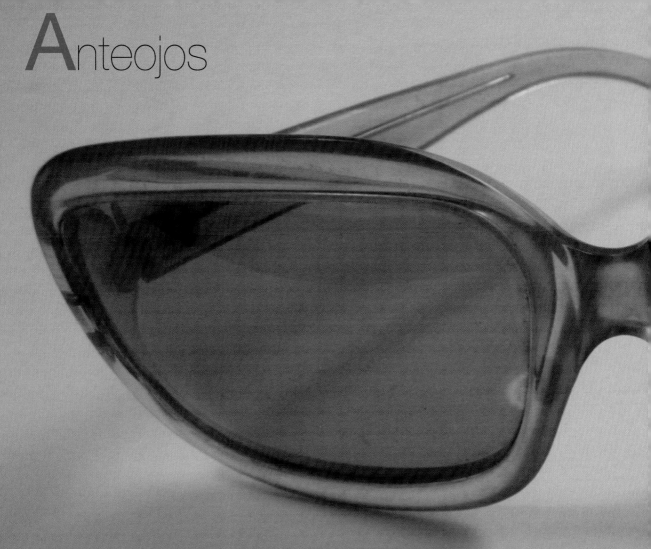

Empiezo ya a pensar en el fin de año, y la idea de las vacaciones me cosquillea como una incitación. Mi libertad, mi descanso del año pasado se interrumpieron tan bruscamente, tan de pronto, que me ha quedado una impresión de desconcierto; es como si no tuviera vacaciones desde hace mucho... Se suma en mí la fatiga de dos años de tareas escolares (dicto ahora 22 horas semanales, entre mis cátedras y unos interinatos!) y la mala costumbre de leer hasta el agotamiento; esto ha traído varias consecuencias poco gratas, tales como una irregularidad cardíaca y la necesidad de usar anteojos permanentes. Ya ve usted, Marcelle, que la acompaño en la tarea de mirar el mundo a través de cristales... sólo que los míos no han de ser tan rosados como los que usan sus lindos ojos.

De una carta a Marcela Duprat, septiembre de 1942

Ya verás que Sudamericana luchará hasta el fin de sus o de mis días para encajarme alguna vistosa inicial entre nombre y apellido. Es una enfermedad en ellos, vuelta a vuelta los sobres traen una M o una V que me sobresaltan. Verás también cómo en una de ésas exhuman una foto que tienen de cuando yo era gordo y usaba anteojos, desgracia humana.

De una carta a Paco Porrúa, 11 de diciembre de 1962

Todos al ir llegando a edades críticas empezamos a sentir diversos achaques, casi nunca graves pero que molestan y que es necesario cuidar. Por mi parte tendré que someterme al uso de anteojos, porque ya no veo bien a la distancia (para leer, hace casi veinte años que los uso). Tengo problemas de huesos, nada serio pero que a veces fastidian porque provocan dolores y molestias diversas; tu artritis, si se trata de eso, también es conocida mía aunque en grado bastante insignificante. En fin, no nos quejemos demasiado pero hagamos todo lo necesario para sentirnos bien; estoy seguro de que vos lo hacés y que tendrás muy pronto la recompensa.

De una carta a la hermana, 25 de febrero de 1979

Anteojos que fueron de Cortázar

A
B
C
D
E
F
G
H
I
J
K
L
M
N
O
P
Q
R
S
T
U
V
W
X
Y
Z

Antepasados

Ayer vi desde lejos a dos antepasados. Iban a poca distancia uno de otro, con las palpas rozando el suelo, y cuando entre las fibras se les enredaba alguna colilla, se sacudían bruscamente y parecían consultarse furtivamente antes de reanudar la marcha.

En estos tiempos he visto muchos antepasados en la ciudad. La gente ni los mira, quizá porque no se da cuenta de que son antepasados. En el café de Bob hay siempre uno al caer la noche; bebe un vasito de mirabelle y antes de pagar lame el fondo del vaso y lo pone boca abajo sobre el mostrador. Pero los peores son los que compran carne; ésos me dan asco y quisiera intervenir o decirles algo, porque entran en parejas en la carnicería del pasaje Stürtz y toquetean largamente la nalga, el peceto, la falda, el vacío, la chiquizuela, las achuras y hasta el montoncito de huesos con carne que hay siempre en un canasto de mimbre y que sólo los perros esperan. Cuando al final compran algo se tiene la impresión de que no les importa, que es para disimular; en realidad han ido a manosear la carne, a darla vuelta, a consultarse con guiños y codazos.

No me gusta verlos en ninguna parte, quisiera que los echaran, pero nadie parece darse cuenta. Yo sí, cada vez, quizá porque soy también un antepasado y tengo las palpas llenas de escupidas y papeles sucios que se me pegan en la calle.

(Texto inédito)

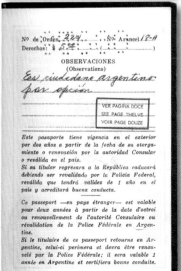

Argentina

Te quiero, país tirado a la vereda, caja de fósforos vacía,
te quiero, tacho de basura que se llevan sobre una cureña
envuelto en la bandera que nos legó Belgrano,
mientras las viejas lloran en el velorio, y anda el mate
con su verde consuelo, lotería del pobre,
y en cada piso hay alguien que nació haciendo discursos
para algún otro que nació para escucharlos y pelarse las manos.
Pobres negros que juntan las ganas de ser blancos,
pobres blancos que viven un carnaval de negros,
qué quiniela, hermanito, en Boedo, en la Boca,
en Palermo y Barracas, en los puentes, afuera,
en los ranchos que paran la mugre de la pampa,
en las casas blanqueadas del silencio del norte,
en las chapas de zinc donde el frío se frota,
en la Plaza de Mayo donde ronda la muerte trajeada de Mentira.
Te quiero, país desnudo que sueña con un smoking,
vicecampeón del mundo en cualquier cosa, en lo que salga,
tercera posición, energía nuclear, justicialismo, vacas,
tango, coraje, puños, viveza y elegancia.
Tan triste en lo más hondo del grito, tan golpeado
en lo mejor de la garufa, tan garifo a la hora de la autopsia.
Pero te quiero, país de barro, y otros te quieren, y algo
saldrá de este sentir. Hoy es distancia, fuga,
no te metás, qué vachaché, dale que va, paciencia.
La tierra entre los dedos, la basura en los ojos,
ser argentino es estar triste, ser argentino es estar lejos.
Y no decir: mañana,
porque ya basta con ser flojo ahora.
Tapándome la cara
(el poncho te lo dejo, folklorista infeliz)
me acuerdo de una estrella en pleno campo,
me acuerdo de un amanecer de puna,
de Tilcara de tarde, de Paraná fragante,
de Tupungato arisca, de un vuelo de flamencos
quemando un horizonte de bañados.
Te quiero, país, pañuelo sucio, con tus calles
cubiertas de carteles peronistas, te quiero
sin esperanza y sin perdón, sin vuelta y sin derecho,
nada más que de lejos y amargado y de noche.

De "La patria", en La vuelta al día en ochenta mundos

Arlt

Cada vez que algún lector me ha contado de sus itinerarios en París tras la huella de algún personaje de mis libros, me he visto de nuevo en las calles porteñas diciéndome que por ahí había pasado el Rufián Melancólico, que en esa cuadra estaba una de las roñosas pensiones donde recalaron Hipólita, la Bizca o Erdosain. Si de alguien me siento cerca en mi país es de Roberto Arlt, aunque la crítica venga a explicarme después otras cercanías desde luego atendibles puesto que no me creo un monobloc. Y esa cercanía se afirma aquí y ahora al salir de esta relectura con el sentimiento de que nada ha cambiado en lo fundamental entre Arlt y yo, que el miedo y el recelo de tantos años no se justificaban, que Silvio Astier, Remo e Hipólita, guardan esa inmediatez y ese contacto que tanto me hicieron sufrir en su día y sufrir en esa oscura zona donde todo es ambivalente, donde el dolor y el placer, la tortura y el erotismo mezclan humana, demasiado humanamente sus raíces.

De "Roberto Arlt: Apuntes de relectura", en Obras completas, v

Buenos Aires, Sudamericana, 1959

Cuando llegué a Sudamericana ya estaba publicado *Bestiario*, pero la edición estaba prácticamente en los almacenes, sin vender. Como ocurre muy a menudo en estos casos, había una especie de rumor en Buenos Aires de que había un libro muy bueno en Sudamericana. Aldo Pellegrini y la gente que leía la publicación surrealista *A partir de cero* habían descubierto a Julio Cortázar, pero no el lector común. Cuando Cortázar envió a Sudamericana *Las armas secretas*, los antecedentes eran como para esperar poco. La razón comercial de que el libro no se había vendido podía haber implicado la pérdida del autor, pero en estos casos las razones comerciales suelen ser anticomerciales. *Las armas secretas* me pareció excelente y lo publicamos.

La reacción de los lectores cambió completamente. Fue muy bien recibido y desde ahí seguimos con el resto de la obra.

Paco Porrúa, entrevista de Carles Álvarez (1999)

Buenos Aires, Sudamericana, 1965 (3ª ed.)

Entre tanto aquí sigo divirtiéndome socarronamente con la ola de popularidad (una olita de bolsillo y para minorías, claro!) que rodea a mis libros.

De una carta a Jean Barnabé, 28 de diciembre de 1959

Sigo siendo "célebre" en Buenos Aires, pero me doy gustos de rey, como negarme a una interviú por la TV. Me dicen que "El perseguidor" ha transtornado a todos los *moins de quarante ans* de B.A. Se entiende que en una superficie de diez cuadras por diez; pero ya es algo.

De una carta a Eduardo Jonquières, 10 de enero de 1960

Arnaldo, Monique, todo mi
cariño y un gran salto de
cronopio para toda la familia,

...gné et
Christophe   Juli...

PISANELLO
La Vision de saint Eustache (détail)
Londres, The National Gallery
Photo L'Univers des Formes - La Photothèque
Illustration extraite de l'ouvrage de Ludwig H. Heydenreich
Eclosion de la Renaissance - Italie 1400-1460

Tarjetas postales inéditas

Tal vez el doctor Lastra se sabe que tiene dos o
tres nombres de pila, pero que no le gusta decirlos
porque no realzan suficientemente la prosapia
del apellido. Qué le vamos a hacer.
Me gustaría leer el poema, si un día usted
se decide a enviármelo.

Buena jardinería parisiense, buenas
lecturas y escrituras.
Un abrazo.   Juli...

Arnaldo

Amistad signada por la coincidencia. Empezando por nuestro primer encuentro en el que Julio asistió a una lectura donde, entre otros textos, recuerdo que leí uno de mi libro *Cartas para que la alegría*, salido no hacía mucho en Buenos Aires, y donde era cuestión de alabar una rayuela. Al finalizar la lectura y ser presentados (por Eduardo Jonquières, que también participaba de esa lectura), el primero de una larga serie de asombros me aguardaba; Julio no tardaba en contarme que acababa de terminar, o estaba terminando, de escribir una novela que se llamaría (que se llamaba ya) *Rayuela*...

Alguien había pasado dejando la puerta del azar entreabierta. Por esa puerta habría de colarse en los años, la más desprevenida, la más suntuosa, la más urgente de las amistades. Estaba lejos en ese momento de sospechar que a lo que me convidaba era a una fiesta hasta hoy no desmentida.

Vida la suya construida a fuerza de corazonadas, como esos cuartetos de Beethoven que sólo podemos oír "estereofónicamente" si prestamos uno a uno los oídos del cuerpo, en un abandono total y activo de nuestra capacidad de oyentes.

Fue la criatura de ese azar de su completa invención y que él deseaba feliz a toda costa. Buscaba la felicidad que habría empezado a ser, como la de tantos, una palabra leída en un libro de su infancia. Y ese azar fue para él lo que para otros el ángel de la guarda. Lo acompañó por donde fuera, lo cuidaba.

Ese mismo azar nos permitía a cada nuevo encuentro volvernos desprevenidos y como sin futuro.

Nos permitió esa tarde de sábado de hace unos diez años, poder hablar de su poema "Negro el 10", tan cargado de entrevisiones de otros climas. Nos permitió, a esas pocas horas de su muerte, la sospecha de que todo estaba en orden.

Arnaldo Calveyra,
"Poco antes de morir"
(1994)

A B C D E F G H I J K L M N O P Q R S T U V W X Y Z

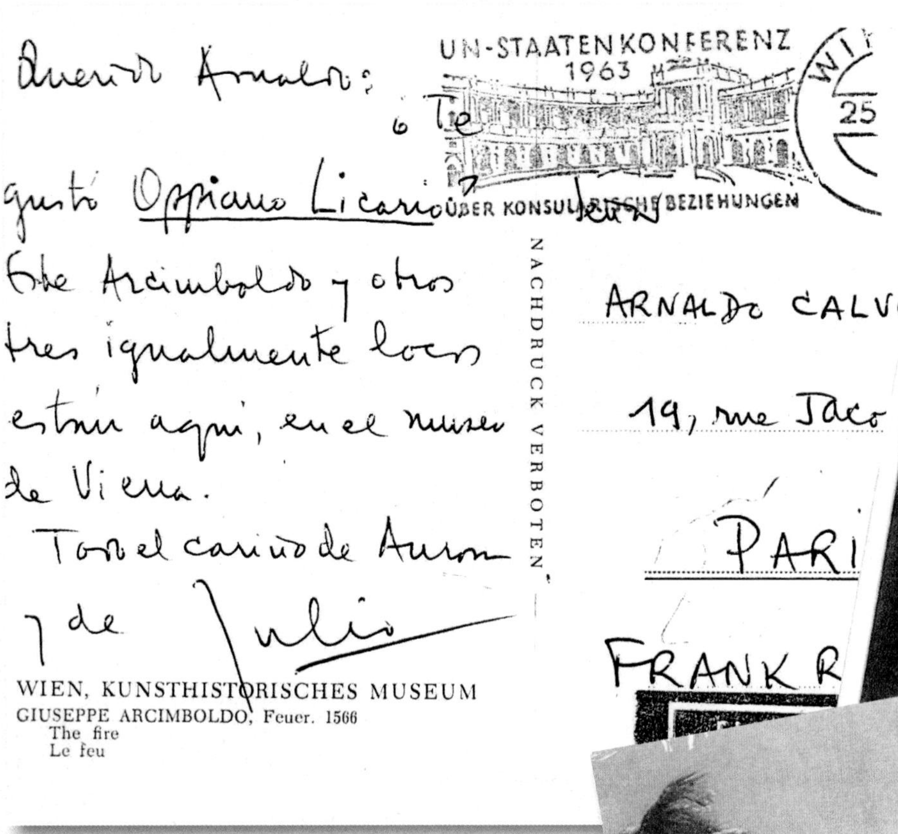
Querido Arnaldo: ¿Te gustó *Oppiano Licario*? Este Arcimboldo y otros tres igualmente locos están aquí, en el museo de Viena.

Todo el cariño de Aurora y de Julio

UN-STAATENKONFERENZ 1963 ÜBER KONSULARISCHE BEZIEHUNGEN

WI 25

NACHDRUCK VERBOTEN

ARNALDO CALVE

19, rue Jaco

PARI

FRANK R

WIEN, KUNSTHISTORISCHES MUSEUM
GIUSEPPE ARCIMBOLDO, Feuer. 1566
The fire
Le feu

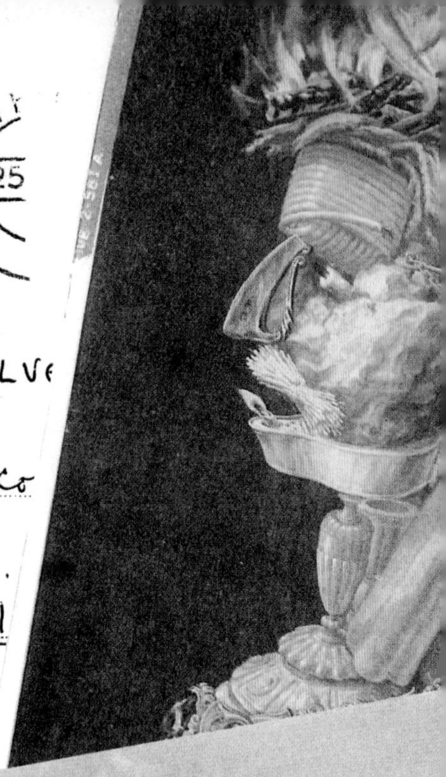

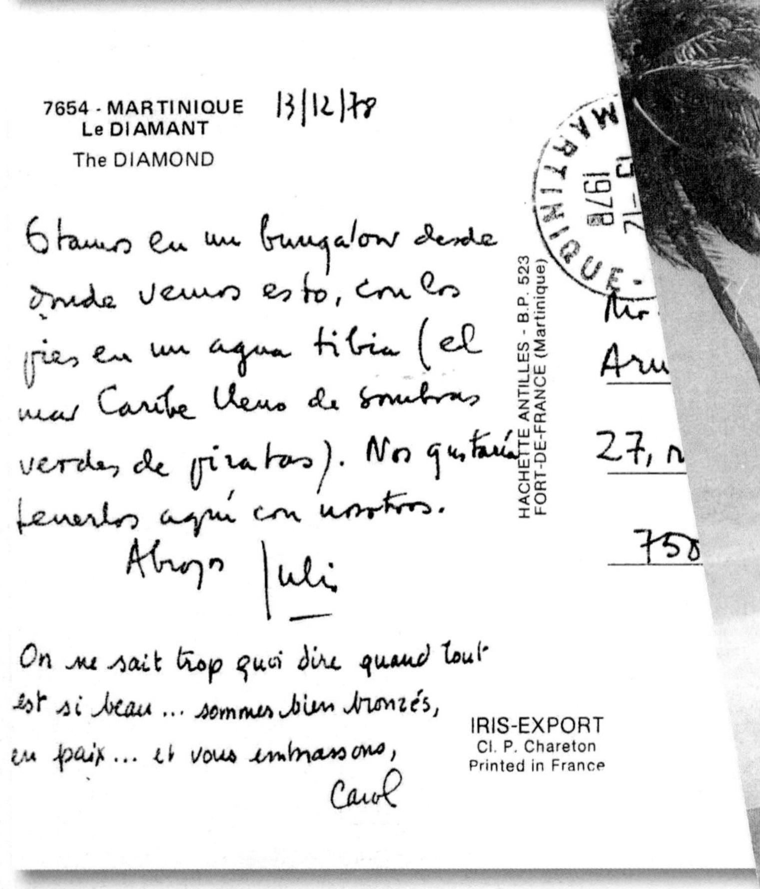
7654 - MARTINIQUE
Le DIAMANT
The DIAMOND

13/12/78

Estamos en un bungalow desde donde vemos esto, con los pies en un agua tibia (el mar Caribe lleno de sombras verdes de piratas). Nos gustaría tenerlos aquí con nosotros.

Abrazos Julio

On ne sait trop quoi dire quand tout est si beau ... sommes bien bronzés, en paix ... et vous embrassons,

Carol

HACHETTE ANTILLES - B.P. 523
FORT-DE-FRANCE (Martinique)

MARTINIQUE 1978

Mr

Arn

27, r

750

IRIS-EXPORT
Cl. P. Chareton
Printed in France

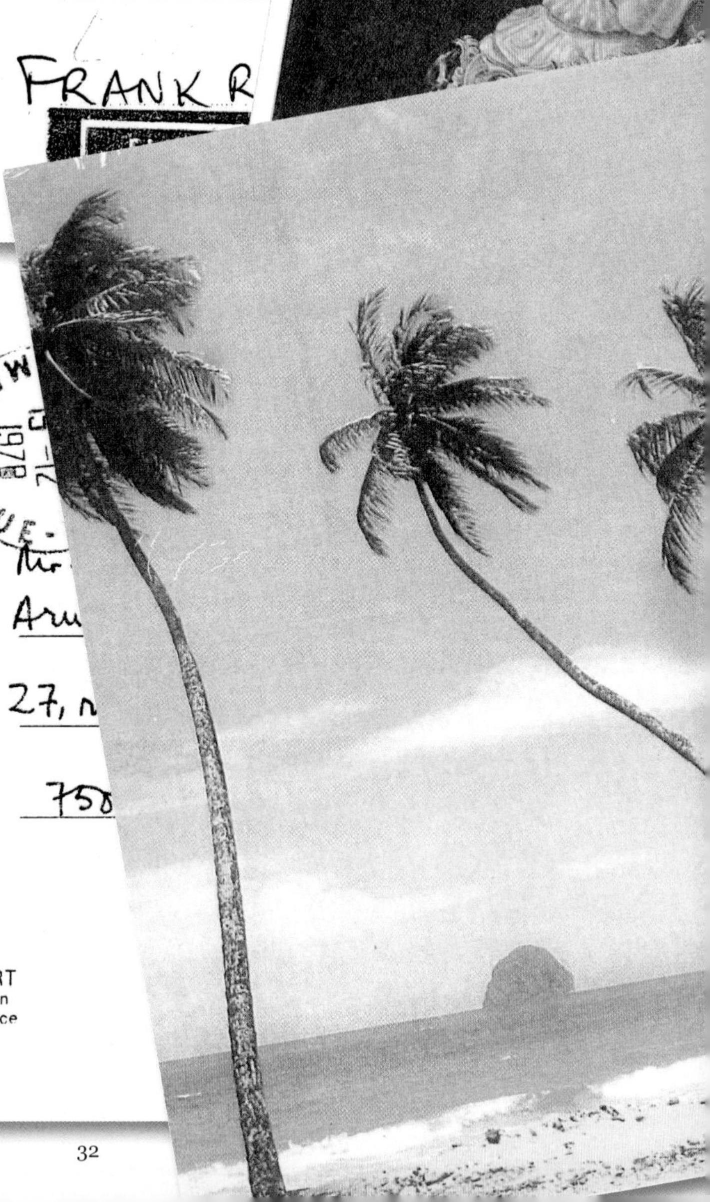

Oaxaca, 6/9/80
Queridos: Este país es un incendio
de colores y sabores, y cada día
nos trae su ración de maravillas.
Yo tuve trabajo pero también
largos descansos, y ahora nos
paseamos por el interior viendo
gentes en las calles, mercados,
conventos, ruinas,
pirámides, y todo eso
ocurre bajo un sol
inmenso del que nos protegemos
con vastos sombreros.
Que ustedes estén bien,
abrazos de Carol
y de Julio

Distribuido por FIGUEROA, S.A.
Esq. Av. Hidalgo y 20 de Nov., Oaxaca, México.

V3053

Friso del Tercer Patio en las Ruinas de Mitla.
Fresco at the Thrid Patio at the Mitla Ruins.
Mitla, Oax., México.   Foto: A. Osorno Covarrubias

¡Coleccione Tarjetas Postales!

17/1/83

Queridos Arnaldo y Monique, que ésta los
encuentre bien. Pasado mañana
vuelo a Managua. He trabajado mucho en Cuba, que
está en un gran momento, y
seguiré ahora con los nicas.
Abrazos para todos con
el cariño de
Julio

Tarjetas postales inéditas

33

Asados

Aquí en Saignon empiezo a ver argentinos por todas partes, Tomasello primero y ahora Saúl, todos ellos quemándose al sol como lagartos y largando los chicos al campo. Mi patrón Silva pasó tres días con Colette, mientras yo estaba solo, y tuve el renovado privilegio de gustar de sus pizzas, empanadas y asados legendarios.

De una carta a Eduardo Jonquières, 16 de julio de 1973

Un asado argentino en Saignon, ~~Provence~~ (Provenza) 1974

Audífonos

Walkman que fue de Cortázar

... de alguna manera la poesía es una palabra que se escucha con audífonos invisibles apenas el poema comienza a ejercer su encantamiento. Podemos abstraernos con un cuento o una novela, vivirlos en un plano que es más suyo que nuestro en el tiempo de lectura, pero el sistema de comunicación se mantiene ligado al de la vida circundante, la información sigue siendo información por más estética, elíptica, simbólica que se vuelva. En cambio el poema comunica el poema, y no quiere ni puede comunicar otra cosa. Su razón de nacer y de ser lo vuelve interiorización de una interioridad, exactamente como los audífonos que eliminan el puente de fuera hacia adentro y viceversa para crear un estado exclusivamente interno, presencia y vivencia de la música que parece venir desde lo hondo de la caverna negra.

Nadie lo vio mejor que Rainer Maria Rilke en el primero de los sonetos a Orfeo:

O Orpheus singt! O hoher Baum im Ohr!
Orfeo canta. ¡Oh, alto árbol en el oído!

Árbol interior: la primera maraña instantánea de un cuarteto de Brahms o de Lutoslavski, dándose en todo su follaje. Y Rilke cerrará su soneto con una imagen que acendra esa certidumbre de creación interior, cuando intuye por qué las fieras acuden al canto del dios, y dice a Orfeo:

da shufst du ihnen Tempel im Gehör
y les alzaste un templo en el oído.

Orfeo es la música, no el poema, pero los audífonos catalizan esas "similitudes amigas" de que hablaba Valéry. Si audífonos materiales hacen llegar la música desde adentro, el poema es en sí mismo un audífono del verbo; sus impulsos pasan de la palabra impresa a los ojos y desde ahí alzan el altísimo árbol en el oído interior.

De "Para escuchar con audífonos",
en Salvo el crepúsculo

Aurora

Me resulta muy extraordinario pensar que, antes de salir de Buenos Aires, [...] exactamente un mes antes, descubrí lo que nunca hubiera creído posible descubrir en mí sin sospecha de mentira o de autoengaño. Tuve el valor de hacerme las preguntas esenciales, y salí limpio de la prueba. Pude hablar, pude decirle a Aurora lo que tenía que decirle, y pude venirme a Francia sin ninguna esperanza, pero con una serenidad que era por sí sola una altísima recompensa a mi cariño. El resto lo sabes, ella ha venido a su vez, está aquí, su mano duerme de noche entre las mías. Y esta felicidad se parece tanto a un huracán que me da miedo, y no quiero decir más nada, ni siquiera a ti, a quien por amigo comprensivo –y cuánto, Dios mío– debo estas palabras.

De una carta a Eduardo Jonquières, 16 de marzo de 1953

Aurora y yo nos hemos reído mucho con tus reflexiones sobre el matrimonio, aunque nos inclinamos reverentes ante tu experiencia ya considerable. Te juro que trataré de no ser demasiado "marido"; por el momento A. y yo damos más bien la impresión de dos camaradas que arriman el hombro (el de ella me da en las costillas) para que las cosas sean más divertidas y verdaderas. Tenemos una buena costumbre: estamos de acuerdo en casi todo lo fundamental, y discutimos como leopardos sobre lo nimio. En esa forma desahogamos los humores sin malograr nada de lo que cuenta.

De una carta a Eduardo Jonquières, 18 de septiembre de 1953

Aurora, como siempre, está sanita como un pichón de roble, y despliega actividades múltiples.

De una carta a Eduardo Jonquières, 9 de diciembre de 1953

Yo vivo tan en mis cosas, tan contento con la presencia de Aurora, que no necesito una vida de relación intensa. Siempre estoy atrasado de lecturas y de escrituras. Y voy a cumplir 43 años, estoy viejo, viejísimo (detrás de mi incorregible cara de chico).

De una carta a Eduardo Jonquières, 7 de agosto de 1957

... te prometo una carta más larga y más de cronopio que ésta. Ahora es imposible, perdóname; estoy cansado, confuso, bastante angustiado por muchas cosas que pasan en el mundo, y sobre todo por mis obligaciones frente a esas cosas que pasan en el mundo. No sé todavía qué voy a hacer, o en qué me voy a convertir, pero hay un Julio que se ha muerto y otro que todavía no ha terminado de nacer.

De una carta a Paul Blackburn,
21 de enero de 1968

Sólo una cosa habrá en común alguna vez,
tu llanto cuando leas esto
y el mío ahora que lo escribo.

(Versos sueltos fechados en abril de 1968)

Quiero terminar esta carta con algo de tono muy personal y muy penoso, pero vos sos mi hermano y es preciso que lo sepas y llegado el caso (pienso también en Virginia, naturalmente) me ayudes y nos ayudes. Aurora se vuelve a París el 3 de agosto, y se quedará allá hasta mi regreso (creo que yo volveré antes de lo que pensaba, digamos hacia fines de agosto). Una crisis lenta pero inevitable, un largo proceso de cuatro años, nos ha puesto frente a una situación que, como gente inteligente y que se quiere y se estima, tratamos de resolver de la manera menos penosa posible. No te digo más, vos comprenderás de sobra, y pienso que si a comienzos de agosto tratás de ver a Aurora le harás un gran bien y la ayudarás a situarse mejor en este nuevo plano en que ella y yo tendremos que movernos.

De una carta a Julio Silva,
27 de julio de 1968

Usted era buena, se portaba bien, crecía incesantemente en estatura moral y hasta material, y le dedicaba una sonrisa al loco distante que le escribe y que la quiere.

De una carta a Aurora Bernárdez,
13 de octubre de 1977

Aurora anda por Argentina de vacaciones y volverá en enero. ¿Sabían que vive en mi casa? Me encontró tan enfermo y flaco hace tres meses, que renunció a irse a Deyà y se vino a hacerme la sopa, gracias a lo cual gané cinco de los diez kilos que había perdido.

De una carta a Claribel Alegría,
19 de diciembre de 1983

Axolotl

... es una experiencia de la vida cotidiana. Yo fui al Jardin des Plantes y lo visité –a mí me gustan los zoológicos– y de golpe, en una sala como la que se describe en el cuento, muy vacía y muy penumbrosa, vi el acuario de los axolotl y me fascinaron. Y los empecé a mirar. Me quedé media hora mirándolos, porque eran tan extraños que al principio me parecían muertos, apenas se movían, aunque poco a poco veías el movimiento de las branquias. Y cuando ves esos ojos dorados... Sé que en un momento dado, en esa intensidad con que yo los observaba, fue el pánico. Es decir, darme vuelta e irme, pero inmediatamente, sin perder un segundo. Cosa que, naturalmente, no sucede en el cuento.

En el cuento el hombre está cada vez más fascinado y vuelve y vuelve hasta que se da vuelta la cosa y se mete en el acuario. Pero mi huida, ese día, fue porque en ese momento sentí como el peligro. Podemos romantizar la cosa, decir que un hombre imaginativo se pone a mirar y descubre ese mundo fuera del tiempo, esos animales que te están mirando. Vos sentís que no hay comunicación, pero al mismo tiempo es como si te estuvieran suplicando algo. Si te miran es que te ven, y si te ven, qué es lo que ven. En fin toda esa cadena de cosas. Y de golpe tener la impresión de que hay como una ventosa, un embudo que te podría embarcar en el asunto.

Y entonces huir. Yo huí. Y esto es absolutamente cierto; será un poco ridículo pero es completamente cierto: jamás he vuelto al acuario del Jardin des Plantes, jamás me voy a acercar a ese acuario. Porque yo tengo la impresión de que ese día me escapé. A tal punto que hace cuatro años, cuando Claude Namer y Alain Caroff quisieron hacer una película sobre mí, previeron una escena en el Jardin des Plantes para mostrar a los axolotl. Pero no me pudieron convencer de que volviera. No. Me enfocaron saliendo de un pabellón que no era ése, caminando, e hicieron un truco cinematográfico. Caroff entendió perfectamente.

De Omar Prego: La fascinación de las palabras

XOLOTL

UBO UN TIEMPO en que yo pensaba mucho en los xolotl. Iba a verlos al acuario del Jardin des lantes y me quedaba horas mirándolos, obser-vando su inmovilidad, sus oscuros movimientos. *thasta* Ahora soy un axolotl.

El azar me llevó a ellos una mañana de prima-vera en que París abría su cola de pavorreal después de la lenta invernada. Bajé por el bule-var de Port-Royal, tomé St. Marcel y L'Hôpital, vi los verdes entre tanto gris y me acordé de los leones. Era amigo de los leones y las panteras, pero nunca había entrado en el húmedo y oscuro edificio de los acuarios. Dejé mi bicicleta contra las rejas y fui a ver los tulipanes. Los leones es-taban feos y tristes y mi pantera dormía. Opté por los acuarios, ~~y después de mirar con indife-rencia peces vulgares di inesperadamente con los~~ axolotl. Me quedé una hora mirándolos y salí, incapaz de otra cosa.

121

Soslayé peces vulgares hasta dar inesperadamente en los

En la biblioteca Sainte-Geneviève consulté un diccionario y supe que los axolotl son formas lar-vales, provistos de branquias, de una especie de batracios del género amblistoma. Que eran me-xicanos lo sabía ya por ellos mismos, por sus pe-queños rostros rosados aztecas/y el cartel en lo alto del acuario. Leí que se han encontrado ejemplares en Africa capaces de vivir en tierra durante los períodos de sequía, y que continúan su vida en el agua al llegar la estación de las lluvias. Encontré su nombre español, ajolote, la mención de que son comestibles y que su aceite se usaba (se diría que no se usa más) como el de hígado de bacalao.

No quise consultar obras especializadas, pe-ro volví al día siguiente al Jardin des Plantes. Empecé a ir todas las mañanas, a veces de mañana y de tarde. El guardián de los acuarios sonreía perplejo al recibir el billete. Me apoyaba en la barra de hierro que bordea los acuarios y me ponía a mirarlos. No hay nada de extraño en esto, porque desde un primer momento comprendí que estábamos vinculados, que algo infinitamen-te perdido y distante seguía sin embargo unién-donos. Me había bastado detenerme aquella pri-mera mañana ante el cristal donde unas burbu-

122

jas corrían en el agua. Los axolotl se amontona-ban en el mezquino y angosto (sólo yo sé cuán *pued saber* angosto y mezquino piso de piedra y musgo del acuario. Había nueve ejemplares, y la mayoría apoyaba la cabeza contra el cristal, mirando con sus ojos de oro a los que se acercaban. Turbado, casi avergonzado, sentí como una impudicia aso-marme a esas figuras silenciosas e inmóviles aglo-meradas en el fondo del acuario. Aislé mental-mente una, situada a la derecha y algo separada de las otras, para estudiarla mejor. Vi un cuerpe-cito rosado y como translúcido (pensé en las estatuillas chinas de cristal lechoso), semejante a un pequeño lagarto de quince centímetros, terminado en una cola de pez de una delicadeza extraordi-naria, la parte más sensible de nuestro cuerpo. Por el lomo le corría una aleta transparente que se fusionaba con la cola, pero lo que me obsesionó fueron las patas, de una finura sutilísima, acaba-das en menudos dedos, ~~y uñas absolutamente hu-manas — sin serlos por la forma, pero cómo no saber que eran humanos.~~ Y entonces descubrí sus ojos, su cara. Un rostro inexpresivo, sin otro rasgo que los ojos, dos orificios como cabezas de alfiler, enteramente de un oro transparente, ca-rentes de toda vida pero mirando, dejándose pe-

123

*en uñas minuciosamen
te humanas. Y
entonces*

netrar por mi mirada que parecía pasar a través
del punto áureo y perderse en un diáfano misterio interior. Un delgadísimo halo negro rodeaba
el ojo y lo inscribía en la carne rosa, en la piedra
rosa de la cabeza vagamente triangular pero con
lados curvos e irregulares, que le daban una total
semejanza con una estatuilla corroída por el tiempo. La boca estaba disimulada por el plano triangular de la cara, sólo de perfil se adivinaba su tamaño considerable; ~~visto de frente, el axolotl pa-~~
~~recía tener una fina muesca, como un trizado en~~
~~el alabastro~~. A ambos lados de la cabeza, donde
hubieran debido estar las orejas, le crecían tres
ramitas rojas como de coral, una excrecencia vegetal —las branquias, supongo. Y era lo único vivo
en él, cada diez o quince segundos las ramitas se
enderezaban rígidamente y volvían a bajarse. A
veces una pata se movía apenas, yo veía los diminutos dedos posándose con suavidad en el musgo. Es que no nos gusta movernos mucho, y el
acuario es tan mezquino; apenas ~~nos movemos~~ un
poco nos damos con la cola o la cabeza de otro
de nosotros; surgen dificultades, peleas, fatiga.
El tiempo se siente menos si nos estamos quietos.

Fue su quietud lo que me hizo inclinarme
fascinado la primera vez que vi a los axolotl. Os-

avanzamos)

124

curamente me pareció comprender su voluntad
secreta —abolir el espacio y el tiempo con una
inmovilidad indiferente. Después supe mejor, la
contracción de las branquias, el tanteo de las finas patas en las piedras, la repentina natación
(algunos de ellos nadan con la simple ondula-
ción del cuerpo) me probó que eran capaces de
evadirse de ese sopor mineral en que pasaban
horas enteras. Sus ojos, sobre todo, me obsesio-
naban. Al lado de ellos, en los restantes acuarios,
diversos peces me mostraban la simple estupidez
de sus hermosos ojos semejantes a los nuestros.
Los ojos de los axolotl me decían de la presencia
de una vida diferente, de otra manera de mirar.
Pegando mi cara al vidrio (a veces el guardián
tosía, inquieto) buscaba ver mejor los diminutos
puntos áureos, esa entrada al mundo infinitamente
lento y remoto de las criaturas rosadas. Era inútil
golpear con el dedo en el cristal, delante de sus
caras; jamás se advertía la menor reacción. Los
ojos de oro seguían ardiendo con su dulce, terrible luz; seguían mirándome desde una pro-
fundidad insondable que me daba vértigo.

Y sin embargo estaban cerca. Lo supe antes
de esto, antes de ser un axolotl. Lo supe el día
en que me acerqué a ellos por primera vez. Los

125

rasgos antropomórficos de un mono revelan, al
revés de lo que cree la mayoría, la distancia que
va de ellos a nosotros. La absoluta falta de semejanza de los axolotl con el ser humano me probó que mi reconocimiento era válido, que no me
apoyaba en analogías fáciles. Sólo las manecitas...
Pero una lagartija tiene también manos así, y
en nada se nos parece. Yo creo que era la cabeza
de los axolotl, esa forma triangular rosada con
los ojillos de oro. Eso miraba y sabía. Eso reclamaba. No eran *animales*.

Parecía fácil, casi obvio, caer en la mitología.
Empecé viendo en los axolotl una metamorfosis
que no conseguía anular una misteriosa humanidad. Los imaginé conscientes, esclavos de su cuerpo, infinitamente condenados a un silencio abisal, a una reflexión desesperada. Su mirada cie-
ga, el diminuto disco de oro inexpresivo y sin
embargo terriblemente lúcido, me penetraba como un mensaje: "Sálvanos, sálvanos". Me sor-
prendía musitando palabras de consuelo, transmitiendo pueriles esperanzas .Ellos seguían mirándome, inmóviles; de pronto las ramillas rosadas
de las branquias se enderezaban. En ese instante
yo sentía como un dolor sordo; tal vez me veían,
captaban mi esfuerzo por penetrar en lo impe-

126

netrable de sus vidas. No eran seres humanos,
pero en ningún animal había encontrado una
relación tan profunda conmigo. Los axolotl eran
como testigos de algo, y a veces como horribles
jueces. Me sentía innoble frente a ellos; había una
pureza tan espantosa en esos ojos transparentes.
Eran larvas, pero larva quiere decir máscara y
también fantasma. Detrás de esas caras aztecas,
inexpresivas y sin embargo de una crueldad implacable, ¿qué imagen esperaba su hora?

Les temía. Creo que de no haber sentido
la proximidad de otros visitantes y del guardián,
no me hubiese atrevido a quedarme ~~frente~~ ellos. → *Solo con*
"Usted se los come con los ojos", me decía riendo
el guardián, que debía suponerme un poco des-
equilibrado. No se daba cuenta de que eran ellos
los que me devoraban lentamente por los ojos, en
un canibalismo de oro. Lejos del acuario no hacía
más que pensar en ellos, era como si me influye-
ran a distancia. Llegué a ir todos los días, y de
noche los imaginaba inmóviles en la oscuridad,
adelantando lentamente una patita-que de pronto   *mano*
encontraba la de otro. Acaso sus ojos veían en
plena noche, y el día continuaba para ellos inde-
finidamente. Los ojos de los axolotl no tienen
párpados.

127

Ahora sé que no hubo nada de extraño, que eso tenía que ocurrir. Cada mañana, al inclinarme sobre el acuario, el reconocimiento era mayor. Sufrían, cada fibra de mi cuerpo alcanzaba ese sufrimiento amordazado, esa tortura rígida en el fondo del agua. Espiaban algo, un remoto señorío aniquilado, un tiempo de libertad en que el mundo había sido de los axolotl. No era posible que una expresión tan terrible que alcanzaba a vencer la inexpresividad forzada de sus rostros de piedra, no portara un mensaje de dolor, la prueba de esa condena eterna, de ese infierno líquido que padecían. Inútilmente quería probarme que mi propia sensibilidad proyectaba ~~sobre~~ los axolotl una conciencia inexistente. Ellos y yo sabíamos. Por eso no hubo nada de extraño en lo que ocurrió. Mi cara estaba pegada al vidrio del acuario, mis ojos trataban una vez más de penetrar el misterio de esos ojos de oro sin iris y sin pupila. Veía de muy cerca la cara de un axolotl ~~detenido~~ junto al vidrio. Sin transición, sin sorpresa, vi mi cara contra el vidrio, en vez del axolotl vi mi cara contra el vidrio, la vi fuera del acuario, la vi del otro lado del vidrio. Entonces mi cara se apartó y yo comprendí.

en ►

inmóvil ►

128

Sólo una cosa era extraña: seguir pensando como antes, saber. Darme cuenta de eso fue en el primer momento como el horror del enterrado vivo que despierta a su destino. Afuera, mi cara volvía a acercarse al vidrio, veía mi boca de labios apretados por el esfuerzo de comprender a los axolotl. Yo era un axolotl y sabía ahora instantáneamente que ninguna comprensión era posible. El estaba fuera del acuario, su pensamiento era un pensamiento fuera del acuario. Conociéndolo, siendo él mismo, yo era un axolotl y estaba en mi mundo. El horror venía —lo supe en el mismo momento— de creerme prisionero en un cuerpo de axolotl, transmigrado a él con mi pensamiento de hombre, enterrado vivo en un axolotl, condenado a moverme lúcidamente entre criaturas insensibles. Pero aquello cesó cuando una pata vino a rozarme la cara, cuando moviéndome apenas a un lado vi un axolotl junto a mí que me miraba, y supe que también él lo sabía, sin comunicación posible pero tan claramente. O yo estaba también en él, a todos nosotros pensábamos como un hombre, incapaces de expresión, limitados al resplandor dorado de nuestros ojos que miraban la cara del hombre pegada al acuario.

Él volvió muchas veces, pero viene menos

129

ahora. Pasa semanas sin asomarse. Ayer lo vi, me miró largo rato y se fue bruscamente. Me pareció que no se interesaba tanto por nosotros, que obedecía a una costumbre. Como lo único que hago es pensar, pude pensar mucho en él. Se me ocurre que al principio continuamos comunicados, que él se sentía más que nunca unido al misterio que lo obsesionaba. Pero los puentes están cortados entre él y yo, porque lo que era su obsesión es ahora un axolotl, ajeno a su vida de hombre. Creo que al principio yo era capaz de volver en cierto modo a él —ah, sólo en cierto modo— y mantener alerta su deseo de conocernos mejor. Ahora soy definitivamente un axolotl, y si pienso como un hombre es sólo porque todo axolotl piensa como un hombre dentro de su imagen de piedra rosa. Me parece que de todo esto alcancé a comunicarle algo en los primeros días, cuando aún yo era él. Y en esta soledad final, a la que él ya no vuelve, me consuela pensar que acaso va a escribir sobre nosotros, creyendo imaginar un cuento va a escribir todo esto sobre los axolotl.

130

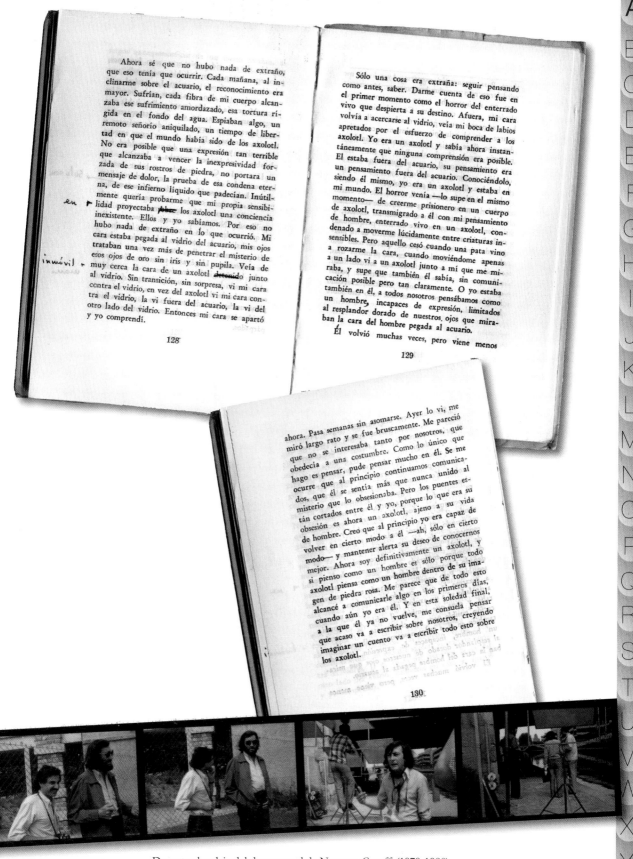

Durante el rodaje del documental de Namer y Caroff (1979-1980)

Azar

Vivía en un azar seguro, un mundo donde los azares y las coincidencias eran siempre extraordinarios y a la vez comunes. La presencia del azar en la vida de Julio era cotidiana. Todos los días había una señal. Cuando estas señales, o signos, o epifanías, comenzaban a repetirse, parecían formar constelaciones que él llamaba "figuras". En una ocasión subió a un taxi en París y se puso a hablar con el *chauffeur*. Hablaron sobre el azar. Terminó el viaje y después de esa amable conversación se presentaron mutuamente. El chofer dijo: "Je suis Jules Corta". El otro dijo: "Je suis Jules Corta-Hasard".

Cuando vino a España de Sudamérica o de no sé dónde, le estaban esperando dos escritores españoles. Uno era Rafael Conte; el otro, Félix Grande. Y Julio venía en el *Conte Grande*.

Las historias de él con los cuentos son también extraordinarias. Ya publicado *Todos los fuegos el fuego*, donde aparece "Instrucciones para John Howell", le escribió John Howell, de Nueva York, un individuo a quien le había ocurrido el cuento: le habían subido a un escenario y tuvo que escapar.

En *Rayuela* hay personajes que están escondidos. Hay una Berthe Trépat pianista; un nombre inventado. Ya publicada *Rayuela*, o por publicarse, en un periódico de Buenos Aires apareció el reportaje sobre una señora que había ganado el campeonato femenino de ajedrez. Se llamaba Laura... Colicciani..., algo así, un apellido italiano. En el reportaje hablaba de su vocación: "Mi verdadera vocación era el piano, la música". Ahora, se llamaba Laura Colicciani, pero en el medio apareció Berta Trepat: Laura Berta Trepat Colicciani. El Berta Trepat estaba escondido ahí, y era la pianista que aparece en *Rayuela*.

Paco Porrúa, entrevista de Carles Álvarez (1999)

25 de septiembre de 1973
Julio Cortázar:

Para empezar por lo obvio, observará usted que mi nombre figura en un cuento suyo publicado recientemente. Esto no sería quizá nada extraordinario, si no fuera porque esta "coincidencia" es el último detalle de un conjunto de detalles interesantes.

Hace ya varios años que leo y disfruto de sus obras. Tanto por la técnica como por los temas, sus libros me han servido de modelo para mis propios intentos literarios, evocando una identificación de espíritu, de metáforas y de actitudes. Éste es, pues, el esquema en que se presentan los "hechos" siguientes:

1.- Este verano viajé a París por primera vez. Durante mi estadía leí los cuentos (y también *Rayuela*) que transcurren en esa ciudad. Pocos días después de mi regreso a New York compré un periódico y leí una reseña de *Todos los fuegos el fuego* y otros relatos. Me llamó la atención el título de uno de ellos: "Instrucciones para John Howell".

2.- En ese momento, yo me preguntaba seriamente si valía la pena terminar una larga obra y la expresión "instrucciones" provocó en mí una particular resonancia.

3.- El tal "Rice" va al teatro, lo sacan de la sala y lo suben al escenario. Le dan una idea general de la obra y le dicen que él mismo encarnará el personaje de John Howell e improvisará su parte. En enero de ese año visité a un amigo que es director teatral en New York. Aunque hasta entonces yo nunca había actuado, me pidió que con mi conocimiento del tema le ayudara en la tarea. En febrero fui a New York y empezamos a trabajar. El proyecto se realizó y yo actué varias veces durante los meses de abril, mayo y junio.

4.- En París empecé a escribir un cuento (que, no es de sorprender) parece ser un reflejo consciente del suyo. Decidí que lo obvio fuera "oficial" y darle al "él" anónimo el nombre de usted. (El cuento aún no se ha publicado.)

Me cuesta imaginar qué hará usted de esta información. Los "hechos" (cuándo se escribió el cuento, en qué circunstancias, cómo fue elegido el nombre, etc.) sería, me imagino, útil. Más interesante es la sensación de que esta situación es una ficción más vasta, una magia estructural de alguna manera proyectada de los "libros" a la "vida".

A mí me pasma la ironía a esta escala. ¿Qué piensa usted?

Suyo,
John Howell

John Howell
243 E. 13th St.
Apt. 8
NY NY 10003

25 Sept 1973

Julio Cortazar,

To begin with the obvious, you notice that my name is one used in a recently published story of yours. That in itself would be nothing remarkable, perhaps. Except for this "coincidence" being the ultimate gesture in a context of other interesting ones.

For several years, I have read and enjoyed your writing. Technically and thematically, the books have provided models for my own writing efforts; they have also evoked an imaginative identification of spirit, of metaphors, of attitude. This, then, is the matrix in which the following "facts" appear:

1. This summer I went to Paris for the first time. While there I read the stories (and Hopscotch) which were set in Paris. A few days after my return to New York, I purchased a newspaper and found a review of All Fires The Fire and Other Stories. I was startled to read of a story titled "Instructions for John Howell".

2. At this time, I was seriously questioning the worth of completing a long work--the word "Instructions" had a special resonance for me.

3. This "Rice" is someone who attends a theater; he is taken from the audience and put on stage. He is given the broad outline of the play's context and told to improvise himself into the situation. He is to play the role of "John Howell" In January of this year, I visited a friend who is a theater director in New York. Although I had never performed on stage before, he asked me to participate in a theater piece he had conceived and to help him actualize his outlined conception with my special knowledge of the subject. In February I moved to New York and we began the work. This project was completed; I performed in it several times during April, May, and June.

4. While in Paris I began work on a story which, not surprisingly seemed to reflect your consciousness. I decided to make the obvious "official" and give the unnamed "he" your name. (The story is yet unfinished.)

I can hardly guess at what you will make of this information. The "facts" (when the story was written, under what circumstances how the name was chosen, etc.) would, I suppose, be useful. Of more interest is the feeling that this situation is a larger fiction, a structural magic somehow spun out of "books" into "life" I am amazed at irony on this scale. What do you think?

Yours,
John Howell

Carta original a la que alude Porrúa

Balcón

Bolívar, *c.* 1938

Un cronopio iba a lavarse los dientes junto a su balcón, y poseído de una grandísima alegría al ver el sol de la mañana y las hermosas nubes que corrían por el cielo, apretó enormemente el tubo de pasta dentífrica y la pasta empezó a salir en una larga cinta rosa. Después de cubrir su cepillo con una verdadera montaña de pasta, el cronopio se encontró con que le sobraba todavía una cantidad, entonces empezó a sacudir el tubo en la ventana y los pedazos de pasta rosa caían por el balcón a la calle donde varios famas se habían reunido a comentar las novedades municipales. Los pedazos de pasta rosa caían sobre los sombreros de los famas, mientras arriba el cronopio cantaba y se frotaba los dientes lleno de contento. Los famas se indignaron ante esta increíble inconsciencia del cronopio, y decidieron nombrar una delegación para que lo imprecara inmediatamente, con lo cual la delegación formada por tres famas subió a la casa del cronopio y lo increpó, diciéndole así:

—Cronopio, has estropeado nuestros sombreros, por lo cual tendrás que pagar.

Y después, con mucha más fuerza:

—¡Cronopio, no deberías derrochar así la pasta dentífrica!

"Lo particular y lo universal", en Historias de cronopios y de famas

Banfield

Las casas y los potreros eran entonces más grandes que el mundo.

Un pueblo, Bánfield, con sus calles de tierra y la estación del Ferrocarril Sud, sus baldíos que en verano hervían de langostas multicolores a la hora de la siesta, y que de noche se agazapaba como temeroso en torno a los pocos faroles de las esquinas, con una que otra pitada de los vigilantes a caballo y el halo vertiginoso de los insectos voladores en torno a cada farol.

De "Deshoras"

Casa familiar de los Cortázar en la calle Rodríguez Peña, Banfield, Buenos Aires

Barcelona

Entre un año y medio y tres años y medio viví en Barcelona, hasta que en 1918 –una vez terminada la lucha [la Primera Guerra Mundial]– la familia pudo volver a la Argentina.

Tengo recuerdos, imprecisos, que me preocupaban, me atormentaban un poco cuando yo era niño. Hacia los nueve o diez años de cuando en cuando me volvían imágenes muy inconexas, muy dispersas, que no podía hacer coincidir con nada conocido. Entonces se lo pregunté a mi madre. Le dije: "Mira, hay momentos en que yo veo formas extrañas, colores como baldosas, como mayólicas. ¿Qué puede ser eso?". Y mi madre me dijo: "Bueno, eso puede corresponder a que a ti, de niño, en Barcelona te llevábamos casi todos los días a jugar con otros niños en el Parque Güell". O sea que fíjate que mi inmensa admiración por Gaudí comienza quizá a los dos años. [...] La primera vez que vine a Europa, en el año 49, tomé un barco cuya primera escala era en Barcelona, y entonces lo primero que hice fue ir al Parque Güell. Naturalmente la imagen ya no correspondía, incluso por una cuestión de óptica: yo miraba el Parque Güell desde un metro noventa y tres, y en cambio el niño había mirado el Parque Güell desde abajo, con una mirada mágica que yo trato de conservar pero que no siempre tengo, desdichadamente.

De la entrevista de Joaquín Soler Serrano en A fondo, *RTVE (1977)*

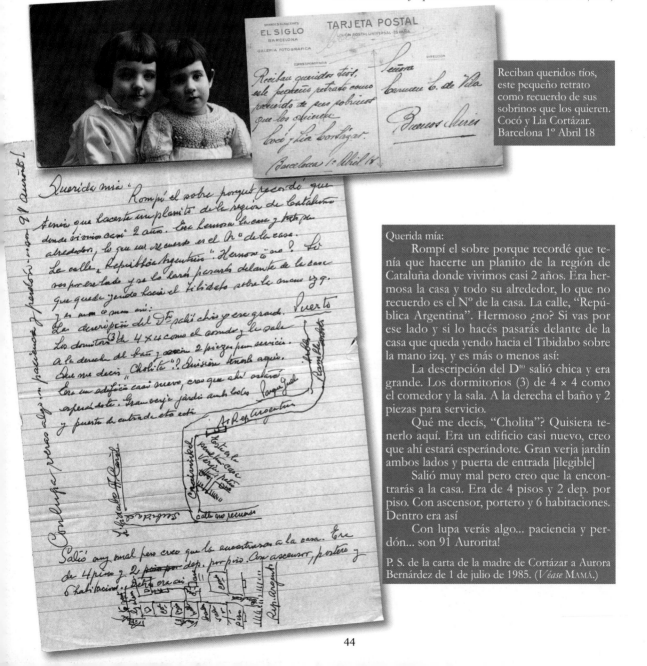

Reciban queridos tíos, este pequeño retrato como recuerdo de sus sobrinos que los quieren. Cocó y Lia Cortázar. Barcelona 1º Abril 18

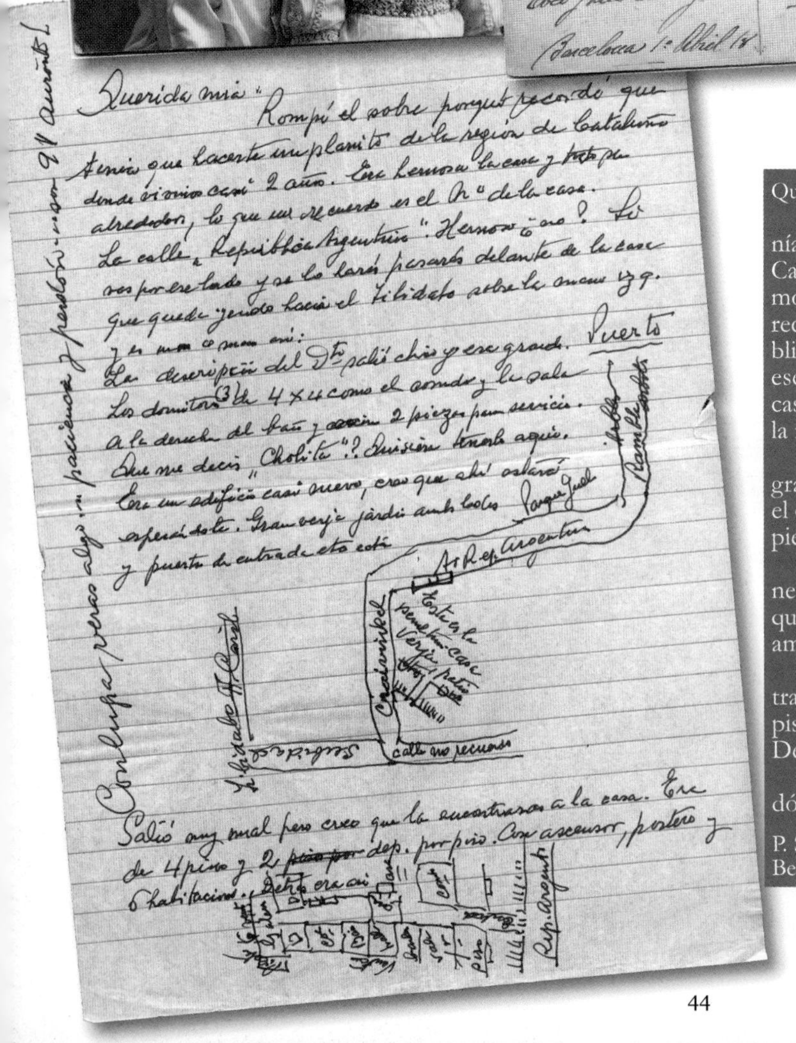

Querida mía:

Rompí el sobre porque recordé que tenía que hacerte un planito de la región de Cataluña donde vivimos casi 2 años. Era hermosa la casa y todo su alrededor, lo que no recuerdo es el Nº de la casa. La calle, "República Argentina". Hermoso ¿no? Si vas por ese lado y si lo hacés pasarás delante de la casa que queda yendo hacia el Tibidabo sobre la mano izq. y es más o menos así:

La descripción del D^to^ salió chica y era grande. Los dormitorios (3) de 4 × 4 como el comedor y la sala. A la derecha el baño y 2 piezas para servicio.

Qué me decís, "Cholita"? Quisiera tenerlo aquí. Era un edificio casi nuevo, creo que ahí estará esperándote. Gran verja jardín ambos lados y puerta de entrada [ilegible]

Salió muy mal pero creo que la encontrarás a la casa. Era de 4 pisos y 2 dep. por piso. Con ascensor, portero y 6 habitaciones. Dentro era así

Con lupa verás algo... paciencia y perdón... son 91 Aurorita!

P. S. de la carta de la madre de Cortázar a Aurora Bernárdez de 1 de julio de 1985. (*Véase* MAMÁ.)

JULIO CORTAZAR
EN
BARNARD

INTI

NUMERO ESPECIAL 10—11
OTOÑO 1979—PRIMAVERA 1980

Barnard

Desde que se supo que iría a Barnard me llueven ofertas e invitaciones que rechazo sistemáticamente porque no quiero hablar de mí mismo más allá de lo estrictamente aceptable; el tema me aburre demasiado, por repetido y, como tal vez hubiera dicho Macedonio, porque no me lo puedo quitar de encima.

De una carta a Jaime Alazraki, 17 de junio de 1979

Barzilay

Cuando la fotografía segmenta, particulariza, compartimenta un cuerpo desnudo, la incertidumbre y la inquietud ponen de manifiesto nuestra imperfecta manera de mirar. La obra de este fotógrafo francés vuelve vertiginosa toda aproximación erótica; un Marco Polo inmóvil pasea su mirada por un país jamás bien conocido, y su crónica se vuelve pura imagen, sed extrema de una imposible cartografía.

Presentación del texto dedicado a Frédéric Barzilay en Territorios

TENDRES PARCOURS
QUARANTE PHOTOGRAPHIES DE
FRÉDÉRIC BARZILAY
AVEC UNE INTRODUCTION DE
JULIO CORTÁZAR

París, edición del autor, 1978

Berkeley

Nosotros estamos muy bien. Vivimos cómodamente en un departamento alto a orillas de la hermosa bahía de San Francisco, y desde el balcón vemos un continuo desfile de gaviotas, patos silvestres, y muchas embarcaciones. Hemos alquilado un auto (que es imprescindible en este jodido país donde todo el mundo anda en cuatro ruedas y las distancias son grandes) y yo voy a la universidad dos veces por semana para hacer mis cursos y dar entrevistas a mis estudiantes. Nos queda tiempo para ir a escuchar jazz que aquí es de primera línea, y recorrer la ciudad y sus alrededores.

De una carta a la hermana, 9 de octubre de 1980

Julio Cortázar
CLASES DE LITERATURA
BERKELEY, 1980

ALFAGUARA

Buenos Aires,

Berkeley, 1975

Berkeley, 1980

A B C D E F G H I J K L M N O P Q R S T U V W X Y Z

Francisco Luis **B**ernárdez

Con Francisco Luis Bernárdez, su esposa Laura González Palau y Aurora Bernárdez. Toledo ¿1956?

Para mí Paco Bernárdez ha sido un gran descubrimiento personal, pues nada en él hace pensar en lo que suele escribir. Lo he visto en Madrid y en París, y me encontré con un hombre lleno de elasticidad –esa virtud tan escasa en nuestros escritores– y de sentido del humor. Me pregunto de qué parte de sí mismo saca los sonetos y las liras. Pero no hay que olvidarse de que también escribió *Alcándara* y otras cosas muy hermosas illo tempore.

De una carta a Paco Porrúa, 22 de abril de 1961

A B C D E F G H I J K L M N O P Q R S T U V W X Y Z

Bestiario

Empecé a escribir mi obra en la más profunda soledad, sin el menor contacto con los editores. Un buen día, quienes me descubrieron no fueron los editores, fueron los lectores. El hecho de que yo haya llegado a ser un *best-seller* en varios países se explica porque la mecánica editorial llegó después de esa especie de toma de conciencia por parte de los lectores. En América Latina, éstos, de golpe, empezaron a tener confianza en los escritores de sus propios países. Y éste me parece un fenómeno realmente extraordinario porque es un fenómeno revolucionario. Mire, lo he dicho veinte veces y pienso que tal vez no será inútil repetirlo: cuando yo era joven, los editores argentinos hacían su dinero con traducciones de obras del extranjero y, a veces, por una especie de caridad, por una razón de amistad y de prestigio, editaban a autores nacionales con reducidas tiradas. Y eso que usted llama promoción no existía. Yo le podría mostrar los anuncios de mi editor cuando me marché del país, el mismo mes en que salió mi libro *Bestiario*. Entonces, el anuncio consistía en publicar con grandes letras las últimas novedades de François Mauriac, Graham Greene y Lin Yutang, los autores que estaban de moda por esa época; al final, con una letra muy pequeña decía "Novedades nacionales. Julio Cortázar, *Bestiario*"; y con la misma letra pequeñita "Felisberto Hernández, *Nadie encendía las lámparas*". El resultado era que esos libros caían automáticamente al sótano. Mi editor se reía, el otro día, cuando yo le recordaba que la primera liquidación de derechos que tuve, estando en París, fue de 14 pesos y centavos; o sea que casi costaba más el franqueo para devolver el recibo firmado que el dinero que había resultado de *Bestiario*. Es decir que no hubo absolutamente ninguna promoción, hubo algo mucho más extraordinario: esos libros, por razones que no soy yo quien debe juzgarlas, sino ustedes, los lectores, comenzaron a abrirse camino en la conciencia latinoamericana. Un día, digamos entre los años 50 y 55, de repente, se empezó a hablar mucho y cada vez más, eso que se llama bola de nieve. Se empezó a hablar de Miguel Ángel Asturias, se empezó a hablar de Carlos Fuentes, se empezó a hablar de Mario Vargas Llosa, se empezó a hablar de mí y de Alejo Carpentier... y es entonces cuando empezaron a venir los editores, no antes, ¡ojo!, esto es muy importante.

De Hugo Guerrero Marthineitz: "La vuelta a Julio Cortázar en 80 preguntas", Siete Días, n.º 311, Buenos Aires, 30 de abril a 8 de mayo de 1973

Buenos Aires,
Sudamericana,
1951

Anuncio publicado en *Sur*, n° 201, Buenos Aires, julio de 1951

Biografía

¿Pues quién dirá jamás cómo era, qué pensaba, cómo vivió? Toda biografía es un sistema de conjeturas; toda estimación crítica, una apuesta contra el tiempo. Los sistemas son sustituibles y las apuestas suelen perderse.

Del prólogo a Edgar Allan Poe:
Obras en prosa

Bitácora

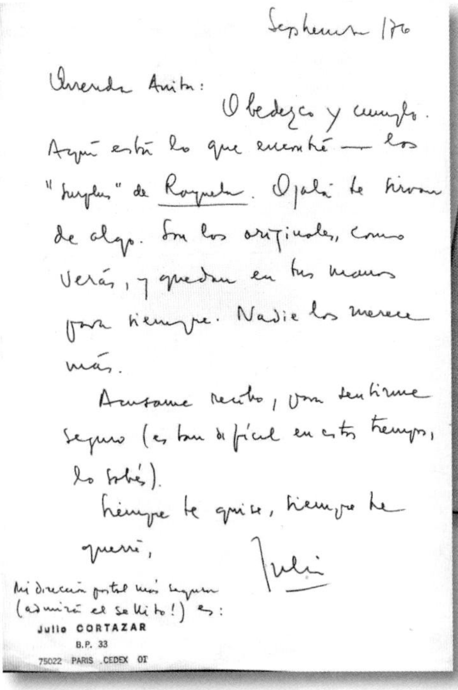
Septiembre /76

Querida Anita:

Obedezco y cumplo. Aquí está lo que encontré — los "papeles" de Rayuela. Ojalá te sirvan de algo. Son los originales, como verás, y quedan en tus manos para siempre. Nadie los merece más.

Acúsame recibo, para sentirme seguro (es tan difícil en estos tiempos, lo sabés).

Siempre te quise, siempre te querré,

Julio

Mi dirección postal más segura (¡admirá el sellito!) es:

Julio CORTAZAR
B.P. 33
75022 PARIS CEDEX 01

Buenos Aires, Sudamericana, 1983

Bolívar

La vida, aquí, me hace pensar en un hombre a quien le pasean una aplanadora por el cuerpo. Sólo hay una escapatoria, y consiste en cerrar la puerta de la pieza en que se vive –porque de ese modo uno se sugestiona y llega a suponerse en otra parte del mundo– y buscar un libro, un cuaderno, una estilográfica. Nunca, desde que estoy aquí, he tenido mayores deseos de leer. Por suerte que me traje algunas cosas, y podré, ahora que estoy más descansado, dedicarles tiempo. El ambiente, en y fuera del hotel, en y fuera del Colegio, carece de toda dimensión. Los microbios, dentro de los tubos de ensayo, deben tener mayor número de inquietudes que los habitantes de Bolívar.

De una carta a Eduardo Hugo Castagnino, 23 de mayo de 1937

Borradores

En general tiro los borradores, porque los detesto, y además toda mi prosa la hago a máquina. Los poemas no, pero luego los copio a máquina y tiro los borradores.

De una carta a Graciela de Sola, 19 de noviembre de 1967

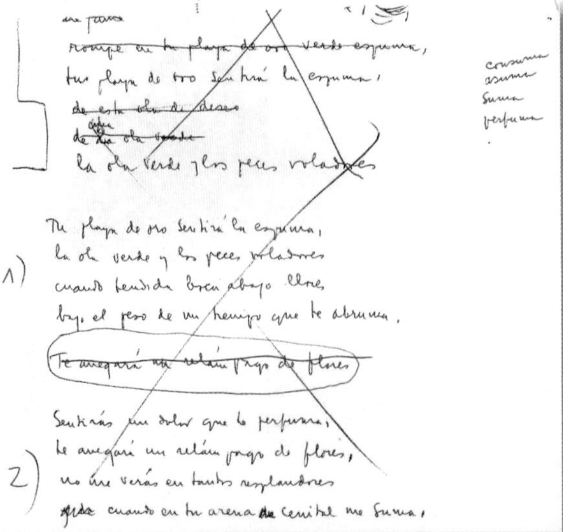
~~rompe en tu playa de oro verde espuma,~~
tus playa de oro sentirá la espuma,
~~de esta ola de deseo~~
~~de la ola verde~~
la ola verde y los peces voladores

1) Tu playa de oro sentirá la espuma,
la ola verde y los peces voladores
cuando tendida boca abajo llores,
bajo el peso de un tiempo que te abruma.

~~Te anegará un relámpago de flores~~

2) Sentirás un dolor que te perfuma,
te anegará un relámpago de flores,
no me verás en tantos resplandores
cuando en tu arena cenital me sume,

consuma
asume
suma
perfuma

Bouquinistes

... a Oliveira las cajas de los bouquinistes le parecían siempre fúnebres de noche, hilera de ataúdes de emergencia posados en el pretil de piedra, y una noche de nevada se habían divertido en escribir RIP con un palito en todas las cajas de latón, y a un policía le había gustado más bien poco la gracia y se los había dicho, mencionando cosas tales como el respeto y el turismo, esto último no se sabía bien por qué. En esos días todo era todavía kibbutz, o por lo menos posibilidad de kibbutz, y andar por la calle escribiendo RIP en las cajas de los bouquinistes y admirando a la clocharde enamorada formaba parte de una confusa lista de ejercicios a contrapelo que había que hacer, aprobar, ir dejando atrás. Y así era, y hacía frío, y no había kibbutz.

De Rayuela, *cap. 36*

Box

A mí me interesó el boxeo desde muy niño, porque cuando yo tenía nueve años nosotros tuvimos un gran campeón de peso pesado, Firpo, que hizo una carrera muy espectacular. Llegó a los Estados Unidos y le disputó el título mundial de peso pesado, el más alto de todos, a Jack Dempsey que era el campeón norteamericano. Jack Dempsey venció a Firpo, eso está contado además en *La vuelta al día en ochenta mundos*, y yo, que tenía nueve años, sentí eso como una especie de tragedia nacional porque hubo una crisis de histeria en la Argentina. Efectivamente le hicieron trampa a Firpo, en realidad él había ganado técnicamente la pelea y el referee y el público, como sucedía en Nueva York, ayudaban a Dempsey y Dempsey ganó a Firpo. Pero técnicamente debía de haber sido descalificado y los argentinos consideraron eso una verdadera ofensa y había quienes pedían una declaración de guerra a Estados Unidos o algo por el estilo, porque allí las cosas se tomaban muy en serio en esa época, en el año 1923. (...) Me quedó un poco la mitología de Justo Suárez porque yo lo acompañé a lo largo de toda su carrera, y el boxeo me interesaba cada vez más. Estando en París un día acordándome así de cosas del pasado, solo en la ciudad universitaria, de golpe me senté a la máquina y fui Justo Suárez durante dos horas. Y como tengo muy buena memoria para el box puse un montón de datos que son absolutamente exactos. Hay solamente una pequeña equivocación de detalle, todo lo demás es exacto. Hay una confusión en el nombre de uno de los adversarios de Justo Suárez, confundí un nombre por otro, nada más.

De Evelyn Picon Garfield:
Cortázar por Cortázar

Combate de Cortázar vs. Julio Silva, Saignon, 1972

Interior y tapa de la revista donde se publicó por primera vez el cuento "Torito"

Buenos Aires

Traveler le había criticado su manía de encontrarlo todo mal en Buenos Aires, de tratar a la ciudad de puta encorsetada, pero Oliveira les explicó a él y a Talita que en esas críticas había una cantidad tal de amor que solamente dos tarados como ellos podían malentender sus denuestos. Acabaron por darse cuenta de que tenía razón, que Oliveira no podía reconciliarse hipócritamente con Buenos Aires, y que ahora estaba mucho más lejos del país que cuando andaba por Europa. Sólo las cosas simples y un poco viejas lo hacían sonreír: el mate, los discos de De Caro, a veces el puerto por la tarde. Los tres andaban mucho por la ciudad, aprovechando que Gekrepten trabajaba en una tienda, y Traveler espiaba en Oliveira los signos del pacto ciudadano, abonando entre tanto el terreno con enormes cantidades de cerveza. Pero Talita era más intransigente (característica propia de la indiferencia) y exigía adhesiones a corto plazo: la pintura de Clorindo Testa, por ejemplo, o las películas de Torre Nilsson. Se armaban terribles discusiones sobre Bioy Casares, David Viñas, el padre Castellani, Manauta y la política de YPF. Talita acabó por entender que a Oliveira le daba exactamente lo mismo estar en Buenos Aires que en Bucarest, y que en realidad no había vuelto sino que lo habían traído. Por debajo de los temas de discusión circulaba siempre un aire patafísico, la triple coincidencia en una histriónica búsqueda de puntos de mira que excentraran al mirador o a lo mirado. A fuerza de pelear, Talita y Oliveira empezaban a respetarse. Traveler se acordaba del Oliveira de los veinte años y le dolía el corazón, aunque a lo mejor eran los gases de la cerveza.

—Lo que a vos te ocurre es que no sos un poeta —decía Traveler—. No sentís como nosotros a la ciudad como una enorme panza que oscila lentamente bajo el cielo, una araña enormísima con las patas en San Vicente, en Burzaco, en Sarandí, en el Palomar, y las otras metidas en el agua, pobre bestia, con lo sucio que es este río.

—Horacio es un perfeccionista —lo compadecía Talita que ya había agarrado confianza—. El tábano sobre el noble caballo. Debías aprender de nosotros, que somos unos porteños humildes y sin embargo sabemos quién es Pieyre de Mandiargues.

—Y por las calles —decía Traveler, entornando los ojos— pasan chicas de ojos dulces y caritas donde el arroz con leche y Radio El Mundo han ido dejando como un talco de amable tontería.

—Sin contar las mujeres emancipadas e intelectuales que trabajan en los circos —decía modestamente Talita.

—Y los especialistas en folklore canyengue, como un servidor. Haceme acordar en casa que te lea la confesión de Ivonne Guitry, viejo, es algo grande.

—A propósito, manda decir la señora de Gutusso que si no le devolvés la antología de Gardel te va a rajar una maceta en el cráneo —informó Talita.

—Primero le tengo que leer la confesión a Horacio. Que se espere, vieja de mierda.

—¿La señora de Gutusso es esa especie de catoblepas que se la pasa hablando con Gekrepten? —preguntó Oliveira.

—Sí, esta semana les toca ser amigas. Ya vas a ver dentro de unos días, nuestro barrio es así.

—Plateado por la luna —dijo Oliveira.

—Es mucho mejor que tu Saint-Germain-des-Prés —dijo Talita.

—Por supuesto —dijo Oliveira, mirándola. Tal vez, entornando un poco los ojos... Y esa manera de pronunciar el francés, esa manera, y si él entrecerraba los ojos. (Farmacéutica, lástima.)

De Rayuela, *cap. 40*

Buenos Aires, 1973

A B C D E F G H I J K L M N O P Q R S T U V W X Y Z

Buenos Aires Buenos Aires

ÁLBUM BUENOS AIRES: Ahhh. Suspiro de alivio puesto que aprobás los textos. Y que los poemas te gusten todavía más me parece una especie de rara recompensa. No sé bien de qué, de haberme negado durante 20 años a publicar poesía. Tal vez sea bueno que esos poemas hayan esperado tanto para aparecer en la Argentina.

De una carta a Paco Porrúa, 7 de junio de 1967

Durante mucho tiempo Buenos Aires propuso una visión horizontal, la proximidad tranquilizadora de sus paredes y sus ventanas. Vivir, entonces, era caminar hacia el prójimo, salirle al encuentro a nivel de tranvía, de primer piso, de confitería con balcón. Hoy ya no quiere, encaramada en sus rascacielos ha desnudado el río de un tirón de sábana, nos regala sus incontables automóviles como un montón de zapatos alineados.

Buenos Aires, Sudamericana, 1968

Buñuel

Hace dos horas vi *El ángel exterminador*, y estoy de vuelta en casa, y todo, absolutamente todo me da vueltas, y te estoy escribiendo con una especie de pulpo que va y viene y me arranca las palabras con las patas y las escribe por su cuenta, y todo es increíblemente hermoso y atroz y entre rojo y mujer y una especie de total locura. Manuel, exactamente como lo quiere Luis Buñuel, ese enorme hijo de puta al que estoy apretando en este momento contra mí.

Sabés, una vez más he sentido lo que has de sentir vos cuando estás metido en lo más adentro del cine, de tu cine o del cine que admirás. Pero me ocurre tan pocas veces, es tan raro que el cine valga para mí como una experiencia realmente profunda, como eso que te da la poesía o el amor y a veces alguna novela y algún cuadro, que era necesario que te lo dijera esta noche misma aunque no recibas nunca esta carta.

De una carta a Manuel Antín, 10 de julio de 1962

Con Carlos Fuentes y Luis Buñuel,
México, 1975

Los Burd

... es casi seguro que en noviembre los Cortázar llegarán a Santa María del Buen Aire. Con Unasco o sin ella, creo que iremos. ¡Cuánto, cuánto vamos a hablar! Me da una alegría que hasta me revuelve la caligrafía. Por un lado hay una chance de que la Unesco nos lleve a la Conferencia General en Montevideo, de la cual saltaríamos a B.A. Pero si no es así, pues "la plantilla está completa" como dicen los gallegos del noble organismo, creo que iremos lo mismo. En realidad vivir tres meses en París cuesta por lo menos tanto como los pasajes en 3ª. Allá confiamos en que todos nuestros amigos nos den asado y puchero en forma rotativa. Tenemos la gentil oferta de Esther y Lipa Burd para dormir en su casa. De modo que nos arreglaríamos sin mucho sacrificio nuestro o de nuestros amigos (va a salir a dos comidas cada uno, pues yo tengo unas 20 casas donde me esperan con los manteles abiertos, y Aurora que en sus tiempos se movía en "un círculo de numerosas personalidades", tiene como 40. Todo esto va en broma, pero en realidad hay mucho de eso; no necesitaremos demasiado dinero para pasar 2 meses entre ustedes. (...)

De una carta a Eduardo Jonquières, 8 o 9 de julio de 1954

Con Lipa Burd, Esther Herschkovich
y Aurora Bernárdez, París, 1953

Calidoscopio

A nadie podría extrañarle que esa persistencia de los contactos elementales lo condenara a mirar su entorno como a través de un calidoscopio, olvidándose de lo importante para escoger los juegos de la luz en los tapones facetados de los frascos de perfume o prismándose en las gotas de agua, la coloración de cada vidrio de la mampara que separaba los patios de la casa de la infancia. Y que las palabras donde todo eso dormía para despertarse sonido y luz cuando él interminablemente las repetía –gema, topacio, lente, cairel, fanal, translúcido, arcoiris, opalina– lo llevaran a un ritual de evocaciones en plena noche, durante las enfermedades, en la modorra de las convalecencias: decir gema y ver lo rosa, lo transparente, lo prismado de la caverna de Alí Babá; pensar faceta o bisel, y recibir desde la imaginación un abanico newtoniano, epifanía total y suficiente que ningún manual de física podría darle jamás.

Calidoscopios que fueron de Cortázar

Era el tiempo en que se jugaban encarnizadas partidas callejeras con bolitas de vidrio en las que prodigiosos misterios de fabricación depositaban espirales, entrecruzamientos de haces de colores, vías lácteas, burbujas de aire suspendidas en un diminuto cosmos que los dedos sostenían contra la luz y que el ojo exploraba a quemarropa. En una caja especial se iban acumulando las preferidas, las únicas que jamás arriesgaría en el juego; en su cama de sarampión o de bronquitis, rodeado de libros y de atlas y del Pequeño Larousse Ilustrado, bastaba encender la lámpara y acercar a los ojos la bolita celeste con la espiral roja, la verde con los laberintos negros, o la misteriosa por desnuda y humilde, simple vidrio rosado cuyas imperfecciones eran el viaje más vertiginoso, los cráteres y las galaxias y ese sentimiento de haber roto las amarras de la Tierra, de saltar a otra realidad como antes y después la saltaría con el capitán Nemo, con Legrand y Júpiter, con Ciro Smith, con Porthos y Lagardère, con Esmeralda y Sandokan. Ese ingreso en los colores y las transparencias como en una cuarta dimensión del sueño ahondaba en lo incomunicable, se volvía el secreto sigiloso que los compañeros de juegos violentos ignoraban, el avance de Gordon Pym en su delirio translúcido de hielos, oyendo como él también creía oír la llamada del pájaro polar, ese *tekeli-li!* con el que Edgar Allan Poe había cifrado un destino ya indecible.

De "Las grandes transparencias", en Territorios

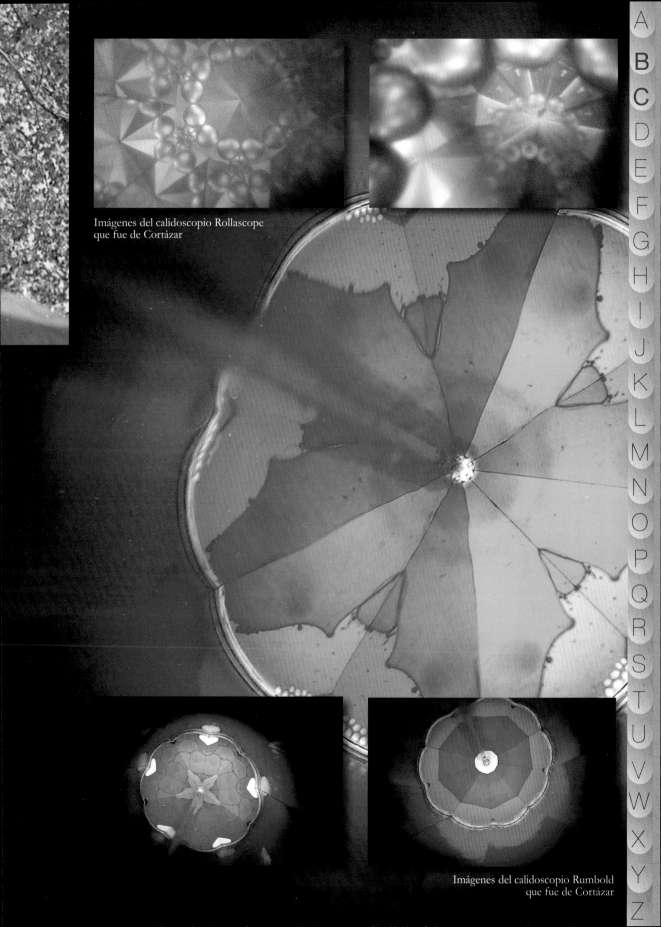

Imágenes del calidoscopio Rollascope
que fue de Cortázar

Imágenes del calidoscopio Rumbold
que fue de Cortázar

A B C D E F G H I J K L M N O P Q R S T U V W X Y Z

Carlos

Para mí, hay un hecho esencial: en todas las nuevas novelas en América Latina, evidentemente, hay una búsqueda de lenguaje. Un remontarse a las fuentes del lenguaje. Si no hay una voluntad de lenguaje en una novela en América Latina, para mí esa novela no existe. Yo creo que la hay en Cortázar, en primer lugar, que para mí es casi un Bolívar de la novela latinoamericana. Es un hombre que nos ha liberado, que nos ha dicho que se puede hacer *todo*.

Carlos Fuentes a Emir Rodríguez Monegal (1966)

Carol

58

Pájaro con el que Carol
Dunlop solía firmar

Escribiendo con la lapicera roja que me diste
    Escuchando *Scrapple from the Apple*
    el Bird encaramado en su percha
    proyecta cada cosa a su ser más alto
    dibuja en el aire el laberinto de la música

Pienso en ti más y más
te hablo a través de Bird   a través de mi corazón
te digo que no pienses negro sino profundo brillante azul
Piensa patinar piensa libélula
porque nosotros pasamos pero ellos no quieren pasar
nunca pasarán si piensas rosa si sonríes abeto
oh pequeña ardilla oh tú guardiana de la miel
Quiero ver tus pestañas apuntando a las estrellas
tus manos jugando con la bola de cristal que me diste

No pienses baltimore piensa venecia
vive en la rue martel ríe nuestro dormitorio
abrázame neruda picasso quiéreme alban berg
mientras yo te sostengo luciérnaga una vez más en saint-anne
Te quiero tanto silenciosa hacedora de música
que no necesita sonidos para lanzarme girando
a un viaje llamado carol
llamado amor

Writing with the red fountain-pen you gave me

    Listening ~~Scrapple from the Apple~~

    the Bird up the perch

    Sending everything to its utmost being

    drawing in the air the maze of music

thinking of you more and more

talking to you through Bird   through my heart

telling you not to think black but deep brilliant blue

to think skate to think dragonfly

because we're passing but they wont pass

they'll never pass if you think pink if you smile fir

oh small squirrell oh you the keeper of honey

I want to see your eyelashes pointed to the stars

your hands playing with the chrystal ball you gave me

Do not think baltimore think venice

live rue martel laugh our bedchamber

embrace me neruda picasso love me alban berg

as I hold you firefly once again in saint-anne

I love you so my silent maker of a music

which does not need sounds to send me spinning

to a trip named carol

named love

Tu lobo a tu lado
siempre

Poema inédito, ¿1982?

Cartas

¿Verdad que una carta, cuando se escribe a un amigo, es un acto de fe, un momento grave? Siempre lo he pensado así; y por eso, mi vida entera podría ser trazada leyendo las cartas que llevo escritas. (Lo cual no significa que, como cartas, las crea especialmente valiosas.)

De una carta a Lucienne Chavance de Duprat, 30 de junio de 1941

Madrid, Orígenes, 1990

Buenos Aires, Sudamericana,

Comprendo muy bien que muchos hombres hayan dejado mejores cartas que libros: es que, quizá sin advertirlo, ponían lo mejor de sí en esos mensajes a amigos o amantes. Yo he escrito muchas cartas y, fuera de las estrictamente circunstanciales (que no se pueden evitar muchas veces), he dejado en cada una de ellas mucho de mí, mucho de lo mejor o lo peor que hay en mi mente y en mi sensibilidad. Y lo curioso es que bien sé el destino de esas cartas; el afecto de quienes las reciben les guardará acaso un cajón, las páginas de un libro… Pero todo ello es momentáneo; una correspondencia así, dispersa y sin fines literarios, está condenada a la extinción absoluta, fatal. Sólo los genios logran que la paciencia de los eruditos busque, hasta encontrarlas, todas sus cartas… que no siempre son geniales pero llevan su firma al pie.

De una carta a Luis Gagliardi, 2 de junio de 1942

Buenos Aires, Alfaguara, 2000

Tu carta se hizo esperar, pero valía la pena; la leí como quien se bebe de un solo y delicioso trago un gran vaso de agua fría. Después, cuando pude quitársela a Aurora, la releí despacio (pasando del agua al coñac, si querés). A reserva que desde Bariloche me mandes la Gran Carta, podés tener la seguridad de que estoy colmado con ésta y que te la agradezco de veras. Yo creo que los dos tenemos que agradecernos nuestras cartas de más de una carilla, porque es heroico, che, dedicarles todo el tiempo que toman cuando se está tan ocupado. (Mi diablito especialista en estas cuestiones me encaja un pinchazo en la oreja izquierda y dice: "Heroico, ¿eh? Si es cuando se divierten de veras, ustedes dos, qué me venís a hablar de heroísmo".) Tiene razón mi diablito; yo, aunque mi carta me lleve horas, soy feliz escribiéndola; en cuanto a vos, vos sabrás. Primero puse un solo "vos", pero despés me di cuenta de que si no se lo repite, la frase termina chueca y se cae en las baldosas; todo esto me pasa por ganarme la vida como revisor en la Unesco. En fin.

De una carta a Paco Porrúa, 15 de enero de 1965

Buenos Aires, Alfaguara, 201(

Barcelona, Alpha Decay, 2009

Ya no se puede escribir cartas tranquilas a los amigos, como ves, la aceleración es demasiado grande. Ah, tiempos felices del doctor Johnson, cuando escribir era un largo placer sin sobresaltos…

De una carta a Ángel Rama, 23 de marzo de 1971

Aquí sopla un mistral de las polainas, pero yo me organizo y despacho entre quince y cuarenta cartas por día, lo que te dará idea de mi moratoria epistolar; aunque siempre duermo mal en este sitio, mi conciencia está más descargada al saber que la gente recibe lo que le debo, y al final terminaré apoliyando como bien lo necesito. Lástima que me salió un flemón en la mejilla izquierda, que estropea todas mis posibilidades con las majorettes de la ciudad, y en cambio me cuesta mis buenos mangos con el doctor Fresco, dentista.

De una carta a Aurora Bernárdez, 1 de julio de 1974

Se terminó la huelga postal, y yo tirado por el suelo porque cada cinco minutos suena el timbre y dos o tres viriles carteros me echan por la cabeza varios metros cúbicos de paquetes, cartas y periódicos atrasados. Joder con la arpita, como decía un amigo porteño.

De una carta a Félix Grande, 12 de diciembre de 1974

Buenos Aires, Alfaguara, 2012

Casa Argentina

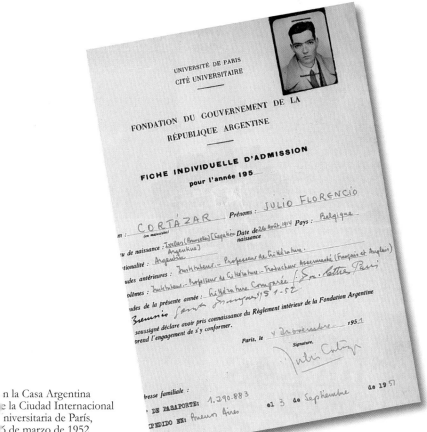

Después de dos días en un hotelito, ingresé en la habitación 40, tercer piso, del pabellón autóctono de la Cité. La pieza tiene un ventanal que da sobre los parques *y sol todo el día*. Moblaje *suntuoso* pero provisto por algún engominado sin noción alguna de lo que conviene a un estudiante. Ej.: gran mesa con *dos cajoncitos* donde no te cabe ni una tarjeta postal. He tenido que dejar conmigo dos de los cajones que traje, para meter libros, pues en las pulcras paredes no hay un solo estante. La luz eléctrica es pésima, y el reglamento prohíbe reforzarla; creo con todo que se puede hacer. Para mostrar mi discrepancia con dicho reglamento en lo referente a sus úkases sobre las marcas en las paredes, procedí ya a colgar de sendas chinches mi variada pinacoteca.

De una carta a Eduardo Jonquières,
8 de noviembre de 1951

n la Casa Argentina
e la Ciudad Internacional
niversitaria de París,
5 de marzo de 1952

Casa de las Américas

Don Ramón de Campoamor, que según parece era un mal poeta pero tenía un sentido del humor que a veces les falta a muchos buenos poetas, escribió un minidrama que dice más o menos así:

Pasan veinte años. Vuelve él
y al verse exclaman él y ella:
–¡Santo Dios! ¿Y éste es aquél?
–¡Dios mío! ¿Y ésta es aquélla?

Hoy que me toca franquear una vez más las puertas de la Casa de las Américas, casi veinte años después de mi primera visita, lo hago con la alegría y el orgullo de saber que el minidrama de Campoamor no se aplica ni a la Casa ni a mí; una vez más –y ya son tantas– nos encontramos y nos abrazamos con la bella seguridad de que no hemos cambiado en nuestra relación más profunda, y que si los dos estamos más viejos, nuestra vejez hace todavía más estrecho un contacto que abarca ya tanto tiempo, tantas tormentas, tantas vicisitudes, pero sobre todo tanto camino en común. Sin la menor duda, la Casa y yo podemos desmentir los versos de Campoamor: sí, éste es aquél; sí, ésta es aquélla.

Con Manuel Pereira
en el Premio Casa
de las Américas,
La Habana, 1980

Del "Discurso en la constitución del jurado del Premio Literario Casa de las Américas 1980"

Discurso inaugural del Premio de la Casa de las Américas. La Habana, Cuba, 1980. De izquierda a derecha: Raúl Roa, Haydée Santamaría, Julio Cortázar y Armando Hart.

Casa tomada

La idea de Fresán me parece muy buena. Estuve releyendo el cuento y me encontré con que la casa está minuciosamente descrita, cosa que yo había olvidado; el plano, claro está (el que me mandaste) ha sido dibujado a base de mi descripción, y es bastante demencial, cosa que no sorprenderá a nadie puesto que la casa y el cuento *fueron soñados*. Ya ves que no puedo proporcionarte datos catastrales auténticos; por otra parte, dado que en el cuento se detalla la casa, no veo otra solución que utilizar un plano imaginario, sobre todo porque la idea de Fresán, si entiendo bien, consiste en asimilar el texto visual a la presencia y los movimientos de los personajes en el relato (expulsión progresiva, etc.).

Frente a esta situación veo dos posibilidades: o hacer un pastiche de un plano que dé la impresión de que la casa existió, o dibujar un plano imaginario, un poco fantasmal o de pesadilla; pienso que esto último no es fácil, y además mi descripción es lo bastante nítida como para hacer pensar más en una casa real que imaginaria. Si puedo ayudar en otra cosa, avisame, pero te repito que la idea de esa plaqueta me gusta mucho y, además, me agradaría recibir algún esbozo o maqueta cuando ya tome cuerpo, para verla más de cerca.

De una carta a Paco Porrúa, 12 de agosto de 1968

Buenos Aires,
Minotauro, 1969
(Diseño gráfico
de Juan Fresán)

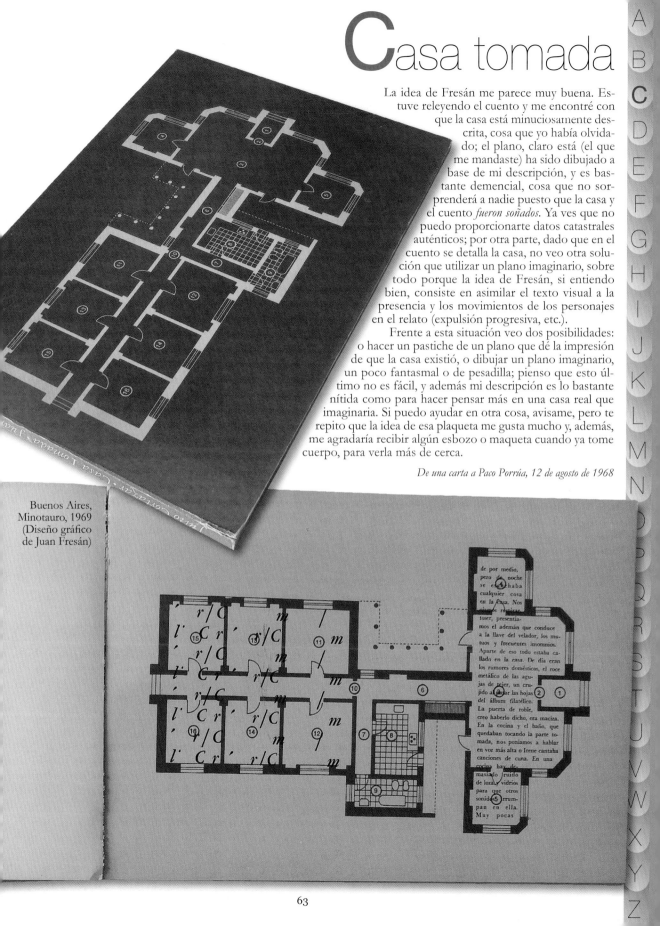

Casamientos

Aurora y yo incurrimos en matrimonio hace dos días, sábado 22, en la Mairie du 13. Nos casó un *maire* condecorado, con banda tricolor al pecho y pelo cepillo, muy francés y muy simpático. Nosotros también le fuimos simpáticos. Tuvimos de testigos a Lipa Burd y a su mujer Esther Herschkovich, y los cuatro nos fuimos a celebrar la boda a un restaurant chino de la rue Monsieur Le Prince, donde entre otras barbaridades indescriptibles sucumbimos bajo la dorada inmortalidad de un pollo al ananás que era verdaderamente Mallarmé.

De una carta a Eduardo Jonquières, 24 de agosto de 1953

El día de la boda con Aurora Bernárdez

El día de la boda con Carol Dunlop.
De izq. a dcha.: Jean y Raquel Thiercelin,
Claribel Alegría y Luis Tomasello

Carol y yo nos casamos hace una semana. A lo mejor te parece extraño, teniendo en cuenta que yo tengo el doble de la edad de Carol, pero después de casi cuatro años de vivir juntos y haber pasado por todas las pruebas que eso supone en muchos planos, estamos seguros de nuestro cariño y yo me siento muy feliz de normalizar una situación que algún día será útil para el destino de Carol. Desde luego, ya me conocés lo bastante como para saber que casarse o no, es algo que no tiene la menor importancia real para mí, y que sólo sirve para resolver problemas prácticos; en ese sentido el matrimonio no cambia nada entre nosotros, pero a mí me da una tranquilidad muy grande en este momento de mi vida.

De una carta a la madre, 21 de diciembre de 1981

Place du Général Beuret,
n.º 9, 75015 París.
Domicilio de
1960 a 1968
Foto de
Cortázar

Rue Martel, n.º 4,
75010 París.
Domicilio de
1979 a 1984
Foto de Cortázar

Casas

Y no sé si les ocurre lo que a mí; yo me quedo con las casas donde he sido feliz, donde he asistido a la belleza, a la bondad, donde he vivido plenamente. Guardo la fisonomía de las habitaciones como si fueran rostros; vuelvo a ellas con la imaginación, subo escaleras, toco puertas y contemplo cuadros. Yo no sé si los hombres son demasiado ingratos con las casas, o si en mi gratitud hacia ellas hay algo de neurosis. El hecho es que amo los recintos donde he encontrado un minuto de paz; no los olvido nunca, los llevo conmigo y conozco su esencia íntima, el misterio ansioso por revelarse que habita en toda pared, en todo mueble. Una vez (las autorizo a que me tilden de tonto si es que no lo han hecho todavía) un querido amigo mío se mudó de casa, estando yo en Bolívar me comunicó la noticia cuando la antigua residencia había sido ocupada por nuevos moradores. ¡Si supieran ustedes cómo me dolió saberlo! Había en aquella casa, en lo alto de una escalera de hierro, una piecita donde, siendo estudiantes, tres o cuatro camaradas nos habíamos reunido cien veces, para fumar, reír, soñar y decir todos los lirismos que se dicen en la adolescencia. Mi amigo acababa de irse de esa casa, y yo supe de una manera inexplicable pero imperiosa que no había subido a esa piecita para despedirse de ella, para decirle adiós. Se fue de esa casa como la mayoría de los hombres se van de sus casas: fríamente, sin concederle otro valor que el de cosas útiles que repentinamente han dejado de serlo...

Y así se lo dije; se lo escribí doloridamente, y él comprendió. En nombre de todos nosotros, él hubiera debido despedirse de aquella habitación humilde que alguna vez cobijó nuestros veinte años. Cada vez que paso delante de esa casa –en la calle Rivadavia, y es una casa como cualquier otra– siento un remordimiento. Pero me tratarían de loco si pidiera permiso a los nuevos habitantes para subir a despedirme de aquella piecita; me siento cobarde... y sigo de largo.

Ahora pienso que eso les sucede a los argentinos por la misma razón que determina muchos de sus actos: la carencia de una historia. ¡Las casas de Europa! ¿Cómo no quererlas, si están casi vivas? Los siglos, las costumbres, la tradición, las han ido llenando de una atmósfera que sólo un extranjero podría ignorar. ¡Pero aquí, con nuestra civilización de cemento armado y techos defendidos de la humedad! ¡Aquí, con nuestra bonita arquitectura moderna! Claro, uno no puede *sentir* las casas; y sin embargo yo sé que ellas tratan de comunicarse, de hacerse querer... Los poetas lo vieron y lo dijeron; yo balbuceo estas incoherencias, como una tentativa inútil de expresar lo que vivo. (Yo me explico los fantasmas: ¿cómo no regresar de la muerte, algunas veces, a visitar las casas queridas? ¿Cómo no acariciar las colgaduras, entornar las puertas de los armarios, asistir al lago de los espejos, entreabrir el aire de los aparadores? Yo seré un fantasma incansable, alguna vez; ¡tengo tantas casas que visitar de nuevo, diseminadas en la ciudad, en los pueblos, en las novelas, en la historia...!)

De una carta a las Duprat, 10 de abril de 1940

Celestino

Chiche y Celestino [Arias] pasaron aquí una larga temporada. Me encontraron panza arriba en la cama, al día siguiente de la operación. Cuando me curé (lo cual tomó su tiempo, gracias a la maldita falta de higiene de los médicos franceses, que parecen salidos de las cuevas de Altamira) empezamos a vernos y a salir juntos. Chiche anduvo metida en un concurso de canto, en el cual no le fue bien pero le sirvió de experiencia. Por fin decidimos irnos los cuatro una semana a Londres, e hicimos muy bien porque el sol de septiembre se instaló como colgado de un gancho en lo alto del Big Ben, y se pasó toda la semana brillando con una fosforescencia y un entusiasmo realmente extraordinarios. Llenos de agradecimiento, le rendimos homenaje andando de la mañana a la noche, y convirtiéndonos en seudo-londinenses y hasta hablando al final con acento *cockney*, es decir diciendo "láidis" y "twenty-áit". [...] De noche armábamos grandes picnics en el dormitorio de los Arias, y entre Celestino y yo hicimos volar dos frascos de scotch, no sin el auxilio de nuestras virtuosas mujeres.

De una carta a Eduardo Jonquières, 15 de octubre de 1955

Ceremonias

Ayer recibí el tomo de *Ceremonias*. Ha quedado realmente muy bien, es una bonita edición.

De una carta a Paco Porrúa, 1 de diciembre de 1968

Barcelona, Seix Barral, 1968

Cerezas

Me duelen todos los huesos de acarrear piedras y de cosechar cerezas (hemos comido entre 10 y 20 kilos cada uno, y todavía están los árboles llenos de maravillosos globulillos encarnados).

De una carta a Eduardo Jonquières,
23 de junio de 1965

Aurora recogiendo cerezas en Saignon

Césped

Aurora cortando el césped en Saignon

Che, a Aurora le ha dado por tener una *pelouse* delante del rancho, y vos vieras. Sembramos el pasto hace 20 días, pero hay que regarlo todas las tardes, y eso supone entre 2 o 3 horas de cambiar el chorrito para todos lados, porque nuestras tierras son grandes, no te vayas a creer. Comme quoi, llega la hora de comer y no se ha terminado de regar, y cada veinte bocados Aurora clama: "¡Hay que cambiar la manguera!", lo que supone que yo corro hacia una lejanísima canilla y la cierro, mientras Glop cambia de posición la manguera, grita que ya está, yo abro la canilla, y entramos otra vez a seguir comiendo, y eso hasta las once de la noche. El césped es una lucha, señora.

De una carta a Alejandra Pizarnik,
24 de junio de 1966

Chiche

Dora Berdichevsky

Dora me ha escrito dos deliciosas páginas que sólo ella sobre el vasto mundo hubiera sido capaz de redactar. Es absolutamente la misma hablando que escribiendo, y eso te dará una idea. Yo creo que Chiche es un avatar de Rabelais. ¡Qué alma buena y jocunda, qué alegría cervantina, qué bodas de Camacho se juegan en su corazón! No te imaginas la profunda admiración que le guardo. (Pero esto sí harías bien en *no* circularlo, porque Chiche se emociona mucho, y va a llorar.)

De una carta a María Rocchi,
18 de junio de 1952

Chile

Seguí muy de cerca la experiencia de la Unidad Popular. Estuve en Chile dos veces: me hice amigo de Allende, de muchos escritores e intelectuales chilenos.

Viví, con una mezcla de emoción y asombro ese intento –con todas las limitaciones y problemas que tenía– de llegar al socialismo en uno de los países del Cono Sur.

Era obvio que con el golpe la preocupación chilena se hiciera capital para mí. Por eso me puse a disposición de la resistencia, en lo que pudiera hacer de útil.

Primero se decidió hacer un libro colectivo *Chili: le dossier noir* que fue un buen trabajo, en el doble sentido de que fue mucho –cuatro meses bastante intensos– y en el de que se dio al francés medio, muy interesado en el caso chileno, la posibilidad de tener toda la documentación y extraer sus propias ideas, sus conclusiones. No es un libro de análisis, es un libro de documentación, aunque sea obvio para dónde va la simpatía de los que lo hicimos.

Después me incorporé con García Márquez al Tribunal Russell y allí, el caso chileno, las torturas, las ejecuciones, las violaciones de los derechos humanos, fue uno de los temas de esa reunión del tribunal.

De Ernesto González Bermejo:
Conversaciones con Cortázar

Chili
le dossier noir

París, Gallimard, 1974

Con Hortensia Bussi de Allende y Gabriel García Márquez el día de la investidura de François Miterrand, París, 21 de mayo de 1981

Poetas Chinos

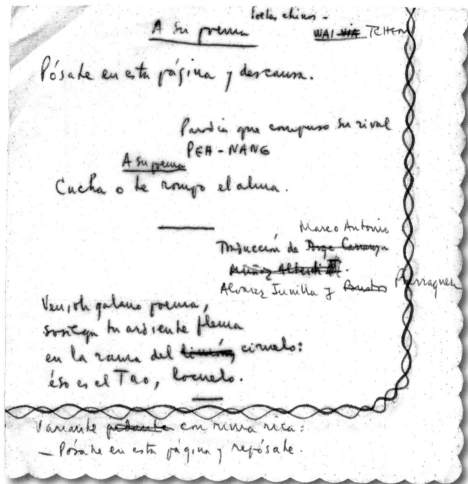

Poema escrito en una servilleta

Poetas chinos

WAI TCHEN

A su poema

Pósate en esta página y descansa.

Parodia que compuso su rival PEH-NANG

A su poema

Cucha o te rompo el alma.

Traducción de Marco Antonio Álvarez Junilla y Barraquer

Ven, oh galano poema,
sosiega tu ardiente flema
en la rama del ciruelo:
éso es el Tao, locuelo.

Variante con rima rica:

—Pósate en esta página y repósate.

Chivilcoy

Chivilcoy es grande, muy grande; una ciudad orgullosa de sí misma, que no advierte sus graves defectos y se complace en perpetuarlos. Una ciudad con bellas calles asfaltadas, plazas versallescas (!) y edificios engolados. Con personas que se creen "al día" y manejan conceptos de una generación anterior; con un cuerpo de profesores que —salvo honrosísimas y muy raras excepciones— desarrollan sus actividades dentro de un marco de mediocridad tan desoladora como exasperante. (Exasperante, sí, porque esto es uno de los espejos del país; porque ciudades como ésta hay en todo el suelo argentino, y porque parecemos estar condenados al atroz castigo de ser una nación joven dirigida por ideas seculares, por mentes seniles y por prejuicios dignos del tiempo de nuestros abuelos.)

Después de esta explosión de cólera (he releído el párrafo y he tenido que reírme) le diré que acaso sea yo injusto. De Bolívar pensaba más o menos lo mismo durante mi primer año de vida allá; luego empecé a conocer lo que verdaderamente merecía conocerse. Aquí puede muy bien ocurrirme lo mismo; ocurre que las personas de méritos no acostumbran a gritarlo en las plazas ni en los periódicos. Hay que cumplir una delicada tarea de buceo, hasta dar con los tesoros —¿no son tesoros los dos o tres grandes espíritus que pueden vivir entre cuarenta mil habitantes?— y gozar de su presencia. Veremos más adelante; por ahora, mi sentido de la estrategia ha resuelto el problema en idéntica forma que en Bolívar; usted conoce el procedimiento, porque también habrá tenido que practicarlo; consiste en encontrar una habitación aislada, donde pueda uno tener algunos libros y un poco de paz; la luz de una lámpara al anochecer, las cartas de los amigos, la dulce tarea de contestarles... ¿Hace falta más, cuando se sabe que lejos, a la distancia, hay corazones que se acuerdan de uno? No, yo creo que bien puede uno ser un poco feliz, así.

De una carta a Luis Gagliardi,
15 de septiembre de 1939

En un baile en Chivilcoy, 1942 (Cortázar está al fondo, junto a un espejo)

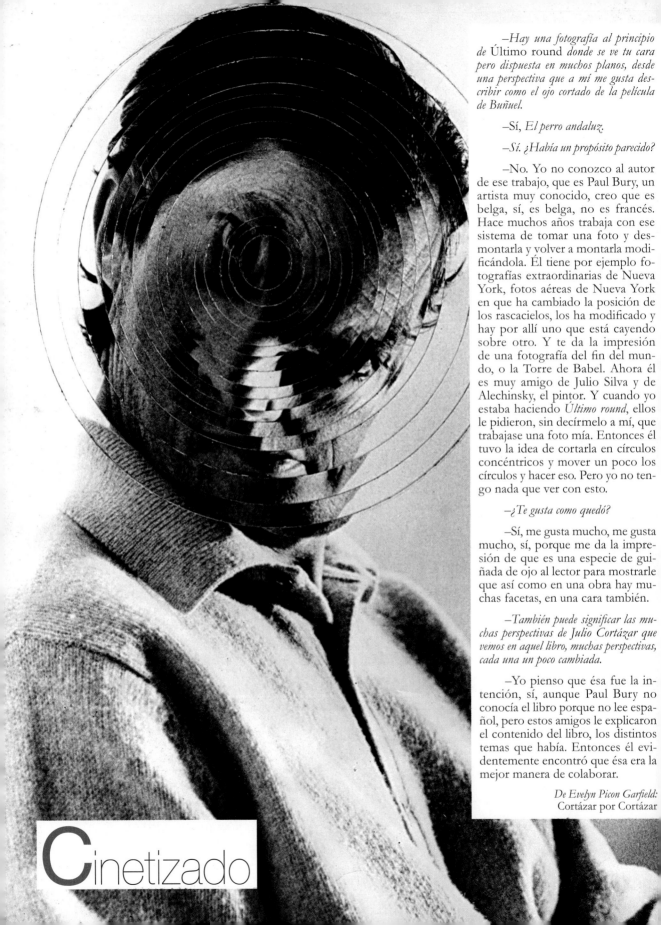

—Hay una fotografía al principio de Último round *donde se ve tu cara pero dispuesta en muchos planos, desde una perspectiva que a mí me gusta describir como el ojo cortado de la película de Buñuel.*

—Sí, El perro andaluz.

—*Sí. ¿Había un propósito parecido?*

—No. Yo no conozco al autor de ese trabajo, que es Paul Bury, un artista muy conocido, creo que es belga, sí, es belga, no es francés. Hace muchos años trabaja con ese sistema de tomar una foto y desmontarla y volver a montarla modificándola. Él tiene por ejemplo fotografías extraordinarias de Nueva York, fotos aéreas de Nueva York en que ha cambiado la posición de los rascacielos, los ha modificado y hay por allí uno que está cayendo sobre otro. Y te da la impresión de una fotografía del fin del mundo, o la Torre de Babel. Ahora él es muy amigo de Julio Silva y de Alechinsky, el pintor. Y cuando yo estaba haciendo *Último round*, ellos le pidieron, sin decírmelo a mí, que trabajase una foto mía. Entonces él tuvo la idea de cortarla en círculos concéntricos y mover un poco los círculos y hacer eso. Pero yo no tengo nada que ver con esto.

—*¿Te gusta como quedó?*

—Sí, me gusta mucho, me gusta mucho, sí, porque me da la impresión de que es una especie de guiñada de ojo al lector para mostrarle que así como en una obra hay muchas facetas, en una cara también.

—*También puede significar las muchas perspectivas de Julio Cortázar que vemos en aquel libro, muchas perspectivas, cada una un poco cambiada.*

—Yo pienso que ésa fue la intención, sí, aunque Paul Bury no conocía el libro porque no lee español, pero estos amigos le explicaron el contenido del libro, los distintos temas que había. Entonces él evidentemente encontró que ésa era la mejor manera de colaborar.

De Evelyn Picon Garfield:
Cortázar por Cortázar

Cinetizado

Circe

Cuando estábamos en La Habana nos hicimos muy amigos de René Portocarrero, quizá el más grande pintor cubano viviente, un magnífico pintor y un tipo muy extraordinario. Nos recibió en su casa y nos hicimos amigos muy grandes. El día en que nos veníamos, mientras charlábamos con otro pintor que vive con él en esa misma casa, René desapareció durante una hora y volvió trayendo una *gouache* muy grande como regalo para nosotros: un retrato lindísimo de mujer de perfil, todo en grises y de gran tamaño. ¡Bueno, hay que ver lo que fue traer eso a París en el avión! Como él no tenía un rollo de cartón, hubo que envolverlo en un papel más o menos sólido y en el avión, lleno de equipaje, fue un lío espantoso. Yo tenía miedo de que se estropeara. Bueno, finalmente llegó sano y salvo a París, y antes de irnos a Viena lo llevé a un marquero para que me lo enmarcase. Hace tres días, cuando iba a empezar a trabajar en los diálogos de *Circe*, me acordé de que había dejado el cuadro para enmarcar y me fui a buscarlo al *Quartier Latin* y me lo traje. Con Aurora estuvimos como una hora buscando en qué sitio de la casa lo podríamos colgar porque, como ya hay bastantes cuadros y además éste es de una presencia un poco obsesiva porque es muy grande, finalmente a Aurora no le gustó en ninguna parte a pesar de que el cuadro le gusta muchísimo. Entonces dije: "Lo cuelgo en mi cuarto de trabajo". Saqué una témpera de Sergio de Castro que tenía ahí, la puse a un costado y colgué el cuadro de René. Y empecé a trabajar en los diálogos de Delia sin establecer la menor relación entre una cosa y la otra. ¿Querés creer que una hora después, cuando se hizo de noche, encendí la luz, levanté la vista, miré el cuadro y descubrí que lo que yo estaba mirando *era a Delia*? ¡Es exactamente la Delia que yo veo! Una mujer de perfil, muy bonita pero con un ojo desviado como en esos cuadros de Picasso que son de perfil y de frente a la vez: el ojo te mira casi de frente mientras ella está de perfil. ¡Y te mira, viejo, con una mala leche que...! ¡Realmente, absolutamente Circe! Tengo aquí una especie de musa inspiradora, a menos que acabe conmigo. Cada vez que estoy falto de materia gris la miro y, la verdad, hasta ahora me está ayudando.

De la transcripción de una cinta magnetofónica que Julio Cortázar grabó para Manuel Antín en 1963 a propósito del guión de la película Circe

Círculo

El círculo y la espiral
Orden cerrado   Orden abierto
Centro   Difusión,
Concentración   Concentración, descentración

Anotación en el *Cuaderno de bitácora de Rayuela*

A B C D E F G H I J K L M N O P Q R S T U V W X Y Z

Citar

En cuanto al incurrimiento en citas, la cosa es menos justificable como todo lo que nace del deseo. Salpicar es de muy mala educación, ya sea sopa, agua jabonosa o citas. Cuando en 1950 volvía de Europa en el *M. S. Anna C*, estruendosamente acompañado por varios cientos de inmigrantes italianos y un poco menos de portugueses,

y de mañana   a las seis arriba   te encienden las luces del *camerone velis nolis* y como para dormir con la gritería y los interminables cambios de pareceres sobre si llegamos a Río a las nueve o mañana al amanecer

ergo había que levantarse o mejor bajarse porque yo tenía una cucheta alta

obtenida luego de hábiles maniobras ante el *capo alloggi*, so pretexto de crisis asmáticas,

con lo cual a las seis y cinco estábamos docenas de *ragazzi* delante de las hileras sing-sing, los lavabos, cada uno la toalla como capa de auriga, una mano apretando el ingenioso truco de la canilla *ad usum terza classe* (chorrito si apretás, y gracias) y la otra captando las gotas y distribuyéndolas por la cara   las orejas   el pelo

y a la vez evitando mojar al de al lado (uno a cada) porque está bien echarse encima la propia agua pero una sola gota-del-agua-del-de-al-lado es serio, es abusivo. Lo mismo que las citas. Escribir salpicando citas es pedantería

el tipo quiere lucirse (total, con la biblioteca a mano—)

es desenfado

las buenas cosas las dicen los otros

es centón   es pasatismo

Montaigne, los muchos Lorenzo Valla, y atrás agazapada la creencia de que los antiguos tenían siempre razón.

Una lástima (para los otros; personalmente no me preocupa) esta forzosa diferencia que el uso o el destierro de las citas impone catalográficamente a los libros: Está el tratado, donde proliferan a gusto de todos, y está el libro "de creación", donde graciosísimamente

una sola cita goza del honor del loro: percha para ella sola, que de golpe se llama epígrafe. En la casa grande no hay sitio para ella, salvo una que otra vez, y siempre como haciéndose perdonar. (Hay esos libros que son una sola super-cita de otro libro, pero no seamos perros.)

De Imagen de John Keats

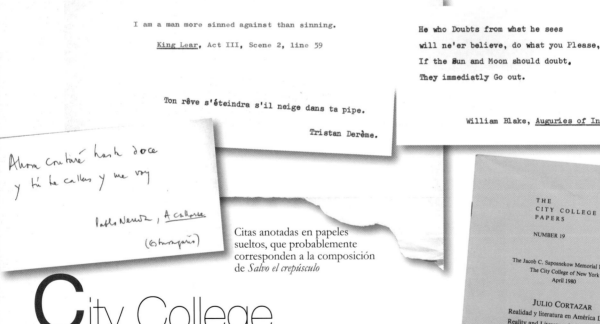

I am a man more sinned against than sinning.

King Lear, Act III, Scene 2, line 59

He who Doubts from what he sees
will ne'er believe, do what you Please,
If the Sun and Moon should doubt,
They immediatly Go out.

William Blake, Auguries of Innocence.

Ton rêve s'éteindra s'il neige dans ta pipe.

Tristan Derème.

Ahora contaré hasta doce
y tú te callas y me voy

Pablo Neruda, A callarse
(Estravagario)

Citas anotadas en papeles sueltos, que probablemente corresponden a la composición de *Salvo el crepúsculo*

THE CITY COLLEGE PAPERS

NUMBER 19

The Jacob C. Saposnekow Memorial Lectures
The City College of New York
April 1980

JULIO CORTÁZAR

Realidad y literatura en América Latina
Reality and Literature in Latin America

Edited and translated by
Gabriella de Beer
and
Raquel Chang-Rodríguez

City College

Estuve ya en Barnard College y en el City College de Nueva York, y me di cuenta de lo útil que es darles a esos muchachos una noción fidedigna de lo que pasa en nuestras tierras; ellos nos leen mucho, pero sólo en el plano literario, las noticias políticas las reciben a través de la prensa yanqui... y con eso queda todo dicho.

De una carta a Francisco J. Uriz y Marina Torres, 23 de mayo de 1980

Claribel

En Nicaragua, 1981

De 1963 a 1967, en París, salíamos mucho; sobre todo Aurora, Bud, Julio y yo. Nos veíamos por lo menos una vez por semana y otra vez por semana Chichita –la mujer de Calvino– y Aurora y yo salíamos. Las tres éramos un poco, como dicen en América del Sur, "piantadas", como que viven en otro mundo, completamente idas, y tanto Bud como Julio se aterraban de que algo nos fuera a pasar porque estábamos idas totalmente. Pero Julio me declaró (y a eso yo lo tengo en mucha honra) la Jefa de las piantadas.

No le gustaba jamás estar con mucha gente. Siempre que yo lo invitaba a casa, decía: "¿Quiénes más van a estar?". Y si había mucha gente, si había dos o tres más, ya no le gustaba. A él le encantaba que fuera una cosa íntima, que hubiera una relación íntima, que comentáramos lecturas o cosas de cine, que nos riéramos. Las conversaciones no eran, como se dice, entre comillas, "cultas". A veces nos reíamos mucho de cosas en conversaciones espontáneas maravillosas.

Julio adoró la Revolución cubana pero nunca estuvo tan enamorado de una revolución como de la Revolución sandinista. Ahora, si hubiera vivido... Mejor que ya no esté porque se hubiera desencantado, pero eso es otra cosa.

Aquí se le amó, a Julio Cortázar. Él escribió un poema que se llamaba "Estás en Nicaragua", de cuando él venía en un avión y decía "no estoy ni en Quito ni en Buenos Aires ni en nada. Estás en Nicaragua". Y Carlos Mejía Godoy compuso una canción, y un día estábamos Bud, Carol, yo y él en un acto público y, cuando nos levantamos, Carlos Mejía Godoy se puso a cantar "Estás en Nicaragua" y a Julio se le rodaban las lágrimas. Adoraba eso.

Claribel Alegría en una entrevista en Radio Universidad,
Managua (2000)

Con Bud Flakoll,
Claribel Alegría
y Carol Dunlop,
c. 1980

Cocinar

En general da pruebas de un cierto genio para la cocina, aunque le puede ocurrir pecar por exceso de imaginación. Si usted sabe que tiene la intención de preparar una tarta de manzana, por ejemplo, es más prudente esconder los frascos que contienen paprika, albahaca, coriandro y tomillo.

De "Extractos del Manual de los Lobos",
en Los autonautas de la cosmopista

Conducir

El monitor que me enseñó a manejar me dijo que si un día me estrellaba, lo único que podía salvarme de los complejos era saltar lo antes posible a otro auto y seguir manejando como si no hubiera pasado nada.

De La vuelta al día en ochenta mundos

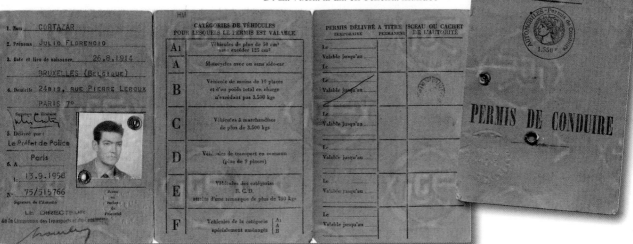

Conejitos

El cuento de los conejitos –"Carta a una señorita en París"– coincidió con una etapa de neurosis bastante aguda. Ese departamento al que llego y donde vomito un conejo en el ascensor (digo vomito porque está narrado en primera persona) existía tal cual se lo describe, y a él fui a vivir en esa época y en circunstancias personales un tanto penosas. Escribir el cuento también me curó de muchas inquietudes. Por eso, si se quiere, los cuentos fantásticos ya eran indagaciones, pero indagaciones terapéuticas, no metafísicas.

De Luis Harss: "Julio Cortázar, o la cachetada metafísica"

A B C D E F G H I J K L M N O P Q R S T U V W X Y Z

Corregir

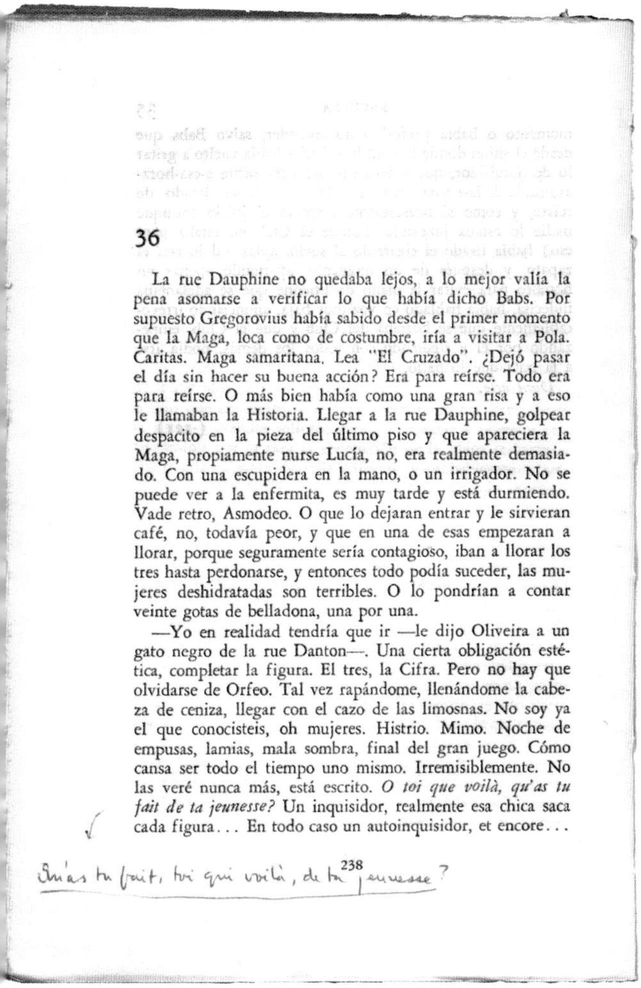
36

La rue Dauphine no quedaba lejos, a lo mejor valía la pena asomarse a verificar lo que había dicho Babs. Por supuesto Gregorovius había sabido desde el primer momento que la Maga, loca como de costumbre, iría a visitar a Pola. Caritas. Maga samaritana. Lea "El Cruzado". ¿Dejó pasar el día sin hacer su buena acción? Era para reírse. Todo era para reírse. O más bien había como una gran risa y a eso le llamaban la Historia. Llegar a la rue Dauphine, golpear despacito en la pieza del último piso y que apareciera la Maga, propiamente nurse Lucía, no, era realmente demasiado. Con una escupidera en la mano, o un irrigador. No se puede ver a la enfermita, es muy tarde y está durmiendo. Vade retro, Asmodeo. O que lo dejaran entrar y le sirvieran café, no, todavía peor, y que en una de esas empezaran a llorar, porque seguramente sería contagioso, iban a llorar los tres hasta perdonarse, y entonces todo podía suceder, las mujeres deshidratadas son terribles. O lo pondrían a contar veinte gotas de belladona, una por una.

—Yo en realidad tendría que ir —le dijo Oliveira a un gato negro de la rue Danton—. Una cierta obligación estética, completar la figura. El tres, la Cifra. Pero no hay que olvidarse de Orfeo. Tal vez rapándome, llenándome la cabeza de ceniza, llegar con el cazo de las limosnas. No soy ya el que conocisteis, oh mujeres. Histrio. Mimo. Noche de empusas, lamias, mala sombra, final del gran juego. Cómo cansa ser todo el tiempo uno mismo. Irremisiblemente. No las veré nunca más, está escrito. *O toi que voilà, qu'as tu fait de ta jeunesse?* Un inquisidor, realmente esa chica saca cada figura... En todo caso un autoinquisidor, et encore...

Qu'as tu fait, toi qui voilà, de ta jeunesse?

238

orrección manuscrita n la primera edición e *Rayuela*, que fue ncorporada en las guientes

En cuanto a la revisión y la corrección de lo escrito, creo que con los años la cosa va cambiando; de joven escribía de un tirón y después "trabajaba" el texto ya enfriado, pero ahora tardo más en escribir, dejo que las cosas se preparen y organicen en esa región entre sueño y vigilia donde laten los pulsos más hondos, y por eso corrijo menos en la relectura. Algún crítico me reprocha una sequedad que antes no tenía; puede ser que los lectores sigan prefiriendo algo más jugoso, pero al final de mi camino me gusta más un haikú que un soneto, y un soneto más que una oda; tal vez porque tanta rutina y entusiasmo sobre el barroco latinoamericano ha terminado por afirmarme en ese horror a las volutas que ya denunciaba en *Rayuela* (donde las volutas no faltan, digámoslo antes de que usted lo piense).

De Encuesta a la Literatura Argentina Contemporánea

A mí me reprochan todo el tiempo mi manera de poner (o más bien de no poner) comas. Cosa de respiración, y en tu caso vaya a saber el motivo. Me acuerdo que mientras lo ayudaba a Lezama Lima a revisar la edición mexicana de *Paradiso*, le dije: "Hay páginas en que has metido demasiadas comas, que rompen el sentido de las frases y complican las cosas". Me contestó: "Lo que pasa es que como soy asmático, mi ritmo de escritura tiene que coincidir con mi ritmo respiratorio". Me dejó K.O. de una sola piña, no te parece?

De una carta a Juan Martini, 20 de mayo de 1980

Cada vez que recibo pruebas de imprenta de un libro de cuentos mío hay siempre en la editorial ese señor que se llama "El corrector de estilo" que lo primero que hace es ponerme comas por todos lados. Me acuerdo que en el último libro de cuentos que se imprimió en Madrid (y en otro que me había llegado de Buenos Aires, pero el de Madrid batió el récord) en una de las páginas me habían agregado treinta y siete comas, ¡en una sola página!, lo cual mostraba que el corrector de estilo tenía perfecta razón desde un punto de vista gramatical y sintáctico: las comas separaban, modulaban las frases para que lo que se estaba diciendo pasara sin ningún inconveniente; pero yo no quería que pasara así, necesitaba que pasara de otra manera, que con otro ritmo y otra cadencia se convirtiera en otra cosa que, siendo la misma, viniera con esa atmósfera, con esa especie de luces exterior o interior que puede dar lo musical tal como lo entiendo dentro de la prosa. Tuve que devolver esa página de pruebas sacando flechas para todos lados y suprimiendo treinta y siete comas, lo que convirtió la prueba en algo que se parecía a esos pictogramas donde los indios describen una batalla y hay flechas por todos lados. Eso sin duda produce sorpresa en los profesionales que saben perfectamente dónde hay que colocar una coma y dónde es todavía mejor un punto y coma que una coma. Sucede que mi manera de colocarlas es diferente, no porque ignore dónde deberían ir en cierto tipo de prosa sino porque la supresión de esa coma, como muchos otros cambios internos, son –y esto es lo difícil de transmitir– mi obediencia a una especie de pulsación, a una especie de latido que hay mientras escribo y que hace que las frases me lleguen como dentro de un balanceo, dentro de un movimiento absolutamente implacable contra el cual no puedo hacer nada: tengo que dejarlo salir así porque justamente es así que estoy acercándome a lo que quería decir y es la única manera en que puedo decirlo.

De Clases de literatura

Los Cortázar

De izquierda a derecha y de arriba abajo: con la hermana,
el padrastro, la madre, la esposa y la abuela

Qué familia, hermano.
Ni un abuelo comodoro, ni una carga
deca
balle
ría,
nada, ni un cura ilustre, un chorro,
nadie en los nombres de las calles,
nadie en las estampillas,
minga de rango,
minga de abolengo,
nadie por quien ponerse melancólico
en las estancias de los otros,
nadie que esté parado en mi apellido
y exija de la estirpe
la pudorosa relación: "Aquel Cortázar,
amigo de Las Heras...".
Ma qué Las Heras,
no tuvimos a nadie, ni siquiera
en Las Heras (la Penitenciaría
que ya tampoco existe, me contaron).

De "Los Cortázar", en Último round

Cosmopista

Volveremos a París el 1 de septiembre, y llegaremos el 3 de octubre. Sí, has leído bien. Treinta y dos días de viaje. Es nuestro secreto, pero nos gusta que ustedes lo compartan. Hemos decidido recorrer la autopista Marsella-París deteniéndonos a razón de 2 parkings por día, y como hay 75... La idea parece loca y estúpida, pero a nosotros nos encanta pensar que durante un mes nadie sabrá dónde estamos y, entre tanto, leeremos y escribiremos aprovechando las instalaciones de Fafner (debidamente equipado para tan duro "safari": frigo à butane, une petite merveille, fauteuils pliants et confortables, etc.). Nuestro plan es divertirnos escribiendo un libro en colaboración, que luego cada uno traducirá al español y al francés respectivamente, y que podrá llamarse, por ejemplo, *Marseille-Paris par petits parkings*. Será un almanaque más, con todo lo que se nos ocurra poner dentro, pero además será muy científico, sí señora: informes sobre los parkings, fotografías documentales, algo así como una crónica de exploradores polares. Fíjate que la cosa tiene sus problemas, porque hay que pensar muy bien en materia de conservas, medicamentos, repuestos, etc.; en los parkings se pueden comprar muchas cosas, pero si se te acaba el butagaz, por ejemplo, no creo que vendan botellas. O sea que estamos organizándonos con gran espíritu científico, y eso deberá quedar reflejado en el libro. Bueno, ahora sí tienes permiso para reírte todo lo que quieras.

De una carta a Laure Guille-Bataillon, 9 de agosto de 1981

Fotos de Cortázar y Carol Dunlop tomadas en la cosmopista, 1981

Tickets de peaje de la autopista París-Marsella conservados por Cortázar

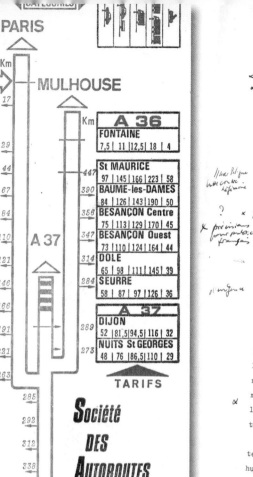

319

ex 182

Post-scriptum, diciembre de 1982.

Lector, tal vez ya lo sabes: Julio, el Lobo, termina y ordena solo este libro que fue escrito como un pianista toca una sonata, dos manos unidas en una sola búsqueda de gracia y de hermosura. Apenas terminada nuestra expedición volvimos a nuestra vida militante y partimos a Nicaragua, donde había y hay tanto que hacer. Carol reanudó su trabajo de fotógrafa mientras yo escribía artículos para mostrar en todos los horizontes posibles la verdad y la grandeza de la lucha de un pequeño pueblo que infatigablemente continúa su viaje hacia la dignidad y la libertad. También allí encontramos felicidad, ya no solos en los paraderos del París-Marseille sino en el contacto cotidiano con mujeres y hombres que miraban como nosotros hacia adelante. Allí la Osita empezó a declinar, víctima de un mal que creímos pasajero porque en ella la voluntad de la vida era más fuerte que todos los pronósticos, y yo compartía su coraje como siempre compartí su luz, su risa, su enamorada vivencia del sol, del mar y de la esperanza en un futuro más hermoso. Volvimos a París llenos de planes: terminar juntos el libro, dar sus derechos al pueblo nicaragüense, vivir, vivir todavía más intensamente. Siguieron dos meses que nuestros amigos rodearon de cariño, dos meses en que rodeamos a la Osita de ternura y en que ella nos dio cada día ese valor que nos iba abandonando. La vi emprender lentamente su viaje solitario, allí donde yo ya no podía acompañarla, y el 2 de noviembre se me fue de entre las manos como un hilito de agua, sin aceptar que los demonios dijeran la última palabra, ella que tanto los había desafiado y combatido en estas páginas.

A ella le debo, como le debo lo mejor de mis últimos años, terminar solo este relato. Sé que habría hecho lo mismo si me hubiera tocado precederla en su partida, y que su mano escribe

353

320

unida a la mía estas palabras finales en las que el dolor no es, no será nunca más fuerte que la vida.

Los derechos de autor de este libro son para el pueblo de Nicaragua.

Barcelona, Muchnik Editores, 1983; México, Nueva Imagen, 1984

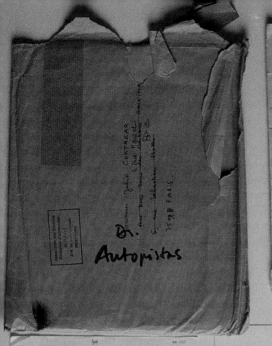

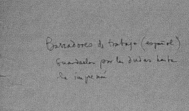

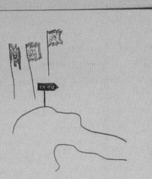

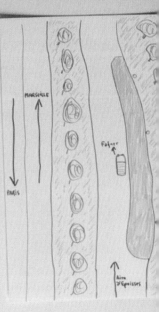

Materiales usados para
la preparación del libro

Crítica

–Yo te voy a decir una cosa, Evie. Yo creo que no he escrito nada intelectual. Algunas derivaciones son intelectuales, por ejemplo en *Rayuela*, cuando se parte de un hecho concreto y los personajes empiezan a hablar, entonces se lanzan a la teoría. Bueno, tú y yo ahora también podemos teorizar si queremos. Pero siempre es una especie de segunda etapa. Yo no he nacido para lo teórico.

–Parece que en tu obra lo teórico está al margen de lo principal.

–Absolutamente, yo creo que tienes razón. Por eso siempre me molesta cuando las gentes que me hacen entrevistas, me piden muchas precisiones críticas, como si yo fuera Angus Wilson o Jean-Paul Sartre o Borges, alguien con una gran capacidad crítica. Yo no la tengo; tengo intuiciones.

De Evelyn Picon Garfield: Cortázar por Cortázar

Cronopios

Es mi cronopio más querido, completamente verde y lleno de inteligencia. Entérense de que en Estocolmo hay un grupo de españoles de izquierda que hace más de diez años fundaron un Club de los Cronopios; nunca he podido ir a verlos pero no importa porque lo mismo estamos juntos, cosa que muchos no comprenden si no te ven la cara todos los días. Cuando Pablo Neruda volvió de recibir el Premio Nobel, me contó que los del Club le regalaron un cronopio de felpa roja, que él guardaba con cariño y que naturalmente le habrán quemado en Chile. Unos días después me llegó un paquete postal, con un cronopio verde; creo que comprenderán ahora por qué lo tengo en los brazos, por qué lo guardaré siempre conmigo.

De Papeles inesperados

Cuba

... te diría, aunque parezca una cosa literaria y un poco narcisista que, a mi manera, a mi pobrecita manera, tuve mi camino de Damasco. No me acuerdo muy bien de lo que pasó en ese camino, creo que Saulo se cayó del caballo y se convirtió en Pablo, ¿no? Bueno, yo también me caí del caballo y eso sucedió con la Revolución cubana.

–*Cuando usted fue a Cuba en 1961.*

–Exacto. Yo había seguido a través de los periódicos la lucha cubana, desde 1959, a través de los periódicos, y había algo ahí que me parecía diferente. Después de ocho o nueve años de vida en París, evidentemente, yo había ido madurando sin darme cuenta de ello, porque el melocotón no sabe que madura, y el hombre, tampoco. Y, de golpe, se produce la Revolución cubana, y a mí me atrajo, y busqué la manera de ir, de conseguir entrar, que no era fácil, y, de golpe, eso fue: ahí me caí del caballo. Porque, por ejemplo, las manifestaciones peronistas en Buenos Aires me producían espanto; yo me encerraba en casa y escuchaba una sonata de Mozart mientras afuera gritaban: "¡Perón, Perón, Evita, Evita!". Bueno, pues de golpe, en La Habana, asistí a una inmensa manifestación –y cuando dice inmensa está claro que quiere decir inmensa–, donde Fidel hacía un discurso, y allí me sentí profundamente feliz, en aquella especie de comunión. Y me dije: hombre, lo de Buenos Aires me causaba espanto, esa congregación de gentes del pueblo, y aquí me siento identificado. A partir de ahí, la autocrítica continuó de forma encarnizada.

De la entrevista de Rosa Montero: "El camino de Damasco de Julio Cortázar" (1982)

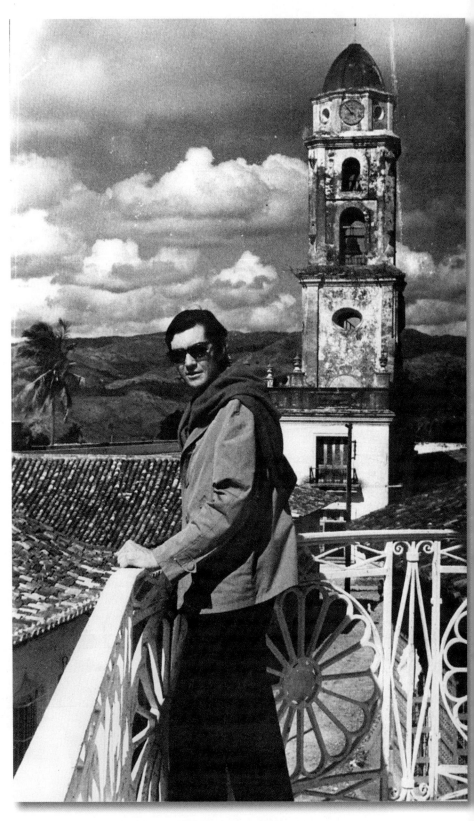

Cubidad

En un cuento que nadie que yo conozca parece haber entendido ["Anillo de Moebius"], se habla de un estado extratemporal y espacial que sigue a la muerte violenta; entre las imágenes que buscan fijar el vértigo de esa fluencia inmóvil vuelve con fuerza la de la cubidad, un sentirse en un estado cubo, ser parte del cubo como el insecto apresado en la masa del plexiglás, y a la vez ser el cubo, la cubidad en sí.

Ahora (ahora es esta noche de fiebre) la deformación profesional proyecta en la duermevela algo de ese sentimiento a la escritura; después de haber escrito mentalmente largas frases que se encadenan y alternan con las punzadas lancinantes de la jaqueca en plena noche, hay la visión perfectamente natural de mí mismo en una enorme sala de altas paredes en cuyo suelo se acumulan enormes cubos de una materia opaca, como poliestireno de embalaje. Sin necesidad de saberlo, sé que es el equivalente de las cajas de cubos para niños, con letras o figuras o números; escribir es ir sacando al azar un cubo tras otro y alinearlos para ver nacer la continuación de ese texto que me había dictado a mí mismo hasta ese momento. Como en tantos sueños (sueños de escritor, presumo), el texto es una culminación, un arribo a la obra última; lo escribo –lo veo escribirse– sabiendo lo que dice y que me colma como ningún texto de la vigilia, y a la vez con una especie de entendimiento negativo de que apenas despierte no recordaré ni siquiera la primera palabra. Pero eso no importa, puesto que estoy escribiendo el texto con los cubos, esa creación se basta a sí misma y no hay ninguna profesionalidad en el proceso. Durará y durará, los cubos irán abandonando la parte del salón donde se acumulaban y ordenándose en líneas de escritura; durante un tiempo inmensurable el texto crecerá como una gigantesca página tendida en el suelo. En algún momento saldré de todo eso para encontrarme en otra casilla de ese juego de Go, de ese autoajedrez; imposible saber ya dónde, haciendo qué. *Other voices, other rooms.*

De Cuaderno de Zihuatanejo.
El libro. Los sueños.

Daniel

Hermano ausente, viejo cachalote de altura, miseria
de una ruptura meridiana, cuando hubiéramos podido
ver tanto puente desde tanto vino y tanta noche, hermano
imbécil, pero cuánto menos que éste aquí, llorándote.

Hermano ajeno, cómo nos dejamos
maniobrar por arpones de puntillas, por espejos
para topos, sin saber
desentrañar las manos de una vaga justicia,
sin entender que la razón no estaba en nuestro bando,
que tan sólo la sangre, que tan sólo la vida
pasada, los juegos y las copas y tanta madrugada compartida
eran lo que contaba.
Cruzamos las espadas con los ojos vendados,
caímos como autómatas que otra mano remonta.

Hermano ausente, amigo viejo, inútil enemigo,
nos moriremos lejos, no hablaremos más de cosas frágiles,
no sabremos del otro más que la imagen terca
que vuelve por los sueños y es la dicha otra vez,
hermano tonto, hermano tonto, cuánta baba
nos hizo un mar entre los dos, nos hizo un tiempo
de ronco y falso olvido.

En Obras completas, IV

Aurora Bernárdez y Daniel Devoto

el fruto
pasa

el árbol
queda

Ex libris de Daniel Devoto

Deporte

—A mí no me gustan los deportes multitudinarios, el fútbol, el béisbol, el rugby, donde once jugadores enfrentan a once. Me gustan los individuales, por ejemplo el tenis en singles y el boxeo en donde hay un hombre frente a otro. No sé, pero no me interesa cuando el espectáculo se dispersa.

—¿Tal vez porque eres una persona solitaria, individual, y no te gusta un ambiente social donde hay que jugar con otros colectivamente?

—Sí, quizás sea eso. Es también más profundo. Son dos destinos que se juegan el uno contra el otro. En un partido de fútbol, o de rugby, es un equipo contra otro y el que gana o el que pierde, nunca tiene responsabilidad individual. Todo se diluye, jugaron bien, jugaron mal, éste estuvo bien, éste estuvo mal, pero no hay la plena responsabilidad.

De Evelyn Picon Garfield: Cortázar por Cortázar

Deshoras

Originales del libro

Me decís que no entendés el nombre *Deshoras* de mi nuevo libro. Bueno, ya sabés que existe la expresión "llegar a deshora", o sea fuera de la hora fijada. Yo lo uso en plural, o sea que en todos los cuentos del libro, de una manera u otra, hay cosas que suceden a deshora, antes o después del momento en que hubieran debido ocurrir. Y por eso pongo la palabra en plural para que abarque el total de los cuentos.

De una carta a la madre, 19 de marzo de 1983

Diálogo

México, Siglo XXI, 1970

Buenos Aires, junio de 1970 (Incluye el inicio de la polémica)

Sigo creyendo en el diálogo, siempre que no sea imbécil (claro que entonces ya no es un diálogo); en ese sentido, la segunda carta de Collazos publicada en *Marcha* y dirigida directamente a mí, me gustó mucho. Creo que Collazos, defendiendo siempre sus posiciones, afinó bastante mejor la puntería en su segundo trabajo, y eso solo bastaría para justificar nuestro cambio de impresiones. Por supuesto, en todas partes hablan de "polémica" y no faltan quienes buscan presentarnos como feroces enemigos; por suerte no es así, muy al contrario, y sigo convencido de que todos debemos seguir diciendo lo nuestro como lo hicieron ustedes en esa mesa redonda que publicaste en la revista, y como lo hemos hecho Collazos y yo. Ahora acabo de enterarme de que Orfila va a reunir los textos en un librito; también será útil para Cuba y para toda la América Latina.

De una carta a Roberto Fernández Retamar, 4 de mayo de 1970

A B C D E F G H I J K L M N O P Q R S T U V W X Y Z

Diario

1

Me revientan estos mocos mentales. También los japoneses se suenan en papeles. "Diario de vida", vida de diario. Pobre alma, acabarás hablando _journalese_. Ya lo hacés a ratos.

Un tanguito alentador:

> "Seguí no te parés,
>
> Sabé disimular —"

Y este verso de Eduardo Lozano:

> Mi corazón, copia de musgo.

Lo que se da en llamar "clásico" es siempre cierto producto logrado con el sacrificio de la verdad a la belleza.

Esperando un ómnibus en Chacarita. Tormenta, cielo bajo sobre el cementerio. Cumpliendo la cola me quedo largo rato mirando la copa de los árboles que preceden el peristilo. Una línea continua de copas (el cielo gris la ahonda y purifica), ondulando graciosa como al borde de las nubes. En lo alto del peristilo el ángel enorme se cierne entre los perfiles de árbol; parece como si apoyara el pie sobre las hojas. Un segundo de belleza perfecta, luego gritos, trepar al ómnibus, córranse más atrás, de quince o de diez, la vida. Adiós, hermosos, un día descansaré ceñido por ese encaje delicado que me protegerá por siempre de los ómnibus.

(La tierna idiotez de algunas frases. Suspiros verbales).

Sólo me interesan los primitivos y mis contemporáneos, Simone Martini y Gischia, Guillaume de Machaut y Alban Berg. Del siglo XVI al XIX tengo la impresión de que el arte no está bastante vivo ni bastante muerto.

Buenos Aires, Alfaguara, 1995

Unilateralidad, monovía del hombre. Se siente que vivir significa proyectarse en un sentido (y el tiempo es objetivación de esa línea única). No se puede sino avanzar por una galería donde las ventanas o las detenciones son lo incidental en el hecho que importa: la marcha hacia un extremo que (desde que la galería somos nosotros mismos) nos va alejando más y más de la partida, de las etapas intermedias – Es oscuro y no sé decirlo: sentir que mi vida y yo somos dos cosas, y que si fuera posible quitarse la vida como la chaqueta, colgarla por un rato de una silla, cabría saltar planos, escapar a la proyección uniforme y continua. Después ponérsela de nuevo, o buscarse otra. Es tan aburrido que sólo tengamos una vida, o que la vida tenga una sola manera de suceder. Por más que se la llene de sucesos, se la embellezca con un destino bien proyectado y cumplido, el molde es uno: quince años, veinticinco, cuarenta – la galería. Llevamos la vida como los ojos, puesta de modo tal que nos conforma; los ojos ven el futuro del espacio, como la vida es siempre la delantera del tiempo.

Hilozoísmo, ansiedad del hombre por vivir cangrejo, vivir piedra, ver-desde-una-palmera. Por eso el poeta se enajena.

Lo que subleva es saber que repito una misma galería, un modelo único desde siempre. Que no hay individuos sino en el accidente; en lo que verdaderamente cuenta,

nos merecemos la guía del teléfono, así apareados, así columbarios simétricos,

la misma cosa, la misma galería.

Esto no es misantropía. Ni regateos al vivir, bella Cosa. Es mi parte de ser universal. ¿Panteísmo? Panantropismo. Pero no porque quiera serlo todo, vivir-mundo; lo que deseo es que el mundo sea yo, que no haya límites para mi asomo vivo. Argos, ¿todo ojos?

Todos los ojos, Argos.

_De_ Diario de Andrés Fava

Dibujar

Te lo diré francamente: apenas miro unos cuantos dibujos que me gustan siento que yo también, qué diablos, al final no es para tanto, cuestión de insistir y de técnica, tampoco ellos sabían al comienzo y mirá lo que les empezó a salir, pasa que uno está deformado por otras actividades, pierde el tiempo con las palabras o las ideas, sobre todo con las palabras. Gran rapto de decisión, habría que verme en esos momentos, taxi a la papelería donde empleada estupefacta empaqueta kilos de plumas, resmas, tintas y siempre alguna que otra cosa cuyo destino y funciones me son perfectamente desconocidos pero que conviene tener a tiro por las dudas, ya otros han dicho que la mano aprende por su cuenta si se la deja, y entonces en una de ésas agarra el aparato y cuando te das cuenta tenés a las señoritas de Avignon en mucho mejor, hay que darle su chance al azar y a la paciencia, no te parece.

La paradoja es que si yo pudiera hacerte un dibujo para mostrar la forma en que procedo, más de cuatro temblarían, pero al final son ellas, las malditas escolopendras que empecinadamente se ponen en fila para explicar (¡explicar!) las cosas. Me resigno, a lo mejor estas imbéciles son capaces de darte una idea de cómo dibujo, es más o menos algo que empieza con una mesa llena de libros, vasos y ceniceros bruscamente tirados al suelo para dejar un espacio sagrado, una arena siberiana si me aceptás el símil. Casi siempre elijo la tinta china y un pincel gordo porque son cosas que ayudan harto cuando no se es Alberto Durero, y entonces plaf, una espléndida forma central de la que deberían ir saliendo diversos plups, smunkts y vloufs, pero ya de entrada la chorreadura y el desenfreno pánico cunden a tal punto que por cada plup se ven surgir cuatro o cinco schlajs, cuya repugnante tendencia a entrelazarse con los smunkts y los vloufs es una de esas cosas que me sumen en la tarantulación más espasmódica. Eso sí, nunca dispuesto a dejarme ganar de mano por casualidades no provocadas, ataco de lleno con el sistema galáctico y crepitante cuya técnica procede directamente de David (el que mató a Goliat, no el pintor), y el pincel-honda reduce con una granizante viruela negra los sectores más perjudicados por los schlajs. Pero ya ni esto basta, una posesión dionisíaca me enardece a tal punto que nada de lo pictórico me es ajeno en la lucha, en la diluviante contraofensiva; hay un momento en que media docena de pinceles corren de un lado a otro, algunos con tinta y otros por el suelo, llega ese minuto horrible en que se descubre que el codo no entra en el frasco chino o que es difícil estampar ideogramas con los botones del chaleco sin que el tintorero se rehúse a recibir prendas que degradarán su profesión. Este zapato que esgrimo como una maza de armas para aplastar a los schlajs desencadenados por un hondazo demasiado relleno, veinte dedos atajando diversos arroyuelos que estropearán el único vlouf realmente logrado, la nariz con que trazo un foso infranqueable en torno de un esbelto smunkt, ¿alcanzarán a mostrar mis ambiciones, mis esfuerzos, mis dibujos?

"Cada cual como puede", en Territorios

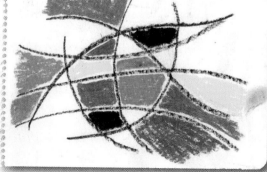

Dibujos de Cortázar

Dinero

Usted me conoce un poco; de estar yo solo, sé bien que en Buenos Aires encuentro trescientos pesos mensuales con sólo chasquear los dedos. Pero está mi gente, por la cual vengo soportando ya cerca de ocho años de destierro; esa gente indefensa en absoluto, por ancianidad o por deficiencia física, que dependen en un todo de mi cheque mensual.

De una carta a Mercedes Arias, 29 de julio de 1944

Maldito dinero y maldito trabajo, cómo nos fastidia a todos.

De una carta a Jean Barnabé, 27 de junio de 1959

A mí me admiraban mucho en la Cámara del Libro, pero me pagaban muy mal hasta que armé un boche padre y de golpe me doblaron el sueldo y quisieron darme una comida, que rechacé con un gesto de Cincinato, única manera de no soltar la inminente puteada que florecía entre los incisivos.

De una carta a Paco Porrúa, 30 de octubre de 1964

Paul, hiciste muy bien en pedirle 50 dólares al profesor horrendo como tú lo llamas. Seguramente no los pagarán, pero a lo mejor sí, porque yo soy tan FAAAAMOSO en Latin America, que mis cuentos ya valen bastante dinero.

De una carta a Paul Blackburn, 9 de enero de 1965

Te diré, Paul, que me convendría tener en adelante una idea más clara de mis finanzas, porque como recibo más dinero que antes de México, la Argentina y ahora de los Estados Unidos, confío en poder trabajar menos en la Unesco y otras mierdas, pero para eso necesito llevar un mejor control de mis finanzas.

De una carta a Paul Blackburn, 19 de noviembre de 1968

Cuando no recibo bastante dinero por mis libros o discos, me voy de nuevo a traducir bodrios a la Unesco; lo importante es no "profesionalizarse" en el mal sentido de la palabra.

De una carta a Héctor Yánover, 26 de mayo de 1970

Billetera de Cortázar

Libreta bancaria de Cortázar

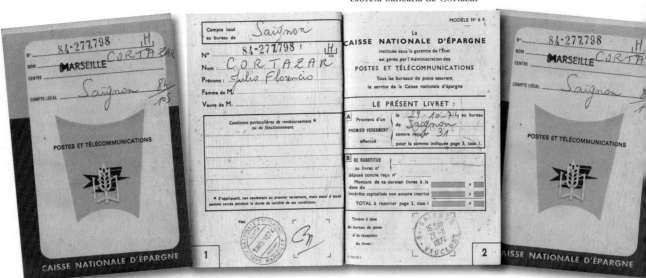

Montevideo,
Laberinto,
1967

Washington,
Library of
Congress,
1967

Ciudad
de México,
UNAM,
1968

uenos Aires,
AMB, 1970

La Habana,
Casa de las
Américas,
1978

Discos

La idea de grabar un disco de manera más o menos académica, leyendo un texto tras otro con esa sensación de cosa muerta que dan los discos de escritores, no me gusta demasiado. En el fondo siempre es más interesante escuchar a un escritor si lo entrevistan en la radio, en la medida en que las pausas, las equivocaciones, su respiración, todo eso es una cosa mucho más viva, una presencia mucho más convincente. En definitiva creo que esta negativa a grabar un disco así, de tipo académico, se conecta con la negativa —un poco más importante para mí— a escribir cosas de tipo académico. Es decir que en la medida de lo posible me gusta que haya un contacto entre el que me va a leer y yo mismo; no porque yo escriba pensando en que alguien me va a leer sino porque siempre he tenido la impresión de que el hecho mismo de ponerme a escribir significaba de alguna manera una tentativa de contacto, no con personas definidas, no con lectores definidos, probablemente conmigo mismo o con un realidad ajena y exterior con la que se busca precisamente el contacto para que llegue a ser un poco menos ajena y exterior.

La verdad es que tengo muchos discos grabados por poetas y novelistas y siempre me ha molestado eso de sentir que a un señor lo sientan en una silla en un estudio de grabación y él ha preparado ya determinados textos y hay un gran silencio y luego sale una voz así como de la nada, una voz que parece ya muerta; y del otro lado habrá un día un señor que comprará el disco, lo escuchará en casa y será un poco también como si él estuviera muerto cuando lo escucha. Por eso esta especie de introducción: porque prefiero incluso improvisar en las lecturas que voy a hacer. Más vale leer mal siendo uno mismo que pretender igualar a un buen lector profesional, sobre todo porque quisiera sentirme un poco como si estuviera en la misma habitación donde usted oye ahora este disco, y cuando digo usted, usted no existe para mí y sin embargo vaya si existe porque usted y yo somos este encuentro de tiempos y espacios distintos, una anulación de esos tiempos y esos espacios, y eso es siempre la palabra y la poesía.

Digamos entonces que estamos juntos y yo tengo unos cuantos papeles y voy a leer algunos como vayan saliendo.

Transcripción de las palabras introductorias
improvisadas en la grabación de
Cortázar lee a Cortázar

Discoteca

Tuve que vender íntegra mi discoteca de jazz (no sonría mefistofélicamente) y le aseguro que me fue un dolor grande, porque ese tipo de disco es irreemplazable. Yo la había empezado en 1933, con mis primeros pesos; con otros estudiantes amigos nos reuníamos en un sótano, con una victrola a cuerda, para escuchar a Louis Armstrong y a Duke Ellington. Después pude agregar otras cosas, y llegué a tener unos doscientos discos de primera línea. Realmente ahora no sabía qué hacer; a mis amigos no les interesa el jazz, de manera que prestar esos discos era imposible. Por otro lado alguien me ofreció un precio conveniente por el total. Yo miré el asunto metafísicamente, y descubrí que mi deseo de conservar los discos obedecía al maldito sentimiento de propiedad que es la ruina de los hombres. La vendí a ojos cerrados, cierto que sufriendo mucho (el saber que no se está errado no causa ningún placer ni alivia la sensación de desgarramiento y de pérdida). Después me puse a distribuir discos de los otros entre amigos que podrán aprovecharlos. Vendí muchos, y los otros, los más queridos, los puse en manos que sabrán oírlos. Me gusta pensar que en algunas noches de Buenos Aires, música que fue mía, crecerá en una sala, en una casa, y se hará realidad para gentes a quienes quiero.

De una carta a Fredi Guthmann, 8 de octubre de 1951

Te asombrará la cantidad de discos, ¿verdad? Son treinta años de irlos juntando uno por uno, puesto que sabés hasta qué punto amé siempre la música.

De una carta a la madre, 8 de noviembre de 1981

Discurso chino.

Señoras, señoritas, caballos del templo, señores y soldados:

Me siento menos honrado que inhibido frente a vuestra presencia, aunque estoy menos inhibido que honrado por las razones que la motivan. El arroz crece en los pantanos, pero la flor de loto exige el seno de las reinas. Como lo dijo una vez Confucio, en la mirada de los gatos hay menos estrellas que en la arena de las playas. Tratamos hoy los problemas del programa y del presupuesto, y debo comenzar diciendo que el espíritu sopla sobre los Números con tanta bondad como si fueran los juncos del Río Amarillo. El señor Presidente ha tenido la gentileza de concederme cinco minutos para hablar, y aunque lo que debería decir es como la Esfera de la Eternidad, de la que Li-Tai-Pé dijo que era un cuadrado vista por la inteligencia y un cubo vista por el alma, trataré de ser humilde y conciso. Mi Gobierno me ha encomendado inclinarme ante el Consejo Ejecutivo y repetirle que China confía en sus altas decisiones como las estepas del norte esperan la lluvia fertilizadora. Si en lugar del agua prometida llegan las mangas de langosta, ello se deberá a la infiltración de ideas impuras, pues como dice Kwan-Chei de la fuente a la mano caben muchos microbios. Que el cerezo en flor ayude a la abeja, y que los siete colores sagrados se pinten en vuestras frentes. He dicho.

Texto escrito durante una de las sesiones de la Conferencia General de la Unesco celebrada en Montevideo en 1954, obsequiado a Marta Llovet

Divertimento

—Me estoy perfeccionando notablemente en el arte de los poemas históricos —le dije a Marta que se había presentado lacia y tonta en mi departamento—. La influencia de tu notable hermano empieza a arrastrarme a excesos ponderables. He pasado de César Vallejo a Jorge Nuri con velocidad de cometa.

—Vallejo era una bestia —dijo elogiosamente Marta—. Nada más brutal que sus poemas. Pero Jorge es todavía mejor. Bueno, leémelos, y yo los voy escribiendo en taquigrafía, así conservo algo tuyo.

Acto seguido le obsequié los trozos que se consignan a continuación:

Something rotten in my left shoe

Hace ya tiempo que algo horrible me ocurre con el pie izquierdo. Cuando está descalzo parece contento y a veces se acalambra hasta que los dedos se separan y se ve la alfombra por entre ellos, cosa muy rara. Ahora bien, cuando ando por la calle y menos lo espero, de pronto es un agitarse dentro del zapato, siento que tirones inexplicables me envuelven el tobillo y suben por la pierna, oigo casi crujir los dedos y montarse unos en otros; vuelvo desesperado a casa (un día me descalcé en un mingitorio de confitería) y cuando me arranco el zapato y la media, tengo los dedos llenos de sangre, las uñas arrancadas, la media hecha pedazos, y en lo hondo del zapato hay como un olor de batalla, de sudor, de hombres cuerpo a cuerpo, que se buscan la muerte por el cuello.

Probablemente falso

Se caía siempre de las sillas y pronto advirtieron que era inútil buscarle sofás profundos o sillones con altos brazos. Iba a sentarse, y se caía. A veces para atrás, casi siempre de lado. Pero se levantaba sonriendo porque era bondadosa y comprendía que las sillas no estaban allí para ella. Se acostumbró a vivir de pie; hacía el amor parada, comía parada, dormía parada por miedo a caerse de la cama, que es una silla para todo el cuerpo. El día que murió tuvieron que introducirla furtivamente en el ataúd, y clavarlo de inmediato. Durante el velatorio se veía de tiempo en tiempo cómo el ataúd se inclinaba a los lados, y todos alababan el excelente criterio de los padres al clavarlo en seguida. Después que la enterraron los padres fueron a las mueblerías y compraron muchas sillas, porque mientras ella estuvo en la casa no era posible tener sillas ya que cada vez que ella quería sentarse se caía.

Exhumación

Sentía ganas de sonarme, y busqué mi hermoso pañuelo blanco donde la nariz se alegra de hallar un pulmón blandísimo y tibio. Me soné con todas mis fuerzas —siempre he sentido gran placer en sonarme— y cuando hube terminado y tuve libres las fosas nasales, retiré el pañuelo y me puse a gemir, porque en lugar de ambarinos charcos diminutos había en el pañuelo un espeso y oscuro montón de pestañas.

De Divertimento *(1949)*

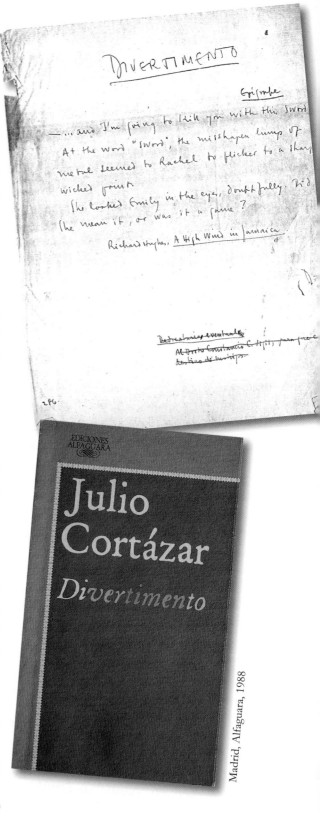

Madrid, Alfaguara, 1988

Doble

Una vez yo me desdoblé. Fue el horror más grande que he tenido en mi vida, y por suerte duró sólo algunos segundos. Un médico me había dado una droga experimental para las jaquecas —sufro jaquecas crónicas— derivada del ácido lisérgico, uno de los alucinógenos más fuertes. Comencé a tomar las pastillas y me sentí extraño pero pensé: "me tengo que habituar".

Un día de sol como el de hoy —lo fantástico sucede en condiciones muy comunes y normales— yo estaba caminando por la rue de Rennes y en un momento dado supe —sin animarme a mirar— que yo mismo estaba caminando a mi lado; algo de mi ojo debía ver alguna cosa porque yo, con una sensación de horror espantoso, sentía mi desdoblamiento físico. Al mismo tiempo razonaba muy lúcidamente: me metí en un bar, pedí un café doble amargo y me lo bebí de un golpe. Me quedé esperando y de pronto comprendí que ya podía mirar, que yo ya no estaba a mi lado.

El doble —al margen de esta anécdota— es una evidencia que he aceptado desde niño. Quizás a usted le va a divertir pero yo creo muy seriamente que Charles Baudelaire era el doble de Edgar Allan Poe. Y le puedo dar algunas pruebas, en la medida en que se puede dar pruebas de este tipo de cosas.

Primero hay una correspondencia temporal muy próxima, lo que no es muy importante pero de todas maneras tiene su sentido: porque no tiene mucha gracia imaginar que su doble haya sido un ateniense del siglo IV, ¿verdad? Lo que le da calidad dramática a la situación es que su doble esté ahora en Londres o en Río de Janeiro.

Baudelaire se obsesionó bruscamente con los cuentos de Poe a tal punto que la famosa traducción que hizo fue un *tour de force* extraordinario, ya que no era nada fuerte en inglés y en la época no había diccionarios con modismos norteamericanos.

Sin embargo Baudelaire, con una intuición maravillosa, jamás falla. Incluso cuando se equivoca en el sentido literal, acierta en el sentido intuitivo; hay como un contacto telepático por encima y por debajo del idioma. Y todo esto lo he podido comprobar porque cuando traduje a Poe al español siempre tuve a mano la traducción de Baudelaire.

Pero hay más: si usted toma las fotos más conocidas de Poe y de Baudelaire y las pone juntas, notará el increíble parecido físico que tienen; si elimina el bigote de Poe, los dos tenían, además, los ojos asimétricos, uno más alto que otro.

Y además: una coincidencia psicológica acentuadísima, el mismo culto necrofílico, los mismos problemas sexuales, la misma actitud ante la vida, la misma inmensa calidad de poeta.

Es inquietante y fascinante pero yo creo —y muy seriamente, le repito— que Poe y Baudelaire eran un mismo escritor desdoblado en dos personas.

De Ernesto González Bermejo:
Conversaciones con Cortázar

Elogio del tres

Querido Luis:

Aquí te va este texto para nuestro libro (digo "nuestro" con mucha pretensión, porque mi aporte es sobre todo una presencia de amistad y admiración, pero sé que para vos el resultado será eso, algo nuestro).

Trabajé como lo hago siempre en casos análogos. Miré y miré mucho tus composiciones, las tuve varios días como una baraja de póker sobre mi mesa, y cuando sentí el ritmo y vi que del uno se pasaba al dos, del dos al tres y que a partir de ahí el tres empezaba a jugar manteniéndose siempre en tres, el texto nació solito, y el parto fue absolutamente sin dolor. A mí me gusta mucho, dicho sea con mi habitual desenvoltura. Creo en mi instinto de poeta, y cuando algo me gusta sé que puedo dejarlo ir solo.

Orgánicamente, verás que el poema nació en bloques (estrofas, pero yo los veo como bloques tipográficos). Creo que es una gran ventaja para que Honnegger y vos puedan distribuirlos tipográficamente de una manera rítmica. Hice la copia usando solamente mayúsculas porque así se evitan los acentos y las mayúsculas al comienzo. Tampoco hay puntos que cierren. El ojo reconocerá por sí mismo el ritmo y hará las pausas necesarias al pasar de un bloque al siguiente.

Hay una posibilidad, que ya hablaremos. Cuando en el sentido de algunos versos hay una coma (que aquí no he puesto) pienso que quizá se podría separar un poco más las palabras para que el ojo reconozca la coma, o sea la pausa, y entonces el sentido se vuelve más claro. Un ejemplo:

Estos versos te los he copiado así:

        Y DEL EDEN Y DEL CASTIGO
        NACIO EL SUDOR NACIO LA MUERTE

Pero también podrían ir así:

        XXEEXXEEXXMXDEXXEXXXXO
        XXEIEXX   (no vale)

        Y DEL EDEN Y DEL CASTIGO
        NACIO EL SUDOR NACIO LA MUERTE

En este caso, el ojo registra una pausa (equivalente de una coma) entre "sudor" y "nació". O sea que la lectura se simplifica. Se trata de que vos me digas cuál fórmula preferís frente al problema de la composición tipográfica.

Bueno, ojalá que esto les guste un poco. Carol y yo volvemos el 29 a Paris y espero verte cuando tengas tiempo y ganas.

        Un gran abrazo,

Me quedo con la maqueta que me diste porque aquí en esta aldea no encuentro un sobre grande y sólido. Te la devuelvo en Paris.

Carta a Luis Tomasello, *c.* 1979

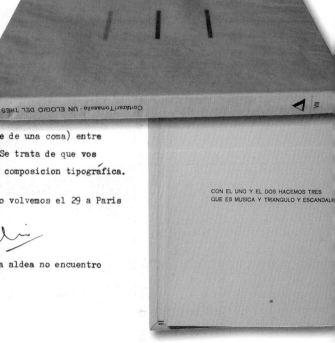

Zurich, Verlag 3, 1980

CON EL UNO Y EL DOS HACEMOS TRES
QUE ES MUSICA Y TRIANGULO Y ESCANDALO

El Encubridor

Ese que sale de su país porque tiene miedo,
no sabe de qué, miedo del queso con ratón,
de la cuerda entre los locos, de la espuma en la sopa.
Entonces quiere cambiarse como una figurita,
el pelo que antes se alambraba con gomina y espejo
lo suelta en jopo, se abre la camisa, muda
de costumbres, de vino, de idioma.
Se da cuenta, infeliz, que va tirando mejor, y duerme
a pata ancha. Hasta de estilo cambia, y tiene amigos
que no saben su historia provinciana, ridícula y casera.

A ratos se pregunta cómo pudo esperar todo ese tiempo
para salirse del río sin orillas, de los cuellos garrote,
de los domingos, lunes, martes, miércoles y jueves.
A fojas uno, sí, pero cuidado:
un mismo espejo es todos los espejos,
y el pasaporte dice que naciste y que eres
y cutis color blanco, nariz de dorso recto,
Buenos Aires, septiembre.

Aparte que no olvida, porque es arte de pocos,
lo que quiso, esa sopa de estrellas y letras
que infatigable comerá
en numerosas mesas de variados hoteles,
la misma sopa, pobre tipo,
hasta que el pescadito intercostal se plante y diga
basta.

De Salvo el crepúsculo

Entrevistas

Con Joaquín
Soler Serrano
en *A fondo*,
RTVE, 1977

Hacía uno de esos calores y para peor todo empezaba en seguida, conferencia de prensa con lo de siempre, ¿por qué no vivís en tu patria, qué pasó que *Blow-Up* era tan distinto de tu cuento, te parece que el escritor tiene que estar comprometido? A esta altura de las cosas ya sé que la última entrevista me la harán en las puertas del infierno y seguro que serán las mismas preguntas, y si por caso es *chez* San Pedro la cosa no va a cambiar, ¿a usted no le parece que allá abajo escribía demasiado hermético para el pueblo?

De "Apocalipsis de Solentiname"

Con Mercedes Milà,
Ricardo Utrilla
y Ernesto Cardenal,
TVE, 1983

Epígonos

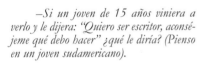

—*Si un joven de 15 años viniera a verlo y le dijera: "Quiero ser escritor, aconséjeme qué debo hacer" ¿qué le diría? (Pienso en un joven sudamericano).*

—A semejanza de los maestros Zen, trataría de romperle una silla en la cabeza. Es posible que el joven sudamericano comprendiera lo que hay detrás del silletazo; si a pesar de todo mi respuesta no le resultase lo bastante clara, le diría que el solo hecho de buscar consejos ajenos en materia literaria prueba su falta de verdadera vocación. Pero tal vez el silletazo resultara mortal y tendríamos un epígono menos, lo que es siempre una ventaja en nuestro país.

De Mario Vargas Llosa:
"Preguntas a Julio Cortázar" (1965)

Máquina de escribir que fue de Cortázar

En su departamento
en la rue Saint-Honoré,
marzo de 1979

Escribir

Morelliana.

¿Por qué escribo esto? No tengo ideas claras, ni siquiera tengo ideas. Hay jirones, impulsos, bloques, y todo busca una forma, entonces entra en juego el ritmo y yo escribo dentro de ese ritmo, escribo por él, movido por él y no por eso que llaman el pensamiento y que hace la prosa literaria u otra. Hay primero una situación confusa, que sólo puede definirse en la palabra; de esa penumbra parto, y si lo que quiero decir (si lo que quiere *decirse*) tiene suficiente fuerza, inmediatamente se inicia el *swing*, un balanceo rítmico que me saca a la superficie, lo ilumina todo, conjuga esa materia confusa y el que la padece en una tercera instancia clara y como fatal: la frase, el párrafo, la página, el capítulo, el libro. Ese balanceo, ese *swing* en el que se va informando la materia confusa, es para mí la única certidumbre de su necesidad, porque apenas cesa comprendo que no tengo ya nada que decir. Y también es la única recompensa de mi trabajo: sentir que lo que he escrito es como un lomo de gato bajo la caricia, con chispas y un arquearse cadencioso. Así por la escritura bajo al volcán, me acerco a las Madres, me conecto con el Centro —sea lo que sea. Escribir es dibujar mi mandala y a la vez recorrerlo, inventar la purificación purificándose; tarea de pobre shamán blanco con calzoncillos de nylon.

De Rayuela, *cap. 82*

Españoles

Siempre me maravillan los españoles, que se tutean a los cinco minutos y se declaran íntimos amigos al cuarto de hora… Y están convencidos, y a lo mejor es así.

De una carta a Jean Barnabé, 27 de junio de 1959

Acerca de la navegación de altura. Modelo de monólogo de Don José (verbatim).

(Desde luego no es que yo me crea capacitado para hablar de la navegación de altura, aunque como francés ((pues que ya sabe usted que yo tengo la ciudadanía francesa y que he pasado la mayor parte de mi vida en Francia (((vaya, que no es que yo no sea español ni mucho menos, pero mi cultura es sobre todo francesa ((((justamente recuerdo una vez en Montpellier, cenando con Leroy (((((ya sabe usted, Leroy, el gran especialista en derecho de gentes, un íntimo amigo mío, que, en fin no tiene importancia, pero me consultaba cada vez que tenía un problema complicado ((((((bueno, Leroy que me estimaba mucho y me llamaba mon cher maître)))))), me decía una vez (((((((estábamos cenando en Montpellier en el año 40 o 42, ya no recuerdo bien, yo estaba allí con la Resistencia ((((((((esto de la Resistencia lo digo de paso, pues no soy como esos que se jactan todo el tiempo de haber estado en la Resistencia, pero el hecho es que yo participé en una escala modesta, no quiero vanagloriarme pero en fin, tampoco puede uno callar esas cosas (((((((((y como le digo estábamos cenando en Montpellier con Leroy y con otros dos profesores de derecho, usted habrá oído nombrar a Rolland y a Pérez, en esa época yo era muy conocido por mi actuación en España cuando Manuel Azaña creó el Consejo de Jurisconsultos ((((((((((bueno, en realidad lo creé yo que era consejero personal de Azaña, que me llamaba por teléfono a cualquier hora para consultarme,

(Texto inédito)

Discurso en un acto por los derechos humanos, Madrid, 1980. Detrás, sentado, Rafael Alberti

Segovia, agosto de 1983

Espiral

En toda espiral hay un cronopio escondido.

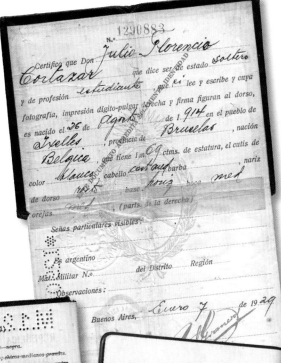

Estatura

... la vida me va quedando chica como los trajes cuando tenía doce años y cada semana crecía un par de centímetros.

De una carta a Jean Andreu,
23 de febrero de 1972

Estrellita

Se dibuja, así, una estrellita en lo alto de la página, y el campo operatorio queda claramente demarcado. La mano que empuña el bisturí desciende hacia una carne todavía virgen, la blanca piel que va a hendir mientras el cirujano escucha como desde muy lejos la profunda respiración del tiempo amarrado, anestesiado. ¿Pero quién duerme, quién escucha? Se entra ya en la trampa de otro dormir en el que se sueña que nos despertamos para empezar a escribir. Los verdaderos eslabones están como siempre en otra parte, de nada vale prever la danza porque todo se trunca, el bailarín es bailado, lo de abajo toma el lugar de lo de arriba y lo mima. Las cosas estaban tan bien calculadas, las dosis exactas, la luz precisa, el pentotal fulminante, la estrellita que habíamos dibujado en lo alto de la página. Nada había sido omitido para que esta blanca epidermis inviolada franquease el umbral de la iniciación entre balbuceos, rubores, efímeros rechazos. El sacerdote estaba ahí, ordenando los ritos. Todavía sigue inclinado sobre la víctima, multiplicando rabioso las incisiones paralelas. ¿Pero quién cumple realmente la tarea? ¿No hay nadie que le diga que también él está amarrado por las bandas de la oscura momia, por la sangre podrida de la raza que se obstina en destilar su fuerza en esas heridas, en esas palabras que él escribe bajo la esplendorosa ilusión de la libertad?

"Se dibuja una estrellita",
en Último round

El Examen

Buenos Aires, Sudamericana/Sudamericana-Planeta, 1986

Escribí *El examen* a mediados de 1950, en un Buenos Aires donde la imaginación poco tenía que agregar a la historia para obtener los resultados que verá el lector.

Como la publicación del libro era entonces imposible, sólo lo leyeron algunos amigos. Más adelante y desde muy lejos supe que esos mismos amigos habían creído ver en ciertos episodios una premonición de acontecimientos que ilustraron nuestros anales en 1952 y 53. No me sentí feliz por haber acertado a esas quinielas necrológicas y edilicias. En el fondo era demasiado fácil: el futuro argentino se obstina de tal manera en calcarse sobre el presente que los ejercicios de anticipación carecen de todo mérito.

Publico hoy este viejo relato porque irremediablemente me gusta su libre lenguaje, su fábula sin moraleja, su melancolía porteña, y también porque la pesadilla de donde nació sigue despierta y anda por las calles.

"Nota" de El examen, *novela que no se publicó hasta 1986*

Madrid, Alfaguara, 1987

A B C D E F G H I J K L M N O P Q R S T U V W X Y Z

Fafner

Y así, cada tanto dejo de trabajar y me voy por las calles, entro en un bar, miro lo que ocurre en la ciudad, dialogo con el viejo que me vende salchichas para almorzar porque el dragón, ya es tiempo de presentarlo, es una especie de casa rodante o caracol que mis obstinadas predilecciones wagnerianas han definido como dragón, un Volkswagen rojo en el que hay un tanque de agua, un asiento que se convierte en cama, y al que he sumado la radio, la máquina de escribir, libros, vino tinto, latas de sopa y vasos de papel, pantalón de baño por si se da, una lámpara de butano y un calentador gracias al cual una lata de conservas se convierte en almuerzo o cena mientras se escucha a Vivaldi o se escriben estas carillas.

Lo del dragón viene de una antigua necesidad; casi nunca he aceptado el nombre de las cosas y creo que se refleja en mis libros, no veo por qué hay que tolerar invariablemente lo que nos viene de fuera, y así a los seres que amé y que amo les fui poniendo nombres que nacían a su modo de un encuentro, de un contacto de claves secretas, y entonces mujeres fueron flores, fueron pájaros, fueron animalitos del bosque, y hubo amigos con nombres que incluso cambiaban después de cumplido un ciclo, el oso podía volverse mono, como alguien de ojos claros fue una nube y después una gacela y una noche se volvió mandrágora, pero para volver al dragón diré que hace dos años lo vi llegar por primera vez subiendo la rue Cambronne en París, lo traían fresquito de un garage y cuando me enfrentó le vi la gran cara roja, los ojos bajos y encendidos, un aire entre retobado y entrador, fue un simple click mental y ya era el dragón y no solamente un dragón cualquiera sino Fafner, el guardián del tesoro de los Nibelungos, que según la leyenda y Wagner habrá sido tonto y perverso, pero que siempre me inspiró una simpatía secreta aunque más no fuera por estar condenado a morir a manos de Sigfrido y esas cosas yo no se las perdono a los héroes, como hace 30 años no le perdoné a Teseo que matara al Minotauro. Sólo ahora ligo las dos cosas, aquella tarde estaba demasiado preocupado con los problemas que iba a plantearme el dragón en materia de palanca de velocidades, alto y ancho muy superiores a mi ex Renault, pero me parece claro que obedecí al mismo impulso de defender a los que el orden estatuido define como monstruos y extermina apenas puede. En dos o tres horas me hice amigo del dragón, le dije claramente que para mí cesaba de llamarse Volkswagen, y la poesía como siempre se mostró puntual porque cuando fui al garage donde tenían que instalar la placa definitiva y además la inicial del país en que vivo, me bastó ver al mecánico pegándole una gran F en la cola para confirmar la verdad; desde luego que a un mecánico francés no se le puede decir que esa letra no significa Francia sino Fafner, pero el dragón lo supo y de vuelta me demostró su alegría subiéndose parcialmente a la acera con particular espanto de una señora cargada de hortalizas.

Fotos de Fafner tomadas por Cortázar, 1982

De Corrección de pruebas en Alta Provenza

Fantasma

Lo Fantástico

Texto inédito e inconcluso de la charla
que Cortázar debía dar en Bruselas
a finales de 1983 y no pudo celebrarse.

Pienso que ustedes saben que los juegos combinados del azar y de la genética me hicieron nacer en Bélgica, aquí mismo en Bruselas y más precisamente en Ixelles, un día de agosto de triste memoria en que los ejércitos del Kaiser aplastaban la resistencia del ejército belga y se apoderaban del país sin que naturalmente yo tuviera la menor idea de lo que sucedía en torno a mí. Me emociona recordarlo esta noche porque si bien la noción de patria en su sentido más usual y popular me es bastante ajena, en cambio me creo profundamente sensible a la noción de país como depositario, creador y continuador de una idiosincracia y una cultura propias, y mi oficio de escritor le debe mucho a una Bélgica en la que muchos aspectos de su literatura y de sus artes responden a mi vocación natural, que es la de lo fantástico como exploración de la realidad, no para escapar de ésta sino para avanzar en el conocimiento de sus posibles parámetros, para enriquecerla como la cultura belga la ha enriquecido transgrediéndola y forzándola desde tanta pintura, tanta poesía y tanta narrativa. Yo era muy joven cuando conocí la pintura de un Magritte, cuando entré en el mundo demoníaco de Ghelderode, leí a los surrealistas de este país y me asomé al mundo obsesionante de Paul Delvaux, para no citar más que a unas pocas figuras de proa. Y eso, allá en mi Buenos Aires tan remoto con respecto a Bélgica, no hizo más que confirmarme en mi seguridad de que las cosas suelen no ser lo que parecen, y ayudarme a buscar mi camino propio bajo la luz de fanales que me acompañarán siempre. No solamente me tocó venir al mundo en este país, sino sentirlo como uno de mis terrenos de elección desde tan lejos y bajo condiciones tan diferentes. Como escritor, muchos segmentos del planeta me son

2

poco propicios e incluso hostiles; aquí estoy pero espirituales en país cuyas fronteras se confunden para mí con las de mi América Latina, la oscura y hermosa En geografía del corazón cada uno tiene sus mapas propios, y el mío no figura en los atlas convencionales; tal vez porque en esto, como en tantas otras cosas, todo lo convencional me es ajeno.

Queda claro, pues, que no me resulta difícil hablar aquí de lo fantástico en la literatura latinoamericana, aunque el problema inevitable es lo fantástico mismo, sobre cuya naturaleza nadie se ha puesto jamás de acuerdo, especialmente los supuestos especialistas en la materia como en el caso de un Roger Caillois o de un Todorov. Por mi parte siempre preferí escribir relatos fantásticos o aceptar la presencia de lo fantástico en mi propia vida, sin pretender develar la naturaleza de algo que escapa a la reflexión racional por la simple razón de que se sitúa en un terreno donde los principios lógicos están desarmados, donde toda "explicación" termina en una especie de peor es nada que no puede satisfacer a esa parte de nuestra psiquis que parece obedecer a otros maestros que a Aristóteles. Por supuesto no estoy hablando aquí de lo fantástico en su acepción vulgar, eso que por falta de mejor cosa suele calificarse de "coincidencias extrañas", de "casualidades", de "excepciones a las reglas", etc. La hondura y el misterio de lo fantástico sólo puede ser intuido cuando se acepta una porosidad especial de la conciencia y de la sensibilidad; entonces se vive lo fantástico, pero no por eso se lo explica. Incluso los teóricos postulan diferentes formas posibles de esos sucesos o estados excepcionales, que pueden ir de las meras coincidencias perturbadoras hasta estructuras mucho más complejas que rebasan toda aprehensión por la vía conceptual. Lo más que se puede decir, acaso, es que nos es ha dado captar

una cierta literatura ha sentido desde lejanísimas épocas la fascinación de lo fantástico, y la imaginación del escritor ha creado máquinas fantásticas que casi siempre asumen la forma de relatos breves. Insisto en que no se habla aquí de historias de fantasmas a la manera "gótica", con toda su carga de utilería sobrenatural que sólo puede interesar hoy en un cine de calidad mediocre, sino de esas desviaciones de la realidad cotidiana que ciertas personas —no siempre escritores, por supuesto— perciben e incluso provocan. Tal vez la mejor manera de acercarse a lo fantástico recordar sus mejores ejemplos literarios: ciertos relatos inolvidables de Edgar Allan Poe, como La caída de la casa de Usher y Ligeia, y aquí en Bélgica, ese cuento de Langelaan que se llama La mosca; y también pensar en ciertos sucesos de nuestra vida, que jamás hemos podido explicar coherentemente, como lo que me ocurrió hace poco después de escribir un relato en el que la actriz británica Glenda Jackson era asesinada ritualmente por un grupo de fanáticos, y que ella no pudo leer por razones que conozco muy bien, la misma Glenda Jackson filmó una película en la que asesina a un que ha escrito una novela llamada Rayuela, sin la menor idea de que uno de mis libros tiene ese título. Frente a esa simetría evidente y terrible que ninguna explicación racional puede hacer entrar en lo lógico, lo fantástico es aprehendido en toda su fuerza y poco importan sus posibles definiciones. ¿Recuerdan ustedes la historia persa del jardinero del rey, que paseando por el jardín ve a la Muerte entre los rosales y queda aterrado ante su gesto de amenaza? El jardinero corre a pedir al rey que lo salve, y éste le da su mejor caballo y le dice que huya a Samarcanda, y luego sale al jardín y encuentra a su vez a la Muerte entre las flores. "¿Por qué amenazaste a mi jardinero, que es joven y bueno?", pregunta el rey. Y la Muerte le responde: "No lo amenacé, simplemente hice un gesto de sorpresa al verlo, puesto que tengo que encontrar-

[anotación al margen izquierdo, manuscrita: Copie version française →]

Busquemos otra muestra de este sentimiento excepcional *[del campo de]* en la literatura. ~~Pero para acercarnos aún más a su presencia~~ *[ca Calor de agosto]* citaré un relato del inglés W.F. Harvey, que me parece un modelo del género en su mecanismos restringido y por así decirlo fatal. El narrador cuenta que se ha puesto a dibujar para distraerse del aplastante calor de un día de agosto; cuando da cuenta de lo que ha hecho maquinalmente, tiene ante él una escena de tribunal (cosa que sin duda les interesará a ustedes). El juez acaba de pronunciar la sentencia de muerte y el condenado, un hombre grueso y calvo, lo mira con una expresión en la que hay más *[desengaño/~~asombro~~]* que horror. Echándose el dibujo al bolsillo, el narrador sale de su casa y vaga hasta detenerse, fatigado, ante la puerta de un lapidario. Sin saber bien por qué, se dirige hacia el hombre que esculpe una lápida: entonces descubre que ~~xxxxxxxx~~ es el mismo cuyo retrato ha hecho dos horas antes sin conocerlo. El hombre lo saluda cordialmente te y le muestra xxx lápida apenas terminada, en la que el narrador descubre su propio nombre, la fecha exacta de su nacimiento, y la de su muerte: ese mismo día. Incrédulo y aterrado, se entera de que la lápida está destinada a una exposición, y que el lapidario ha grabado en ella un nombre y unas fechas para él imaginarios.

Como hace cada vez más calor, entran en la casa. El narrador muestra su dibujo, y los dos hombres comprenden que la doble coincidencia va más allá de toda explicación y que el absurdo la vuelve horrible. *[aún más espantoso]* ~~Se instalan en una habitación solitaria~~ ~~y el lapidario se distrae afilando su cincel~~

El lapidario propone al narrador que no se mueva de su casa hasta pasada la medianoche, para evitar toda posibilidad de accidente fatal. Se instalan en una habitación solitaria y el lapidario se distrae afilando su cincel mientras el narrador escribe la historia de lo sucedido. Son las once de la noche; una hora más y el peligro habrá pasado. El calor va en aumento; y como lo dice la frase final del cuento, <u>es un calor capaz de volver loco a cualquiera</u>.

5

lo esta noche en Samarcanda."

Tal vez xxx esto bastará para que viajemos juntos a esa múltiple Samarcanda que es hoy América Latina en muchos sentidos, y miremos de cerca su literatura actual. No soy el primero en preguntarme por qué *[los relatos]* ~~la~~ literatura fantástica tiene raíces tan profundas y tan bellas en nuestras tierras; tampoco soy el primero en no encontrar una respuesta satisfactoria. Si dijéramos que el sentimiento de lo fantástico es propio de las culturas jóvenes todavía abiertas a lo mítico y a lo mágico, *[alguien podría]* ~~podemos~~ argumentar con razón que la mejor literatura fantástica del mundo ha sido escrita por los ingleses, que no tienen nada de jóvenes. En ese callejón sin salida sólo es posible alegrarse de que *[tantos]* xxx escritores latinoamericanos orienten su imaginación y su creación hacia enfoques nuevos, diferentes e insólitos de la realidad, puesto que ya es tiempo de afirmar que lo xxxxxxxx no significa de ninguna manera un escapismo frente a la historia, o sea la realidad colectiva en movimiento xxxxxxxx, la realidad de los pueblos enteros como suma de sus individuos. Muy al contrario —y aquí hago frente a muchos teóricos materialistas empeñados en creer que la realidad no va *[y de veras]* más allá de lo comprobable— pienso que la aceptación literaria del lo fantástico en nuestras tierras traduce un sentimiento profundo y rico de la *[las instancias]* realidad, escapa a los parámetros impuestos por regímenes sociales y tradiciones obstinadas, y facilita una noción cada vez más revolucionaria de la vida humana. Desconfío de los que no desconfían, de los que aceptan los hechos como xxx ~~xxxxxxxxxxxxx~~ fatalidades naturales; un pueblo que no sea capaz de ver el anverso y el reverso de la medalla de la historia está amenazado de estancamiento; y ése es precisamente el mayor peligro que acecha a América Latina cuando los intereses neocoloniales de su máximo enemigo, ~~xxxxxxxx~~ —estoy nombrando a los Estados Unidos, ~~xxxxxx~~ por si quedara alguna duda— consisten en paralizar, modelar y orientar su *[los]* historia *[derroteros]* para el mayor provecho de ~~sus~~ intereses

materiales. Todos sabemos lo poco que cuenta la literatura frente a fuerzas tan aplastantes, pero ese poco es uno de los ingredientes que contribuye a mantener despiertas ~~las~~ *[luchas]* conciencias al inyectarles una carga imaginaria, una capacidad mitopoyética xxxxxxxxxxxxxxx xxxxxxxxxxxxx que ayuda a vivir con una mayor vigilancia, a buscar y a encontrar formas nuevas de pensamiento y por lo tanto de acción.

xxxxxxxxxxxxxxxxxxxxxxxxxxxxxxxxxxxxxxxxxxxxxxxxxxxxxxxx xxxxxxxxxxxxxxxxxxxx

Sé muy bien que, por desgracia, la literatura sólo llega en A.L. a grupos minoritarios, puesto que el analfabetismo, la miseria y la opresión condenan a enormes masas populares a xxxxxxxxx una situación que podríamos llamar crepuscular. Pero también sé que a partir de los años cincuenta, el descubrimiento cada vez más evidente y entusiasta que de las literaturas nacionales por parte de *[sectores crecientes]* de la población ha tenido consecuencias considerables en su toma de conciencia, en su búsqueda de una auténtica identidad, en su confianza en las fuerzas propias en vez *[principalmente]* del xxx sometimiento a modelos mentales y literarios extranjeros. En ese sentido, nuestra América xx es hoy mucho más autónoma que en las épocas precedentes, y la confianza creciente de los lectores en sus intelectuales *[no locales]* ha multiplicado dialécticamente la cantidad y la variedad de productos culturales. Hoy se espera un nuevo libro de García Márquez o de Ernesto Cardenal como antaño se esperaban los de cualquier gran escritor francés o británico. Condenado agradablemente *[como dije y una avalancha]* a recibir un ~~aluvión~~ semanal de nuevas publicaciones *[y sigo condenado porque el problema no es recibirla sino leerla]* latinoamericanas, puedo darme cuenta del torrente de fuerza creadora que se manifiesta entre *[tanto nuestros]* xxx escritores consagrados como entre los *[ya]* jóvenes poetas, novelistas y cuentistas. *[que a su vez]* ~~El torrente~~ contiene las aguas más diversas, y la cuota de imaginación y de invención, traduciéndose con frecuencia en obras de contenido fantástico, es un aporte ~~cotidiano~~ *[significativo]* a la lucha que nuestros pueblos xxxxx libran desde otros ángulos y bajo diferentes formas para su libera-

6

ckón histórica. Un ejemplo que me conmueve particularmente es el de ese país pequeño como un pañuelo en la inmensidad latinoamericana, el ejemplo de Nicaragua. Unido como estoy al proceso sandinista, xxxxxxxxxxxxxxxxxxxxxxxxxxxxxxxxxxxxxxxxxxxxxxx xxxxxxxxx que busca la doble liberación *[de todo un pueblo]* / frente a los enemigos exteriores y frente al subdesarrollo interno, asisto a algo que en nuestra América tiene algo de milagroso: la acción de los dirigentes, *[de la junta de gobierno]* todos ellos *[profundamente]* de una manera o de otra a *[a la]* vinculados/as las letras xxxxxxxx y a las artes, todos ellos preocupados cotidianamente por los problemas de la cultura y la educación de las masas. xxxxxxxxxxxxxxxxxx En un país que no tenía libros, que carecía de editoriales y de museos porque la dictadura de los Somoza tenía el miedo de todas las dictaduras a cualquier forma de xxxxxxxxxxx fermento mental y estético, cada nuevo libro es una fiesta, cada suplemento cultural de los periódicos xxxxx entrega al pueblo el máximo esfuerzo de sus escritores y sus artistas. Y *[pero]* cuando me toca leer mis propios textos frente a auditorios *[numerosísimos]* xxxxxxxxx tan entusiastas como atentos, no vacilo en leer cuentos fantásticos, no vacilo en proponer el vértigo de una literatura imaginativa porque sé cómo es sentida y gozada. Lo repito, la literatura está lejos de ser una fuerza decisiva en el proceso histórico latinoamericano, pero éste busca apoyarse cada vez más en todo lo que lo arranca a la pasividad y al conformismo, y *[que]* lo hace desde sus propias *[fuentes]*, desde su propia casa y su propia tierra donde lo barroco, lo mágico, lo telúrico, lo fantástico se entrecruzan como las raíces de nuestros árboles gigantes.

Por eso, si *[para abmn referirme]* me refiero *[ahora]* a una literatura *[mayoritaria]* más directa y más realista, como la que igualmente existe *[en n A.L.]* entre nosotros, no *[que podríamos llamar]* establezco ninguna diferencia esencial con xxxxxxxxx la que es fantástica, porque *[en nuestra]* ~~la~~ realidad *[tiende a ser]* es percibida ~~siempre~~ como algo que en cualquier momento puede derivar hacia lo insólito y lo excepcional. Basta comparar cualquier novela considerada como ~~realista en América Latina~~

realista en América Latina con sus aparentemente homólogas escritas en abrumadora mayoría en Europa. Una novela francesa actual, por ejemplo, puede ser extraordinaria por muchas razones, pero rara vez por el grado de imaginación y de invención que el autor haya ejercido frente a la realidad que describe o inventa. Los temas nacen de cualquier situación psicológica más o menos corriente, y en eso la literatura europea es inagotable, pero se detiene en ese campo prelimitado, en esa elección de personajes y de situaciones, sometidos a un arte combinatorio variadísima, se cruzan y entrecruzan a lo largo de millares de libros. En cambio, si tomamos las novelas aparentemente realistas en América Latina, digamos las de Alejo Carpentier, Miguel Angel Asturias, García Márquez, Juan Rulfo y decenas de otros escritores, advertimos inmediatamente que apenas se inicia la acción psicológica, el estudio de caracteres, el laberinto de los episodios y los escenarios, otras fuerzas están presentes y otras potencias entran en juego. Cité a Juan Rulfo, y me parece uno de los más admirables ejemplos en este campo. Apenas se entra en sus cuentos, y sobre todo en su novela Pedro Páramo, el tema aparentemente terre à terre, incluso costumbrista y folklórico, pasa poco a poco a un plano donde otras fuerzas entran en juego, donde los mecanismos psicológicos de la novela europea pierden todo sentido frente a esa invasión de lo oscuro, de la fatalidad sin explicación posible, de la presencia de otro mundo, de otras facetas del mundo, de otras modalidades de la realidad que proyectan irresistiblemente al lector hacia ese enfrentamiento con lo que a veces es fantástico, o mágico, o simplemente distinto de las conductas y las leyes que rigen la literatura del occidente europeo en su gran mayoría. si en Europa la frontera entre la literatura que podríamos llamar corriente (y desde luego mayoritaria) y la fantástica está muy claramente delimitada, en América Latina las diferentes visiones y versiones de la realidad se mezclan mucho

Una prueba marginal pero reveladora de lo que afirmo la dan en nuestras tierras las tentativas que se han hecho y se siguen haciendo de considerar la literatura europea contemporánea como un modelo a seguir, y que se han traducido en obras narrativas inspiradas por tendencias tales como el llamado "nouveau roman", y las corrientes que reflejan tendencias estructuralistas o de la "nouvelle critique", que de diferentes maneras se vuelven hacia la escritura por sí misma, entendiendo que el tema narrativo sólo puede subyacer en ella, que se vuelve así todopoderosa. No voy a discutir aquí esas tendencias, que en Europa son perfectamente legítimas y han mostrado de sobra sus posibilidades; pero en América Latina, frente a una realidad y una agresividad inagotables, frente a una temática que no sólo no está cansada o agotada sino que sólo ha sido asumida en una pequeña parte y, virtualmente, se ofrece todavía virgen a su ingreso en la escritura, esas tentativas a que aludo se vuelven prácticamente ridículas, y en todo caso sólo solicitan la atención de una minoría de escritores más o menos agazapados en sus respectivas torres de marfil, y de una minoría de lectores en la que la nostalgia de lo europeo como paradigma y ejemplo no hace más que revelar patéticamente su complejo de inferioridad. Y así, por la relatividad admirable del hecho literario, obras que en aquí o en Francia o en Inglaterra pueden ser admirables, sólo provocan de cuando en cuando tentativas de imitación latinoamericanas que se agotan, como en el poema de Eliot, not with a bang but a whimper, suspiros nostálgicos totalmente divorciados de una realidad llena de sonido y de furia, puesto que estamos citando a poetas ilustres.

más, y una obra como Cien años de soledad está ahí para mostrarlo inequívocamente. Lo que cabe preguntar ahora es:¿En qué medida esta búsqueda y esta aceptación de una realidad más porosa y más excepcional refleja la situación histórica del hombre latinoamericano en tanto escritor y en tanto lector? ¿Y en qué medida nuestros escritores aciertan desde un punto de vista social e histórico al escribir como escriben? Porque la responsabilidad del intelectual, que no necesita demostrarse en ninguna parte del mundo, es hoy excepcionalmente grave y urgente en América Latina, y escribir novelas y cuentos es desde luego una vocación y una libertad personal, pero es también y cada vez más una tarea que no tengo por qué no llamar revolucionaria en el sentido más amplio del término, es decir en la búsqueda de nuestra verdadera identidad frente a los espejismos de otros modelos de vida, frente a las opresiones y las exclusiones y las deformaciones que desde hace tanto tiempo se trata de imponernos en todos los terrenos.

Personalmente creo que nuestros escritores más significativos no están equivocados al escribir una literatura a veces desmesurada, que parece querer apresarlo todo con las tenazas del lenguaje, y no sólo apresarlo sino multiplicarlo con una fiebre de invención, con un delirio imaginativo que destroza las fronteras de lo cotidiano y lo tradicional para lanzarse a aventuras mentales muchas veces vertiginosas. Un gran poeta ha dado acaso el más alto ejemplo de esta libertad frente a la realidad de todos los días, de esta búsqueda de nuevas significaciones y de nuevas riquezas en todo lo que nos rodea y que muchas veces dejamos de ver y de sentir a fuerza de conocerlo. Hablo de Pablo Neruda que, negándose desde un principio a acatar las nomenclaturas tradicionales de la poesía latinoamericana, se lanzó con toda su fuerza a revisar el mundo, por decirlo así, a explorar con su intuición y su palabra todo lo que lo rodeaba, la tierra,

el mar, los minerales, los árboles, las cosas más simples y las más complejas, las cebollas y los terremotos, las mesas y los astros, hasta crear poema tras poema una visión del mundo en que nada había sido aceptado por sí mismo, en que los elementos y las formas de la vida nacían de nuevo para él y por él. Y sólo cuando hubo llevado a su término esa redefinición de todo lo que él no quería aceptar con sus etiquetas habituales, Pablo Neruda continuó su obra poética desde un mundo que ahora consideraba verdaderamente el suyo, y que hizo de su poesía una de las fuerzas más arrolladoras para los lectores latinoamericanos.

Por mi parte, y dentro de mi manera de enfrentar la realidad como operación previa y también simultánea a la escritura narrativa, en un libro llamado Rayuela insistí obstinadamente en la necesidad de revisar despiadadamente todo eso que llamamos ideas recibidas, lugares comunes o afirmaciones categóricas, porque si el escritor busca de mil modos distintos ahondar en el conocimiento de la realidad, poco conseguirá si empieza aceptando lo que le llega impuesto por la tradición, lo que la cultura acarrea desde el pasado sin que sus aportaciones sean verdaderas. Y si esta actitud de vigilancia y de revisión es capital para el escritor, lo verdaderamente importante entre nosotros es que se vaya transmitiendo al lector, creando en él un grado cada vez más mayor de independencia frente a lo que lee y a lo que le enseñan; porque esa actitud mental se comunicará inevitablemente a cosas que nada tienen que ver con la literatura, y la primera de ella será la situación geopolítica y social en su país y en el conjunto de América Latina. Nuestros lectores son en un gran mayoría hombres y mujeres que participan de una u otra manera en los procesos históricos de nuestro tiempo, y la literatura es un elemento importante para ellos en la medida en que los incita a rechazar los conformismos y a buscar opciones más ricas y fecundas. Por eso que en mi ya larga relación-

con movimientos de liberación y de búsqueda de identidad como puede
observarse en Cuba y Nicaragua y, en grados variables, en muchos
otros países latinoamericanos, la xxxxxxxx cultura xxen su conjunto
y tal como trato de esbozarla aquí/
me parece una necesidad xxxxxxxx prioritaria,/puesto que una
vez más es necesario repetir que las/revoluciones no se hacen solamente de fuera hacia adentro sino que imprescindiblemente deben
cumplirse de dentro hacia afuera, desde los planos mentales hacia
los materiales. Y cuando hablo de revolución creo que se habrá
xxxxxxx sentido ya que no hablo solamente de la conquista del poder
por los verdaderos representantes de los pueblos, sino del camino
que un día llevará a todos nuestros pueblos a ser por sí mismos,
a decidir de su destino por sí mismos, y eso sólo es posible si la
suma de los individuos, o por lo menos su máxima mayoría, traduce
una nueva visión del mundo, una libertad no sólo geopolítica sino
xxxxxxxxx mental y espiritual. Y esa nueva visión del mundo (lo
digo en xxxxxx singular pero nada excluye la pluralidad en este
terreno siempre renovable, abierto como lo está el espacio cósmico), existe hoy por lo menos en x mucho de nuestra literatura, en
nuestras novelas, cuentos, poemas y artes visuales, existe en la
pequeña dosis que resulta de la doble minoría de los escritores y
de los lectores, pero existe y yo estoy seguro de que actúa cada
vez más hondamente en nuestra marcha hacia adelante.

(1) y no reducida x a los usuales niveles de los ministerios de
educación y de cultura

Pacientes amigos: xx sé muy bien que éstas son ideas generales
sobre un xx estado de cosas y un proceso específico que debería
ser xxxxxxxx mucho más ahondado. Pero ésta no es una clase de
literatura, puesto que no se dirige a estudiantes de esa materia
y tampoco tiene un profesor capaz de ir más allá de lo que ha dicho.
Pienso que x algunas de las preguntas que ustedes quieran hacer-
x esta noche ampliará acaso algunas facetas de este esquema. En

Fantomas

Siempre me indignó que el bloqueo de la comunicación en América Latina, perfectamente montado por las agencias noticiosas del imperialismo norteamericano y las complicaciones internas, hiciera que gran parte de nuestros pueblos ignorara cosas como los trabajos y las sentencias del Tribunal Russell. Por una serie de circunstancias divertidas, llegó a mis manos una revista mexicana de tiras cómicas donde había una aventura de Fantomas en la cual yo mismo figuraba como uno de los personajes. Decidí valerme de las imágenes, cambiándoles el sentido y agregando textos que mostraran cómo los genocidios culturales no son obra de algún loco suelto que incendia bibliotecas, como en esa historieta, sino que se trata de una maniobra perfectamente montada contra nuestras culturas y nuestras luchas por una soberanía material e intelectual.

Conseguí que el libro se vendiera en edición popular, en los quioscos de diarios, y en él incluí la sentencia del Tribunal Russell concerniente a las dictaduras del Cono Sur. Salió muy bien, pues miles de personas se enteraron de cosas de las que no tenían la menor idea; el libro, por supuesto, apenas entró en mi país o en Chile, pero muchos ejemplares pasaron de bolsillo a bolsillo, y tuve la plena confirmación de su eficacia. Me parece, además, que fue una buena prueba de lo que puede hacer un escritor responsable cuando se trata de transmitir un mensaje ideológico a su pueblo.

De Ernesto González Bermejo:
Conversaciones con Cortázar

México, Excélsior, 1975

Buenos Aires, Doedytores, 1995

JULIO CORTÁZAR

FANTOMAS CONTRA LOS
VAMPIROS MULTINACIONALES
Edición Definitiva

Julio Cortázar

Fantômas
contre
les vampires
des multinationales

París, La Différence, 1998

Barcelona, Destino, 2002

Julio Cortázar
Fantomas contra los vampiros multinacionales

Filmar

Si yo fuera cineasta me dedicaría a cazar crepúsculos. Todo lo tengo estudiado menos el capital necesario para la safari, porque un crepúsculo no se deja cazar así nomás, quiero decir que a veces empieza poquita cosa y justo cuando se lo abandona le salen todas las plumas, o inversamente es un despilfarro cromático y de golpe se nos queda como un loro enjabonado, y en los dos casos se supone una cámara con buena película de color, gastos de viaje y pernoctaciones previas, vigilancia del cielo y elección del horizonte más propicio, cosas nada baratas. De todas maneras creo que si fuera cineasta me las arreglaría para cazar crepúsculos, en realidad un solo crepúsculo, pero para llegar al crepúsculo definitivo tendría que filmar cuarenta o cincuenta, porque si fuera cineasta tendría las mismas exigencias que con la palabra, las mujeres o la geopolítica.

No es así y me consuelo imaginando el crepúsculo ya cazado, durmiendo en su larguísima espiral enlatada. Mi plan: no solamente la caza, sino la restitución del crepúsculo a mis semejantes que poco saben de ellos, quiero decir la gente de la ciudad que ve ponerse el sol, si lo ve, detrás del edificio de correos, de los departamentos de enfrente o en un subhorizonte de antenas de televisión y faroles de alumbrado. La película sería muda, o con una banda sonora que registrara solamente los sonidos contemporáneos del crepúsculo filmado, probablemente algún ladrido de perro o zumbidos de moscardones, con suerte una campanita de oveja o un golpe de ola si el crepúsculo fuera marino.

Por experiencia y reloj pulsera sé que un buen crepúsculo no va más allá de veinte minutos entre el clímax y el anticlímax, dos cosas que eliminaría para dejar tan sólo su lento juego interno, su calidoscopio de imperceptibles mutaciones; se tendría así una película de esas que llaman documentales y que se pasan antes de Brigitte Bardot mientras la gente se va acomodando y mira la pantalla como si todavía estuviera en el ómnibus o en el subte. Mi película tendría una leyenda impresa (acaso una voz off) dentro de estas líneas: "Lo que va a verse es el crepúsculo del 7 de junio de 1976, filmado en X con película M y con cámara fija, sin interrupción durante Z minutos. El público queda informado de que fuera del crepúsculo no sucede absolutamente nada, por lo cual se le aconseja proceder como si estuviera en su casa y hacer lo que se le dé la santa gana; por ejemplo, mirar el crepúsculo, darle la espalda, hablar con los demás, pasearse, etc. Lamentamos no poder sugerirle que fume, cosa siempre tan hermosa a la hora del crepúsculo, pero las condiciones medievales de las salas cinematográficas requieren, como se sabe, la prohibición de este excelente hábito. En cambio no está vedado tomarse un buen trago del frasquito de bolsillo que el distribuidor de la película vende en el foyer".

Imposible predecir el destino de mi película; la gente va al cine para olvidarse de sí misma, y un crepúsculo tiende precisamente a lo contrario, es la hora en que acaso nos vemos un poco más al desnudo, a mí en todo caso me pasa, y es penoso y útil; tal vez que otros también aprovechen, nunca se sabe.

"Cazador de crepúsculos", en Un tal Lucas

Cámara filmadora que fue de Cortázar

control
automatic
manual

m. 0   3   6   9 12 15
ft. 0 10 20 30 40 50

ø

24

on contr. off

A
B
C
D
E
F
G
H
I
J
K
L
M
N
O
P
Q
R
S
T
U
V
W
X
Y
Z

111

Final del juego

Ayer me llegó por avión el primer ejemplar fresquito de *Final del juego*, que acaba de salir en México. Como conoces todos los cuentos que contiene, no será una novedad para vos, pero de todos modos a mi vuelta te lo mandaré (pues entre tanto me habrán llegado ejemplares por barco). La edición es bonita, muy simple. Hay el mínimo de erratas inevitables.

De una carta a Eduardo Jonquières, 10 de octubre de 1956

Che, tenés toda la razón del mundo en lo que me decís de *Final del juego*, pero de todos modos no te olvides que hay mucha gente que no pudo conseguir nunca la edición mexicana, y quisiera leer esos cuentos. Yo también creo que lo lógico hubiera sido sacarlos antes que *Rayuela*, pero, ¿y si nos moríamos, Paco, y si nos moríamos hen hel hínterin? Ahora *Rayuela* está ahí, y a mí no me importa nada de nada, ni la cronología, ni que *Final del juego* vaya a parecerles a muchos (entre ellos vos y yo) un platito de dulce de zapallo después de una real langosta a la americana. Lo que me parece bien es que hayas pensado en situar el libro, ya sea en la solapa o macaneando un poco el copyright. Yo había pensado en escribir una de esas paginitas liminares melancólicas que producen los escritores en esas circunstancias, pero va a ser mejor que esa ubicación del libro corra a cargo del editor. En fin, vos verás lo que más conviene. Che, ¿y qué tapa le vamos a poner? Aquí a todo el mundo le ha gustado una barbaridad la tapa de *Rayuela*. Habrá que pensar en ese asunto.

De una carta a Paco Porrúa, 13 de septiembre de 1963

Los de Sudamericana van a sacar *Final del juego* corregido y aumentado. Me viene bien para agregar ocho o diez cuentos que andaban sueltos por revistas y cajones, y de paso permitir que mucha gente lea los cuentos del tomito de México que no se encuentra por ningún lado. Pero esta edición tiene algo de póstumo, qué querés. Y yo me he quedado completamente hueco después de *Rayuela*. Leo mucho, oigo discos, y ando por ahí. No escribo nada, ni tengo ganas de hacerlo.

De una carta a Ana María Barrenechea, 21 de octubre de 1963

México,
Los Presentes
1956

Buenos Aires,
Sudamericana, 196(
(2ª ed., aumentada)

Flanelle

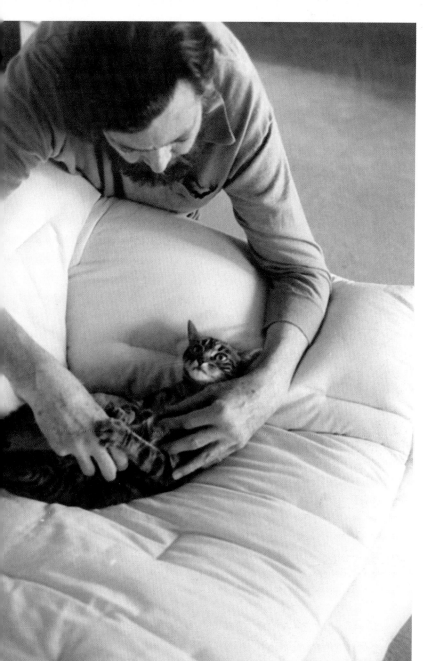

Encontramos todo bien en París. Estábamos un poco inquietos porque antes de irnos, recogimos a una gatita que andaba perdida en la escalera, y que naturalmente se instaló en casa como todos los gatos cuando se les da de comer y un poco de cariño. No nos gustaba dejarla sola toda una semana, porque es muy joven, pero hablamos con la portera que es muy gentil, y ella subió varias veces a cambiarle el agua y darle la comida que habíamos dejado preparada. La encontramos muy bien, pues, y muy contenta de volver a vernos. La hemos bautizado Flanelle (Franela) y nos divierte verla jugar en el departamento; por suerte ahora hay lugar suficiente para todo el mundo.

De una carta a la madre,
21 de marzo de 1980

Carol y yo nos alegramos mucho de que les hayan gustado nuestros regalitos, y especialmente ella pues fue quien los eligió junto conmigo. Por cierto que el otro personaje que aparece en nuestros retratos es Flanelle, nuestra gatita, que como verás es muy fotogénica. Nos divertimos mucho con ella, pues es juguetona y completamente loca.

De una carta a la madre,
8 de noviembre de 1981

Fotografiar

Entre las muchas maneras de combatir la nada, una de las mejores es sacar fotografías, actividad que debería enseñarse tempranamente a los niños pues exige disciplina, educación estética, buen ojo y dedos seguros. No se trata de estar acechando la mentira como cualquier reporter, y atrapar la estúpida silueta del personajón que sale del número 10 de Downing Street, pero de todas maneras cuando se anda con la cámara hay como el deber de estar atento, de no perder ese brusco y delicioso rebote de un rayo de sol en una vieja piedra, o la carrera trenzas al aire de una chiquilla que vuelve con un pan o una botella de leche.

De "Las babas del diablo"

A B C D E F G H I J K L M N O P Q R S T U V W X Y Z

Francés

Con respecto a publicaciones en francés, en estos años me divirtió escribir algunos textos más o menos cronopiescos que pensé, sentí y por lo tanto escribí directamente en francés. Con ellos hice un libro para bibliófilos, con litografías de Julio Silva. Como el precio del libro es prohibitivo, pienso que si le interesan esos textos trataré de conseguirle fotocopias cuando vuelva a París en noviembre (ahora me voy a Argelia a ganarme la vida por un mes). Otro texto, también en francés, sirvió para un libro igualmente de lujo, con maderas del cubano Guido Llinás. Puedo también conseguirle copias.

De una carta a Néstor García Canclini, 2 de octubre de 1967

París, Michel Cassé Editeur, 1966

S. l., Brunidor, 1966

Francia

Noticia aparecida en
Excélsior, México,
13 de agosto de 1981

Julio Cortázar ya es Francés Oficialmente

PARIS, 12 de agosto (EFE) — El escritor Julio Cortázar, de origen argentino, ha adquirido la nacionalidad francesa, según informa el último número del Journal Oficiel (Boletín Oficial del Estado).

Los trámites para su naturalización fueron acelerados por petición del Presidente de la República, François Mitterrand, y por el ministro de la Cultura, Jack Lang, quien también intervino para que se le concediera rápidamente la nacionalidad francesa al novelista checo Mila Kundera.

Según el ministro, la naturalización fue concedida rápidamente para que "estos dos escritores, que nos hicieron el honor de venir a trabajar a Francia, y de aportarnos el prestigio y el placer de sus obras, puedan adquirir la nacionalidad francesa".

Cortázar vive desde hace 30 años en Francia, país donde fueron traducidas del español todas sus novelas.

Hoy, después de veintitrés años, sé que vine a Francia por razones culturales y literarias. Una gran ingenuidad, un gran amor por el siglo XIX francés, cosas que quizá darán risa pero que me empujaron irresistiblemente. ¿Sabe qué fue lo primero que hice al llegar a París? Buscar la Île Saint-Louis, el hotel Pimodan... ¡Sombras de Baudelaire y de Gautier! Eso después ha cambiado mucho, desde luego, pero estoy lejos de sentirme en "exilio" literario. Omnívoro, guardo intactas mis relaciones con América Latina, a las que añado las literaturas francesa e inglesa.

De las respuestas a un cuestionario del
Quotidien de Paris, *noviembre de 1974*

1) ~~Dans et partout une vocation pour la~~

Je sais aujourd'hui, après 23 ans, que je suis venu en France pour des raisons culturelles et littéraires. Une grande naïveté, un grand amour pour le XIXe siècle français, des choses qui feront sourire peut-être mais qui m'ont poussé irrésistiblement: Savez-vous quelle a été la première chose que j'ai fait en arrivant à Paris? Chercher, l'Île Saint-Louis, l'hôtel Pimodan... Ombres de Baudelaire et de Gautier! Cela a beaucoup changé après, bien sûr, mais je suis loin de me sentir en "exil" littéraire. Omnivore, je garde intacts mes liens avec l'Amérique Latine, tout en "couvrant" les lettres françaises et même les anglaises.

Fuego

Sí, pero quién nos curará del fuego sordo, del fuego sin color que corre al anochecer por la rue de la Huchette, saliendo de los portales carcomidos, de los parvos zaguanes, del fuego sin imagen que lame las piedras y acecha en los vanos de las puertas, cómo haremos para lavarnos de su quemadura dulce que prosigue, que se aposenta para durar aliada al tiempo y al recuerdo, a las sustancias pegajosas que nos retienen de este lado, y que nos arderá dulcemente hasta calcinarnos. Entonces es mejor pactar como los gatos y los musgos, trabar amistad inmediata con las porteras de roncas voces, con las criaturas pálidas y sufrientes que acechan en las ventanas jugando con una rama seca. Ardiendo así sin tregua, soportando la quemadura central que avanza como la madurez paulatina en el fruto, ser el pulso de una hoguera en esta maraña de piedra interminable, caminar por las noches de nuestra vida con la obediencia de la sangre en su circuito ciego.

Cuántas veces me pregunto si esto no es más que escritura, en un tiempo en que corremos al engaño entre ecuaciones infalibles y máquinas de conformismos. Pero preguntarse si sabremos encontrar el otro lado de la costumbre o si más vale dejarse llevar por su alegre cibernética, ¿no será otra vez literatura? Rebelión, conformismo, angustia, alimentos terrestres, todas las dicotomías: el Yin y el Yang, la contemplación o la *Tatigkeit*, avena arrollada o perdices *faisandées*, Lascaux o Mathieu, qué hamaca de palabras, qué dialéctica de bolsillo con tormentas en piyama y cataclismos de living room. El solo hecho de interrogarse sobre la posible elección vicia y enturbia lo elegible. *Que sí, que no, que en ésta está...* Parecería que una elección no puede ser dialéctica, que su planteo la empobrece, es decir la falsea, es decir la transforma en otra cosa. Entre el Yin y el Yang, ¿cuántos eones? Del sí al no, ¿cuántos quizá? Todo es escritura, es decir fábula. ¿Pero de qué nos sirve la verdad que tranquiliza al propietario honesto? Nuestra verdad posible tiene que ser *invención*, es decir escritura, literatura, pintura, escultura, agricultura, piscicultura, todas las turas de este mundo. Los valores, turas, la santidad, una tura, la sociedad, una tura, el amor, pura tura, la belleza, tura de turas. En uno de sus libros, Morelli habla del napolitano que se pasó años sentado a la puerta de su casa mirando un tornillo en el suelo. Por la noche lo juntaba y lo ponía debajo del colchón. El tornillo fue primero risa, tomada de pelo, irritación comunal, junta de vecinos, signo de violación de los deberes cívicos, finalmente encogimiento de hombros, la paz, el tornillo fue la paz, nadie podía pasar por la calle sin mirar de reojo el tornillo y sentir que era la paz. El tipo murió de un síncope, y el tornillo desapareció apenas acudieron los vecinos. Uno de ellos lo guarda, quizá lo saca en secreto y lo mira, vuelve a guardarlo y se va a la fábrica sintiendo algo que no comprende, una oscura reprobación. Sólo se calma cuando saca el tornillo y lo mira, se queda mirándolo hasta que oye pasos y tiene que guardarlo presuroso. Morelli pensaba que el tornillo debía ser otra cosa, un dios o algo así. Solución demasiado fácil. Quizá el error estuviera en aceptar que ese objeto era un tornillo por el hecho de que tenía la forma de un tornillo. Picasso toma un auto de juguete y lo convierte en el mentón de un cinocéfalo. A lo mejor el napolitano era un idiota pero también pudo ser el inventor de un mundo. Del tornillo a un ojo, de un ojo a una estrella... ¿Por qué entregarse a la Gran Costumbre? Se puede elegir la tura, la invención, es decir el tornillo o el auto de juguete. Así es cómo París nos destruye despacio, deliciosamente, triturándonos entre flores viejas y manteles de papel con manchas de vino, con su fuego sin color que corre al anochecer saliendo de los portales carcomidos. Nos arde un fuego inventado, una incandescente tura, un artilugio de la raza, una ciudad que es el Gran Tornillo, la horrible aguja con su ojo nocturno por donde corre el hilo del Sena, máquina de torturas como puntillas, agonía en una jaula atestada de golondrinas enfurecidas. Ardemos en nuestra obra, fabuloso honor mortal, alto desafío del fénix. Nadie nos curará del fuego sordo, del fuego sin color que corre al anochecer por la rue de la Huchette. Incurables, perfectamente incurables, elegimos por tura el Gran Tornillo, nos inclinamos sobre él, entramos en él, volvemos a inventarlo cada día, a cada mancha de vino en el mantel, a cada beso del moho en las madrugadas de la Cour de Rohan, inventamos nuestro incendio, ardemos de dentro afuera, quizá eso sea la elección, quizá las palabras envuelvan esto como la servilleta el pan y dentro esté la fragancia, la harina esponjándose, el sí sin el no, o el no sin el sí, el día sin Manes, sin Ormuz o Arimán, de una vez por todas y en paz y basta.

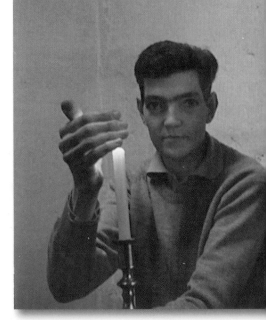

De Rayuela, *cap. 73*

Gabo

En esos 5 días de calma y trabajo, leí maravillado *Cien años de soledad*, cuyo envío te agradezco inmensamente. Desde luego le voy a escribir a Gabriel (cuya doble guiñada de ojo a Fuentes y a mí, en sendos pasajes del libro, me conmovió mucho); te enviaré a vos la carta para que se la hagas llegar, porque no tengo su dirección. Qué libro increíble, Paco. En estos últimos años, no veo nada comparable a esa novela y a *Paradiso* de Lezama Lima en nuestras tierras. Desde Venecia, Fuentes me escribió igualmente entusiasmado. En fin, los más viejos ya nos podemos morir, hay capitán para rato.

De una carta a Paco Porrúa,
4 de agosto de 1967

Galerías

París está bonito, con una nieve liviana que le cayó antes de Navidad y ahora unas nieblas muy a lo Whistler. Nos quedaremos aquí todo el invierno, porque estamos con muy poca plata y hay que aprovechar todos los contratos que quiera darnos la Unesco. Yo me paseo mucho por la orilla derecha, en la zona de la Place Notre Dame des Victoires. Por ahí vivió y murió Lautréamont, y es casi increíble que algunas calles, algunos cafés, y sobre todo las galerías cubiertas conserven hasta ese punto su presencia. La Galerie Vivienne, por ejemplo, está tal cual pudo conocerla él en 1870. No han tocado nada, tiene sus estucos de mal gusto, sus librerías de viejo cubiertas de moho, sus vagos zaguanes donde empiezan escaleras cuyo final es imprevisible, y en todo caso negro y siempre un poco aterrador. He estado releyendo mucho al Conde, y siempre termino tomándome el metro y dando vueltas por su barrio. Ubiqué la casa donde murió (hay un restaurant), pero los *Cantos* fueron escritos en otra casa que echaron abajo. A lo mejor escribo un cuento largo ["El otro cielo"], que sucederá en ese barrio. Tengo ganas de hacerlo, pero quisiera evitar toda contaminación fácil; en todo caso que la presencia de Lautréamont se sintiera por contraste, por su mucho no estar. Y eso es difícil.

De una carta a Paco Porrúa, 5 de enero de 1964

En la Galerie Vivienne, París

Tarjeta postal de la colección de Cortázar

Galicia

... estamos en Galicia, que conocimos el año pasado y que nos encantó. Ahora hemos vuelto, no en plan turístico, sino a buscar una playa tranquila donde descansar dos semanas antes de la vuelta a París y el viaje a Buenos Aires. Lourido es un sitio precioso al sud de Vigo. Se llega en un tranvía, hay un hotel donde nos adoran porque desde el patrón hasta el cocinero todos han trabajado alguna vez en la Argentina (ramo: restaurantes, parrillas y bares), y tenemos una piecita con vista al Atlántico. Hasta ahora dominan los vientos y las nubes, pero yo ya he tenido oportunidad de medirme con Poseidón. Resultado: arena en un ojo, y 75 pesetas de oculista. ¡Oh, el deporte!

De una carta a Ana María Barrenechea,
6 de julio de 1957

En el puente de Ramallosa, Pontevedra, julio de 1957

Galipatías

Yo me he divertido mucho conmigo mismo, sobre todo hace ya bastantes años, con experiencias de escritura automática. Que son unas "galipatías" tremendas, pero que a mí me divertían mucho, porque dentro de esas "galipatías" de pronto salían dos o tres frases que tenían un sentido especial o me explicaban algo. Sin embargo, nunca se me hubiera ocurrido publicarlas, como hacían los surrealistas. ¿Quién lee hoy la escritura automática de los surrealistas? Nadie, salvo los profesores de literatura que tienen que explicarla en sus clases.

De Omar Prego: La fascinación de las palabras

Esta noche voy a inventar un montón de palabras:

Antropocospía

La solemnitud de

SÍMILES

... una señora sentada/hundida en un sofá y que se parecía extraordinariamente a un topo muerto.

respirando con un aire de ballena atragantada

con el aire del que ve flotar en su plato de consomé una pastilla de jabón Yardley.

Anotaciones inéditas

Ginebra

Ginebra es linda, limpia, clara... imagínate el resto. Uno lo piensa dos veces antes de tirar un fósforo o un pucho en la calle; te sientes censurado por todos los que te rodean. Cuando en medio de una vereda se ve un pequeño promontorio de color variable, pero bordeando siempre la tierra siena, puedes tener la seguridad de que el perro que hizo eso pertenece a un turista americano, pero que no es un perro suizo. La comida es tan perfecta que no tiene gusto a nada; los suizos se han dado cuenta y, llenos de inquietud, le echan tales dosis de pimienta que luego uno las pasa mal. El sabor general de las cosas es algo así como el del papel higiénico mojado y envuelto en talco. Espero que esto te dé una idea. El pan es abyecto, y el vino no les hubiera dado la menor chance a las chicas de Noé, pobres.

De una carta a Eduardo Jonquières, 6 de junio de 1955

Glenda

La vida me obliga a leer geopolítica, dat[...] cuenta de la palabra, que parece una escupida[...] menos mal que de cuando en cuando se me ocu[...] rre algún cuento y me divierto un poco perge[...] ñándolo; si todo va bien este año sacaré otro[...] libro que tendrá un título especialmente a tu[...] gusto, espero: *Queremos tanto a Glenda.*

De una carta a Gladys Adams, marzo de 198[...]

JULIO CORTÁZAR
QUEREMOS TANTO A GLENDA

EDITORIAL NUEVA IMAGEN

México, Nueva Imagen, 1980

Clarín cultura y nación
Buenos Aires, jueves 8 de octubre de 1981

Carta abierta a Glenda

Por Julio Cortázar

Querida Glenda, esta carta no le será enviada por las vías ordinarias porque nada entre nosotros puede ser enviado así, entrar en los ritos sociales de los sobres y el correo. Será más bien como mo si la pusiera en una botella y la dejara caer a las aguas de la bahía de San Francisco en cuyo bordes se alza la casa desde donde le escribo, como si la atara al cuello de una de las gaviotas que pasan como latigazos de sombra frente a mi ventana. Pero una carta que de todos modos dirigida a usted, a Glenda Jackson, en alguna parte del mundo que probablemente seguirá siendo Londres; como muchas cartas, como muchos relatos, también hay mensajes que son botellas al mar y entran en esos lentos, prodigiosos sea-change que Shakespeare cinceló en La tempestad y que amigos inconsolables inscribirían tanto tiempo después en la lápida bajo la cual duerme el corazón de Percy Bysshe Shelley en el cementerio de Cayo Sestio, en Roma.

Es así, pienso, que se operan las comunicaciones profundas, lentas botellas errando en lentos mares, tal como lentamente se abrirá camino esta carta que la busca a usted con su verdadero nombre; no ya la Glenda Garson que también era usted, pero que el pudor y el cariño cambiaron sin cambiarla, exactamente como usted cambia de nombre con tanta facilidad apenas lo juzga necesario y para siempre.

[texto continúa]

(Continúa en la página siguiente)

122

DE TRUFAS Y TOPOS

La mano está más sola en el grabado que en el dibujo
o la pintura. Más sola y más inmediata en ese terreno
que trabaja como un arador para quien el ojo cuenta
menos que el contacto entre dos materias adversarias
y cómplices a la vez.

Los dedos que empuñan la gubia ven por su cuenta, y lo
que el ojo cree guiar y articular sólo vale muchas veces
como mera gramática.

Hablo, por supuesto, del grabado en libertad, ése que
el metal, la madera y la piedra parecen insinuar y desear
en los accidentes de su materia pura.

La anécdota, la reproducción, no son más que aplicaciones
específicas de algo que el dibujo y la pintura solicitan
y llevan a su extremo; por su parte el grabado tiende a
cerrarse a esos fastos: le basta una intimidad táctil
para proyectar su propio universo, pequeño como la gota
de mercurio en la que sin embargo tiembla la serpiente
cósmica.

Dado que no sé grabar, todo esto puede ser falso, pero
algo me dice que la escritura —otro arado contra la blanca
tierra de la página— acerca un poco a ese territorio donde
lo visual dista de ser omnipotente. También la pluma traza,
y el escritor sabe del goce de ese resbalar en el que todo
es posible por dúctil, por topo, por trufa, por vena de
agua.

Cuántas veces habré empezado o terminado una frase con
los ojos cerrados. Algún grabador, acaso, miró un fragmento
de su obra <u>después</u> de haberlo burilado. Para corregir,
claro, todos tenemos tiempo y ojos.

Julio Cortázar.

Grabados

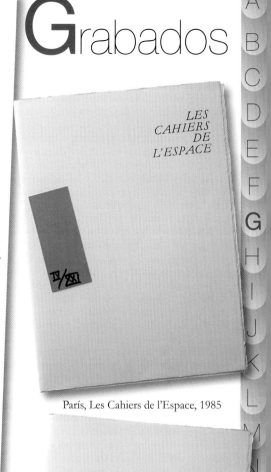

LES
CAHIERS
DE
L'ESPACE

París, Les Cahiers de l'Espace, 1985

Gravures
BONI
DORNY
CELAN-LESTRANGE
MARFAING
MATTA
PIZA
SAURA
TÀPIES
ZAÑARTU
ZARATE

Textes
Julio CORTÁZAR
Georges RAILLARD

Traduction
Françoise Campo-Timal

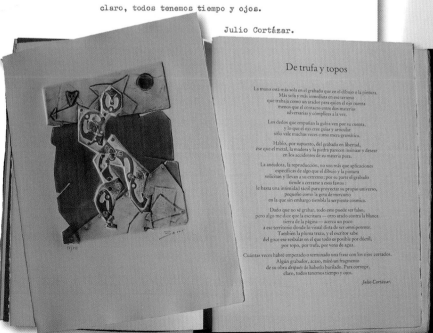

De trufa y topos

La mano está más sola en el grabado que en el dibujo o la pintura.
Más sola y más inmediata en ese terreno
que trabaja como un arador para quien el ojo cuenta
menos que el contacto entre dos materias
adversarias y cómplices a la vez.

Los dedos que empuñan la gubia ven por su cuenta,
y lo que el ojo cree guiar y articular
sólo vale muchas veces como mera gramática.

Hablo, por supuesto, del grabado en libertad,
ése que el metal, la madera y la piedra parecen insinuar y desear
en los accidentes de su materia pura.

La anécdota, la reproducción, no son más que aplicaciones
específicas de algo que el dibujo y la pintura
solicitan y llevan a su extremo; por su parte el grabado
tiende a cerrarse a esos fastos:
le basta una intimidad táctil para proyectar su propio universo,
pequeño como la gota de mercurio
en la que sin embargo tiembla la serpiente cósmica.

Dado que no sé grabar, todo esto puede ser falso,
pero algo me dice que la escritura — otro arado contra la blanca
tierra de la página— acerca un poco
a ese territorio donde lo visual dista de ser omnipotente.
También la pluma traza, y el escritor sabe
del goce de ese resbalar en el que todo es posible por dúctil,
por topo, por trufa, por vena de agua.

Cuántas veces habré empezado o terminado una frase con los ojos cerrados.
Algún grabador, acaso, miró un fragmento
de su obra *después* de haberlo burilado. Para corregir,
claro, todos tenemos tiempo y ojos.

Julio Cortázar.

Graffiti

El pintor Tàpies me pidió un texto para su catálogo de pinturas, y como no soy crítico de arte (ni de nada) me pasé bastante tiempo mirando obras de Tàpies y hojeando álbumes con reproducciones de sus dibujos. De golpe sentí que sus pinturas eran casi siempre *graffitis*, y que la emoción que me traían era la misma que muchas veces nace cuando se mira distraídamente un panel de publicidad del cual han sido arrancados varios carteles y los restos se mezclan formando maravillosas combinaciones del puro azar. El metro, viejo lugar alucinatorio para mí, es el que me proporciona con más frecuencia esos encuentros de los cuales salgo siempre como golpeando, sintiendo que alguien o algo ha querido transmitirme un mensaje que no siempre soy capaz de alcanzar. De esa sensación frente a la pintura de Tàpies pasé sin solución de continuidad a la situación global del relato, lo vi desde la primera hasta la última referencia. Y en cuanto a la doble lectura a la que usted alude al final de su trabajo, para mí se dio también al final, cuando comprendí por qué lo había escrito en segunda persona, puesto que la voz que narraba la historia era la voz de la mujer. Como muchas veces me ha sucedido, fui el primer sorprendido e incluso maravillado ante esta evidencia que jamás había tenido en cuenta mientras escribía, puesto que hasta ese momento yo era un escritor que ponía en escena dos personajes sucesivamente; de golpe la mujer me tiró fuera del relato y, al decir las últimas palabras, dijo a la vez la totalidad del texto.

No sé si alcanzo a "explicar", porque es lo que más me ha costado siempre, y es quizá por eso que soy un cuentista y no un ensayista o un crítico. Pero pienso que aun a toda carrera esta máquina está imprimiendo suficiente información para alguien como usted.

De una carta a Héctor Yankelevich, 22 de junio de 1980

Barcelona,
Galería
Maeght,
1978

Julio Cortázar

GRAFITTI

A Antoni Tàpies

Grillo

Cito de memoria (y mi memoria es mala) esta pequeña maravilla de Conrado Nalé Roxlo:

Música porque sí, música vana
como la vana música del grillo.
Mi corazón eglógico y sencillo
se ha despertado grillo esta mañana.

Anotación en un so

124

Habano

La otra noche fumé el último habano que me quedaba y me bebí la última copa de ron Bacardí. Le dije a Aurora: "Ves, a lo mejor ahora se corta el amarre". Pero no es así, sigo en La Habana, caminando por el malecón y oyendo hablar al inmenso cronopio Lezama Lima.

De una carta a Paco Porrúa, 5 de enero de 1964

Hacha

El hacha africana que se alcanza a ver a la izquierda es un regalo que me hizo Aurora, y cuyo sentido profundo me inquietó bastante. Pero ella dice que sólo obedece a fines decorativos. Speriamo bene.

De una carta a Perla y Enrique Rotzait, 12 de agosto de 1962

A B C D E F G H I J K L M N O P Q R S T U V W X Y Z

Historias de cronopios y de famas

Ayer por la mañana llegaron los cronopios. Petulantes y malignos como siempre, convencieron a la portera de que descargara unos golpes terribles en la puerta de casa, a la hora en que Aurora y yo dormíamos con ese encanto especial que tiene el sueño después que ha sonado el despertador y uno está seguro de que va a llegar una hora tarde a la oficina. Tu carta, en cambio, apareció sigilosa por la tarde, y se metió por su propia cuenta debajo de la puerta. Y así la fiesta fue completa, y en casa hubo extraordinarias aperturas de botellas y una alegría en la que sólo faltaban Sara, y vos y Esteban. Maldijimos minuciosamente el Océano Atlántico, a Pedro de Mendoza, "y al tiempo que de amigos es el tajo". Pero lo mismo estábamos contentos, y había cronopios por todos lados en la Place du Général Beuret.

Che, de veras eso es un libro. Nada de plaqueta, realmente un libro. Uno lo agarra en la mano y pesa, vale por sí mismo, se defiende. Ha quedado estupendo, y los defectos que pudiera señalarte probablemente los conocés mucho mejor que yo. Protesto por haberme reducido a "J. Cortázar" en el lomo. Qué amarrete es este Minotauro. Cada vez que miro el libro por el lado del lomo me quedo muy asombrado y me pregunto: ¿Quién será este J. Cortázar? Suena tan raro, no te parece. La culpa es mía por no haberte expuesto mi teoría de que los libros están muy mal definidos por el idioma, y que lo que se llaman el lomo no lo es en absoluto sino que es la cara del libro, su parte más importante y más viva. Vos fijate que apenas lo ponés en una biblioteca, lo único que queda del libro es el mal llamado lomo. En realidad los libros se podrían editar con las tapas en blanco (una faja para que el librero pueda lucirlo en la vidriera y la gente se entere de lo que pasa), y entonces todo el talento del editor, del diagramador y del dibujante concentrados en la cara, o sea en el lomo. ¿No te parece una buena idea? ¡J. Cortázar! ¡J. Cortázar! Elija las armas, señor Porrúa.

Bromas aparte, la edición ha quedado muy bonita, y te la agradezco mucho. Decíselo también a Esteban. Che, ahora me doy cuenta de que las buenas acciones son recompensadas. Yo defendí al minotauro hace quince años, y ahora este bicho agradecido me edita admirablemente. Lo que la gente llama coincidencias, ¿no?

De una carta a Paco Porrúa, 25 de julio de 1962

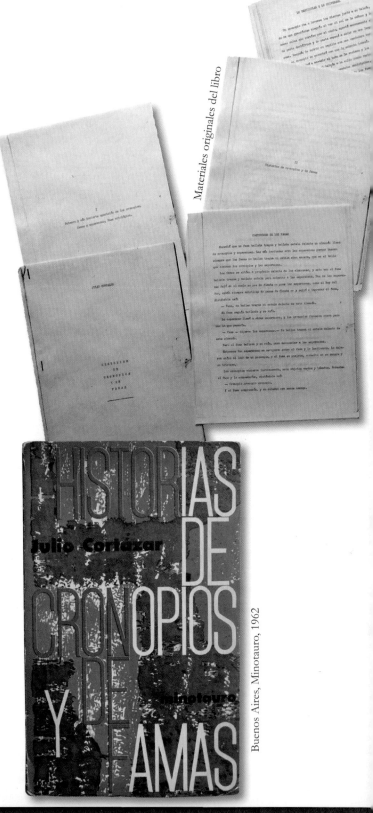

Materiales originales del libro

Buenos Aires, Minotauro, 1962

En la construcción
del nuevo Les Halles,
París, junio de 1976

Hombre nuevo

Hay que ir mucho más lejos todavía en las búsquedas, en las experiencias, en las aventuras, en los combates con el lenguaje y las estructuras narrativas. Porque nuestro lenguaje revolucionario, tanto el de los discursos y la prensa como el de la literatura, está todavía lleno de cadáveres podridos de un orden social caduco. Seguimos hablando de hoy y de mañana con la lengua de ayer. Hay que crear la lengua de la revolución, hay que batallar contra las formas lingüísticas y estéticas que impiden a las nuevas generaciones captar en toda su fuerza y su belleza esa tentativa global para crear una América Latina enteramente nueva desde las raíces hasta la última hoja. En alguna parte he dicho que todavía nos faltan los Che Guevara de la literatura. Sí, hay que crear cuatro, cinco, diez Vietnam en la ciudadela de la inteligencia. Hay que ser desmesuradamente revolucionario en la creación, y quizá pagar el precio de esa desmesura. Sé que vale la pena.

De Viaje alrededor de una mesa

A B C D E F G H I J K L M N O P Q R S T U V W X Y Z

Honores

He recibido de Nicaragua un premio que me enorgullece: "La Orden de la Independencia Cultural 'Rubén Darío'". También hay un discurso en ese acto, acerca de la noción de cultura en Nicaragua.

Soy miembro correspondiente de la Academia de Letras de la R.D.A., pero como no tengo el diploma a mano ignoro la denominación oficial. Esto me fue conferido en 1978 o 79, creo.

Soy Doctor Honoris Causa de la Universidad de Poitiers, en Francia, y de la Universidad Menéndez Pelayo de España.

Para gran alegría mía, hace mucho que soy Caballero de la Orden de Mark Twain, que una asociación norteamericana dedicada al culto del gran escritor me confirió por creer que mi humor se asemeja a veces al de Twain (ojalá...).

Creo ser Miembro Honorífico o algo así de la Universidad Autónoma de México.

Habrá algo más, pero como detesto los premios y los honores, Freud me ayuda a olvidarme fácilmente.

De una carta a Walter Bruno Berg,
1 de noviembre de 1983

GELEITET VON DEM WUNSCH,
IHRE VERBINDUNG MIT HERVORRAGENDEN KÜNSTLERN
DES AUSLANDES FESTER ZU KNÜPFEN
UND DAMIT
EINER HUMANISTISCHEN KUNST UND EINEM LEBEN
IN FRIEDEN UND SICHERHEIT ZU DIENEN,
HABEN DIE ORDENTLICHEN MITGLIEDER
DER AKADEMIE DER KÜNSTE
DER DEUTSCHEN DEMOKRATISCHEN REPUBLIK
DEN SCHRIFTSTELLER

Julio Cortázar

IN EHRENDER ANERKENNUNG
SEINER GROSSEN LEISTUNGEN ZUM
KORRESPONDIERENDEN MITGLIED
GEWÄHLT

BERLIN, IM MAI 1978

DER PRÄSIDENT

Nueva York, Pantheon Books, 1966

Hopscotch

Hace cuatro días me llegó por avión el impresionante volumen de *Hopscotch*. La sobretapa es horrenda, pero una vez que la has tirado a la basura, el resto es una maravilla de libro.

De una carta a Paco Porrúa, 5 de marzo de 1966

Horror florido

Fotos de Carol Dunlop y Julio Cortázar, 1982

El Horror Florido tiene una palanca que permite echarse hacia atrás con fines de siesta; así, ahora, veo el árbol directamente desde abajo, la mirada puede subir de plano en plano, un poco como la libélula, desplazándose en la luz verde que tiembla levemente. Basta ese abandono, esa salida de sí mismo hacia un estado inalcanzable en la posición vertical, para ser un poco el árbol, vivir el árbol y dejar de verlo como de costumbre, eso-árbol, eso-roble o plátano o castaño; basta ser-en-el árbol para saberlo de otra manera, si saber quiere decir todavía algo. Ahora que vuelvo de esa certidumbre de pluralidad, de mundo multiforme de insectos y de pájaros (porque ellos también juegan allá arriba, pasan como grandes elefantes negros o grises o rojos entre las hojas que ocultan el casi invisible mundo de los insectos), soy el árbol como un país de inimaginables límites, superposición de ciudades flotantes enlazadas por un sistema de caminos, puentes levadizos, húmedos canales de savia, plataformas de despegue y aterrizaje, lagos de luz azul, remansos verdes, desiertos de arena solar, circuitos cerrados o rutas mayores llevando hasta lo más alto, terminando en la frontera temblorosa de las últimas hojas, allí donde empieza el cielo.

Cartografía del país de un árbol: ¿por qué no? Bastaría una serie de fotos precisas y la paciencia de aplanar lo esférico, como Mercator, como los hacedores de portulanos, aquí el norte o el este, aquí lo alto y lo bajo, los Everest y los Mediterráneos del árbol. Imagino el mapa de mi árbol: sus signos convencionales, su azul y su verde y su blanco, la hidrografía y la hipsometría y la orografía y por qué no su etnología (su entomología y su ornitología). Imagino al cartógrafo dibujando en la escala de la página el torbellino esférico del árbol, mostrando las rutas que del fuste central –autopista del árbol– tienden sus bifurcaciones a uno y otro lado, escindiéndose a su vez en dos, cuatro, cincuenta, doscientos, mil ochocientos cuarenta y cuatro caminos menores que se pierden en decenas de miles de senderos, cada uno con sus campos verdes, cada hoja una parcela del catastro y en cada parcela un propietario efímero –como deberían serlo todos–, el mosquito, la araña, el gusanito, la coccinela, y hasta esos seres imperceptibles que tendrán un nombre en los tratados pero que aquí, sobre esta máquina de escribir, trazan de cuando en cuando la imagen infinitesimal de un animalito que avanza hacia las teclas, vacila en el borde, retrocede y se pierde en el primer segundo de desatención, ya olvidado, ya la nada.

Sí, pero ese cartógrafo, ¿se conformaría con el mapa de un árbol después de semanas y semanas de trabajo? Lo imagino alzando los ojos hacia el siguiente, hacia todos los árboles del paradero, de los bosques colindantes, del país, del continente, de la Tierra. Lo imagino frente a la tarea de cartografiar los árboles del mundo, las junglas del Gabón, la Amazonia, las florestas californianas, la Selva Negra. Cada árbol un mapa diferente (y efímero, pero así son todos los mapas), una invención individual de caminos, encrucijadas, pasajes y puentes. Impensable, lo sé, pero por otra parte, ¿qué sentido tendría un atlas del mundo del que estuvieran ausentes los mapas de Portugal o de Venezuela?

–Vamos –me dice la Osita–. Ya dormiste bastante, lobo perezoso.

De Los autonautas de la cosmopista

ABCDEFGHIJKLMNOPQRSTUVWXYZ

Humanario

Fotógrafas de Buenos Aires, autoras de admirables retratos, Sara y Alicia descendieron al infierno de un manicomio y de él trajeron un testimonio que bien merece su título de *Humanario*. Mi texto no hubiera sido escrito si yo no conociera desde hace mucho su bondad y su comprensión; evitando lo espectacular o lo aberrante, Sara y Alicia nos acercan como pocos a una realidad que por fin se está abriendo paso entre hipocresías, prejuicios y temores.

Presentación del texto dedicado a Humanario *en* Territorios

Sara Facio Alicia D'Amico Julio Cortázar

HUMANARIO

Buenos Aires,
La Azotea, 1976

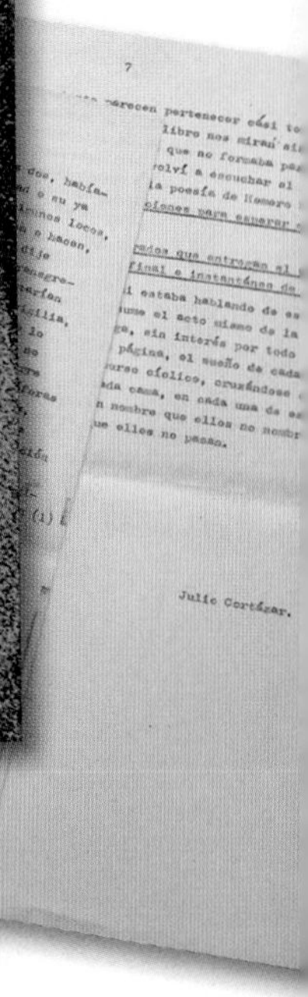

Humo

El atado de cigarrillos sobre el escritorio, la vasta nube potencial del humo concentrada en sí misma, obligada a esperar en ese paralelepípedo cuyas aristas y ángulos constriñen una voluntad esférica, un interminable helecho de volutas.

O lo contrario, la niebla matinal desflecándose contra los techos de la ciudad, buscando torpemente concretarse en un ideal de rigor inmóvil, en el paquete que dura, que permanece sobre el escritorio.

De "Lucas, sus papelitos sueltos"

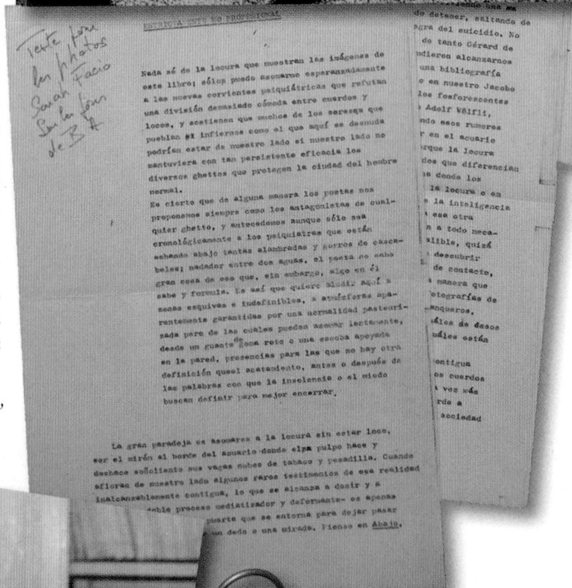

Bote para tabaco
que fue de Cortázar

Humor

¿Por qué diablos hay entre nuestra vida y nuestra literatura una especie de "muro de la vergüenza"? En el momento de ponerse a trabajar en un cuento o una novela el escritor típico se calza el cuello duro y se sube a lo más alto del ropero. A cuántos conocí que si hubieran escrito como pensaban, inventaban o hablaban en las mesas de café o en las charlas después de un concierto o un match de box, habrían conseguido esa admiración cuya ausencia siguen atribuyendo a las razones deploradas con lágrimas y folletos por las sociedades de escritores: snobismo del público que prefiere a los extranjeros sin mirar lo que tiene en casa, alevosa perversidad de los editores, y no sigamos que va a llorar hasta el nene. Hiato egipcio entre una escritura demótica y otra hierática: nuestro escriba sentado asume la solemnidad del que habita en el Louvre tan pronto le saca la fundita a la Remington, de entrada se le adivina el pliegue de la boca, la hamarga hexperiencia humana asomando en forma de rictus que, como es notorio, no se cuenta entre las muecas que faciliten la mejor prosa. Estos ñatos creen que la seriedad tiene que ser solemne o no ser; como si Cervantes hubiera sido solemne, carajo. Descuentan que la seriedad deberá basarse en lo negativo, lo tremendo, lo trágico, lo Stavroguin, y que sólo desde ahí nuestro escritor accederá (en los dos sentidos del término) a los signos positivos, a un posible happy end, a algo que se asemeje un poco más a esta confusa vida donde no hay maniqueo que llegue a nada. Asomarse al gran misterio con la actitud de un Macedonio se les ocurre a muy pocos; a los humoristas les pegan de entrada la etiqueta para distinguirlos higiénicamente de los escritores serios. Cuando mis cronopios hicieron algunas de las suyas en Corrientes y Esmeralda, huna heminente hintelectual hexclamó: "¡Qué lástima, pensar que era un escritor tan serio!". Sólo se acepta el humor en su estricta jaulita, y ojo con trinar mientras suena la sinfónica porque lo dejamos sin alpiste para que aprenda.

De *"Más sobre la seriedad y otros velorios"*, en La vuelta al día en ochenta mundos

India

ANIMALES EN LA VÍA

Treinta y cuatro vagones y dos locomotoras
se quedaron parados cinco horas;
la vaca se comió su margarita
hojita por hojita.

Aurangabad, 26/10/76.

India, 1956 (Foto de Cortázar)

La primera reacción es el miedo, un pavor físico y mental, la sensación de que se ha cambiado de planeta, de que se está entre seres con los cuales es imposible la menor relación. A ese primer choque, sucede uno muy diferente: la paz, la serenidad, por contagio de la manera de ser de los indios. La primera noche, en Bombay, salimos del hotel después de cenar y nos perdimos por las callejuelas del bazar. Casi de inmediato empezamos a ver a la gente tirada en las aceras, durmiendo, rezando, hablando en voz baja. Cientos, miles de hombres tendidos en plena calle, que es su casa permanente. Enormes ojos que lo miran a uno con una serenidad y una calma perfectas. [...] Quisiera hablarle mucho más de los mendigos, de los pobres de Bombay, tirados boca arriba en las aceras, porque eso es la India más profunda, la raíz del ser indio. Me daría asco hacer literatura de esto, y escribo al correr de la máquina; pero créame, Jean, esa noche me marcó para siempre. Medí lo que tantas veces había leído en los libros sobre filosofía india, sin tener de ello más que una conciencia intelectual, que casi no es conciencia. Medí esa superación de lo contingente, de lo bajamente humano, del tiempo y el espacio; en los ojos que me miraban desde el suelo, entendí que esa gente estaba realizada. No en el sentido vedántico, no en las alturas místicas; los pobres no saben nada de eso, son de una superstición y una ignorancia abominables. Pero están realizados en la medida justa de su ser, y eso es lo que nos falta a nosotros, para nuestra desgracia y nuestra grandeza a la vez. Quiero decir que esa gente está perfectamente calzada en su piel, abarcando el máximo de sus posibilidades de vida, y que eso lo ha logrado renunciando a toda ambición barata, a toda pérdida de tiempo (lo que nosotros llamamos ganar tiempo, por ejemplo). Sé muy bien que un marxista me acusaría de hipócrita, y diría que cuando esos mendigos de Bombay sepan lo que es una heladera, querrán tenerla igual que cualquier pobre de Montevideo. Sí, eso ocurrirá *si se occidentalizan*. Pero mientras sigan siendo indios, es decir hombres para quienes la vida es calma, es estar cómodamente sentados o acostados, es trabajar el mínimo para lograr el máximo descanso, y además es comunión continua con lo sagrado (desde el pequeño ídolo grosero que hay en las esquinas hasta la especulación más alta de un *guru*), mientras no cambien como actitud central, la heladera no significará absolutamente nada para quienes tienen mucho más que eso.

De una carta a Jean Barnabé, 22 de diciembre de 195

India, 1968 (Fotos de Cortázar)

Nosotros andamos bien, un poco perdido el impulso vital de otros tiempos, mirando una India más pobre y más triste y por mi parte con un extraño sentimiento de desapego que no conocía antes. Será porque de golpe me siento tan próximo a cosas junto a las cuales resbalé amablemente a lo largo de mi vida; o la andropausia, quizá, o el *curry* con jugo de mango esas cosas metafísicas. En todo caso comprendo que aquí sobro y que pierdo el tiempo, y que en cambio debería estar en otros lados y haciendo otras cosas. Todo llegará o no llegará. Y además no seríamos lo que somos si cada minuto no fuera una duda, un problema, una incertidumbre; lo que cuenta son las respuestas a todo eso, como nos ha enseñado Toynbee, ese hombre que se pasea acompañado siempre por una abeja.

De una carta a Eduardo Jonquières, 23 de febrero de 196

Papeles Inesperados

Buenos Aires, Alfaguara, 2009

... se parece a las rejuntas que hacen los editores cuando el maestro ha fenecido y hay que dar al mundo una última ocasión de gastarse unos pesos y completar la colección. Incluso el título se vuelve extrañamente lapidario (de lápida).

De una carta a Paco Porrúa, 26 de julio de 1963, a propósito de Final del juego

No me gustan esas rejuntas que parecen un poco un tacho de basura con viejas sobras.

De una carta a Paco Porrúa, 13 de septiembre de 1967

Julio Cortázar

PAPELES INESPERADOS

Julio
Cortázar
INÉDITO

ALFAGUARA

ALFAGUARA

La Infancia

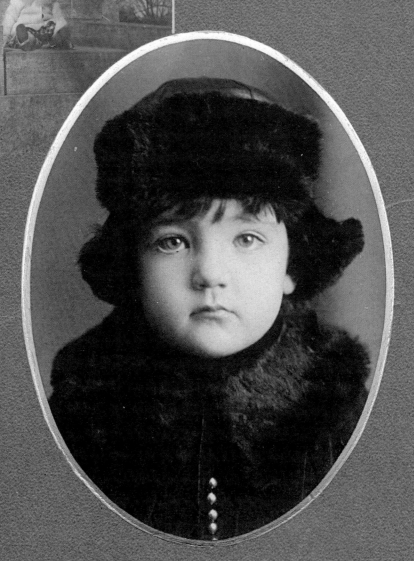

un farol, un paraíso, unos malvones,

y ni un banco en que estar y ni una rosa.

Pero venían todos los gorriones.

París, 1975

Influencias

En otras ocasiones he hablado de los autores que influyeron en mí, de Julio Verne a Alfred Jarry, pasando por Macedonio, Borges, Homero, Arlt, Garcilaso, Damon Runyon, Cocteau (que me hizo entrar de cabeza en la literatura contemporánea), Virginia Woolf, Keats (pero éste es terreno sagrado, numinoso, y ruego al linotipista que no escriba luminoso), Lautréamont, S. S. Van Dine, Pedro Salinas, Rimbaud, Ricardo E. Molinari, Edgar A. Poe, Lucio V. Mansilla, Mallarmé, Raymond Roussel, el Hugo Wast de *Alegre* y *Desierto de piedra*, y el Charles Dickens del *Pickwick Club*. Esta lista, como se comprenderá, no es exhaustiva y más bien responde a lo que la Unesco llama el método de muestreo; en todo caso se advertirá que no nombro a prosistas españoles, sólo utilizados por mí en casos de insomnio con la excepción de *La Celestina* y *La Dorotea*, y tampoco italianos, aunque las novelas de D'Annunzio siguen viajando por mi memoria. Se me ha preguntado por una posible influencia de Onetti, Felisberto Hernández y Marechal. Los dos primeros me agarraron ya grandecito, y en vez de influencia hubo más bien rejunta tácita, ninguna necesidad de conocerse demasiado para saber cuáles eran los cafés y los tangos preferidos; de Marechal algunos críticos han visto el reflejo en *Rayuela*, lo que no me parece mal ni para don Leopoldo ni para mí.

De las respuestas al cuestionario de Rita Guibert incluidas en Papeles inesperados

Cuentos Inolvidables

Muchas veces me he preguntado cuál es la virtud de ciertos cuentos inolvidables. En el momento los leímos junto con muchos otros, que incluso podían ser de los mismos autores. Y he aquí que los años han pasado, y hemos vivido y olvidado tanto; pero esos pequeños, insignificantes cuentos, esos granos de arena en el inmenso mar de la literatura, siguen ahí, latiendo en nosotros. ¿No es verdad que cada uno tiene su colección de cuentos? Yo tengo la mía, y podría dar algunos nombres. Tengo "William Wilson", de Edgar Poe; tengo "Bola de sebo", de Guy de Maupassant. Los pequeños planetas giran y giran: ahí está "Un recuerdo de Navidad", de Truman Capote; "Tlön, Uqbar, Orbis Tertius", de Jorge Luis Borges; "Un sueño realizado", de Juan Carlos Onetti; "La muerte de Iván Ilich", de Tolstoi; "Fifty Grand", de Hemingway; "Los soñadores", de Isak Dinesen, y así podría seguir y seguir... Ya habrán advertido ustedes que no todos esos cuentos son obligatoriamente de antología. ¿Por qué perduran en la memoria? Piensen en los cuentos que no han podido olvidar y verán que todos ellos tienen la misma característica: son aglutinantes de una realidad infinitamente más vasta que la de su mera anécdota, y por eso han influido en nosotros con una fuerza que no haría sospechar la modestia de su contenido aparente, la brevedad de su texto. Y ese hombre que en un determinado momento elige un tema y hace con él un cuento será un gran cuentista si su elección contiene —a veces sin que él lo sepa conscientemente— esa fabulosa apertura de lo pequeño hacia lo grande, de lo individual y circunscrito a la esencia misma de la condición humana. Todo cuento perdurable es como la semilla donde está durmiendo el árbol gigantesco. Ese árbol crecerá en nosotros, dará su sombra en nuestra memoria.

De "Algunos aspectos del cuento"

CUENTOS INOLVIDABLES

SEGÚN

Julio Cortázar

ALFAGUARA

Buenos Aires, Alfaguara, 2006

A B C D E F G H I J K L M N O P Q R S T U V W X Y Z

Intersticios

París, junio de 1976

En esta vida aparentemente unilateral que llevamos y que nos impone un poco la inteligencia que es pragmática, utilitaria y selectiva, a mí me sucede continuamente, en cualquier momento de distracción, algo que, le diría, es el proceso contrario del que se sigue para sacar una fotografía. Cuando usted, con su cámara, ve dos imágenes en el visor, las superpone para que estén en foco y saca la foto. Bueno, yo para sacar la foto tengo que separar las imágenes, es decir que en determinados momentos las cosas se me apartan, se mueven, se corren a un lado y entonces, de ese hueco, esa especie de intersticio, que yo no sé exactamente qué es, surge una incitación que en muchos casos me lleva a escribir, o por lo menos me coloca en un estado de porosidad o receptividad que hace que me sienta impulsado a comunicar y que la escritura se me vuelva más fácil.

En ese sentido yo soy un poco pararrayos. Hay gente que cuando le sucede eso, cuando se descoloca un poco, se inquieta y tiene una sensación de vértigo, no le gusta nada la cosa; prefiere que dos y dos sean siempre cuatro y todo corrimiento, todo desplazamiento, le produce cierta angustia. A mí no solamente no me pasa eso sino que, le decía, me coloca en un estado favorable para la escritura. No es que yo lo esté esperando porque eso sería artificial. Cuando hablo con usted en este momento no estoy pendiente de que ocurra algo que podamos calificar de anormal. Pero si sucede, si en este momento yo tengo una asociación de ideas, un "ya visto" o cualquier sensación paranormal, es perfectamente posible que eso se traduzca mañana en algo que voy a escribir, con un tema que no tendrá que ver probablemente ni con usted ni conmigo.

Yo creo que cuando alguien es poroso en ese plano, todo lo que la gente llama "casualidades", "coincidencias", se multiplican y, lo que es más, creo que uno termina atrayéndolas.

De Ernesto González Bermejo: Conversaciones con Cortázar

Inventario

Mandolina
de juguete que
fue de Cortázar

Perezoso bosquejo de inventario: tuve Pélleas, tuve una pequeña mandolina que me cabía en la mano y que me dio alguien que murió inocentemente; tuve un gato a la edad en que poco nos separa del silencio secreto de los animales, de su saber inambicioso. Tuve colecciones de estampillas, de recortes, de cuentos; tuve una noche en el alto Paraná, boca arriba en la cubierta de un barquito sucio, devorado de estrellas; tuve *A Farewell to Arms*, a Helen Hayes; y una noche en que sufría, frente a un ventanal abierto, tuve la caricia de una mano que vino por la sombra, sin que me fuera dado saber quién de los que me acompañaban se unió tan puramente a mi dolor. Tuve – (Cuánto mejor esta constancia que todos los pajeros: "No tuve...".)

De Diario de Andrés Fava

Jazz

... el jazz es como un pájaro que migra o emigra o inmigra o transmigra, saltabarreras, burlaaduanas, algo que corre y se difunde y esta noche en Viena está cantando Ella Fitzgerald mientras en París Kenny Clarke inaugura una *cave* y en Perpignan brincan los dedos de Oscar Peterson, y Satchmo por todas partes con el don de ubicuidad que le ha prestado el Señor, en Birmingham, en Varsovia, en Milán, en Buenos Aires, en Ginebra, en el mundo entero, es inevitable, es la lluvia y el pan y la sal, algo absolutamente indiferente a los ritos nacionales, a las tradiciones inviolables, al idioma y al folklore: una nube sin fronteras, un espía del aire y del agua, una forma arquetípica, algo de antes, de abajo, que reconcilia mexicanos con noruegos y rusos y españoles, los reincorpora al oscuro fuego central olvidado, torpe y mal y precariamente los devuelve a un origen traicionado, les señala que quizá había otros caminos y que el que tomaron no era el único y no era el mejor, o que quizá había otros caminos y que el que tomaron era el mejor, pero que quizá había otros caminos dulces de caminar y que no los tomaron, o los tomaron a medias, y que un hombre es siempre más que un hombre y siempre menos que un hombre, más que un hombre porque encierra eso que el jazz alude y soslaya y hasta anticipa, y menos que un hombre porque de esa libertad ha hecho un juego estético o moral, un tablero de ajedrez donde se reserva ser el alfil o el caballo, una definición de libertad que se enseña en las escuelas, precisamente en las escuelas donde jamás se ha enseñado y jamás se enseñará a los niños el primer compás de un ragtime y la primera frase de un blues, etcétera, etcétera.

De Rayuela, *cap. 17*

ERRUCCIO BUSONI,
la agonía del diatonismo

Juan Carlos Paz

—Buscad vuestra propia forma.
F. BUSONI.
—El espíritu académico pertenece siempre al pasado, no siendo, por lo tanto, jamás creador, así como tampoco incitador.
GERTRUDE STEIN.

La liquidación de los factores de tonalidad constituyó la realidad musical que tuvo que aceptar el compositor del primer cuarto de nuestro siglo: y la solución inmediata que se le imponía era la búsqueda de valores inéditos que suplantaran los que, a causa de su agotamiento, sólo podían ofrecerle funciones redundantes y sin salida posible. Desde la bi-tonalidad de Debussy y su escape de los modos medievales, hasta el cromatismo integral de Reger, las respuestas fueron de diversa jerarquía, trascendencia, oportunidad, proyección y alcance; y las contribuciones, encaminadas a una eficaz y en lo posible perdurable solución, condujeron desde el diatonismo agonizante, al período que se denomina atonal.

Los teóricos, por supuesto, contribuyeron en mucho a la búsqueda y al hallazgo, y desde el checo Vitezslav Novák hasta el italogermano Ferruccio Busoni, el apoyo fué intenso y eficaz. En el teórico y el visionario superan en mucho al compositor. Afiliado en principio al arte físico y a una incondicional devoción por Bach, se prodigaba como animador —incitador— de cuantos gestos renovadores halló a su paso —Debussy, Stravinsky y Schönberg convirtieron en interés y apoyo—, evolucionando lentamente hacia una concepción propia y universalista de la música, que expuso en su resonante ensayo *Aceptos para una nueva estética musical*, publicado en 1907. Con las ideas de este verdadero manifiesto de las tendencias modernas y de los escritos teóricos, Busoni dió impulsos decisivos a la música europea, particularmente a la de Centroeuropa, a la vez que previó la teoría de los doce tonos de Schönberg, anticipando el cálculo de ciento trece escalas, expresando, acerca de la renovación necesaria de la música por medio de la armonía, que comprenda la substancia armónica, en concerniente a la música actual, como una síntesis y contribución de los doce semitonos de la escala temperada.

Teóricamente, Möllendorf, Wischnegradsky, Alois Hába, Mager, Baglioni, Lourié, Carrillo, Hanns Barnos, Berres y demás pioneros de tendencias microtonales, deben a Busoni mucho, y explican sus posibilidades de una música escrita en sistemas basados en tercios, cuartos y sextos de tono. Especialmente la música escrita en los doce tonos de dichos sistemas anunciados por Busoni es de especial interés, ya que el tercio de lo sobrepuja en novedad, audacia y posibilidad del cuarto de tono, pues éste es un simderivado del sistema cromático, cuyo sentido

ELOGIO DEL JAZZ: Carta Enguantada a Daniel Devoto

JULIO CORTÁZAR

La musique de jazz, c'est comme les bananes, ça se consomme sur place.
JEAN-PAUL SARTRE.

Mi querido Daniel:

Todos los pretextos son buenos para justificar un ensayo. Cuando la ocasión de escribirlo se presenta, uno llega a pensar si verdaderamente esa ocasión existía o si la estamos creando nosotros para dar salida a multitud de ideas dispersas que aguardaban un eje cualquiera para aglutinarse en torno. Hace años que los problemas que plantea el jazz se desordenan en mis cuadernos y mis recuerdos; tu nota en *Verbum* ("El jazz y la música moderna") me proporciona un aglutinante de primer orden. Principio por decirte, con toda lealtad, que tu nota es ante pretexto que razón de este casi cartel; me pongo delante (no: me he puesto yo delante) como la pared que favorece los rebotes o el espejo que alien la las autocríticas del dandysmo.

Lo que voy a escribirte podría constituir el capítulo final de *Teoría del Túnel*, ensayo inédito encaminado racionalmente hacia la caracterización de lo irracional. Con estas reflexiones sobre el jazz, y una nota acerca de Dashiell Hammett que haré algún día, creo que dicho ensayo puede ser útil para entender ciertos sentidos del arte y la conducta contemporáneos. Mientras lo escribía en 1947 —centrándolo casi todo en la novela— advertí frecuentemente la presencia del jazz como fenómeno revelador, pero no quise agregarlo en-

tonces por razones metódicas, y porque detesto las *correspondencias* cuando se salen del sabido soneto. Mira tú la bella oportunidad que me das ahora para incorporarlo sin confusión, desde un plano propio; y que cada uno extraiga las analogías de acuerdo a sus particulares armónicos.

Debo declarar —no tanto a ti, sino a eventuales lectores— que mi cartel no te enfrenta en terreno estrictamente musical, Dios me libre de ello. ¿Qué sé yo de las sucesiones de séptimas de dominante o de los acordes de novena que mencionas en tu nota? Diatonismo, por ejemplo, me ha sonado siempre como un sistema métrico para cristales de anteojos; en fin, que estoy frente al jazz en la misma inopia que muchos de sus creadores (1), lo que en alguna medida me asegura una aprehensión inmediata de su esencia (2). Ni siquiera puedo jactarme de una aptitud personal para el jazz, de ser un buen ejecutante. Aspiro a tocar el saxo tenor, como tú sabes, y con tres dedos de cada mano me animo en el piano a tímidas variaciones sobre *Honeysuckle Rose*. Es extraordinario lo mal capacitado que estoy para escribirte esta carta.

Me ayuda el hecho de que tu nota no ha querido ir más allá de una sucinta apreciación —y negación o retroceso— de influencias, tema que me parece abordable como punto de partida para una honorable réplica *amateur* como será la mía. La trampa posterior (donde empezarás de veras a servirme de amable pared para mis rebotes) consistirá en completar el

tiende a conservar y con él todo el sistema tonal en uso desde siglos atrás, mientras que el tercio de tono, de hecho, elimina nuestras exhaustas escalas diatónicas y cromáticas, dando origen a otras escalas y a combinaciones inéditas de sonidos, cuyo planteamiento propuso este inquieto doctor Fausto de la música contemporánea.

Todas las proposiciones, tanteos y realizaciones prácticas de Busoni convergen hacia un individualismo extremado. El es, por excelencia, y filosóficamente considerado, un espíritu faústico, y como tal, su impulsión hacia la infinitud y hacia lo inédito es característica dominante. En los problemas de forma, por ejemplo —no existen formas preconcebibles: todo pretenda ser serlo no es más que un calco académico, una burda imposición escolástica—, en el problema de forma, decimos, sienta Busoni el principio radical de que todo contenido implica automáticamente una forma individual. Por supuesto que atendiendo a ese postulado, se esfuma la posibilidad de basar en *forma-tipo* tradicionales, pero como éstas no son más que esquemas de valores gastados y en desuso, no queda otro recurso —al menos por ahora y mientras no se logre una nueva forma-tipo específica como lo fué la *forma-sonata* en el período diatónico que hoy agoniza—, que el cultivo de esquemas emanados directamente de los elementos que escoja el compositor al disponer su trabajo. Tal criterio *atonal* libre, en las diversas tendencias *docetonales* y en el criterio de composición *atemático*; y tal es, por otra parte, el problema crucial que afecta a todo el arte contemporáneo de tendencia renovadora.

La influencia de los postulados de Busoni sobre la ópera ha sido decisiva para el des-

arrollo de ese género en Alemania, Austria o Checoeslovaquia. Concibe la ópera como una comedia musical fantástica y grotesca. Sus últimas ideas al respecto, expuestas en el prólogo de su *Doctor Fausto*, su tercera ópera a la vez que su trabajo definitivo en el terreno de la creación musical, confirma su concepción antirealista del arte, preconizando la autonomía de éste respecto de la realidad y separando juiciosamente las esferas de acción de uno y otra.

Concretando la esencia de las ideas de Busoni obtendremos comprimidos teóricos sintetizados como sigue: No hay limitación posible para el espíritu. Los dogmas de escuela no tienen razón de ser, pues sólo prolongan estados mentales y sensibles ya superados por las conquistas subsiguientes. Existen constantes de sonidos y de combinaciones sonoras que no han sido empleadas: el compositor debe, en consecuencia, aplicarse al conocimiento de ellos y su posible utilización. Los cánones formales o de estilo deforman la personalidad al ser impuestos como si se tratase de un mal necesario. Cada personalidad artística involucra automáticamente un verbo distinto: su problema consistirá, pues, en hacer viable ese verbo, logrando esto lo demás habrá sido alcanzado, por encima de cualquier imposición extraña de estilo o de forma, etc. De esa manera, este iluminado profeta de las nuevas tendencias, derivando *Hacia un nuevo clasicismo* (1) y superándose ante un arte de sospechosa filiación romántica o naturalista, exalta el más extremado individualismo y propone diversos derroteros que conducen a un arte de concepción universalista, liberado de trabas y de sentimentalismos tradicionalistas y parasitarios.

(Continúa en la página 43)

Jean Andreu

Querido Jean:

No te escribí antes porque (y aquí el paréntesis me evita una lar[
lista de explicaciones aburridas e innecesarias). Entre tanto recibí la colección de CARAVELLE. Muchas gracias, tanto por eso como por muchas otras cosas,
el placer de haber podido hablar tanto con vos y con los amigos, de haber conocido a tu mujer y a tus encantadoras niñas y a tu tío, esa pausa en una vida
demasiado complicada para mis gustos, la pausa Toulouse como la llamaré desde
ahora. A vos te pareció quizá que en vez de pausa era una dura tarea para mí,
pero curiosamente fue las dos cosas, es decir que me cansé mucho hablando y
contestando preguntas, pero a la vez retrocedí veinte años en el tiempo y me
sumergí en mis época universitaria mendocina; una especie de baño de segunda
juventud que me hizo mucho bien y que te debo a vos.

De una carta a Jean Andreu, 18 de febrero de 196[

CAHIERS DU MONDE HISPANIQUE
ET LUSO-BRÉSILIEN

(CARAVELLE)
10

1968

PUBLIÉS AVEC LE CONCOURS
DU CENTRE NATIONAL DE LA RECHERCHE SCIENTIFIQUE

Numéro spécial consacré à l'Argentine

INSTITUT D'ÉTUDES HISPANIQUES, HISPANO-AMÉRICAINES ET LUSO-BRÉSILIENNES
UNIVERSITÉ DE TOULOUSE

Semana Latinoamericana, Université Toulouse-Le Mirail, 1978. De izquierd[
a derecha: J. Carassus, Julio Cortázar, Mario Goloboff, Augusto Roa Basto[
Rubén Bareiro Saguier, Jorge Adoum, Jean Andreu y Juan José Saer

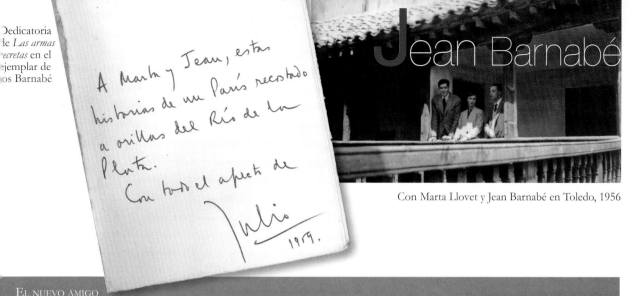

Dedicatoria
de *Las armas
secretas* en el
ejemplar de
los Barnabé

Jean Barnabé

A Marta y Jean, estas historias de un París recostado a orillas del Río de la Plata. Con todo el afecto de Julio 1959.

Con Marta Llovet y Jean Barnabé en Toledo, 1956

EL NUEVO AMIGO

por Jean Barnabé

Termina un día de noviembre de 1954. Llama Marta, para anunciarme que invitó a comer a un colega de la VIII Asamblea General de la Unesco, que está solo en Montevideo, alojado en el hotel Cervantes de la calle Soriano. "Él tiene muchas ganas de escuchar música contigo", me dice. Es traductor, argentino, y vive en París. La conferencia es muy larga, y a él, que es funcionario free lance de la misma Unesco, todo le resulta bastante aburrido. Preparo unos tragos para tomar afuera, y me siento a esperar en el porche de nuestra casa de Carrasco, contemplando la luz y los colores de este atardecer sin nubes en el cielo, apenas refrescado por una leve brisa marina. Junto con Marta, baja del auto un hombre alto, que se expresa con mucha cortesía, en un español netamente rioplatense, pero con erres curiosamente afrancesadas. Nos presentamos. Yo no sé bien quién es, sino tan sólo que escribe, y que ya le publicaron algo en Buenos Aires. Me gusta su cara algo redonda, en la que se notan, de cerca, algunas arruguitas muy finas, curiosas para alguien de apariencia tan juvenil. Luego me entero de que este joven es en realidad mayor que yo, y que ya tiene 40 años.

Las primeras conversaciones permiten saber hasta dónde puede uno pisar, sin correr el riesgo de caer en desavenencias peligrosas para el futuro de la amistad. Cuando llegamos por fin a Mozart, luego de un par de tragos, me arriesgo con el trío K 563. El joven de las arruguitas no se inmuta, y de inmediato me habla de las variaciones del cuarto movimiento, que tanto admira. La cosa va en serio, pienso... Lo mismo pensé después en tantas oportunidades más, cada vez que se evidenciaba su inmensa cultura, y su memoria ilimitada, sin que él, por otra parte, buscara en ello el más mínimo lucimiento personal. Frenando a veces el ritmo estrictamente narrativo, esa intelectualidad y esa cultura habían de volcarse en su obra de manera avasallante, ya sea directamente, ya sea indirectamente, a través de la palabra de los personajes.

En los muchos momentos y viajes que en los años siguientes compartimos, Marta y yo, con él y su esposa Aurora, también le oí hablar de bueyes perdidos, en encuentros casuales, en los que él prestaba una atención compenetrada a los comentarios de sus ocasionales interlocutores. Aquello podía parecerse a una disimulada ironía, pero creo más bien que él elaboraba a partir de allí los diálogos de algún cuento en proceso. Eso lo pienso ahora, pues en aquellos tiempos no había entre nosotros demasiada obsesión por la literatura. Era una relación espontánea, porque entonces todavía no pesaba su fama internacional.

Nunca nos tuteamos, primero porque hace cuarenta años el tuteo era menos inmediato que ahora. Pero hubo, además, un pudor que yo sentí desde el instante en que nos conocimos, así como la sospecha de que a pesar de nuestras coincidencias en lo cultural, no nos íbamos a encontrar tan fácilmente en lo existencial. En el prólogo a los *Cuentos completos*, Vargas Llosa expresa muy bien lo que yo siempre experimenté: "con ese Julio Cortázar, era posible ser amigo, pero imposible intimar". Yo diría: era posible ser muy amigo, y sin embargo no intimar. Como uno lo pasaba muy bien en el plano amistoso, se podía prescindir de lo íntimo: aunque a veces costaba toparse siempre con esta "puerta condenada", que reducía los espacios de la convivencia, al final siempre ganaban el humor, la simpatía, y uno terminaba dejando la puerta tal como estaba.

En noviembre de 1968 nos encontramos los dos solos, en París, en la casa de la Place du Général Beuret. En realidad ya no vivía más en ella, pues se había separado de Aurora. Él formaba parte entonces del boom de la literatura latinoamericana, y ya era un escritor famoso. Lejos estaba el tiempo, anterior a *Rayuela*, en que me interrogaba sobre la mejor manera de ingresar al mercado francés, y en que yo le sugería que intentara una novela, porque allí los cuentos no tenían mucha aceptación. Fuimos a almorzar cerca, a un restaurante del barrio. Recuerdo que durante todo el almuerzo hablamos mucho de su nuevo entusiasmo político, y de su vida de escritor comprometido. Mientras conversábamos, yo pensaba en aquel atardecer de muchos años atrás, cuando había aparecido en mi vida el joven de las arruguitas muy finas. Cuando salimos a la calle, después de terminar la comida, llegó el momento de despedirnos. Nos abrazamos. Cuando me fui, no me di vuelta. Tenía miedo de que ya no nos fuéramos a ver más. Y así sucedió.

A B C D E F G H I J K L M N O P Q R S T U V W X Y Z

Jean Thuailui y el cachorro Rilke
Le Guervalat, Aix en Pce
Mayo 68

Con Jean Thuailui, en la terraza de
Serre (Provenza) Verano 81

144

Genève, le 22 Mars 1966

Jean Thiercelin

Cher Jean,

Comme je ne fais jamais des brouillons de lettres, tu devras t'attendre à des attentats épouvantables contre la très belle mais très difficile langue française. J'avais pensé d'abord t'écrire en espagnol car je crois que tu le lis couramment, sans compter que Raquel aurait pu te venir en aide. Mais finalement, tu vois, je lance cet étrange dentier (les majuscules sont les molaires, et voici les dents: ^^^^^^^^^^^^^^) ((mais est-ce que cela se lance, un dentier? disons que je me mets à manipuler le dentier REMINGTON RAND en français)). En français? Monsieur René Etiemble, professeur dont la rénommée n'est plus à faire (a mon avis elle est même un peu surfaite) tonne contre le franglais. Que dirait-il s'il pouvait lire mon frangentin! Tu sais, il m'arrive ceci qui est très beau et très redoutable à la fois: quand je pense à mes amis français, je le fais en français, et par conséquent il me faut leur écrire aussi en français car autrement il y aurait une espèce de traduction. En tant que traducteur-de-mon-métier, je ne connais que trop les malheurs, les misères et les pertes de cette assez sinistre opération. Donc je préfère m'exprimer directement mal que de le faire indirectement bien, car ce bien me semble hypocrite et faux. Me voilà moraliste, ce qui n'arrange pas beaucoup les choses. Dans le fond je crois que je m'amuse à écrire en frangentin, je le fais très lentement pour ne pas a avoir à biffer la plupart de mes phrases, puis je relis ce qui précède et je le trouve tellement absurde que je m'amuse encore plus. Il va sans dire que dans cette affaire c'est toi le perdant. Mais que gagnerais-tu à me lire dans un espagnol qui ferait comme un paravent entre toi et moi? Et puis j'espère que tu te marreras aussi, et nous serons deux (trois, Raquel aidant) à profiter de mes libertinages verbaux.

Ginebra, 22 de marzo de 1966

Querido Jean:

Como nunca hago borradores de mis cartas, prepárate para espantosos atentados contra la muy bella pero muy difícil lengua francesa. Pensé primero escribirte en español porque creo que lo lees de corrido, además de que Raquel hubiera podido socorrerte. Pero finalmente, a lo ves, arrojo esta extraña dentadura postiza (las mayúsculas son los molares, y éstos los dientes: ^^^^^^^^^^^^^) ((¿pero una dentadura postiza se arroja? digamos que me pongo a manipular la dentadura postiza REMINGTON RAND en francés)). ¿En francés? Monsieur René Etiemble, profesor cuyo prestigio es indiscutible (y a mi juicio un poco exagerado), echa pestes contra el franglés. ¡Qué diría si pudiera leer mi frangentino! Sabes, lo que me ocurre es algo bello y temible a la vez: cuando pienso en mis amigos franceses, lo hago en francés,

y entonces tengo que escribirles también en francés, porque de lo contrario sería una especie de traducción. Como traductor-de-oficio conozco demasiado las desventuras, miserias y pérdidas de esta operación tan siniestra. De modo que prefiero expresarme directamente mal antes que hacerlo indirectamente bien, porque ese bien me parece hipócrita y falso. Y ahora me pongo moralista, lo que no contribuye a mejorar las cosas. En el fondo creo que me divierte escribir en frangentino, lo hago muy lentamente para no tener que tachar la mayoría de las frases, después releo lo que precede y me parece tan absurdo que me divierto todavía más. Inútil decir que en este asunto eres tú quien sale perdiendo. ¿Pero qué ganarías si me leyeras en un español que sería como un biombo entre tú y yo? Y además espero que te desternilles de risa y así seremos dos (tres, con ayuda de Raquel) los que aprovechemos mis libertinajes verbales.

Traducción del fragmento de la carta a Jean Thiercelin

Jonquières

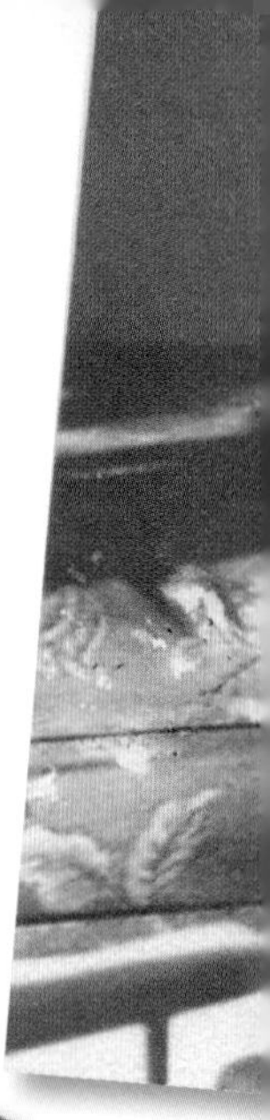

Piedra pintada
por Eduardo
Jonquières

Témpera
de Eduardo
Jonquières

146

María Rocchi
de Jonquières

Aurora Bernárdez con los pequeños
Jonquières. París, c. 1960.
Los pequeños son Mariclo (ya
muchacha), Albertito, Marisandra
y María Valeria

Tomamos la pluma
en la mano para
desearles que al
recibo de la presente
estean bien. Por
aquí la Vendée es
regia
Aurora Damián
Julio

Querido Eduardo: Mucho me hablaste
de Ravello, hace años. Tenías
razón. He pensado mucho en
ti y en María, y junto con
Aurora los abraza
Julio

Amalfi, 10/3/04.

FOTOCELERE · TORINO

Delhi, 24/3/68

Khrishna con su flauta
desata las lluvias y la
danza. Las lluvias no han
llegado, pero nosotros nos
ponemos a bailar de aquí
a Ceilán, dando toda la
vuelta a la India.

Abrazos para todos de
Aurora y Julio

Megha Raga (Joy at the advent of Rains). Malwa-
Bundelkhand School, 1680 A.D.

N DES AMOURS

SA CATH
SOIE DA
DUMAI

RAVELL

Pulpito (anno 1272)

Londres encabritado en niebla y
maxi-minis tiembla al borde
de su penúltimo avatar: mujeres
se entregan a cambio de un dibujo
de Richard Hamilton. El futuro
será hippie o no será. Huele a
Guiness, alguien me .... su
mejor sombra en Drury Lane.
Cheers,
Julio

POST

Cher Maître,

Vos mirá de lo que son capaces las Damas Rotarias (una dama rotando suena me-
jor, ¿no?). Aquí estoy, en Brasilia, enviándote con atraso este delicado testimonio de arte arequipeño. A lo
cierto, Arequipa es una ciudad maravillosa, que tal vez hayas conocido en tus misiones humboldtianas.
ahora, después de sobrevivir al alumno ecuatoriano y peruano, voy conociendo este Brasil (Ouro Preto,

Felices Pascuas

Congonhas, Rio, São Paulo, Brasilia) y mañana estaré en Bahía con Caetano Veloso y los otros cracks
de la música. Hace un calor del quinto carajo, pero Niemeyer, ¡qué gran tipo! Vuelo a São...
donde los poetas (¡miles!) me llevarán a sus paraísos concretistas, con Harold de Campos y Decio Pignatari
cabeza. Todo es una inmensa locura, el Cusco, Otavalo en el Ecuador, la gente, la bebida, la amis...
las noches con estrellas enormes.
Un abrazo grande,
Julio

Cultura del Antiguo Perú

COLABORACION OBRAS SOCIALES
Comité Damas Rotarias
Arequipa—Perú

Je cherche j. lutteuse,
phys, agréable, Pour
entrainement. Ecr. Ajonc, 4, à...

ET D'AUJOURD'HUI

LES ANNEES FOLLES

...ce paraissant sporadiquement dans
...ux entre 1924 et 1928. Celle-ci date...
de 1925.

13/12/78

Cual Ulises a Polifemo, te alcanzo una cacerolita de
amistoso recuerdo (aunque el astuto Odiseo tenía
otras intenciones más aleves) y te digo que me
voy hasta el 20 a mi ciudad natal por lo del Russell.
Te hablaré a la vuelta para ir a tu taller, ya que
que ahora no me alcanzó el tiempo.
Muy abrazo, Julio

Querido Eduardo, la Martini...
es una bella isla, y no hac...
absolutamente nada en to...
el día la vuelve todavía m...
bella. Viva la fiaca, en fin...
Abrazo, Julio

Au fait, c'est le paradis!
Amitiés,
Carol

54/VII 973
148
Riproduzione vietata

Lo que más me ~~conmueve~~ commueve
en esta pintura es el misterio
de la toalla roja y la toalla
azul. ¿Toallas, ropas? En
todo caso, para mí, el
centro de este pequeño delicioso
mandala.
Abrazos   Julio

245 · Sourire et anthuriums.

Guadeloupe, 20/5/76

Querido Eduardo y flia, aquí estamos
antilleando briosamente después de varias semanas en
una Cuba cada día más ~~rígida~~ activa y
echapalante. Costa Rica y Jamaica fueron dos
experiencias a contarles en detalle. Espero verlos
en junio, abrazos a todos
Julio

IMPRIME EN FRANCE
ANTILLES TOURISTIQUES

Sanhaliotis varia
KENYA

Nairobi, 2/11/76

funcionario de la Unesco
votando el presupuesto para
1977-78. Las supuestas
lanzas son bolígrafos made
in Kenya.

Lindo país, lleno de flor
perfumes y gacelas (de dos y
cuatro patas).
Abrazos   Julio

Atardecer en la Playa del Puerto, Zhuatanejo.
Sunset at the Port Beach, Zihuatanejo, México.

Querido Eduardo y María: Nos
alegró mucho leer el artículo que
les envío aunque supongo ya lo
tienen. El pibe se está fortaub!
Esta foto les dará idea de nuestras
soledades en el litoral pacífico de
México. 50 días aquí, ¡qué perfectas
vacaciones! Espero que ustedes
lo pasen bien en España y que
el verano sea mejor que el francés
perfectamente pourri según los
diarios. # Viajaremos en auto por el
interior de México para que Carol vea
Palenque, Monte Albán y otras brujerías
preciosas. En septiembre, Berkeley.
Felicidad, abrazos
Julio
Carol

TARJETA POSTAL "VISTACOLOR" Lito en México ©
Distribuido por "NOLPER" ASOCIADOS
La Paz 12-B; Tel.: 3-37-13; Acapulco, Guerrero.
¡Coleccione Tarjetas Postales!

V4227

Querido Eduardo: Me alegra que tu verano
fluya entre olas cristalinas, peñascos
y calma. Aquí, un verano espléndido y
la paz que me da Carol me ayudan a
salir de un pozo muy hondo. Trabajo, leo,
estoy negro y saludable; las siestas son
de Eros y las noches se llenan de Mozart
y Jelly Roll Morton. A los 64 años, pedir más
sería escupir a la cara de los dioses.
¿Nos vemos en septiembre u octubre? Haré
la Conferencia General de la Unesco y me quedaré
en París hasta diciembre. Un abrazo. Julio

Jorge

Yo puedo decirle que es un fino espíritu, dado de lleno a la música –como oyente y crítico– y de una austeridad intelectual que llama la atención en estos tiempos profanos.

De una carta a Luis Gagliardi, 2 de junio de 1942

El gran Juego

El gran juego

Entiendo ya algunas figuras
pero no sé qué es la baraja,
qué anverso tiene esa medalla
cuyo reverso me dibuja.

En la otra cara de la luna
duermen los números del mapa;
juego a encontrarme en esas cartas
que ciegamente son mi suma.

De tanta alegre insensatez
nace la arena del pasaje
para el reloj de lo que amé,

pero no sé si la baraja
la mezclan el azar o el ángel,
si estoy jugando o soy las cartas.

Reloj de arena que
fue de Cortázar

... este Julio lápiz siente ahora que tiene que decir algo sobre Julio Silva, y lo mejor será contar por ejemplo cómo llegó de Buenos Aires a París en el 55 y unos meses después vino a mi casa y se pasó una noche hablándome de poesía francesa con frecuentes referencias a una tal Sara que siempre decía cosas muy sutiles aunque un tanto sibilinas. Yo no tenía tanta confianza con él en ese tiempo como para averiguar la identidad de esa musa misteriosa que lo guiaba por el surrealismo, hasta que casi al final me di cuenta que se trataba de Tzara pronunciado como pronunciará siempre, por suerte, este cronopio que poco necesita de la buena pronunciación para darnos un idioma tan rico como el suyo. Nos hicimos muy amigos, a lo mejor gracias a Sara, y Julio empezó a exponer sus pinturas en París y a inquietarnos con dibujos donde una fauna en perpetua metamorfosis amenaza un poco burlonamente con descolgarse en nuestro living-room y ahí te quiero ver (...) Éste es el Julio que ha dado forma y ritmo a la vuelta al día. Pienso que de haberlo conocido, el otro Julio lo hubiera metido junto con Michel Ardan en el proyectil lunar para acrecer los felices riesgos de la improvisación, la fantasía, el juego. Hoy enviamos otra especie de cosmonautas al espacio, y es una lástima. ¿Puedo terminar esta semblanza con una muestra de las teorías estéticas de Julio, que preferentemente no deberán leer las señoras? Un día en que hablábamos de las diferentes aproximaciones al dibujo, el gran cronopio perdió la paciencia y dijo de una vez para siempre: "Mirá, che, a la mano hay que dejarla hacer lo que se le da en las pelotas". Después de una cosa así, no creo que el punto final sea indecoroso.

De "Un Julio habla de otro",
en La vuelta al día en
ochenta mundos

Para que veas la diferencia que va de Silva a mí. Pero lo mismo me gusta regalarte esta espiral llena de buenos recuerdos

Posdata de una carta
a Marta Jordan,
julio de 1978

Juventud

Estoy de acuerdo con lo que dices sobre la pérdida del impulso de la primera juventud. Pero cuántas macanas se hacían en su nombre. Hermosas macanas, siempre que quedaran inéditas, siempre que valieran como experiencia para macanear menos después. Es curioso, yo guardo el recuerdo de mi juventud con tanta triste ternura como vos, pero hoy en día me siento tanto o más ávido que entonces. La diferencia es que trato de pegar el tarascón de una sola vez, y no dar vueltas mordiéndome la cola como los cachorros. Yo creo que la única gran pérdida son las ilusiones, y a veces las certidumbres, por hermosas que sean, no alcanzan a reemplazarlas. De todos modos, hay algo innegable: de muchacho, uno no sabe realmente lo que hace. La autocrítica se ejerce más en el orden moral que en el intelectual o sensible. Es necesario que sea así, porque de lo contrario se nos paralizaría la mano al escribir la primera palabra. Sin oficio, sin técnica, ¿qué podría hacer un muchacho si estuviera dotado de una autocrítica prematura y excesiva? Tal vez fue eso lo que le pasó a Rimbaud, a tantos otros. La sabia naturaleza vigila a su prole, y empieza por darnos la efusión libre, para que chamboneemos a gusto, y entre macana y macana vayamos aprendiendo nuestros artesanados respectivos. Y entonces, cuando aparece la autocrítica (en algunos no aparece nunca, preguntále a mi cuñado), ya nadie se desespera, porque hay con qué defenderse, con qué replicar. Detrás de todo lo que te estoy diciendo y me estoy diciendo, hay sin embargo una gran melancolía. Toda la conciencia vigilante de este mundo no paga, quizá, aquellos deslumbramientos de los dieciocho años, aquel valor increíblemente mágico de un pocillo de café en su momento, de una playa, de una página de libro. ¿Te acuerdas lo que era recibir entonces un regalo de un amigo? Era como una salpicadura de divinidad. Las más pequeñas cosas, una cita, un cumpleaños, un banco de plaza, todo estaba cargado de infinito, no sé decirlo de otra manera. Uno reía y lloraba de otra manera. No sabes, no puedes saber lo que despierta en mí el recuento de pasado que haces al final de tu carta. Cada nombre, cada música, cada episodio que mencionas. Tú eres el único, ya, que los comparte conmigo. Cuántos muertos, cuántos ausentes, y cuánto olvido preparándose en el tiempo. Creo, después de todo, que tu carta me ha hecho un poco de daño, del que no eres culpable.

De una carta a Eduardo Jonquières,
27 de noviembre de 1954

Keats

Inclínate al espacio de la noche
donde tiemblan los restos de la rosa;
¿oyes nacer por las enredaderas
una conversación de telarañas?

Qué sabrás tú de nuestro herido tiempo,
su solo césped el de los sepulcros.
¿Quedará alguna cosa que ofrecerte
sin sal y musgo y rotos capiteles?

¡Oh de un vino sin borra, de una estrella
para tu mano abierta e insaciable!
La soledad, muchacho boca arriba,
la soledad que juega con tu pelo.

Algo queda, la sed de los duraznos
se mece al sol con cínifes de plata;
en los parques del cielo andan las corzas
y hay una nube junto al viejo puente.

Algo queda, John Keats, sangrada boca
puesta como una flor en las columnas.
Inclínate al espacio de la noche
donde calladas cosas te recuerdan.

De Imagen de John Keats

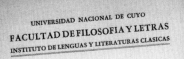

UNIVERSIDAD NACIONAL DE CUYO
FACULTAD DE FILOSOFIA Y LETRAS
INSTITUTO DE LENGUAS Y LITERATURAS CLASICAS

REVISTA DE ESTUDIOS CLASICOS

Julio F. Cortázar

La Urna Griega
En la Poesía de John Keats

SEPARATA DEL TOMO II 1946
MENDOZA

Lord Houghton

**VIDA Y CARTAS
DE JOHN KEATS**

EDICIONES IMAN

Buenos Aires, Imán, 1955
(Traducción y nota preliminar
de Cortázar)

JULIO CORTÁZAR

imagen
de
John Keats

ALFAGUARA
BIBLIOTECA CORTÁZAR

Madrid, Alfaguara, 1996

A B C D E F G H I J K L M N O P Q R S T U V W X Y Z

Ladrillo

Raudos llegaron los dos ladrillos (Paquita *dixit*) pero la realidad sobrepasaba de lejos mi imaginación; cuando los sopesé, uno por uno, me quedé mirando a Carol con una expresión que ella luego calificó de tortuga hipnotizada. No era para menos, y ahora que poco a poco voy entrando en la masa (muy poco a poco, porque de esa masa han salido por lo menos doscientas empanadas) sigo creyendo que me llamo Segismundo y que los homenajes son un sueño. Todo esto para decirte cosas como alegría, felicidad, y sobre todo amistad, la tuya, que está detrás y en cada una de esas páginas.

De una carta a Félix Grande,
6 de enero de 1981

CUADERNOS
HISPANOAMERICANOS

MADRID
OCTUBRE-DICIEMBRE 1980 **364-366**

Lapicera

Hace años que he renunciado a pensar coherentemente, mi lapicera Waterman piensa mejor por mí. Parece que juntara energías en el bolsillo, la guardo en el chaleco, encima del corazón, y es posible que a fuerza de escucharlo ir y venir el gran gato redondo cardenal su propio corazón de tinta, su pulpito elástico, se vaya llenando de deseos e imaginaciones. Entonces me salta a la mano y el resto es fácil, es exactamente ahora.

De Imagen de John Keats

Estilográfica que fue de Cortázar

Lápiz

Tuve que bajar a Apt –la Apta Iulia de "Todos los fuegos el fuego"– para comprar un lápiz, porque no encontré ninguno en mi rancho; es increíble cómo los lápices están desapareciendo de la historia, pronto serán una rareza y los veremos en las estanterías de los museos arqueológicos.

De una carta a Suzanne Jill Levine, 27 de julio de 1972

Conocí a Cortázar cuando él llevaba tres o cuatro años viviendo en Francia. Trabajaba como traductor en la Unesco y Roger Caillois había seleccionado "La noche boca arriba" para una antología de cuentos fantásticos.

En esa época yo traducía para la colección "La Croix du Sud" una parte de *Historia de la infamia* e *Historia de la eternidad*, de Borges. Me ocupaba de la infamia (risas) donde Borges usa el argot de los malevos de Buenos Aires, que ni Caillois ni yo misma alcanzábamos a comprender. Caillois me aconsejó entonces que me encontrara con Cortázar para que me iniciase en el lunfardo. La tarde en que nos conocimos me dio un libro de cuentos, *Bestiario*, el primero que publicó en Argentina. Quedé fascinada con sus relatos y decidí que haría todo lo posible para que se publicaran en Francia. Quisiera recordar que esto sucedía a fines de los cincuenta, cuando Cortázar era totalmente desconocido y América Latina estaba lejos de ser la vedette que es hoy. Excepto Borges, que empezaba a abrirse camino, puede decirse que en esa época ser un escritor latinoamericano era más bien una desventaja.

Así pues ni Caillois, que dirigía "La Croix du Sud", se atrevía a publicar los cuentos de un desconocido. Visité a muchos editores para que leyeran algunas traducciones de los textos de Julio. Advertí que a todos al menos un cuento les parecía apasionante, y nunca era el mismo. Era una buena señal que demostraba que podía emocionar a lectores muy distintos. Max Pol Fouchet, a quien le gustaban mucho, me dijo que intentara convencerle de que escribiera primero una novela. Volví a ver a Julio y le pregunté si no tenía alguna. Así es como se animó a escribir *Los premios*. Todavía desconocido, Caillois aceptó publicar una recopilación de cuentos. Con otras tres personas hicimos una selección de los relatos más "fuertes" de Cortázar, es decir los que podían gustar más al público francés, y el libro se llamó *Les Armes secrètes*. [...] Era esencialmente un cronopio y eso es sin duda lo que en él más me emocionó. Un Cortázar-Cronopio es alguien que no acepta nada preestablecido, que no soporta lo que no está vivo de entrada. *Historias de cronopios y de famas* es un verdadero manifiesto de esos rechazos: lo cotidiano pre-troquelado, pre-digerido, plano. Inventaba constantemente y quienes vivieron con él dicen que era un maravilloso inventor de lo cotidiano. Me acuerdo de una vez en que volvíamos del campo. Había tres o cuatro niños en el coche, exasperados por la lentitud de los semáforos a la entrada de París. Como empezaban a protestar, Cortázar les dijo: "Imaginad por un momento todas esas luces rojas y verdes que se encienden a la vez en toda la superficie de París, todos esos coches que se detienen y arrancan a una. Al mismo tiempo vosotros sobrevoláis la ciudad e imagináis el ballet, el formidable calidoscopio que eso forma". En el coche ya no se oyó ni una mosca.

"Julio Cortázar par Laure Guille-Bataillon. Entretien réalisé par Laurent Bouvier Ajam"
(Tango, n.° 3, París, julio-agosto-septiembre de 1984)

Lautrec

Que a usted le guste "Torito" y a mí sus dibujos no tiene nada de raro, al contrario. Pero es bueno que algún día lo hayamos sabido los dos.

Si alguna vez usted tiene ganas de acercarse a textos míos con su lápiz (o pluma, o tenedor, qué sé yo de eso) créame que me sentiré muy feliz.

Un abrazo

*De una carta a Hermenegildo Sábat,
15 de diciembre de 1977*

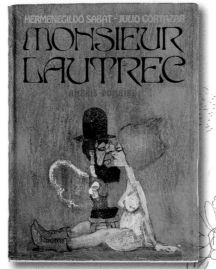

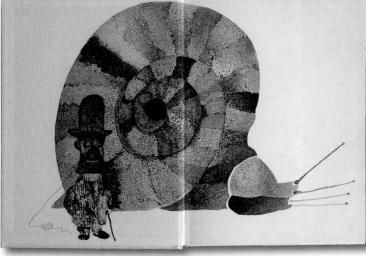

México, Nueva Imagen, 1983

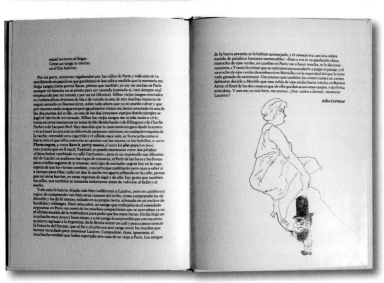

Madrid, Ameris, 1980

La [cubierta] de *Deshoras*, no [me gust
Comprendo que te haya atraído el trabajo sob
Toulouse Lautrec que hicimos Sábat y yo, pero
verdad es que no veo la menor relación entre
espíritu o la atmósfera de esa imagen y el cont
nido de los cuentos. En principio nadie va a sab
que ese enanito es Toulouse, y si lo saben se va
preguntar qué diablos hace ahí. Yo encuentro q
la imagen de Sábat está llena de humor —neg
pero siempre humor—, lo que no es el caso de l
cuentos. Supongo que ya es muy tarde para repe
sar este asunto, y por supuesto acepto tu elecció
pero me parece justo decirte cuál es mi reacció

*De una carta inédita a Guillermo Schavelz
7 de febrero de 19*

Jamás he podido leer escuchando música, y ésta es una cuestión bastante importante, porque tengo amigos de un nivel intelectual y estético muy alto para quienes la música, que en ciertas circunstancias puedan escuchar concentrándose, es al mismo tiempo una especie de acompañamiento para sus actividades. Esto lo comprendo muy bien en el caso de los pintores: tengo amigos pintores que pintan con un disco de fondo o la radio. Pero en el caso de la lectura, yo creo que no se puede leer escuchando música, porque eso supone un doble desprecio o un desprecio unilateral: o se desprecia la música o se desprecia lo que se está leyendo. La música es un arte tan absoluto, tan total como la literatura, y el músico exige que se le escuche a *full time* lo mismo que cualquiera de nosotros cuando escribimos. Personalmente me apenaría, me decepcionaría, enterarme de que alguien a quien estimo intelectualmente ha leído un libro de cuentos míos al mismo tiempo que estaba escuchando una fuga de Bach o una ópera de Bertolt Brecht. En cambio puedo, sí, leer mientras espero en un aeropuerto o a alguien en un café, porque ésos son los vacíos, los tiempos huecos que uno no ha buscado por sí mismo, sino que los horarios de la vida, digamos, te condenan de golpe a media hora de espera; y entonces, tener un libro en el bolsillo y concentrarse en él, en ese momento, por un lado anula el tiempo del reloj y, por otro lado, te crea una sensación de plenitud. Y no esa especie de mala conciencia que, también por deformación intelectual, tengo yo, en el sentido de que si me paso más de diez minutos sin hacer algo, sea lo que sea, tengo la impresión de que soy ingrato con ese hecho maravilloso que es estar viviendo, tener ese privilegio de la vida. Y es algo que siento cada vez más, mientras mi vida se acorta y va llegando a su término ineluctable, si me permitís la palabra tan cursi.

De la entrevista de Sara Castro-Klarén:
"Julio Cortázar, lector"

el vicio de leer es peor que el tabaco

Detalle de una carta a Eduardo Jonquières, julio de 1954

El pintor Mariano nos reunió en una cena, particularmente exquisita en un momento en que todo faltaba en Cuba, y Lezama llegó con un apetito jamás desmentido desde la sopa hasta el postre. Cuando lo vi saborear el pescado y beber su vino como un alquimista que observa un precioso licor en su redoma, sentí lo que luego *Paradiso* habría de darme tan plenamente: el descubrimiento de una poesía capaz de abarcar no sólo el esplendor del verbo sino la totalidad de la vida desde la más ínfima brizna hasta la inmensidad cósmica. Recuerdo que pensé en la frase de Descartes, cuando un pedante que lo veía comer con apetito se maravilló de que un filósofo pudiera ceder hasta ese punto a la sensualidad, y Descartes le respondió: "¿Pero es que creéis, señor, que Dios ha creado estas maravillas para el solo placer de los imbéciles?".

De *"Encuentros con Lezama Lima"*

En La Habana, 1967

La Habana, 21 de octubre de 1966.

Sr. Dn. Julio Cortázar.
En París.

Mi muy querido Julio:

Seguimos hablando sobre las maneras, las escrituras. Me sucede, y ya desde mis principios, que no veo sucesión de palabras. Veo bultos, cuerpos que se desperezan, en el sentido en que un estratega dice tiempo de ocupación de una plaza. Veo una sucesión ¿de qué? De manchamartillos, de insistencias, masa de harina que cubre una distancia. Las palabras son para mí una cantidad que depende de una lasca que se lleva tanto la mirada como un gesto brusco, un silencio inopinado que entreabre un manotazo. He trabajado tanto sobre <u>eso</u>, que ya no sé si es una cualidad o un defecto, tal vez las dos cosas, pero como los he hecho míos, me acompañan y me ayudan. Pero llegué a afirmarme: toda distancia crea el árbol, todo árbol la casa, y, vamos a entrar, todo árbol la novela. En última instancia, la distancia se convierte en el crecimiento orgánico de la novela (algo de eso está en su Rayuela, en mi Paradiso también). Esa distancia era una cantidad, y lo que ésta menos es pera son palabras. Si se habla de sonido o de ruido, es como si se fuese raspando una concavidad. Si miraba, algo que se descorría, que tiraba desde aquí hasta allí, y allí un clavito. Todo se me acumulaba en el presente, como en los ideogramas chinos, donde no hay tiempos de verbo. Todo se acumulaba, -el presente es la inmortalidad, dicen los místicos orientales. En tal forma me agobiaba y me esclarecía esa acumulación, que las palabras saltaban. Muchas veces decapitadas, casi siempre magulladas, pero yo sabía que habían librado un encuentro desigual. En eso no dejo de reconocer mi primitividad, todo me parecía que venía hacia mí como un ejército de <u>formica leo</u>. Después me apasionaban los paseos de esa hormiguita, reducida de tamaño hasta lo inverosímil, por el desierto de la palma de mi mano.

Otra cosa que siempre me molestó terriblemente fue el afán realista de querer convertir al novelista en un ventrílocuo de caminos vecinales. Según ese índice de dómine, un novelista si habla de una vieja bondadosa o malévola, debe apegarse, aliento contra aliento, figura en forma tal que él sea una vieja bondadosa o malévola. El novelista <u>debe</u> <u>meterse</u> <u>dentro</u> de cuantos personajes trata. Ese remedio me pareció siempre canallesco. Un novelista tenía que ser una viejecita, contrabandista de Andorra, una pipa hueca, un dromedario. Y todo esto con la cita del jodido arsénico de Flaubert, cuando el suicidio de Bovary. Claro, todo eso ha desprestigiado al escritor y hace que nadie lea esa literatura infecta que todavía, con variantes innumerables, sufrimos por estas tierras. Es la estupidez que no quiere aceptar el botón seudos, la mentira primera de los griegos, de donde derivó la grandeza de la tragedia. La familia de los Atridas, la que tiene que sufrir el fatum espantoso ¿pero acaso todos no pertenecemos a esa familia,

-2-

todos no somos reyes? Al menos, de un país lluvioso, como decía Baudelaire. Acaso no es más profundo que un campesino hable como un rey, que un novelista se disfrace de viejecita escocesa. Creo que es en el Ulises donde Joyce hace trepar dos viejecitas a lo alto del monumento a Nelson y desde allí entretenerse en lanzar semillas de pasa. Bueno estaría Joyce si se hubiese puesto a cacarear como las dos viejecillas. Pero por aquí todavía no hemos saltado esas tonterías y se exige con verdadero frenesí el ventrílocuo.

Cuando el barroco calderoniano la imaginación hispánica destelló como la cola de Juno. Todos sus personajes y paisajes, diversos los primeros y entreabiertos los segundos lo mismo en Varsovia que en Babilonia, tienen una sola lengua, una imagen, la del Concilio de Trento. Sus personajes hablan como teólogos tridentinos. No hacen de ventrílocuos. Comprende que todos aquellos hombres forman parte de un cosmos en que se la fe se quebranta y hay que sujetarla con recursos exteriores y visibles. Arreglado estaría Calderón hablando como sapo viejo (los enemigos de su manera dirán que habla siempre así. Injusto, pues cada día ofrece más sorpresas). Véase su viva resonancia en la obra de Von Hoffmanthal. Todo en él se presenta como una resultante tonal, no como particularidades que no expresan. Todos los griegos hablan como reyes, todas las catedrales como Carlomagno. Su verdad es la de su transfiguración, un gesto, un esplendor, en el valle de la Resurrección. Tonta y miserable cosa sería que frente a todo eso, el hombre se fuera a disfrazar de ventrílocuo.

Puesto que Ud. en su carta me pregunta por la sucesión de capítulos de Paradiso le voy a dar alguna respuesta. Aunque Ud. ha visto muy bien que sólo depende de la imagen que zarandea toda la novela y le da su crescendo. El capítulo XII debería llevar el subtítulo: "Sueños de José Cemí después de la muerte de su padre", pero preferí que el lector llegase por sí mismo a idéntica conclusión, que de esos sueños se deberá el ocultamiento del tiempo banal, para alcanzar el "máximo sin tiempo", de Nicolás de Cusano. Ya en el capítulo XIV, en el llamado "Cubilete de cuatro relojes", se busca también por medio de la poesía la negación del tiempo. Para lograr esas atmósferas irreales era necesario la negación del tiempo, de la misma manera que para lograr la sobrenaturaleza había que lograr la ciudad tibetana, la Orplid que se reconstruye incesantemente en la lejanía, la ciudad de estalactitas donde lo cercano y lo lejano, lo real y lo irreal aparecen sobre la línea del horizonte. Por eso los capítulos XII, XIII y XIV, tenían que ser el final de la obra (negación del tiempo por el sueño, negación de lo real, negación del espacio tiempo) ¿Lo he logrado? No lo sé, pero queda el flechazo.

Lo quiere más y más,

J. Lezama Lima

Carta inédita de José Lezama Lima

Caballito de metal
y tortuguita de jade
que Lezama regaló
a Cortázar

Libro de Manuel

Lo pensé no de una manera sistemática sino como una especie de vago deseo cada vez que abría un diario argentino que me enviaban desde Buenos Aires por avión, y me enteraba de lo que estaba sucediendo allá. Cuando se llegó el momento en que hubo las grandes, las más importantes denuncias sobre las torturas en la Argentina, sobre la represión, la violencia, entonces eso tomó más cuerpo en mí. Yo pensé que era el momento de escribir un libro que fuese útil políticamente además de ser un libro literario. Porque las noticias sobre las persecuciones, los asesinatos y las torturas, el pueblo argentino solamente las conocía en parte dada la censura que existía. Había mucha gente que no tenía idea del alcance de la enorme cantidad de casos de torturas que había en la Argentina. Sospechaban, sí, muchos sabían que sin duda a la gente le pegaban para que confesara, pero no esa organización diabólica de la tortura en la Argentina. Entonces pensé que si yo era capaz de escribir ese libro, como soy eso que llaman un *best seller* en toda América Latina, ese libro mío iba a ser leído por cientos de miles de personas en la Argentina. Entonces, por la vía de la literatura, mucha gente iba a enterarse de cosas que no conocía por la vía periodística. Ése es el aspecto práctico de mi intención. El problema estaba en no hacer un panfleto político porque antes que escribir un libro que se limitaba a denunciar las torturas era mucho mejor escribir un folleto o un manifiesto. Podría haber hecho eso también, pero ese folleto, ese manifiesto, no hubiera circulado en la Argentina porque hubiera sido inmediatamente secuestrado. Y además los editores no hubieran querido publicarlo. Entonces la idea era escribir un libro que al mismo tiempo se pudiera leer como una novela, que no perdiera demasiada calidad de novela, y entonces establecer eso que se dice al comienzo del libro, la convergencia de las dos cosas que yo había hecho por separado hasta ahora, por un lado textos polémicos de tipo político y por otro lado literatura pura. La tentativa fue juntar las dos cosas, y estoy muy contento de haberlo hecho porque evidentemente el libro ha contribuido a la causa de los prisioneros políticos en la Argentina. Y sobre todo fuera de la Argentina, en países como México y Guatemala, donde lo que pasa en la Argentina es desconocido. Como en cambio a mí me leen, se van a enterar de las cosas a través del libro.

De Evelyn Picon Garfield: Cortázar por Cortázar

Buenos Aires, Sudamericana, 1973

Libros

Los libros van siendo el único lugar de la casa donde todavía se puede estar tranquilo.

De la "Nota" de Los premios

Life

Hace dos meses, *Life en Español* me buscó para hacerme una entrevista. Recordando todo lo decidido en la Casa, y resuelto más que nunca a no tener con los Estados Unidos otro contacto que el que se puede tener con los amigos escritores, mi primera reacción fue una negativa rotunda, pero inmediatamente comprendí las posibilidades que se abrían para intentar una violenta incursión en terreno enemigo. Mario [Vargas Llosa] te contará esa parte, porque mi pedido de garantías totales sobre la textualidad hasta la última coma fue recibido con profunda cólera por *Life*. Me mandaron un cable diciéndome que ni Churchill ni John F. Kennedy habían pretendido jamás revisar sus entrevistas respectivas; les contesté que sin querer compararme a tan eminentes personajes, mis condiciones eran las de recibir pruebas, sin lo cual no autorizaba la publicación, y que ellos debían confirmarme por escrito que aceptaban esas condiciones. Lo hicieron, mi texto fue enviado antes de mi viaje a Cuba, y ayer supe que se publicará dentro de muy poco.

De una carta a Roberto Fernández Retamar, 15 de enero de 1969

Revista donde el texto fue publicado por primera vez

Louis

... cuando Louis [Armstrong] canta el orden establecido de las cosas se detiene, no por ninguna razón explicable sino solamente porque tiene que detenerse mientras Louis canta, y de esa boca que antes inscribía las banderolas de oro crece ahora un mugido de ciervo enamorado, un reclamo de antílope contra las estrellas, un murmullo de abejorros en la siesta de las plantaciones. Perdido en la inmensa bóveda de su canto yo cierro los ojos, y con la voz de este Louis de hoy me vienen todas sus otras voces desde el tiempo, su voz desde viejos discos perdidos para siempre, su voz cantando *When your lover has gone*, cantando *Confessin'*, cantando *Thankful*, cantando *Dusky Stevedore*. Y aunque no soy más que un movimiento confuso dentro del pandemonio perfectísimo de la sala colgada como un globo de cristal de la voz de Louis, me vuelvo a mí mismo por un segundo y pienso en el año treinta, cuando conocí a Louis en un primer disco, en el año treinta y cinco cuando compré mi primer Louis, el *Mahogany Hall Stomp* de Polydor. Y abro los ojos y él está ahí en un escenario de París, y abro los ojos y él está ahí, después de veintidós años de amor sudamericano él está ahí, después de veintidós años está ahí cantando, riendo con toda su cara de niño irreformable, Louis cronopio, Louis enormísimo cronopio, Louis alegría de los hombres que te merecen.

De "Louis, enormísimo cronopio"

Un tal Lucas

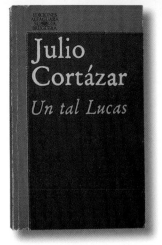

Como no solamente escribe sino que le gusta pasarse al otro lado y leer lo que escriben los demás, Lucas se sorprende a veces de lo difícil que le resulta entender algunas cosas. No es que sean cuestiones particularmente abstrusas (horrible palabra, piensa Lucas que tiende a sopesarlas en la palma de la mano y familiarizarse o rechazar según el color, el perfume o el tacto), pero de golpe hay como un vidrio sucio entre él y lo que está leyendo, de donde impaciencia, relectura forzada, bronca en puerta y al final gran vuelo de la revista o libro hasta la pared más próxima con caída subsiguiente y húmedo plof.

Cuando las lecturas terminan así, Lucas se pregunta qué demonios ha podido ocurrir en el aparentemente obvio pasaje del comunicante al comunicado. Preguntar eso le cuesta mucho, porque en su caso no se plantea jamás esa cuestión y por más enrarecido que esté el aire de su escritura, por más que algunas cosas sólo puedan venir y pasar al término de difíciles transcursos, Lucas no deja nunca de verificar si la venida es válida y si el paso se opera sin obstáculos mayores. Poco le importa la situación individual de los lectores, porque cree en una medida misteriosamente multiforme que en la mayoría de los casos cae como un traje bien cortado, y por eso no es necesario ceder terreno ni en la venida ni en la ida: entre él y los demás se dará puente siempre que lo escrito nazca de semilla y no de injerto. En sus más delirantes invenciones algo hay a la vez de tan sencillo, de tan pajarito y escoba de quince. No se trata de escribir para los demás sino para uno mismo, pero uno mismo tiene que ser también los demás; tan elementary, my dear Watson, que hasta da desconfianza, preguntarse si no habrá una inconsciente demagogia en esa corroboración entre remitente, mensaje y destinatario. Lucas mira en la palma de su mano la palabra destinatario, le acaricia apenas el pelaje y la devuelve a su limbo incierto; le importa un bledo el destinatario puesto que lo tiene ahí a tiro, escribiendo lo que él lee y leyendo lo que él escribe, qué tanto joder.

Madrid, Alfaguara, 1979; Buenos Aires, Sudamericana, 1979

"Lucas, sus comunicaciones

Lúdico

Todas las mujeres con las que he vivido –que no son pocas– todas sin excepción me han dicho en algún momento: "Lo que a veces es terrible en ti es hasta qué punto eres niño". Tengo lados pueriles a veces excesivos, probablemente. Y es que frente a cierto tipo de situaciones ante las cuales los adultos reaccionan naturalmente como adultos –y no soy yo quien se los reproche, me parece perfectamente lógico– mi reacción suele ser pueril, de juego. Eso lo sentí en mi primera juventud cuando leí ese clásico de la literatura inglesa que es *Peter Pan, la historia de un niño que no quería crecer*. Y me asimilé un poco a eso. Una vez una mujer en Buenos Aires me dijo: "vos te deberías llamar Peter Pan", y me pegó un golpe porque coincidía con esa especie de asimilación del personaje que yo había hecho definitivamente.

En momentos en que hay que adoptar una decisión de adulto, muchas veces yo me refugio en un estado de espera, pueril, realmente infantil, como si la solución fuera a venir de otro lado, como si yo tuviera un padre todopoderoso que me va a sacar las castañas del fuego.

Nunca he sentido que eso fuera un factor negativo porque la contrapartida es esa gran porosidad, la capacidad de captación que tiene el niño y que al adulto, por razones obvias, se le va escapando.

Finalmente, ¿qué es madurar? Es una operación selectiva de la inteligencia que va optando cada vez más por cosas consideradas como importantes, dejando de lado otras. Para el adulto deja de ser importante jugar a la rayuela y pasa a ser importante pagar el alquiler. El niño, como a lo mejor ni sabe lo que es el alquiler, juega a la rayuela como algo muy importante.

Recuerdo muy bien cuando era niño el sentimiento de escándalo que me producían cuando llegaban los grandes y decían: "bueno, bueno se acabó el juego, hay que ir a comer y a acostarse". Me parecía una especie de atentado, de irrupción: no habíamos terminado de jugar el partido de fútbol y nos salían con esas cosas. No pensaban un solo minuto que nuestra dimensión de niños era tan importante como la de ellos. Y ese sentimiento me ha quedado.

–*Quizás ese sentimiento se haya trasladado, como algo muy importante, a su literatura.*

–¿Y usted no cree –es una pregunta que le hago– que si yo no hubiera conservado esa porosidad que tiene el niño sería el escritor que usted conoce?

De Ernesto González Bermejo: Conversaciones con Cortáza

Maestro

En un pasado nebuloso, recuerdo que fui profesor de geografía, historia, lógica y, después de esta etapa decorativa, de literatura francesa. No crea que soy un erudito. En la Argentina no hace falta saber mucho para enseñar a la gente cantidad de cosas inútiles.

De las respuestas a un cuestionario de la editorial Pantheon (1964)

Mafalda

Dibujo en una carta a Esther Tusquets, 15 de enero de 1974

No estoy en condiciones de escribir nada para tu edición de Mafalda, pero quiero agradecerte que me lo hayas propuesto tan amistosamente. Si de algo te sirviera para tu edición, te ofrezco este pequeño recuerdo de mi viaje por América Latina. En el Perú, creo, un periodista me hizo numerosas preguntas y entre ellas la siguiente: "¿Qué piensa usted de Mafalda?". Le contesté: "Eso no tiene la menor importancia. Lo importante es lo que Mafalda piensa de mí". Si te sirviera para una contratapa, o algo así, te lo regalo con todo gusto.

De una carta a Esther Tusquets,
20 de septiembre de 1973

Magia y poesía

... dice usted que "la operación poética no es diversa del conjuro... Y la actitud del poeta es muy semejante a la del mago". Usted no ha seguido adelante con esto, porque le interesaba más bien precisar las diferencias entre magia y poesía. Por mi parte el tema me fascina, y en el número 7 de *La Torre* (Universidad de Puerto Rico) escribí unas "Notas para una poética" donde se trata de ese asunto, precisamente. Se lo señalo por si le interesa la cosa.

De una carta a Octavio Paz, 31 de julio de 1956

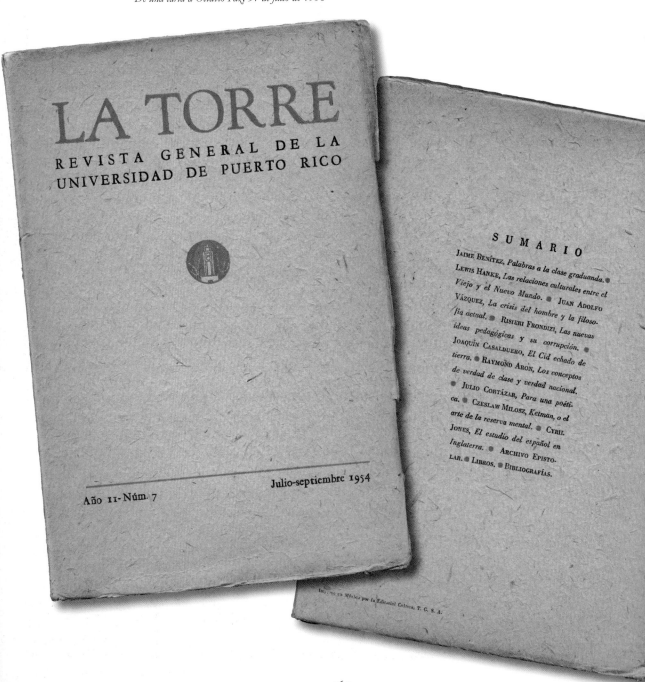

LA TORRE

REVISTA GENERAL DE LA
UNIVERSIDAD DE PUERTO RICO

Julio-septiembre 1954

Año II - Núm. 7

SUMARIO

JAIME BENÍTEZ, *Palabras a la clase graduanda.* LEWIS HANKE, *Las relaciones culturales entre el Viejo y el Nuevo Mundo.* JUAN ADOLFO VÁZQUEZ, *La crisis del hombre y la filosofía actual.* RISIERI FRONDIZI, *Las nuevas ideas pedagógicas y su corrupción.* JOAQUÍN CASALDUERO, *El Cid echado de tierra.* RAYMOND ARON, *Los conceptos de verdad de clase y verdad nacional.* JULIO CORTÁZAR, *Para una poética.* CZESLAW MILOSZ, *Ketman, o el arte de la reserva mental.* CYRIL JONES, *El estudio del español en Inglaterra.* ARCHIVO EPISTOLAR. LIBROS. BIBLIOGRAFÍAS.

IMPRESO EN México por la Editorial Cultura, T. G. S. A.

Malumno

El malumno

El malumno es ese punto que le dice casi en seguida a la maestra señorita tengo de ir al servicio, interrumpiéndola justo cuando iba a explicar que la begonia pertenece a la flora y el chancho a la fauna. Un buenumno tiene la barriga controlada pero el malumno justo en la regla de tres compuesta o en la Santa Alianza. Andá nomás, dice la martirestra, suspirando en nombre de Montessori y Mantovani.

EL MALUMNO

El malumno es ese punto que le dice casi en seguida a la maestra señorita tengo de ir al servicio, interrumpiéndola justo cuando iba a explicar que la begonia pertenece a la flora y el chancho a la fauna. Un buenumno tiene la barriga controlada pero el malumno justo en la regla de tres compuesta o en la Santa Alianza. Andá nomás, dice la martirestra, suspirando en nombre de Montessori y Mantovani.

(Texto inédito)

En la Escuela N° 10 de Banfield, *c.* 1925

Mamá

La abuela y la madre
de Cortázar, c. 1900

—*En tu cuento "Cartas de mamá" aparece un fuerte lazo materno que forma parte de tu temática literaria.*

—Por fortuna me escapé de lo que suele llamarse "complejo de Edipo", el cual ha malogrado y malogra a tantos escritores, aunque a otros les otorgue una cierta grandeza. Depende de las circunstancias.

—*Piensa en Proust.*

—Y en Borges. Me liberé anímicamente gracias a mi misma madre. Con ella he mantenido siempre una relación magnífica, amistosa ¿pero a qué venía tu pregunta?

—*Se refería a ese cuento extraordinario en el cual la madre permanece en Argentina, el hijo en París, y a base de un epistolario se conserva un cordón umbilical irrompible.*

—Evitemos el criterio un poco ingenuo de atribuirle a los autores los caracteres de los personajes. Te aseguro que permanezco a salvo de cualquier complejo de Edipo. Mi relación filial ha sido siempre muy intensa. Esto no me impide una completa independencia. El lazo se anuda con cariño y amistad. A lo largo de todos estos años escribí a mi madre un cúmulo de cartas y la he visto cada vez que resulta posible.

—*¿Cómo es? ¿Te pareces a ella?*

—En lo alto y flaco me parezco a mi padre. Saqué los ojos anormalmente separados de mi abuelo materno; en cambio me parezco a mi madre psicológicamente. Es muy imaginativa y novelera. Lee cuanto cae en sus manos. Desde niño, eso me permitió tener libros a mi alcance. Nunca me dio consejos literarios. Intelectualmente era incapaz de hacerlo; en cambio discutíamos nuestras lecturas comunes; por ejemplo, los dos somos unos eruditos sobre las obras de Alejandro Dumas. Las comentábamos interminablemente.

De Beatriz Espejo: "Julio Cortázar: Mi universidad fue la soledad" (1976)

En Austria, 1963

Dedicatoria
manuscrita
en un ejemplar
de *Final del juego*

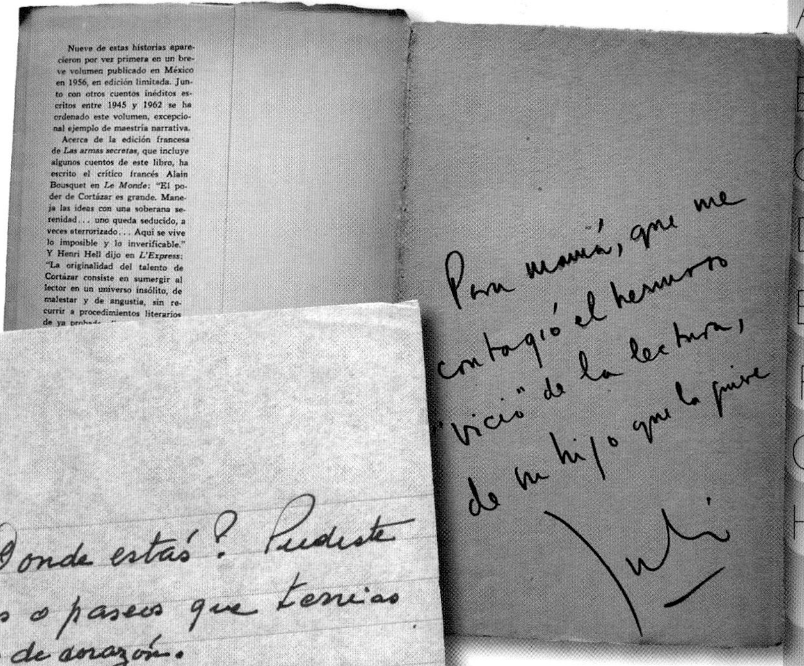

Nueve de estas historias aparecieron por vez primera en un breve volumen publicado en México en 1956, en edición limitada. Junto con otros cuentos inéditos escritos entre 1945 y 1962 se ha ordenado este volumen, excepcional ejemplo de maestría narrativa.

Acerca de la edición francesa de *Las armas secretas*, que incluye algunos cuentos de este libro, ha escrito el crítico francés Alain Bosquet en *Le Monde*: "El poder de Cortázar es grande. Maneja las ideas con una soberana serenidad... uno queda seducido, a veces aterrorizado... Aquí se vive lo imposible y lo inverificable." Y Henri Hell dijo en *L'Express*: "La originalidad del talento de Cortázar consiste en sumergir al lector en un universo insólito, de malestar y de angustia, sin recurrir a procedimientos literarios de ya proba...

Para mamá, que me contagió el hermoso "vicio" de la lectura, de su hijo que la quiere
Julio

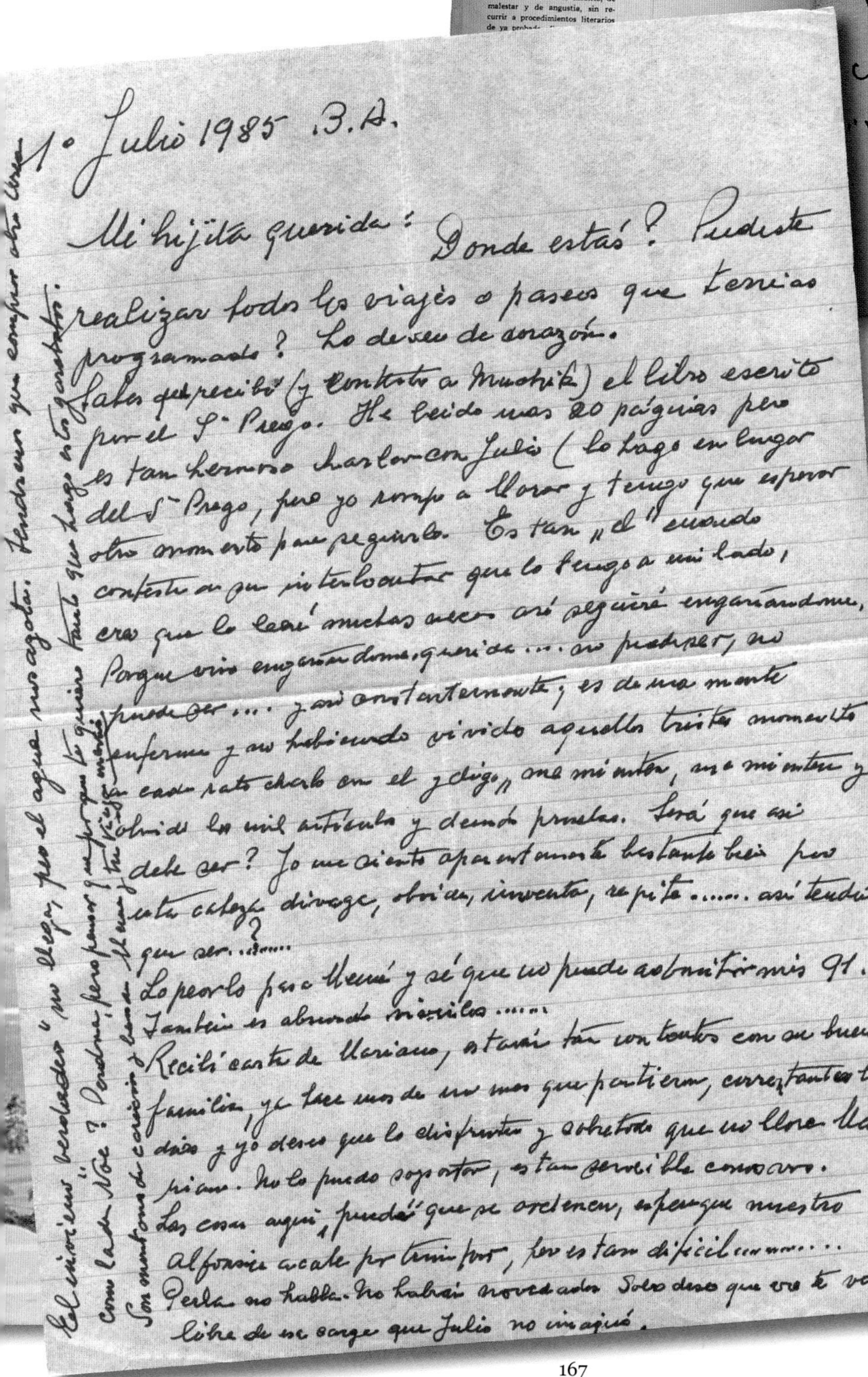

Carta de la madre de Cortázar a Aurora Bernárdez, muerto ya el escritor

1º Julio 1985 B.A.

Mi hijita querida: ¿Dónde estás? ¿Pudiste realizar todos los viajes o paseos que tenías programados? Lo deseo de corazón.

Hace que recibí (y contesto a Manotick) el libro escrito por el S. Prego. He leído más 20 páginas pero es tan hermoso charlar con Julio (lo hago en lugar del S. Prego, pero yo rompo a llorar y tengo que esperar otro momento para seguirla. Es tan "él" cuando contesta a su interlocutor que lo tengo a mi lado, creo que lo leeré muchas veces así seguiré engañándome, porque vivo engañándome, querida ... no puedo ser ... y no contentarme; es de una mente enferma y no habiendo vivido aquellos tristes momentos cada rato charla en el y digo, me miente, no me miente y olvido lo mil artículos y demás pruebas. ¿Será que así debe ser? Yo me siento aparentemente bastante bien pero esta cabeza divaga, olvida, inventa, repite ...... así tendrá que ser ...

Lo peor lo paso bien y sé que no puede admitir mis 91.— También es absurdo increíble ......

Recibí carta de Mariano, estarán tan contentos con su buena familia y hace más de un mes que partieron, correteando los días y yo deseo que lo disfruten y sobretodo que no llore Mariana. No lo puede soportar, es tan sensible como ....

Las cosas aquí, puede que se ordenen, esperemos nuestro Alfonsín acabe por tener paz, pero es tan difícil ... .

Perla no habla. No habrá novedades. Solo deseo que eso te veas libre de un cargo que Julio no imaginó.

[texto en el margen izquierdo, vertical]
El cariñoso revoloteo ¿no llega, pero el agua no agota. Pudieron ya emplear otro llega. ¿Pudieron ya hacerlo que quiere hasta agotarla? Como buena Noé ? ¿Dolor, pero pasa y más que ¿su casa arregló. Son nuestros de corazón y buen afecto.

167

Manja

Saignon, 27 de mayo de 1971

Manja bonita, unas palabras para decirte mucho más que lo que expresan. Me acuerdo con gran alegría de toda la música que hemos hecho y escuchado juntos, música de los sonidos, de los cuerpos, del espíritu. Me siento muy bien contigo, porque eres alegre, buena, inteligente y tan bonita. Te ríes, ¿eh? Pues bien, es cierto y así lo siento.

La vida no es divertida, y es difícil saber cuándo y dónde tendré la alegría de volver a verte, pero los dos estamos de acuerdo (y esto es lo que me hace tanto bien) en que las cosas ocurran sin forzar nada, sin lamentar nada. Manja, tú sabes vivir y yo aprendo de ti. Seremos siempre camaradas como no es fácil encontrar.

Me acuerdo de tu perfume, de tu sonrisa. Sí, escucharemos juntos otra vez a Mozart, ¿no?

Te besa,

Con Manja Offerhaus, París, c. 1981

Manos

La mano ha sido una cosa muy mágica para mí. Las manos funcionan mucho en mis cuentos. Incluso hay uno, "Estación de la mano", en que una mano entra por una ventana y se hace amiga de un individuo, pero él, de tanto verla jugar con un puñalito, le toma miedo y la mano se da cuenta y se va. Ahí aparece ya la obsesión de la mano. Quizá venga del hecho de que una vez una de esas primeras mujeres que uno tiene en la vida me dijo que "lo único verdaderamente interesante en ti son las manos; tus manos tienen más personalidad que tu cara". Y me marcó eso.

De Ernesto González Bermejo: Conversaciones con Cortázar

POLÉMICA/ENSAYOS/CUENTOS/POEMAS/RESEÑA/Supl. de Información Bibliográfica

CAMBIO

SUBERCASEAUX / Hay que saber cómo tratar a las Violetas

CUEVA / Petróleo y Política

DONOSO PAREJA / Literatura y Colonialismo Cultural

CORTAZAR:
La Noche de Mantequilla

BOAL Y MEJIA DUQUE / Teatro y Realidad

SAINZ / Compadre Lobo

ADOUM Y NIETO CADENA / Poetas Ecuatorianos

2 2/I revista trimestral México, D. F. Enero / Febrero / Marzo / 76 $ 20.00 Ej.

DIRECCION COLECTIVA:
CORTAZAR · DONOSO PAREJA · ORGAMBIDE
REVUELTAS · RULFO · ZEPEDA

La noche de Mantequilla

Ayer cumplí mis 61, lo cual me causó el cafard lógico en esa circunstancia, pero me defendí empezando a escribir un cuento que terminé hace un rato, y que tiene como fondo una de las peleas de Carlos Monzón que vi en París. Ahora lo dejaré dormir pero creo que está bien, quizá un poco hemingwayano a pesar de mí, pero es el tema que da la forma como bien sabemos los cultos de nuestra especie. Ya ves que me hice un regalo a mí mismo, puesto que aparte de postales y un glorioso telegrama de mi patrón, no tuve los delicados osequios que se estilan en esos eventos.

De una carta a Aurora Bernárdez, 27 de agosto de 1975

"Cartas de cine"
de Julio Cortázar a Manuel Antín
(1961-1969)

Manuel

María Lyda Canoso

Agosto 5

Querido Manuel:
Ayer salió una larga carta. Hoy
recibo la tuya del 31. ¡Hurra! Ya verás
cuántas coincidencias, cómo nos vamos
acercando. Ahora escribíme vos, sería
absurdo que te comentara tu última carta,
pero creo que has ganado un enorme
terreno.
Espero tus noticias,

Esto no es más que para
tranquilizarte. Agrego que coincido
con todas tus ideas de esta carta última.

Con Manuel Antín
en Sestri Levante,
Italia, mayo de 1963

Buenos Aires,
autoedición,
1995

París, 2 de noviembre de 1964

Querido Manuel:

Hace tiempo que espero unas líneas tuyas. No es un reproche, porque te supongo muy ocupado, pero me gustaría que en cualquier momento me mandaras unas pocas palabras para poder seguirte un poco mejor desde aquí.

Yo mismo llevo una temporada particularmente complicada, entre la Unesco y toda clase de visitas y compromisos de esos que, pese a mi notoria mala educación, no se pueden declinar. Hacia el 20 de noviembre habré terminado mi trabajo de oficina, y me quedará todo mi tiempo; para entonces te prometo una carta de verdad, con un resumen de todo lo que he vivido en esta temporada. Pero espero tener, antes, alguna noticia profesional o privada tuya.

Como te imaginás, faltándome tu correspondencia quedo completamente aislado de la realidad cinematográfica argentina. Oí decir por ahí que estabas filmando en el Perú, lo que coincidiría con tus planes hasta donde alcancé a conocerlos.

Y nada más. Estas líneas son solamente para que sepas que Aurora y yo los recordamos todos los días, y que los queremos mucho.

Un abrazo fuerte de

Mariano Acosta

Hice mis estudios en la Escuela Normal de Profesores Mariano Acosta. Cuatro años de magisterio y tres años de ese llamado profesorado de letras, que era una especie de título orquesta, que permitía luego enseñar en escuelas secundarias las asignaturas más diversas y extrañas.

Con toda mi inocencia juvenil, me fui sin embargo dando cuenta, a lo largo de esos siete años de estudio, de que esa Escuela Normal, tan celebrada, tan famosa, tan respetada en la Argentina, era en el fondo un inmenso camelo. Porque te diría, incluso estadísticamente, que en siete años de estudios yo debo haber tenido un total de cien profesores. De esos cien profesores sólo me acuerdo de dos. Comprenderás que como promedio es muy bajo. [...] Si de algo me sirvió la escuela fue para crearme un capital de amigos. Es decir, para salir de esos cursos con algunos amigos que luego fueron amigos de toda la vida. Y el interés que las distintas materias despertaban en mí por mi cuenta. En esos siete años yo fui un autodidacta completo. Yo estudiaba lo que me daba la gana estudiar y lo que no me gustaba no lo estudié jamás.

De Omar Prego: La fascinación de las palabras

Buenos Aires, 1935

ESCUELA NORMAL DE PROFESORES
"MARIANO ACOSTA"

＋

DISCURSO PRONUNCIADO POR EL ALUMNO DE 7º AÑO LETRAS

JULIO FLORENCIO CORTAZAR

CON MOTIVO DE CUMPLIRSE
EL 61º ANIVERSARIO
DE LA ESCUELA

＋

BUENOS AIRES
1935

Señor Director. Señores ex-alumnos de la casa. Señores profesores.

Compañeros:

Un renovado dieciséis de junio vuelve a unirnos en este lugar. La consigna de los sentimientos, más poderosa que ninguna otra, quiere ver juntas a tres épocas del hombre, bajo los techos acogedores de la Escuela Normal. Quiere ver a los que estudiaron en días ya lejanos y rindieron el máximo esfuerzo por la conquista del ideal. Junto a ellos, quiere ver a la generación que se lanza hacia el porvenir con el optimismo a flor de labios. Y quiere tener junto a sí a esos niños que ven en la vida un sueño maravilloso, y ríen siempre, como si fuesen flores abiertas. Reunidos en el abrazo de la multitud apretada, la consigna de los sentimientos contempla nuestra presencia y la agradece. Porque en esas tres épocas del hombre palpita una afirmación impetuosa: la vida misma. Esa vida, de la que dijera Pondal Ríos que es una fervorosa expresión de presente. Esa vida que trabaja en las mentes de los que han alcanzado una meta, que está en las esperanzas de los que nos lanzamos a ella, que late en los pequeños corazones escondidos bajo el albo guardapolvo del colegial.

Es de esa vida que quiero hablaros, alumnos que fuisteis y amigos que sóis de esta Escuela Normal. Si es cierto que los ideales de una generación no se transmiten a otra, permitidme que os diga de nuestros ideales y de nuestros temores. Para que después, midiendo la impetuosidad a veces irreflexiva, pero siempre sincera, que nos arrastra, nos ayudéis con la palabra serena de los que han caminado mucho y conocen los cielos y las hierbas del sendero.

El aniversario que hoy conmemoramos nos sorprende en momentos de alegría y aflicción simultáneas. Hace tres días, manos de hombres de estado dieron realidad al anhelo que oprimía a todos los pueblos americanos. Y una paz que el mundo ansiaba se cerró bajo los cordones y el sello de un pergamino. Por eso estamos contentos, y hay más luz en las pupilas de la juventud. Sin embargo...

¡Ah, qué triste es pensar en el balance de una guerra! ¡Con qué amargura se contempla imaginativamente el espectáculo que ofrece una nación después de perder la sangre de sus hijos!... Recuerdo que siendo niño me complacía en mirar grabados que ilustraban sobre los horrores de la contienda mundial del catorce. Y había masas informes que fueron alguna vez edificios. Y paredes donde antes colgaba el pizarrón de una escuelita rural. Y manchas oscuras en esas paredes.

A los niños les agrada la guerra, porque ven en ella actividad y realización heroica. A mí también me gustaba la guerra. ¡La describían tan hermosa, las poesías épicas! Se hablaba en ellas de valor, de nobleza, de masculinidad. Se empleaba una terminología brillante y ostentosa, como las carpas multicolores de los circos y la rueda de fuego que encendíamos cada Navidad. ¡Oh, todos los niños creíamos que la guerra era otra cosa!...

Hoy, grave la frente e inquisidora la pupila, hemos dejado de idealizar la guerra. Una literatura amarga y realista, nacida de cerebros lacerados por el infierno del catorce, preparó la comprensión. Mostró la verdad, el espanto, la inmensa blasfemia de ese choque de pueblos en que la humanidad se pierde bajo el caos de lo inhumano. Y ahora, como comprobación de la verdad que encerraban esos libros que desengañaron nuestras esperanzas, se abre la guerra del Chaco. A manera de testimonio, para que asomen a ella sus ojos y sus mentes, todas las juventudes americanas!...

Estos últimos han sido años amargos. Pero han tenido la virtud de ofrecerse como aprendizaje de verdades para nosotros. La venda que el siglo pasado nos impusiera, ha quedado perdida en el polvo del tiempo. ¡Y es hora de que el mundo sepa que nuestros ojos miran hacia arriba y ven la verdad en el horizonte de lo futuro! Cada maestro, cada bachiller, cada estudiante de la Argentina y de América posee un convencimiento emanado del duro ejemplo que nos han ofrecido dos naciones abrazadas en espantoso duelo. Sin romanticismo, sin sensiblería, cada joven conoce y valora la verdad que encierra la frase de Lord Byron, grabada en su "Don Juan" con letras de fuego: "¡Es mucho más hermoso secar una sola lágrima que derramar un río de sangre!..." Un río de sangre estéril, agregaría yo.

Ayer a mediodía cesó el fuego en las trincheras. Sí, la guerra ha terminado. ¿Pero quién podrá decir cuándo cesarán de llorar las madres?

Ahora, frente a la realidad, yo os consulto a vosotros, que sois nuestros maestros. Decidnos: ¿Es hermosa la guerra? ¿Es como la pintaba Tirteo; como nos la describían las lecturas de la infancia? ¡Ah, vosotros sabéis que no, y nos acompañáis en la conjunción del unánime repudio! Comprendéis nuestro ideal de paz. ¡Eso es lo que queremos, y por ello os damos las gracias!...

Alguien ha dicho del siglo en que vivimos que es el de la acción. Las épocas de la escolástica medieval y la Enciclopedia pertenecen al pasado. Para los hombres del presente rige un imperativo. Mauricio Maeterlinck lo dijo una vez: "Un pensamiento puede ser cosa excelente, pero la realidad principia en la acción". Y el maestro y el estudiante y el hombre múltiple han llegado a la convicción de que no es posible vivir fuera de la realidad, sino luchar para que esa realidad se haga digna de ser vivida por los hombres. Y que en la Tierra florezca otra vez la sonrisa amplia de la naturaleza y el espíritu, que los poetas trasladaron a la utópica edad del oro, porque no cabía en los estrechos límites con que el hombre se ciñera voluntariamente. Lamentablemente.

Habrá mucho que luchar antes de que el día llegue. Pero la lucha es hermosa y digna de mentes juveniles. Esa lucha ajena al arma. Al odio de razas. Esa lucha intelectual y manual que digni-fica al hombre. "Repugna lo que se conquista fácilmente. Bello es obtener las cosas en difícil superación". Las palabras de Goethe deben ser un índice que señale hacia adelante y muestre rutas aún no holladas. Recién entonces, cuando nuestros ideales se hagan realidad, vendrá el día digno del hombre. Un día que será distinto de todos los días, como escribió un poeta exquisito que vive unido a nosotros.

Habéis venido a la Escuela Normal, ex-alumnos de la casa, para cercioraros de que en ella late el espíritu que os animara en días no muy lejanos. ¿Lo encontrasteis en éstas, mis pequeñas palabras? Confío en ello, humildemente. Juventud es un concepto que no distingue generaciones. Tan jóvenes sois vosotros como estas cabezas arracimadas que os saludan por mi boca. Sólo que las mentes, quizás, piensan distinto. Pero la diferencia no implica oposición, cuando se trata de esperanzas y de ideales. Tan sólo es complemento y devenir fecundo. Por eso, en momentos en que mis ojos os buscan para saludaros, me parece imposible distinguir vuestros rostros de los de mis compañeros de estudios. Hay una absoluta conjunción de cuerpos y almas. Una sola luz en las pupilas. Y la misma callada ternura en el corazón.

J. F. Cortázar.

Considerando oportuno dar a publicidad los términos en que se expresó el alumno de 7º año Letras, Julio Florencio Cortázar, en el discurso pronunciado en la Escuela Normal de Profesores "Mariano Acosta", con motivo de cumplirse el 61º aniversario de su fundación, el Director de la Escuela Normal de Profesores "Mariano Acosta" resuelve:

1º *Imprímase una edición de 1000 ejemplares del discurso pronunciado por el alumno Julio Florencio Cartázar, con motivo del 61 aniversario de la escuela.*

2º *Distribúyanse dichos ejemplares entre los profesores, ex-alumnos y alumnos del establecimiento.*

FIRMADO:

Manuel S. Rocca,
(Secretario).

Pedro L. Comi.
(Director).

A. BAIOCCO

Mario

Tablero
de recortes

"El obispo de Evreux",
raíz enjaulada
por Cortázar

Con Aurora Bernárdez,
Mario Vargas Llosa
y una pareja de
norteamericanos,
en Grecia, 1967

Durante los años sesenta, y, en especial, los siete que viví en París, fue uno de mis mejores amigos, y también, algo así como mi modelo y mi mentor. A él di a leer en manuscrito mi primera novela y esperé su veredicto con la ilusión de un catecúmeno. Y cuando recibí su carta, generosa, con aprobación y consejos, me sentí feliz. Creo que por mucho tiempo me acostumbré a escribir presuponiendo su vigilancia, sus ojos alentadores o críticos encima de mi hombro. Yo admiraba su vida, sus ritos, sus manías y sus costumbres tanto como la facilidad y la limpieza de su prosa y esa apariencia cotidiana, doméstica y risueña, que en sus cuentos y novelas adoptaban los temas fantásticos. Cada vez que él y Aurora llamaban para invitarme a cenar –al pequeño apartamento vecino a la rue de Sèvres, primero, y luego a la casita en espiral de la rue du Général Beuret– era la fiesta y la felicidad. Me fascinaba ese tablero de recortes de noticias insólitas y los objetos inverosímiles que recogía o fabricaba, y ese recinto misterioso, que, según la leyenda, existía en su casa, en el que Julio se encerraba a tocar la trompeta y a divertirse como un niño: el cuarto de los juguetes.

De Mario Vargas Llosa: "La trompeta de Deyà"

Mate

–Pero este mate es como un indulto, che, algo increíblemente conciliatorio. Madre mía, cuánta agua en los zapatos. Mirá, un mate es como un punto y aparte. Uno lo toma y después se puede empezar un nuevo párrafo.

De Rayuela, *cap. 28*

Melomanía

Radiocasete que fue de Cortázar

... enciendo el transistor, conecto los audífonos, y armado de numerosas cassettes me ofrezco un concierto que es siempre como un resumen de mí mismo, o sea algo heteróclito, absurdo, contradictorio, ilógico, en otras palabras la música tal como siempre la he entendido y querido, para escándalo de mis amigos los melómanos serios.

De Los autonautas de la cosmopista

Mendoza

Creo que aquí estaré bien. Las clases las principié el miércoles pasado, y puede figurarse la diferencia que significa dicta[r] seis horas por semana (dos por cada cátedra) y no dieciséis. Lo mismo en cuanto al número de alumnos; en tercer año m[e] encontré con una multitud compuesta por dos señoritas. Luego, el trabajo universitario es hermoso ¡por fin puedo yo enseña[r] lo que me gusta! He organizado programas breves (apenas hay tres meses de clase) sobre la base de la Poesía; ya cuando no[s] veamos en las vacaciones le mostraré en detalle la forma en que he cumplido esta tarea.

Mendoza –que creo usted conoce– es una bella ciudad, rumorosa de acequias y de altos árboles, con la montaña a ta[n] poca distancia que uno puede ir a estudiar a los cerros; yo lo haré apenas haya organizado algo más mi vida y mi trabajo. N[o] le negaré que siento –casi físicamente– los 1.000 kilómetros que me separan de Buenos Aires; pero de algo ha de servirm[e] ahora mi prolijo, minucioso entrenamiento para la soledad. [...] P. D.: ¡Los mendocinos me han sorprendido! La Faculta[d] tiene un club universitario hermosamente decorado, que ocupa varias habitaciones de un subsuelo. Hay allí bar, discotec[a] con abundante *boogie-woogie*, banderines de todas las universidades de América, y tanto profesores como alumnos van allá [a] charlar, seguir una clase inconclusa, beber e incluso bailar. ¿Cree usted posible eso en Mendoza? A mí me pareció, cuando m[e] llevaron, que entraba en Harvard, o Cornell; todo menos aquí. Y sin embargo es realidad: alegrémonos de ello.

De una carta a Mercedes Arias, 29 de julio de 194[5]

En Mendoza, 1945. Cortázar, con gafas, es el tercero de pie por la derecha

Noticias de Mendoza: la cordillera está nevadísima, hay un sol espléndido y los alrededores de la ciudad merecerían que usted los pintara. Aunque con mucha tarea en la Facultad, encuentro siempre un rato libre para irme a los cerros con un libro –que ni siquiera abro–. Aunque mis alumnos son bastante más creciditos que los de la Escuela Normal bien amada, parecen bastante satisfechos con su profesor que hace denodados esfuerzos por introducirles en el cerebro la harto difícil literatura moderna de Francia y Alemania. Entre mis alumnos tengo una monja (¡en serio!), un señor que podría ser mi bisabuelo, y una chica tan idéntica a Lucile Ball que a veces siento deseos de dictar la clase en inglés por miedo de que no entienda el español. ¿No le parece que estoy bien acompañado? La monja cuida de mi alma, el anciano me llama a la severidad y al ascetismo, y la niña me mantiene en perpetuo contacto con el Paraíso.

De una carta a Rosa Luisa Varzilio, 24 de agosto de 1944

A bordo, 17 de enero /50

Querida Pussycat: Como creo que la vista de Venecia te va a gustar bastante, te la dedico. Ya te darás cuenta que esto no es una postal sino el _menu_ del día. Te puede servir para 2 cosas: 1°) practicar italiano; 2°) saber qué come tu hermano a bordo. Las manchitas rosadas al pie de la vista veneciana son de vino "rosso" (tinto). De modo que tienes así el cuadro completo. Estoy muy bien, y no me mareo. Hoy tenemos mar picado y el _Conte_ se mueve que es un contento. Gente enferma por todos lados. Ayer puse los pies en Africa. Dakar es una ciudad estupenda por lo pintoresca. Ahora llegaremos a Barcelona el 21, y el 22 estoy en Génova. Los compañeros de camarote son ITALIA bastante soportables, y el cura no SOCIETÀ DI NAVIGAZIONE da trabajo. GENOVA Decile a Pato que el ganchito triangular que nos intrigaba es para colgar el reloj. En Dakar compré un coco. Y estas son, por el momento, mis noticias. ¡Ah! Me bautizaron al pasar la línea, y ahora me llamo TRITONE (Tritón) para el "dios del mar". Me han dado un lindo diploma. Esta te llegará con retraso, pero no puedo gastar mucho en correo aéreo y la cartulina es pesada. Chau y besos a todos y uno grande para vos de Crí.

CLASSE

PRIMA COLAZIONE   *Desayuno*

Caffè - Latte - Marmellata - Panini → *Pancito*

Uova → *Huevos fritos*

---

de la comidas

rario dei pasti :

1.a Colazione - ore 7.30

2.a   "   " 12

Pranzo - ore 19

cena

Tr. CONTE BIANCAMANO
17 gennaio 1950

↓ *enero*

COLAZIONE → *Almuerzo*

Pastina in brodo   *Fideos goldo*
Pasta asciutta Marinara   *Fideos al jugo*

pescado → *fritos*
Filetti di pesce fritti
Insalata verde

Frutta - Caffè

Ore 16: THÉ - BISCOTTI

PRANZO → *Cena*
→ *Caldo*
manteca
Semola in brodo
Crema di piselli, crostini al burro → *cachito de pan*

? ← Amburghesi di scottona → ?
Patate alla panettiera

Frutta - Caffè

tinto en abundancia
Vino rosso da pasto ↓

¡¡ escierto !!

Mesa

Quiero explicarte en dos palabras el motivo del envío adjunto. Después de aquella famosa mesa redonda, a la que te arrastré inocentemente, me quedé con mal gusto en la boca y entendí que antes de volverme a lo exclusivamente literario tenía el deber de escribir unas páginas que sirvieran de algún modo para sacarle partido a una cosa que en sí misma no sirvió para nada. Por un lado escribí una breve reseña de la exposición (historia, finalidades, resultados, etc.) y luego trabajé en algo más particular, que leerás en las páginas siguientes. Entiendo que lo que digo ahí (sobre todo a la luz de las declaraciones de Hugo Blanco a las que me refiero en la parte final) es imprescindible decirlo *una vez más*, a riesgo de caer en la peor monotonía; pero sigo acordándome de aquello de André Gide: "Toutes choses on été dites déjà, mais comme personne n'écoute, il faut toujours recommencer". Espero, con todo, que sea la última vez que me toque tratar de este tema.

De una carta a Mario Vargas Llosa, 8 de junio de 1970

Julio Cortázar
Viaje alrededor de una mesa

CUADERNOS DE RAYUELA

Buenos Aires, Editorial Rayuela, 1970

Miedo

Salvo que una educación implacable se le cruce en el camino, todo niño es en principio gótico. En la Argentina de mi infancia, la educación distaba de ser implacable, y el niño Julio no vio jamás trabada su imaginación, favorecida muy al contrario por una madre sumamente gótica en sus gustos literarios y por maestras que confundían patéticamente imaginación con conocimiento.

Mi casa, vista desde la perspectiva de la infancia, era también gótica, no por su arquitectura sino por la acumulación de terrores que nacía de las cosas y de las creencias, de los pasillos mal iluminados, y de las conversaciones de los grandes en la sobremesa. Gente simple, las lecturas y las supersticiones permeaban una realidad mal definida, y desde muy pequeño me enteré de que el lobizón salía en las noches de luna llena, que la mandrágora era un fruto de horca, que en los cementerios ocurrían cosas horripilantes, que a los muertos les crecían interminablemente las uñas y el pelo, y que en nuestra casa había un sótano al que nadie se animaría a bajar jamás. Curiosamente, esa familia dada a los peores recuentos del espanto tenía a la vez el culto del coraje viril, y desde chico se me exigieron expediciones nocturnas destinadas a templarme, mi dormitorio fue un altillo alumbrado por un cabo de vela al término de una escalera donde siempre me esperó el miedo vestido de vampiro o de fantasma. Nadie supo nunca de ese miedo, o acaso fingió no saberlo.

De "Notas sobre lo gótico en el Río de La Plata", en Obras completas, VI

Con la hermana y el capitán Pereyra Brizuela, vecino, en el patio de la casa de Banfield, *c.* 1920

Mirar

Sobre todo camino y miro. Tengo que aprender a ver, todavía no sé.

De una carta a María Rocchi, París, 19 de enero de 1952

Devoro cuadros y museos, necesito ver y aprendo a ver, y un día sabré ver. Lo noto en detalles, casi ridículos, por ejemplo en que he tirado corbatas que antes apreciaba (esto le hubiera encantado a Wilde).

De una carta a Eduardo Jonquières, París, 31 de octubre de 1952

Sigo mirando. Mirando. No me cansaré nunca de mirar, aquí. Observo que los argentinos que llegan, andan por las calles mirando sólo de frente, como en B.A. Ni hacia arriba ni a los costados. Se pierden todos los increíbles zaguanes, las entradas misteriosas que dan a jardines viejos, con fuentes o estatuas, los patios de hace tres siglos, intactos... Creo que irrito un poco a mis compañeros de paseos por mis detenciones y desapariciones laterales a cada momento. Aquí los ojos se vuelven facetados como los de la mosca. ¿Involución? De todos modos vale la pena descubrir tanta cosa, todos los días.

De una carta a Eduardo Jonquières, París, 18 de enero de 1953

Todo esto es tan absolutamente inagotable, que cuando nos vayamos en marzo o abril me temo que todavía nos quedarán cosas por ver. Pero creo que lo que vamos viendo lo vemos bien, porque volvemos, nos quedamos, miramos hasta no poder más. Oh los ojos, qué tiranos, qué déspotas! Presumo que mis orejas deben estar profundamente estupefactas del abandono en que las tengo, ya que aparte de unos poquísimos conciertos, no escuchamos nada de música. Cuando pienso que en Buenos Aires los ojos dormían y las orejas velaban... Es un vuelco completo, y necesario; quizá así llegue a un equilibrio aceptable. Lástima que al final los cinco sentidos se cerrarán para siempre y no hay tu tía. El hombre merece la inmortalidad, qué joder.

De una carta a Eduardo Jonquières, Roma, 9 de diciembre de 1953

A B C D E F G H I J K L M N O P Q R S T U V W X Y Z

Mitología

De muchacho tuve una fugaz vocación de helenista, hasta
hice un fichero de mitología griega después de leerme todo Homero y Hesíodo, alentado por la bondad y el saber de Arturo Marasso.

De Salvo el crepúsculo

PROTO (Ploto, Segalá).

Nereida, hija de Nereo y Doris. Teog, 16

¿Hay 2 Red? V. Commune...

AGASTA

Ninfa (Oceánida) Hija de Océano y Tetis. Teog

Hesío 21.

ACTEA

...da, hija de Nereo y Doris. Teog. 17.

ADMETA

Ninfa (Oceánida) Hija de Océano y Tetis. Teog

Hesíodo, 20.

AELO

Harpía, hija de Taumas y Electra. Hermana de
Ocípete. Teog, 17. Epíteto: "de hermosos cabellos".

PROTO

Nereida, hija de Nereo y Doris. Teog 1

¿Hay 2 Red? Ver Commune... Teog

URANO

Urano, Dios (Teog, Hesíodo, 12)
Uranidas = "cielo"
Rebela a los gigantes instiga a...- Teog, 13, 14...
De sus partes genitales nace Afrodita - , 14, 15.
Maldecido a los Titanes, 34, 35.
Nacimiento de Zeus, , 25
Atena acalена ultra nace , 127
Urano cedido a Cielo- ,133 a 137

Reemplaza esta ficha por otra

AELO

Harpía, hija de Taumas y Electra. Hermana de
Ocípete. Teog, 17. Epíteto: "de hermosos cabellos".

ANABASIS

Cortázar en 1936. Sobre la foto,
su fichero de mitología

La casilla de los Morelli

He leído textos de Julio Ortega, y lo considero un excelente crítico; en ese sentido, creo que tanto tú como yo contaríamos con las mejores garantías para llevar adelante ese proyecto.

El problema me parece relativamente simple. Como Ortega hará una antología de textos que figuran en libros cuyos derechos en español corresponden a Sudamericana y a Siglo XXI, la primera cosa es obtener la autorización de los editores. No creo que haya dificultad alguna, puesto que se trata de una antología y no de la reproducción total de libros. De todas maneras, te aconsejo que si escribes a esos editores, les adelantes que yo estoy de acuerdo con la idea y que, desde el momento que esa antología no sólo no los perjudicará sino que puede beneficiarlos indirectamente, esperas que te autoricen.

Previamente a esto, sin embargo, yo te pediría que veas a Ortega y le digas de enviarme una especie de esquema del contenido de su trabajo, lo cual me permitirá, llegado el caso, abogar por su causa ante las dos editoriales.

Bueno, tal vez ahora estemos en vísperas de que por fin aparezca alguna cosa mía en lo que tú (o el boom) llamas "los Tusquetitos".

De una carta a Beatriz de Moura,
29 de febrero de 1972

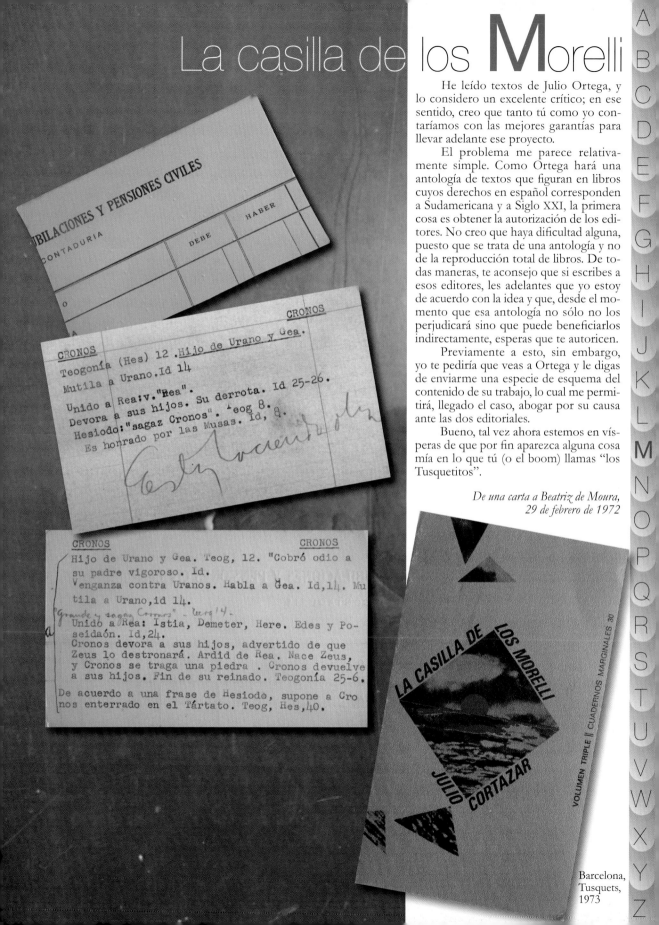

JUBILACIONES Y PENSIONES CIVILES

CONTADURIA | DEBE | HABER

CRONOS

Teogonía (Hes) 12 .Hijo de Urano y Gea.
Mutila a Urano.Id 14

Unido a Rea:v."Rea".
Devora a sus hijos. Su derrota. Id 25-26.
Hesiodo:"sagaz Cronos". Teog 8.
Es honrado por las Musas. Id, 8.

CRONOS

Hijo de Urano y Gea. Teog, 12. "Cobró odio a
su padre vigoroso. Id.
Venganza contra Uranos. Habla a Gea. Id,14. Mu
tila a Urano,id 14.
"Grande y sagaz Cronos" - Teog 14.
Unido a Rea: Istia, Demeter, Here. Edes y Po-
seidaón. Id,24.
Cronos devora a sus hijos, advertido de que
Zeus lo destronará. Ardid de Rea. Nace Zeus,
y Cronos se traga una piedra . Cronos devuelve
a sus hijos. Fin de su reinado. Teogonía 25-6.

De acuerdo a una frase de Hesiodo, supone a Cro
nos enterrado en el Tártato. Teog, Hes,40.

LA CASILLA DE LOS MORELLI
JULIO CORTAZAR

VOLUMEN TRIPLE || CUADERNOS MARGINALES 30

Barcelona,
Tusquets,
1973

Morelliana

Morelliana

Cada vez se habla más de ciencias diagonales. Una visión "literaria" igualmente diagonal (ya lo es *Ulysses*) está forzada a quebrar toda continuidad en cualquier estrato y todas *cross section* vertical.

(Texto inédito)

Moscas

No sé por qué me acuerdo de que cuando era niño había carteles en las paredes que decían: "Mate una mosca, se lo pide el Club de Madres", y naturalmente nosotros escribíamos debajo: "Mate una madre, se lo pide el Club de Moscas". Nunca sabré qué resultado dieron las dos campañas.

De una carta inédita
a Martha Paley de Francescato,
8 de mayo de 1978

Muerte

Precisamente porque en el fondo soy alguien muy optimista y muy vital, es decir alguien que cree profundamente en la vida y que vive lo más profundamente posible, la noción de la muerte es también muy fuerte en mí. Yo no tengo ningún sentimiento religioso. Nunca se despertó en mí el menor sentimiento religioso. Y entonces la noción de la muerte para mí no es una noción que yo pueda esconder o disimular o buscarle un consuelo con la idea de una resurrección, de una segunda vida. Para mí la muerte es un escándalo. Es el gran escándalo. Es el verdadero escándalo. Yo creo que no deberíamos morir y que la única ventaja que los animales tienen sobre nosotros es que ellos ignoran la muerte. El animal no sabe que va a morir. El hombre lo sabe, lo sabe y reacciona de distintas maneras, histórica o personalmente. Mi reacción te la acabo de decir y por eso tienes que comprender que la muerte es un elemento muy muy importante y muy presente en cualquiera de las cosas que yo he escrito.

De Evelyn Picon Garfield: Cortázar por Cortázar

Tumba de Cortázar y Carol Dunlop en el cementerio de Montparnasse, París

Museos

La pintura, siempre.

     Habría que escribir alguna vez sobre el maravilloso campo de batalla espiritual que es una sala de museo, las líneas de fuerza que emanan de cada obra y gravitan sobre todas las otras, y los sutiles cambios que experimenta un cuadro o una estatua si se lo retira de un lugar para ponerlo en otro. Los cambios, bien lo sé, están en nosotros, pero en el fondo es lo mismo, ya que los proyectamos a la obra, y hoy Donatello me parece más hondo de lo que puede parecerme mañana (si soy honesto y no me dejo guiar por las tres estrellitas de la Guía), y hay días en que el Perugino me resulta trivial (porque acabo de asomarme a la misteriosa profundidad de Van der Goes), pero hay otros en que la gracia dorada de sus figuras me revela una dimensión donde la profundidad deja de ser importante, y en cambio vale por otras cosas.

De una carta
a Fredi Guthman
y Natacha Czernichowska
30 de junio de 195...

Nacimiento

Medalla bautismal de Cortázar. La inscripción dice: "J. F. C. 25.5.15"

Las circunstancias de mi nacimiento fueron nada extraordinarias pero sí un tanto pintorescas, porque fue un nacimiento que se produjo en Bruselas como podría haberse producido en Helsinki o en Guatemala: todo dependía de la función que le hubieran dado a mi padre en ese momento. El hecho de que él acababa de casarse y llegó prácticamente en viaje de bodas a Bélgica hizo que yo naciera en Bruselas en el mismo momento que el káiser y sus tropas se lanzaban a la conquista de Bélgica, que tomaron en los días de mi nacimiento. De modo que ese relato que me ha hecho mi madre es absolutamente cierto: mi nacimiento fue un nacimiento sumamente bélico, lo cual dio como resultado a uno de los hombres más pacifistas que hay en este planeta.

De la entrevista de Joaquín Soler Serrano en A fondo, *RTVE (1977)*

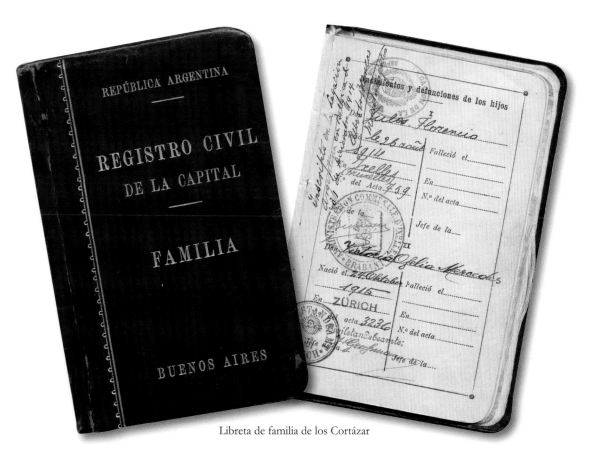

Libreta de familia de los Cortázar

Naturaleza

En esta época de retorno desmelenado y turístico a la Naturaleza, en que los ciudadanos miran la vida de campo como Rousseau miraba al buen salvaje, me solidarizo más que nunca con: a) Max Jacob, que en respuesta a una invitación para pasar el fin de semana en el campo, dijo entre estupefacto y aterrado: "¿El campo, ese lugar donde los pollos se pasean crudos?"; b) el doctor Johnson, que en mitad de una excursión al parque de Greenwich, expresó enérgicamente su preferencia por Fleet Street; c) Baudelaire, que llevó el amor de lo artificial hasta la noción misma de paraíso.

Un paisaje, un paseo por el bosque, un chapuzón en una cascada, un camino entre las rocas, sólo pueden colmarnos estéticamente si tenemos asegurado el retorno a casa o al hotel, la ducha lustral, la cena y el vino, la charla de sobremesa, el libro o los papeles, el erotismo que todo lo resume y lo recomienza. Desconfío de los admiradores de la naturaleza que cada tanto se bajan del auto para contemplar el panorama y dar cinco o seis saltos entre las peñas; en cuanto a los otros, esos *boy-scouts* vitalicios que suelen errabundear bajo enormes mochilas y barbas desaforadas, sus reacciones son sobre todo monosilábicas o exclamatorias; todo parece consistir en quedarse una y otra vez como estúpidos delante de una colina o una puesta de sol que son las cosas más repetidas imaginables.

Los civilizados mienten cuando caen en el deliquio bucólico; si les falta el *scotch on the rocks* a las siete y media de la tarde, maldecirán el minuto en que abandonaron su casa para venir a padecer tábanos, insolaciones y espinas; en cuanto a los más próximos a la naturaleza, son tan estúpidos como ella. Un libro, una comedia, una sonata, no necesitan regreso ni ducha; es allí donde nos alcanzamos por todo lo alto, donde somos lo más que podemos ser. Lo que busca el intelectual o el artista que se refugia en la campaña es tranquilidad, lechuga fresca y aire oxigenado; con la naturaleza rodeándolo por todos lados, él lee o pinta o escribe en la perfecta luz de una habitación bien orientada; si sale de paseo o se asoma a mirar los animales o las nubes, es porque se ha fatigado de su trabajo o de su ocio. No se fíe, che, de la contemplación absorta de un tulipán cuando el contemplador es un intelectual. Lo que hay allí es tulipán + distracción, o tulipán + meditación (casi nunca sobre el tulipán). Nunca encontrará un escenario natural que resista más de cinco minutos a una contemplación ahincada, y en cambio sentirá abolirse el tiempo en la lectura de Teócrito o de Keats, sobre todo, en los pasajes donde aparecen escenarios naturales. Sí, Max Jacob tenía razón: los pollos, cocidos.

"Lucas, sus meditaciones ecológicas"

Aclara su posición de naturalizado " *Vale la pena leer esto. Todo queda aclarado*

REPORTAJE EXCLUSIVO

LA OPINIÓN ♦ Domingo 11 de marzo de 1973 ♦ Pág. 18

Anotación manuscrita de la madre de Cortázar en la copia del reportaje que conservó.

PREGUNTA: Ahora quiero que me hable de la Argentina. Como usted no ha estado aquí durante dos años sólo le voy a pedir que me diga qué espera hallar en la Argentina a la que ha llegado hace menos de 24 horas. Permítame que le diga algo sobre esta llegada en tren a Mendoza, huyendo de los encuentros con periodistas o con gente que lo reconozca (lo he visto ponerse esos enormes anteojos negros con los que es imposible reconocerlo en la calle). Se me ocurre que su entrada al país tiene algo de furtivo.

CORTAZAR: Está muy bien que me haga la pregunta. Todo lo que dice va en una dirección que yo acepto, salvo la palabra "furtiva". La entrada no es furtiva. Justamente yo quise desde el comienzo evitar esa llegada espectacular, que hubiera sido inevitablemente espectacular como sucedió la otra vez, cuando llegué a Buenos Aires. Los periodistas me persiguieron en automóviles aunque yo les pedí en todos los tonos que me dejaran llegar a casa tranquilo y no hubo caso. Hasta medianoche, cuando salí, sacaron fotos con flashes. Por razones personales tengo horror a eso. Pero por razones que tocan a la argentina, a mis amigos y a mis conciudadanos, también esa especie de arribo entre flashes no sólo me parece una cosa negativa sino también frívola y estúpida. Mi deseo, que sólo podré cumplir en parte, se cumplió ayer. Tomé el tren solo, sin avisar más que a un par de amigos, y llegué como cualquier hijo de vecino a una provincia que quiero, en la que he vivido y que deseo volver a mirar un poco y luego ir a Buenos Aires sin que nadie me vea llegar. Le voy a decir que la Argentina —ahora entro en un juego de ironía y de humor— se especializa en los regresos. Tenemos una experiencia en eso. Los regresos vienen a veces en forma de cenizas y a veces también en personas de carne y hueso. Yo no quiero ser asimilado a ese tipo de regreso histórico. Primero, porque no tengo motivo para considerarme merecedor de ello, en absoluto. En segundo lugar, porque creo que eso abre abre un capítulo de mal entendidos y de errores posibles.

A mí me gustaría poder dialogar como estoy dialogando con usted, y eso no es posible cuando hay un aparato de tipo publicitario que me persigue, me sitúa ante las cámaras. Entonces uno se siente en una especie de estrado con relación a los demás.

PREGUNTA: Tal vez le hicieran una pregunta que lo irrita mucho, así que se la voy a hacer yo: ¿se ha naturalizado como ciudadano francés? Porque entonces algunos argentinos se sentirían traicionados, decepcionados porque usted ya no sería argentino y hasta quizá escribiera en francés y adiós con nuestro escritor que ya no es nuestro.

CORTAZAR: Me alegro que lleve la pregunta por ese lado. Tal vez la respuesta que le voy a dar me evitará tener que repetirla interminablemente cada vez que me encuentro con alguien en la calle, como ya ha pasado a lo largo de todo mi viaje por América latina. Esta historia de la naturalización habría que dejarla perfectamente clara. Los numerosos argentinos que manifestaron su irritación y su desencanto ante la noticia parecen ignorar (y en algunos casos creo que fingen ignorar) que el hecho de que un ciudadano argentino solicite la naturalización francesa no significa en absoluto que renuncie o que pierda su condición de ciudadano argentino. Para mí, la naturalización francesa significa técnicamente el derecho a tener también un pasaporte francés. Eso no significa que yo deje de ser argentino. La prueba es que acabo de entrar al país con mi pasa-

(Continúa en la página siguiente)

(Viene de la página anterior)

porte argentino en buena y debida forma. Entonces, la primera equivocación, a veces bastante intencionada y resistida, es muy chauvinista porque se habla de renuncia a la ciudadanía argentina. No solamente no renuncio, sino que en caso de que las leyes hubieran sido diferentes y al naturalizarme francés hubiera perdido mi derecho de argentino no lo hubiera pedido. Mi condición de argentino la conservaré mientras viva, aunque yo he dicho muchas veces —y eso irrita— que yo me siento mucho más latinoamericano que argentino. Pero puedo ser latinoamericano y argentino y viceversa. Entonces el cargo que se me hace significa un desconocimiento honesto o deshonesto de nuestras leyes y una precipitación que yo califico de patriotera y que me sorprende en la medida que muchos que han reaccionado negativamente a esta noticia es gente que en el plano ideológico se declara socialista. Y es muy curioso que desde una perspectiva socialista, siendo una perspectiva internacionalista en última instancia, de abolición de nacionalismos estrechos, esta gente reacciona con un chauvinismo digno de eso que se llamó Alianza Nacionalista en una época.

Fragmento del reportaje de Osvaldo Soriano

RÉPUBLIQUE FRANÇAISE

Préfecture de Police

CARTE NATIONALE D'IDENTITÉ

Valable dix années à partir de la date d'émission

N° 5239007

PRÉFECTURE... BUREAU
23 ... 60.00
POLICE GÉNÉRALE
CN° : 4

UV49007

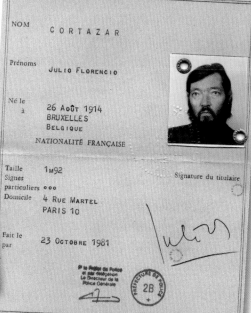

NOM CORTAZAR

Prénoms JULIO FLORENCIO

Né le 26 AOÛT 1914
à BRUXELLES BELGIQUE

NATIONALITÉ FRANÇAISE

Taille 1M92
Signes particuliers ooo
Domicile 4 RUE MARTEL PARIS 10

Signature du titulaire

Fait le par 23 OCTOBRE 1981

2B

Negro el 10

París, Galerie Maximilien Guiol, 1983

París, Clot, Bramsen et Georges, 1994

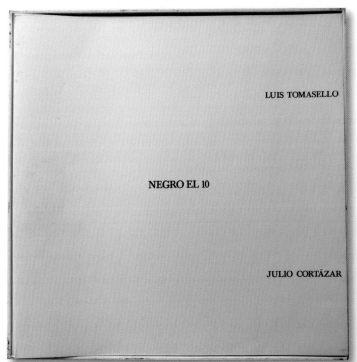

LUIS TOMASELLO

NEGRO EL 10

JULIO CORTÁZAR

Nace la claridad, su gallo triza el cielo,
se esponjan los colores vanidosos.

Pero el negro se ahínca primigenio. Toda luz
en el carbón se abisma, en el basalto.

NEGRO EL 10

Empieza por no ser. Por ser no. El Caos es negro.

Como es negra la nada.

Su palacio nocturno: el sueño, el párpado
serora guillotina del diurno pavorreal
para que sólo las similitudes
desplieguen sus tapices de morado, de púrpura y de óxidos,
harem del negro, esperma de los sueños.

Nace la claridad, su gallo triza el cielo,
se esponjan los colores/ vanidosos.

Pero el negro se ahínca primigenio. Toda luz
[se abisma] en el carbón, en el basalto.

~~Al~~ ~~tinta~~   (❦) 7

Se diría que le gusta que lo aplanen, lo espatulen, lo tiendan en
lisas superficies, como se hace aquí. Se diría que una ser el
trampolín desde donde saltan los colores, su callado sostén. ~~que~~
~~los~~ Todo es más contra el negro; ~~todo~~ todo es menos cuando falta.

                                             (❦) 8

→ [Les physiciens appellent corps noirs tous ceux qui
absorbent intégralement les radiations reçues.
                                             E. U.]

Cede a la ~~qué~~ ~~esta~~ ~~una~~ metamorfosis que ~~esta~~ marco enamorado
cumple en ti, te llenas de ritmos, hendeduras, te
vuelves tablero, reloj de luna, muralla de aspilleras
abiertas a lo que acecha siempre del otro lado,
máquina de contar cifras pues de las cifras, astrolabio
y portulano para tierras nunca abordadas, mar
Para mejor lanzarlos al asalto   petrificado en el que resbala ~~el pez~~ de la mirada.
del día. (Goya pudo decirlo).

Tu
~~///~~ / sombra espera tras de toda luz

Caballo negro de las pesadillas, hacha del
sacrificio, tinta de la palabra escrita, pulmón
del que diseña y serigrafía de la noche,
negro el diez: ruleta de la muerte, que se
juega viviendo.

Padre profundo, pez abisal de los orígenes,
retorno a qué comienzo,
Estigia contra el sol, y sus espejos,   ~~tu negro está~~ ~~todo~~
~~última estela de tinta~~   Socavón en la sangre, en la memoria.
término de ~~la~~ los cambios,   lo negro sube a la palabra, es la tormenta
última estela de las mutaciones,   ración de los oídos y los ~~los~~ ojos:
                                               Othello el ~~negro~~ blackamoor, el moro negro
palabra del silencio.   ~~que~~ ~~fue~~ (para el lívido Yago.
                                               siempre.)

Neruda

... llega un día el *Canto general* como una especie de absurda, prodigiosa geogonía latinoamericana, quiero decir una empresa poética de ramos generales, un gigantesco almacén de ultramarinos, una de esas ferreterías donde todo se da, desde un tractor hasta un tornillito; con la diferencia de que Neruda rechaza soberanamente lo prefabricado en el plano de la palabra, sus museos, galerías, catálogos y ficheros que de alguna manera nos venían proponiendo un conocimiento vicario de nuestras tierras físicas y mentales, deja de lado todo lo hecho por la cultura e incluso por la naturaleza; él es un ojo insaciable retrocediendo al caos original, una lengua que lame las piedras una a una para saber de su textura y sus sabores, un oído donde empiezan a entrar los pájaros, un olfato emborrachándose de arena, de salitre, del humo de las fábricas. No otra cosa había hecho Hesíodo para abarcar los cielos mitológicos y las labores rurales; no otra cosa intentó Lucrecio, y por qué no Dante, cosmonauta de almas. Como algunos de los cronistas españoles de la conquista, como Humboldt, como los viajeros ingleses del Río de la Plata, pero en el límite de lo tolerable, negándose a describir lo ya existente, dando en cada verso la impresión de que antes no había nada, de que ese pájaro no tenía ese nombre y que esa aldea no existía. Y cuando yo le hablé de eso, él me miraba con sorna y volvía a llenarme el vaso, señal inequívoca de que estabas bastante de acuerdo, hermano viejo.

De "Neruda entre nosotros"

Editions Gallimard

nrf

5, rue Sébastien-Bottin
Paris-7e
Tél. 548-28-91 et 222-39-19
Adresse télégraphique :
ENEREFENE Paris 044
Société anonyme au capital
de 1 787 175 F
R. C. Seine 57 B 20675

25-9-73
lendemain de
la mort de
Palla : tentative
de traduction

VI

Nous appellions chilien le cuivre
puisqu'il naissait des mains chiliennes
et notre territoire était rempli

de ce soleil souterrain de nos montagnes,
le cuivre, point destiné
aux pirates américains.

Mais vint le jour où le Président Frei, momie chrétienne
embourbé jusqu'au nombril dans le yankee
fit cadeau à l'ennemi de votre cuivre.

Pourtant un pauvre patrie intransigeante,
attendit entre le pillage et les cendres,
entre chuquicamata et El Teniente attendit

l'heure du réveil, et il est bien clair
que menant en avant le pavillon du triomphe
il suffit d'un seul coup à Salvador Allende

pour arracher le cuivre des crocs américains
et le rendre, maintenant pour toujours,
au Chili souverain.

Traducción inédita de "El cobre", poema VI de *Incitación al nixonicidio y alabanza de la revolución chilena*, de Pablo Neruda

Nicaragua

... dedico muchos esfuerzos a Nicaragua, que tan admirablemente lucha por mantener su soberanía frente a los Estados Unidos que quisieran aplastarla. Supongo que los diarios que leés te dan una idea completamente opuesta a lo que te digo, pero aquí sabemos que luchar por Nicaragua y sobre todo por El Salvador es en estos momentos luchar por el destino de la humanidad entera. Como te imaginás, esto supone continuas ocupaciones, desplazamientos, reuniones... No me queda mucho tiempo para escribir, pero siento que a veces llega el momento en que alguien como yo tiene que escribir con actos más que con palabras.

De una carta a la madre, 17 de enero de 1982

Cada día siento más admiración por los "nicas"; qué gente admirable frente a las dificultades y los peligros. Diariamente están a la espera de una invasión de somocistas manipulados por los USA, pero no les impide seguir adelante con su trabajo y con su alegría de vivir.

De una carta a Jean L. Andreu, 29 de marzo de 1982

... volveré muy pronto a Nicaragua, pues se puede hacer mucho allá en el plano cultural. Pasé una muy buena noche leyendo textos junto con García Márquez, ante un público extraordinariamente receptivo y sensible; era al aire libre, todo el mundo sentado bajo los árboles, con ese clima del que quisieras no separarte nunca. Pasar un par de meses con ellos, haciendo talleres literarios, diálogos, esas cosas en que un viejo narrador puede siempre mostrarles algunas cosas a los jóvenes.

De una carta a Félix Grande, 1 de abril de 1982

Managua, Editorial Nueva Nicaragua, Ediciones Monimbó, 1983

Con Sergio Ramírez en la Feria del Libro, Frankfurt, octubre de 1976

Nicaragua tan violentamente dulce

Escribo estas líneas para aquellos que sólo conocen Nicaragua a través de la prensa; simples bosquejos, deseo de agregar a esa información algo que la acerque un poco más al aire que se respira en el país, a lo que la gente dice y hace en su vida cotidiana. Bocetos, más que fotografías: un poco como queriendo darle mis ojos al lector para que también eche a andar por sus calles y caminos, y asista lo más directamente posible a algo de lo que allí está ocurriendo.

De "Bocetos de Nicaragua"

193

Niños

Tengo un buen diálogo con los niños. Tengo una buena relación con su mundo porque no trato de imponerles mi estructura de entrada. Y el niño lo comprende perfectamente. Como lo comprenden los gatos y los perros.

Soy muy crítico frente a la conducta de los grandes con el niño porque me doy cuenta a cada momento de las tonterías que cometen, la forma en que violan y mutilan al niño con negativas, con tabúes, con "esto está bien, esto está mal", esa especie de castración continua a que los grandes someten a los niños.

Y soy muy sensible a eso porque, como le decía, yo lo sufrí de niño. Me daba cuenta hasta qué punto los grandes eran estúpidos a veces, pero no podía decirlo porque me castigaban, imponían el principio de autoridad.

El resultado es que hoy para mí, un niño es mucho más respetable que un adulto y tengo una muy buena relación con ellos: no les hablo hasta que no me hablan, no los toco hasta que no me tocan, no juego con ellos hasta que juegan conmigo; en una palabra, tenemos una especie de código que consiste en no joderse uno al otro. Y entonces se produce la alianza.

De Ernesto González Bermejo: Conversaciones con Cortázar

Nombres

Ya sospechaba, de niño, que ponerle nombre a una cosa era apropiármela. No bastaba eso, necesité siempre cambiar periódicamente los nombres de quienes me rodeaban, porque así rechazaba el conformismo, la lenta sustitución de un ser por un nombre. Un día empezaba a sentir que ya el nombre no andaba bien, no era la cosa mentada. La cosa estaba ahí, nueva y brillante, pero el nombre se había gastado como un traje. Al darle entonces una nueva denominación, me probaba oscuramente que lo importante era lo otro, esa razón para mi nombre. Y durante semanas la cosa o el animal o la persona se me aparecían hermosísimos bajo la luz de su nuevo signo.

A un gato que quise tanto lo seguí con cuatro nombres por su breve vida (se envenenó con el cianuro que abuela ponía en los hormigueros); uno era el común, el que le daban todos, y los otros secretos, para el diálogo a solas. A un perro que el clan llamaba Míster yo le llamé Mistirto, y era importante porque entonces había leído *Nostradamus* de Michel Zévaco y el personaje de Myrtô me rondaba. Así pude objetivarlo mágicamente, y Mistirto era mucho más que un perro.

Y vos has de acordarte, lejanísima, del hermoso animal de blanca piel que encontré para llamarte, y que te gustaba imitar con la caricia, con el recato, con el claro impudor.

De Diario de Andrés Fava

Estoy muy cansado. Mañana salgo en busca de mi curación. Método ideal: el noroeste argentino y –¡no se estremezca!– Misiones. Allí, con 45°, estoy seguro de recuperar el equilibrio. Me llevo un libro, un amigo y una pequeña valija. Así intentaré la conquista de un poco de silencio y reposo. De la guerra, la escuela y la literatura, no quiero saber nada hasta marzo.

De una carta a Mercedes Arias, 11 de enero de 1941

Nube

MANERA SENCILLÍSIMA DE DESTRUIR UNA CIUDAD

Se espera, escondido en el pasto, a que una gran nube de la especie cúmulo se sitúe sobre la ciudad aborrecida. Se dispara entonces la flecha petrificadora, la nube se convierte en mármol y el resto no merece comentario.

De La vuelta al día en ochenta mundos

Observatorio

Fotografías tomadas por Cortázar
en el observatorio de Jaipur,
Nueva Delhi, en 1968

Las máquinas de mármol, un helado erotismo
en la noche de Jaipur, coagulación de luz en el recinto que guardan los hombres de Jai Singh, mercurio
de rampas y hélices, grumos de luna entre tensores y
placas de bronce; pero el hombre ahí, el inversor, el
que da vuelta las suertes, el volatinero de la realidad:
contra lo petrificado de una matemática ancestral,
contra los husos de la altura destilando sus hebras
para una inteligencia cómplice, telaraña de telarañas,
un sultán herido de diferencia yergue su voluntad
enamorada, desafía un cielo que una vez más propone las cartas transmisibles, entabla una lenta, interminable cópula con un cielo que exige obediencia y
orden y que él violará noche tras noche en cada lecho
de piedra, el frío vuelto brasa, la postura canónica
desdeñada por caricias que desnudan de otra manera
los ritmos de la luz en el mármol, que ciñen esas formas donde se deposita el tiempo de los astros y las
alzan a sexo, a pezón y a murmullo. Erotismo de Jai
Singh al término de una raza y una historia, rampas
de los observatorios donde las vastas curvas de senos
y de muslos ceden sus derroteros de delicia a una
mirada que posee por transgresión y reto y que salta
a lo innominable desde sus catapultas de tembloroso
silencio mineral. Como en las pinturas de Remedios
Varo, como en las noches más altas de Novalis, los
engranajes inmóviles de la piedra agazapada esperan
la materia astral para molerla en una operación de
caliente halconería. Jaulas de luz, gineceo de estrellas poseídas una a una, desnudadas por un álgebra
de aceitadas falanges, por una alquimia de húmedas
rodillas, desquite maniático y cadencioso de un En-
dimión que vuelve las suertes y lanza contra Selene
una red de espasmos de mármol, un enjambre de
parámetros que la desceñirán hasta entregarla a ese
amante que la espera en lo más alto del laberinto ma-
temático, hombre de piel de cielo, sultán de estreme-
cidas favoritas que se rinden desde una interminable
lluvia de abejas de medianoche.

De Prosa del observatorio

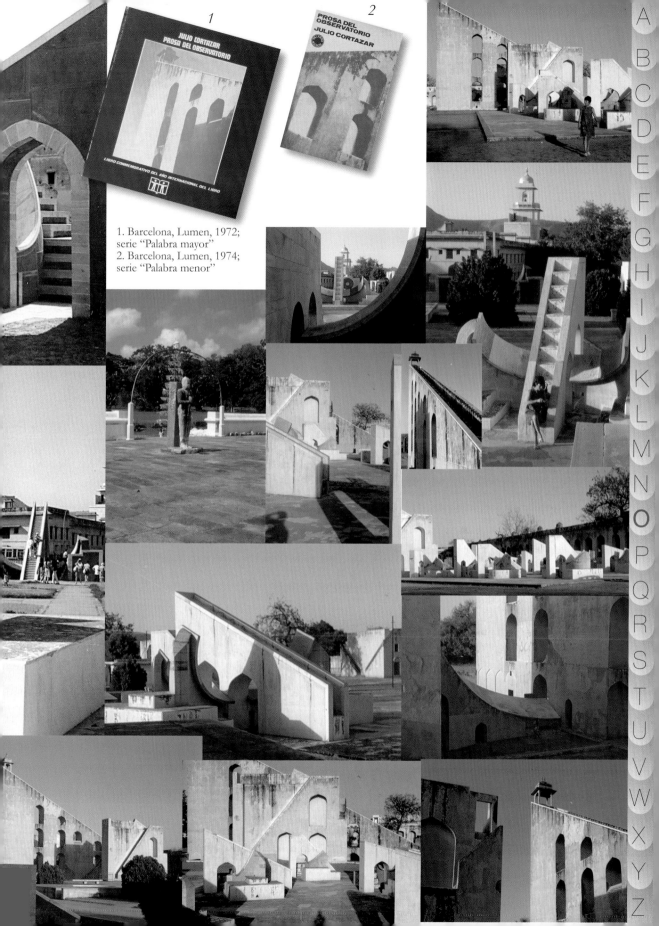

1. Barcelona, Lumen, 1972;
serie "Palabra mayor"
2. Barcelona, Lumen, 1974;
serie "Palabra menor"

A B C D E F G H I J K L M N O P Q R S T U V W X Y Z

Octaedro

Octaedro es –no un regreso, porque no seré yo quien piense que es un paso atrás– sino una nueva expresión de lo profundamente mío, es decir, el derecho a la invención, a la imaginación pura en forma de cuentos fantásticos, en su gran mayoría.

De Ernesto González Bermejo:
Conversaciones con Cortázar

Octavio

Buenos Aires, Sudamericana, 1974; Madrid, Alianza Editorial, 1974

Abandonada por una ola en pleno mediodía, cuando cada grano de arena se enfurece y brilla con todas sus facetas, la estrella de mar propone una síntesis de la naturaleza que el ojo distraído recorre a lo largo de las dunas y del horizonte cabalgado por la interminable tropilla de la espuma. Sumido en ese movimiento incesante, en ese derroche de espacio y de color, todo aquel cuya inteligencia busca las claves se detendrá maravillado ante esa forma perfecta que resuelve y domina el gran desorden de las cosas y las imágenes. Hablo de maravillarse, porque frente a esa coagulación de lo múltiple en unidad, la mirada presiente ya el nuevo punto de partida que insinúa esa húmeda brújula en la que cada punta marca rumbos jamás balizados en nuestras cartas de viaje.

A lo largo de treinta años la obra de Octavio Paz ha sido para mí esa estrella de mar que condensa las razones de nuestra presencia en la Tierra. Poeta ante todo, es decir cazador de ser, Paz posee esa rara cualidad que sólo se encuentra en un Valéry o en un T. S. Eliot: el poder de hacer coexistir paralelamente y sin choques (puesto que a partir de Einstein hemos aprendido que las paralelas acaban por encontrarse) el canto poético y la reflexión analítica.

De "Homenaje a una estrella de mar"

Con Octavio Paz en Nueva Delhi, India, 1968

Tengo una sola hermana. Lo que es curioso es que en el plano consciente mi hermana y yo no tenemos la menor relación. Nunca nos hemos entendido. Somos el día y la noche, incluso hemos llegado a detestarnos. Ahora con los años como no nos vemos, además, hay una relación más cordial. Pero hay una diferencia total.

A Evelyn Picon Garfield en 1973,
Cortázar por Cortázar

Ofelia

Oficios

–¿Qué otros oficios, a parte del oficio de escritor, has tenido que hacer para vivir?

–Cuando vine a Europa no tenía deseo de enseñar aquí, ni posibilidades. Tuve que reducirme a cosas mucho más humildes, más simples, pero que al mismo tiempo eran muy agradables. Conseguí un trabajo con un exportador de libros; entonces yo tenía que hacer paquetes de libros, cosa que te lastima mucho las manos pero que te deja la cabeza libre para pensar. Y muchos de los cuentos que escribí en esa época fueron probablemente imaginados mientras hacía paquetes para ganarme la vida.

De una entrevista filmada

En París, *c.* 1951

Oklahoma

El mes que viene voy a la Universidad de Oklahoma, aceptando un homenaje más o menos insensato que me hacen los especialistas en mi obra; rompo con eso una deliberada negativa de ir a los Estados Unidos, como yo lo hice ya el año pasado con motivo de una reunión del PEN Club y del Center for Inter-American Relations, pues entiendo que ha llegado el momento de decir lo que pensamos en los medios estudiantiles norteamericanos. La atmósfera del país se presta particularmente, y creo que mi trabajo no será inútil.

De una carta a Roberto Fernández Retamar,
6 de octubre de 1975

Cuadernillo publicado en Norman, Oklahoma,
con el texto de dos conferencias dictadas por Cortázar

Ombú

El volumen en sí me parece muy hermoso desde el punto de vista de la presentación, la diagramación y el colorido. Creo que el trabajo de Alberto Cedrón ha sido puesto en relieve como lo merece, y confío en que el libro tenga mucho éxito de crítica y de público.

De una carta a César Segnini,
9 de octubre de 1981

JULIO ALBERTO
CORTAZAR/CEDRON

la raíz del ombú

Muchas cosas hizo el padre de Alberto, entre otras la de ser piloto profesional de carreras. Cuando corría en las provincias llevaba con toda la familia, la instalaba en una pensión y salía a ganarse unos pesos en la competencia.

Más tarde consigue un trabajo fijo en Buenos Aires, los chicos van a la escuela, cae la bomba atómica sobre Hiroshima.

Caracas, Presidencia de CADAFE-Editorial Amón, 1981

Orden

Ahora que se va poniendo viejo se da cuenta de que no es fácil matarla.

Ser una hidra es fácil, pero matarla no, porque si bien hay que matar a la hidra cortándole sus numerosas cabezas (de siete a nueve según los autores o bestiarios consultables), es preciso dejarle por lo menos una, puesto que la hidra es el mismo Lucas y lo que él quisiera es salir de la hidra pero quedarse en Lucas, pasar de lo poli a lo unicéfalo. Ahí te quiero ver, dice Lucas, envidiándolo a Heracles que nunca tuvo tales problemas con la hidra y que después de entrarle a mandoble limpio la dejó como una vistosa fuente de la que brotaban siete o nueve juegos de sangre. Una cosa es matar a la hidra y otra ser esa hidra que alguna vez fue solamente Lucas y quisiera volver a serlo. Por ejemplo, le das un tajo en la cabeza que colecciona discos, y le das otro en la que invariablemente pone la pipa del lado izquierdo del escritorio y el vaso con los lápices de fieltro a la derecha y un poco atrás. Se trata ahora de apreciar los resultados.

Hm, algo se ha conseguido, dos cabezas menos ponen un tanto en crisis a las restantes, que agitadamente piensan y piensan frente al luctuoso fato. O sea: por un rato al menos deja de ser obsesiva esa necesidad urgente de completar la serie de los madrigales de Gesualdo, príncipe de Venosa (a Lucas le faltan dos discos de la serie, parece que están agotados y que no se reeditarán, y eso le estropea la presencia de los otros discos. Muera de limpio tajo la cabeza que así piensa y desea y carcome). Además es inquietantemente novedoso que al ir a tomar la pipa se descubra que no está en su sitio. Aprovechemos esta voluntad de desorden y tajo ahí nomás a esa cabeza amiga del encierro, del sillón de lectura al lado de la lámpara, del scotch a las seis y media con dos cubitos y poca soda, de los libros y revistas apilados por orden de prioridad.

Pero es muy difícil matar a la hidra y volver a Lucas, él lo siente ya en mitad de la cruenta batalla. Para empezar la está describiendo en una hoja de papel que sacó del segundo cajón de la derecha del escritorio, cuando en realidad hay papel a la vista y por todos lados, pero no señor, el ritual es ése y no hablemos de la lámpara extensible italiana cuatro posiciones cien vatios colocada cual grúa sobre obra en construcción y delicadísimamente equilibrada para que el haz de luz etcétera. Tajo fulgurante a esa cabeza escriba egipcio sentado. Una menos, uf. Lucas está acercándose a sí mismo, la cosa empieza a pintar bien.

París, 1979

Nunca llegará a saber cuántas cabezas le falta cortar porque suena el teléfono y es Claudine que habla de ir co-rrien-do al cine donde pasan una de Woody Allen. Por lo visto Lucas no ha cortado las cabezas en el orden ontológico que correspondía puesto que su primera reacción es no, de ninguna manera, Claudine hierve como un cangrejito del otro lado, Woody Allen Woody Allen, y Lucas nena, no me apurés si me querés sacar bueno, vos te pensás que yo puedo bajarme de esta pugna chorreante de plasma y factor Rhesus solamente porque a vos te da el Woody Woody, comprendé que hay valores y valores. Cuando del otro lado dejan caer el Annapurna en forma de receptor en la horquilla, Lucas comprende que le hubiera convenido matar primero la cabeza que ordena, acata y jerarquiza el tiempo, tal vez así todo se hubiera aflojado de golpe y entonces pipa Claudine lápices de fieltro Gesualdo en secuencias diferentes, y Woody Allen, claro. Ya es tarde, ya no Claudine, ya ni siquiera palabras para seguir contando la batalla puesto que no hay batalla, qué cabeza cortar si siempre quedará otra más autoritaria, es hora de contestar la correspondencia atrasada, dentro de diez minutos el scotch con sus hielitos y su sodita, es tan claro que le han vuelto a crecer, que no le sirvió de nada cortarlas. En el espejo del baño Lucas ve la hidra completa con sus bocas de brillantes sonrisas, todos los dientes afuera. Siete cabezas, una por cada década; para peor, la sospecha de que todavía pueden crecerle dos para conformar a ciertas autoridades en materia hídrica, eso siempre que haya salud.

"Lucas, sus luchas con la hidra"

De una manera u otra,
el orden se convierte
en deseo de matar
Musil, II, 199.

5 de abril /52

JULIO CORTAZAR a María tan buena y gentil. # ¡Pobrecita! De entrada me dices: "Estoy gorda..." Bueno, consuélate pensando en Hécuba, que lo estuvo cincuenta veces. Y luego que, en el fondo, estás encantada. Lo que de veras siento son los líos de la casa y la mala salud de Eduardo. Aparte de las hórridas noticias que me das sobre precios y comidas en B.A.... Sí, tienes razón, me fui a tiempo. Pero si crees que eso es un consuelo, te equivocas. Estar fuera del incendio no es un consuelo, cuando los que se están quemando te son queridos. Muchos días hay en que me siento un desertor, y la cosa no es bonita. Por suerte en mí hay un gran canalla que coexiste con un hombre pasablemente bueno; entonces aquél hace lo suyo para que éste se distraiga mirando la ciudad y sus maravillas. Pero el mal gusto en la boca subsiste. # Meto este papel en la máquina para copiarte una prosa que les regalo a Mariclo y a Albertito, aunque ellos no podrían todavía captar su gracia —que es puramente verbal y rítmica. Pero para esto están Eduardo y tú. Guárdala para cuando tus hijos sean como ustedes (esos dos no saben la suerte que les ha tocado al tener padres como ustedes; ojalá sepan aprovechar esa buena fortuna). ← ¿Por qué cosas que yo dice en serio suenan a veces tan tontamente? Yo podría tirar esta hoja y hacer otra más "inteligente". Honradamente la dejo tal cual. Y aquí está el

OSO

Soy el oso de los caños de la casa, subo por los caños en las horas de silencio, los tubos del agua caliente, de la calefacción, del aire fresco, voy por los tubos de departamento en departamento y soy el oso que va por los caños.

Creo que me estiman porque mi pelo mantiene limpios los conductos, incesantemente corro por los tubos y nada me gusta más que pasar de piso en piso resbalando por los caños. A veces saco una pata de la canilla y la muchacha del tercero grita que se ha quemado, o gruño a la altura del horno del segundo y la cocinera Guillermina se queja de que el aire tira mal. De noche ando callado y es cuando más ligero ando, me asomo al techo por la chimenea para ver si la luna baila arriba, y me dejo resbalar como el viento hasta las calderas del sótano. Y en verano nado de noche en la cisterna picoteada de estrellas, me lavo la cara primero con una mano después con la otra después con las dos juntas, y eso me produce una grandísima alegría.

Entonces resbalo por todos los caños de la casa, gruñendo contento, y los matrimonios se agitan en sus camas y deploran la instalación de las tuberías. Algunos encienden la luz y escriben un papelito para acordarse de protestar cuando vean al portero. Yo busco la canilla que siempre queda abierta en algún piso, por allí saco la nariz y miro la oscuridad de las habitaciones donde viven esos seres que no pueden andar por los caños, y les tengo algo de lástima al verlos tan torpes y grandes, al oír como roncan y sueñan en voz alta, y están tan solos. Cuando de mañana se lavan la cara, les acaricio las mejillas, les lamo la nariz y me voy, vagamente seguro de haber hecho bien.

Espero que "The Power and the Glory" te haya gustado, a mí me pareció extraordinario. En cuanto a "Il geloso oso" veré de leerlo como me lo aconsejas. Aquí se está dando una película sobre ese tema, y es de suponer que el libro andará en traducción francesa —pues en italiano no me le animo. Una vez leí una novela en italiano, con diccionario y todo. Cuando la terminé, estaba convencido de que los protagonistas hacían juntos un viaje a la Polinesia y que perecían en un naufragio, estrechamente abrazados. ¡Craso error! Una persona que sabe italiano me demostró que no había tal viaje, y que los personajes terminaban felizmente sus días en un pueblecito tibetano. Desde entonces opto por los idiomas que por lo menos creo saber. Me gusta tanto que me digas que los chicos me recuerdan "por su cuenta". No durará, pero es muy dulce, sabes. Estoy seguro de que de haberme quedado en B.A. me hubiera entendido siempre muy bien con Mariclo (por quien te confieso mi debilidad) y Albertito. Fíjate que toda esta carta les está poco menos que dedicada. # Siento lo de Santos. ¿Y van cuántos...? Pobre país, pobre cosa blanda. Un bofe tirado en el pasto. Hoy estamos aquí con la bandera a media asta. Cuando la vi esta mañana el corazón me dio un vuelco. Pero no, era Unijano nomás. Qué le vamos a hacer. # Dales mis cariños a los chicos y a los amigos que tú sabes. Cuídate mucho y hasta bien pronto, con todo el afecto de Julio

Carta a María Rocchi de Jonquières

Paco Porrúa

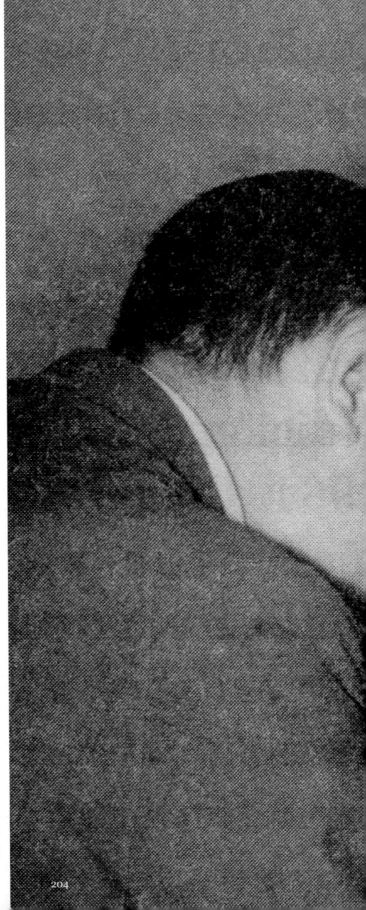

Siempre tuve muy buena relación con él. Era una persona –muy argentino también es eso– para quien la amistad era muy importante. Para muchos escritores, después de tener un cierto éxito de público y de crítica, el editor se convierte en una figura casi molesta, un hombre sentado que está esperando un manuscrito. Por otra parte, es cierto que el editor tiene siempre una posición de medianía, no es mucho más que un intermediario entre autores y público.

Había entre nosotros algo que era bastante común entonces y que quizá aún no ha desaparecido del todo: la relación de amistad entre editor y autor. En otro tiempo el editor era un hombre que no tenía mucho que hacer, y la edición era *a gentlemen's occupation*, una ocupación de caballeros. En apariencia, no hacía más que publicar a un autor pero casi siempre esa publicación estaba acompañada por una amistad, por una relación privada. Eso está perdiéndose, evidentemente. Hoy las editoriales tienen una relación impersonal con los autores, que son un producto más. Con Julio hubo una relación de otro tipo. Para mí –porque fue casi cuando empecé a trabajar en Sudamericana– fue la primera relación con un autor que resultó una relación editor-autor de auténtica amistad, aunque epistolar sobre todo pues nos veíamos muy poco.

Las cartas son espléndidas. Tienen una peculiaridad poco conocida que era la facilidad misma de Julio. Se ponía a escribir y no paraba hasta el final, no se detenía en ningún momento a reflexionar o tachar una frase. En este sentido esas cartas son muestra de un escritor de raíz profunda.

Paco Porrúa, entrevista de Carles Álvarez (1999)

Con Paco Porrúa
en casa de Juan Esteban Fassio,
Buenos Aires, *c.* 1962

Paco Reta

Me habla usted de mi amigo muerto; pronto se cumplirá el primer año de su partida. Fuimos los dos tan hondamente camaradas, que ni siquiera la desnuda evidencia de su muerte ha podido alejar de mí la seguridad de su presencia constante. Ahora sé por qué mucha gente cree sinceramente que el espíritu de sus seres queridos alienta junto a ellos, permanece a su lado. Sin que ésa sea exactamente mi impresión, yo sigo viviendo como si mis tareas y mis goces fueran constantemente compartidos por quien antaño lo hacía. Este verano, mientras viajaba por Chile, me ocurría a cada momento ponerme a hablar en voz alta, en medio de un bello paisaje, un sendero oculto, una orilla de arroyo; yo hablaba para el amigo, y él me contestaba de una manera inexplicablemente cierta. A veces mi dedo le señalaba cosas: un cerro, una nube, un escorzo fugitivo. Otras veces –y no he podido vencer esa convicción– yo sentí como si él estuviera viendo, gozando, viviendo, a través de mí. No sé si soy claro; quiero decir que me parecía como si él estuviera viendo con mis ojos, andando con mis piernas. Compartíamos el viaje; y muchas veces las gentes me miraron con sorpresa, porque yo dialogaba y sonreía, seguro de su presencia a mi lado. Todo esto lo sostiene en mi recuerdo, indeclinablemente... Así debe ser la amistad, ¿no es cierto? Ojalá que cuando me llegue el día, alguien me sostenga en su cariño, me perpetúe a través del afecto; será la prueba más honda de que no habré vivido en vano.

De una carta a Lucienne Chavance de Duprat, 10 de septiembre de 1943

En Córdoba, Argentina, 1942

A B C D E F G H I J K L M N O P Q R S T U V W X Y Z

Pameos

Como les explicaba el otro día a unos tipos que conozco y que se llaman Calac y Polanco, la culpa de lo que sigue la tiene un cronopio italiano que responde, si está de buen humor, al nombre de Gianni Toti, el cual después de decirme buenas salenas en la puerta del hotel donde se celebraba el Congreso Cultural de La Habana en 1968, procedió a descerrajar la afirmación siguiente, a saber:

—De todo lo que has escrito, lo que a mí realmente me gusta es tu poesía.

Como eso sucedía en el primer territorio libre de América, consideré que no podía negarle el derecho a manifestar su opinión, aunque las caras de algunos amigos presentes tendían a dar una impresión de pataleta o de directo a la mandíbula. Así fue cómo este cronopio anunció que iba a traducir poemas míos al italiano, cosa que además hizo por todo lo alto y gracias a lo cual uno de estos días los estupefactos habitantes de la bota van a empezar a leer textos que tal vez ocasionen la lapidación de las ventanas de Gianni, que según se sabe vive en la Via Giornalisti 25, Roma. Pero como le dijo la partera al padre de los mellizos, estas cosas nunca vienen solas, y de golpe unos cronopios de la otra península, aglutinados bajo la denominación más bien etrusca de OCNOS, proceden a informarme que la desesperanza más perniciosa los acecha si yo no los dejo salpicar unos cuantos cuadernillos con las resonancias de mi plectro. Cualquiera que me conozca sabrá que de ninguna manera puedo permitir que personas como Joaquín Marco y José Agustín Goytisolo se acongojen desmedidamente por mi silencio, con lo cual estamos como queremos.

Del prólogo a Pameos y meopas

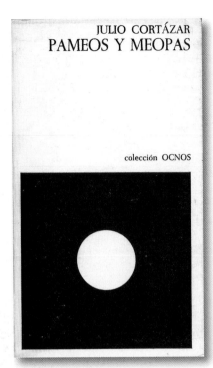

Barcelona,
Llibres de Sinera,
1971

Matera,
Rocco Fontana Editore, 1982
(Trad. de Gianni Toti)

208

Papelitos

Barcelona, Raiña Lupa, 2009

En un camión
SI PRECISÁS UNA MANO, MIRÁ QUE YO TENGO DOS

En un taxi:
Frena para no atropellar a una vieja señora. Otro
chofer le toca bocina para que se apure. Mi
chofer, a los gritos:
— ¿Qué querés, que le levante como sorete en
pala?

Páginas interiores

X. Z., recibido de profesor cum grano
salis en el Normal Macaco Abasta.

— Era un médico judío, pero buena
persona — dijo el Dr. Z., juez
jubilado.

[Soñado]

209

París

Llega ese día en que después de haberla caminado tanto, mirado desde tantas luces y humores y perspectivas, nace como una necesidad de síntesis, de aprehender la ciudad en su totalidad huyente, o extremar hasta el límite la ubicuidad del recuerdo para coagular millones de fragmentos en la visión unitiva. Quisiéramos que se nos dé en una sola presencia, o que algo en nosotros se fragmente hasta abarcar el todo como acaso lo abarca el ojo facetado de la mosca.

Ese día la contemplación sucesiva de calles o de fotos o de recuerdos se vuelve una irritante postergación de esa amalgama en la que la ciudad nos cedería por fin su más profunda imagen. Sabemos que será imposible, que el más dilatado panorama desde una torre o un helicóptero nos mostrará apenas algo más de lo que puede darnos un buen plano. Y es quizá entonces que la noción de plano, de sustituto cartográfico de esa inabarcable masa viviente y aromada y sonora nos proyecta a la magia, nos incita a buscar por otros medios lo que no alcanzarán nunca los sentidos limitados por el espacio, los desplazamientos que irónicamente van reemplazando ganancias por pérdidas, esquinas ya cruzadas por otras que se abren en la incesante repetición del casillero.

Puede ocurrir que el viajero haga un alto, que renuncie a la persecución consecutiva, y que en la soledad de un cuarto de hotel se concentre en ese plano que cubre la mesa y que una lámpara propicia fija con un cono amarillento que parecería aislarlo de la causalidad, darlo en un solo bloque de conocimiento en el que cada detalle, cada canal, cada encrucijada, cada puente y cada monumento se dejan captar por una mirada que de golpe se dilata hasta abarcar kilómetros de masa urbana, periferias inconcebibles, trazados cerrando o abriendo los ritmos que dan a todo plano su temblor de caracol, de carabela o de nube petrificada.

Puede ocurrir entonces que el viajero pasee el péndulo de la rabdomancia sobre nomenclaturas conocidas o ignotas, que a lo largo de una larga avenida vaya siguiendo milímetro a milímetro el avance de una larga marcha que ocurrió hace meses o semanas, que vacile en esquinas que fueron o no dobladas, que retorne al punto de partida para recomenzar el asalto a la distancia. De la búsqueda sistemática o la recurrencia del azar, del péndulo indiferente sobre el territorio de la Gare Saint-Lazare pero agitándose en el cruce de la rue Condorcet y la rue Rodier, pueden llegarnos signos que verificaremos o no pero que darán un sentido diferente a encuentros y a coincidencias, a carteles y a miradas, a la nomenclatura y a la combinatoria ofreciéndose al deseo y a la esperanza en cada pasaje y cada tienda.

Pero el mejor de los planos mágicos no lo dan las cartulinas coloreadas o las varas de avellano que delatan sincronismos y constelaciones; la ciudad tiene otra imagen secreta que sólo habrá de mostrarse al término de una ahincada fidelidad, cuando sepa que no la hemos vivido por vivirla, que no la hemos caminado por rutina. Alguna noche entrará en nuestros sueños, se volverá su escenario momentáneo u obsesivo, empezará a desenrollar sus tapices de perspectivas, sus telones de esquina, sus tramoyas de arcadas o vías férreas, y en el sueño será ella y otra, simultánea y consecutiva, dará lo ya dado o inventará lo que acaso existe pero que no sabremos o no podremos situar jamás, un parque con un lago oblongo, un café donde se juega al billar bajo luces naranja, un portal detrás del cual está acechando el principio de la pesadilla o una interminable sucesión de corredores que terminan en otro tiempo y otro lugar. Ciudad esponja, ciudad pulmón alentando en nuestra respiración nocturna: ahora estamos de veras aquí, ahora somos una burbuja en su incontable sistema de vasos comunicantes, pasamos de la vigilia al sueño sin abandonar el territorio que ganamos por fidelidad y que nos fue dado como dan los gatos sus caricias, sin gratitud ni obligación. Y ella nos cederá su escenario más vertiginoso, su propio sueño alucinado de luces y de formas, pero también podrá venir bajo sus aspectos más inanes o vulgares, se burlará de nosotros mientras nos tiende un tapiz de frutas podridas en esa esquina donde no hay nada que ver, nada que esperar. Serán sus maneras de hacernos entrar todavía más adentro, su rechazo de toda calificación privilegiada, de todo turismo; como en el profundo amor, besaremos una mano enjoyada en la que perdura un olor a cebolla, y eso será encuentro final, confirmación de haber dejado atrás el falso preludio de los perfumes convencionales a la hora de la cita. La ciudad odia las excepciones, las postales que la demarcan y la tipifican, los cuadros que la escogen, las canciones que pretenden hacerla única; ella es amor total que aroma y malhuele, que crece hasta lo más alto del delirio para después, con un gesto simple y necesario, orinar en la bacinilla al pie de la cama, verter su mínima cascada de cada tantas horas, entre besos y puerros hirviendo para la sopa del final del día.

De París. Ritmos de una ciudad

En París, marzo de 1952

Mecanuscrito orig...

Pasear

Cada vez que paseaba en ese tiempo, cuando podía pasear por Buenos Aires, y cada vez que paseo aquí por París, solo, sobre todo de noche, sé muy bien que no soy el mismo que durante el día lleva una vida común y corriente. No quiero hacer romanticismo barato, no quiero hablar de estados alterados, pero es evidente que el hecho de ponerse a caminar por una ciudad como París o Buenos Aires de noche en ese estado ambulatorio en el que en un momento dado dejamos de pertenecer al mundo ordinario, me sitúa con respecto a la ciudad y sitúa a la ciudad con respecto a mí en una relación que a los surrealistas les gustaba llamar "privilegiada"; es decir que en ese preciso momento se producen el pasaje, el puente, las ósmosis, los signos, los descubrimientos. Y todo esto es lo que finalmente generó en gran parte lo que yo he escrito en forma de novelas o de relatos. Caminar por París —y por eso califico a París como "ciudad mítica"— significa avanzar hacia mí. Pero es imposible decirlo con palabras: en ese estado en el que avanzo como un poco perdido, como en una distracción que me hace observar los afiches, los carteles de los bares, la gente que pasa y establecer todo el tiempo relaciones que componen frases, fragmentos de pensamiento, de sentimientos, todo eso crea un sistema de constelaciones mentales, y sobre todo de constelaciones sentimentales, que determinan un lenguaje que no puedo explicar con palabras.

De una entrevista filmada

Paul

Nueva York, Pantheon Books, 1969 (Trad. de Paul Blackburn)

CRONOPIOS and FAMAS
Julio Cortázar

Paris, october 1, 1971

Dear Toby

I found your letter last night when coming back from Vienna. You see, I *knew* that Paul was dead, I had the feeling all the time since I got Joan and Sara's letters. The only thing I learned from you was the date, September 13. He was my brother, Toby, he was a wonderful friend, he was the first and most wonderful of cronopios, who he loved, who

Carta a Toby Olson

París, 1 de octubre de 1971

Querido Toby:

Anoche, de regreso de Viena, encontré tu carta. Mira, yo ya *sabía* que Paul había muerto y lo presentía todo el tiempo por las cartas de Joan y Sara. Lo único que me aclaras es la fecha, 13 de septiembre. Paul era mi hermano, Toby, un amigo maravilloso, el primero y más maravilloso de los cronopios, a los que amaba y dio vida en inglés. Me envió una carta, Toby, la última, el 3 de julio, en pleno verano, me la mandó a mi ranchito del Vaucluse, donde había pasado con Joan dos o tres semanas en el 69, y donde terminó su traducción del libro de los cronopios. Yo era desdichado en ese momento, y él llegó y me hizo reír y olvidar una cantidad de cosas desagradables. Me volvió loco con una cinta de los Beatles que ponía horas y horas hasta que yo suplicaba misericordia. Éramos tan felices, bebimos tanto *pastis*, leíamos poesía, la suya y la latinoamericana, y me prometió volver en dos años. Ah Toby, esto es tan duro y mi inglés tan malo, perdóname. Sólo quería decirte cuánto quería yo a mi hermano, cómo me siento ahora. Me gustaría estar ahí contigo y con Jerry y Schwerner, en cierto modo lo estaré, por favor cuéntame entre ustedes, Toby. Te mando una fotocopia de la última carta de Paul. Escribió un poema sobre la manera de llegar en su coche a mi rancho. Si quieres leer el poema, estaré allí escuchándolo con todos sus amigos. No puedo seguir escribiendo. Perdóname

Julio

Peatón

A esta altura de mi vida en una gran ciudad, lo mejor que le encuentro a un automóvil es que no sea mío. Desgraciadamente ellos no parecen compartir este rechazo, y me basta salir a la calle para ingresar en un sistema y un código en los que sólo la vigilancia más atenta puede evitar el rápido paso de la integridad a la papilla.

De "Monólogo del peatón", texto recuperado en Papeles inesperados

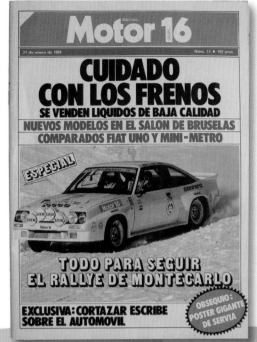

Gente sobre ruedas

¿Por qué uno de los mejores escritores en lengua castellana un buen día compró una furgoneta y se fue a vivir un mes a lo largo de una autopista? ¿Por qué a muchos intelectuales no les gustan los automóviles?

MONOLOGO DEL PEATON

Por Julio Cortázar

JULIO Cortázar es un autor de reconocida habilidad para la travesura literaria. Aquellos inventos maravillosos de *cronopios* y *famas* le convirtieron en un escritor capaz de combinar el sentido mágico de la abigarrada vida contemporánea con unos materiales fundamentalmente paradójicos a los que nunca era extraña la ternura.

Su novela *Rayuela* fue, de hecho, un verdadero manual de travesuras para una juventud que vertiginosamente los días trepidantes del verano de 1968. El boxeo, el jazz, los seres atrabiliarios y los viajes prodigiosos se encauzaron mediante su máquina de escribir y dieron lugar a *La vuelta al día en ochenta mundos*, con la que sus lectores pudieron aprender a reírse con los lomos contra el suelo y una gran agitación de manos y patitas.

Tras esas y otras aventuras similares, Julio Cortázar se embarcó con Carol Dunlop en una entrañable furgoneta y decidieron recorrer la ruta de París a Marsella por carretera, deteniéndose en todos los puntos habilitados para el descanso y estudiando los pormenores de la flora y la fauna por las que viajaban.

El resultado fue un libro personalísimo: *Los autonautas de la cosmopista*.

MOTOR16 ofrece a continuación las relaciones de Julio Cortázar con el automóvil, contadas por él mismo.

EORTEGA

A esta altura de mi vida en una gran ciudad, lo mejor que le encuentro a un automóvil es que no sea mío. Desgraciadamente, ellos no parecen compartir este rechazo, y me basta salir a la calle para ingresar en un sistema y un código en los que sólo la vigilancia más atenta puede evitar el rápido paso de la integridad a la papilla.

No todos tienen conciencia de la diferencia aterradora entre las aceras y las calzadas, allí donde un simple descuido significa la pérdida de todos los derechos del peatón; nada más ominoso que ese zigzag municipal a que nos obligan para que crucemos las calles en las esquinas, siguiendo como blandas ovejas los bretes dibujados por la doble hilera de clavos metálicos. La ciudad se

vuelve así un decurso rectilíneo capaz de enloquecer a todo espíritu amante de las curvas, la inspiración del instante, el atractivo de la vitrina de enfrente, el perfil de la chica que jamás alcanzaremos a ver de cerca a menos de apostarle la vida, lo que acaso es demasiado para un perfil.

Supongo que en la campiña los autos son más neutralizables, pero es un territorio que poco frecuento; urbano, en plena aglomeración de casas y cosas fascinantes, los sufro como un ejército de ocupación, una enfermedad de la tierra, un estrépito y un tufo que me agreden con su amenaza permanente, sus arietes prontos a abrirse paso entre peleles lanzados en todas direcciones. Tal vez por eso no me desagrada recorrer la ciudad en auto, cuando

Sólo me decidí a ir a buscarlo a su caverna cuando estuve seguro de que Fafner era por encima de todo una casa que, como la alfombra mágica, podía llevarme a cualquier lado sin privarme de su techo

es un taxi o me lleva un amigo; es el único lugar donde me siento a salvo, así como hay edificios tan horribles que lo único posible es entrar en ellos y contemplar desde alguna de sus ventanas la ciudad momentáneamente libre de su silueta. (Tal vez por cosas así nos soportamos a nosotros mismos, puesto

que sólo nos vemos desde ade...

A alguien podrá sorprenderle y criba esto después de un libro *Los autonautas de la cosmopista*, que se cuenta la forma en que mi pañera Carol y yo pasamos más mes en un auto y rodeados de autonautas de los más variadas y vehentes manifestaciones. Pero el hecho ese libro sabe que nuestro viaje era cisamente un desafío a la costum que entre sus muchos lados pata el más visible era el de buscar la cepciones en las reglas, el silencio estrépito, la calma en el fragor. autopista vacía cesa de tener senti cómo el vacío sigue presente en to si se lo busca con las armas

El Perseguidor

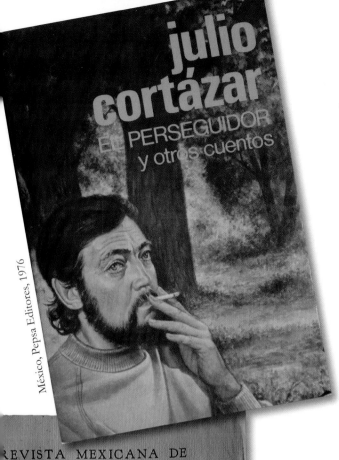

En "El perseguidor" de *Las armas secretas* y en *Los premios* pero sobre todo en "El perseguidor", hay una especie de final de una etapa anterior y comienzo de una nueva visión del mundo: el descubrimiento de mi prójimo, el descubrimiento de mis semejantes. Hasta ese momento era muy vago y nebuloso. Fíjate, me di cuenta muchos años después que si yo no hubiera escrito "El perseguidor", habría sido incapaz de escribir *Rayuela*. "El perseguidor" es la pequeña *Rayuela*. En principio están ya contenidos allí los problemas de *Rayuela*. El problema de un hombre que descubre de golpe, Johnny en un caso y Oliveira en el otro, que una fatalidad biológica lo ha hecho nacer y lo ha metido en un mundo que él no acepta, Johnny por sus motivos y Oliveira por motivos más intelectuales, más elaborados, más metafísicos. Pero se parecen mucho en esencia. Johnny y Oliveira son dos individuos que cuestionan, que ponen en crisis, que niegan lo que la gran mayoría acepta por una especie de fatalidad histórica y social. Entran en el juego, viven su vida, nacen, viven y mueren. Ellos dos no están de acuerdo y los dos tienen un destino trágico porque están en contra. Se oponen por motivos diferentes. Bueno, era la primera vez en mi trabajo de escritor y en mi vida personal en que eso traduce una nueva visión del mundo. Y luego eso explica por qué yo entré en una dimensión que podríamos llamar política si quieres decir, empecé a interesarme por problemas históricos que hasta ese momento me habían dejado totalmente indiferente.

De Evelyn Picon Garfield: Cortázar por Cortázar

REVISTA MEXICANA DE

LITERATURA

GUADALUPE DUEÑAS	*Juicio final*
AGUSTÍ BARTRA	*Contrapunto*
ÉRICO VERÍSSIMO	*Charla con un fantasma*
ERNESTO CARDENAL	*Musa Sapientum*

JULIO CORTÁZAR: *El perseguidor*

AIMÉ CESAIRE, YVES BONNEFOY, ANDRÉ DU BOUCHET, JACQUES CHARPIER, BERNARD COLLIN, JACQUES DUPIN, EDOUARD GLISSANT, PIERRE OSTER, PAUL VALET, KATEB YACINE
Selección e introducción de Geneviève Bonnefoi

Antología de la joven poesía francesa

MANUEL PEDROSO: *El tema político del Paraíso Perdido*
CHARLES D. BLEND:
El agnosticismo político de André Malraux

Voces críticas sobre "Las provincias del aire"

RAMÓN XIRAU	*La poesía de Jaime García Terrés*
MANUEL CALVILLO	*Las provincias del aire*
EMMANUEL CARBALLO	*Las letras mexicanas en 1956*
ALBERT CAMUS:	*Fidelidad a España*
GEORG LUKÁCS:	
La lucha entre progreso y reacción en la cultura de hoy	

9-10

ENERO · FEBRERO
MARZO · ABRIL
1957

Primera publicación del relato

JULIO CORTÁZAR / *El perseguidor*

In memoriam Ch. P.

Sé fiel hasta la muerte
Apocalipsis, 2,10

O make me a mask
Dylan Thomas

DÉDÉE ME HA llamado por la tarde diciéndome que Johnny no estaba bien, y he ido en seguida al hotel. Desde hace unos días Johnny y Dédée viven en una pieza del cuarto piso de la rue Lagrange. Me ha bastado ver la puerta de la pieza para darme cuenta de que Johnny está en lo peor de las miserias; la ventana da a un patio casi negro, y a la una de la tarde hay que tener la luz encendida si se quiere leer el diario o verse la cara. No hace frío, pero he encontrado a Johnny envuelto en una frazada, encajado en un roñoso sillón que larga por todos lados pedazos de estopa amarillenta. Dédée está envejecida, y el vestido rojo le queda muy mal; es un vestido para el trabajo, para las luces de la escena; en esa pieza del hotel se convierte en una especie de coágulo repugnante.

—El compañero Bruno es fiel como el mal aliento —ha dicho Johnny a manera de saludo, remontando las rodillas hasta apoyar en ellas el mentón. Dédée me ha alcanzado una silla y yo he sacado un paquete de Gauloises. Traía un frasco de ron en el bolsillo, pero no he querido mostrarlo hasta hacerme una idea de lo que pasa. Creo que lo más irritante era la lamparilla con su ojo arrancado colgando del hilo sucio de moscas. Después de mirarla una o dos veces, y ponerme la mano como pantalla, le he preguntado a Dédée si no podíamos apagar la lamparilla y arreglarnos con la luz de la ventana. Johnny seguía mis palabras y mis gestos con una gran atención distraída, como un gato que mira fijo pero se ve que está por completo en otra cosa; que es otra cosa. Por fin Dédée se ha levantado y ha apagado la luz. En lo que quedaba, una mezcla de gris y negro, nos hemos reconocido mejor. Johnny ha sacado una de sus largas manos flacas de debajo de la frazada, y yo he sentido la fláccida tibieza de su piel. Entonces Dédée ha dicho que iba a preparar unos nescafés. Me ha alegrado saber que por lo menos tienen una lata de nescafé. Siempre que una persona tiene una lata de nescafé me doy cuenta de que no está en la última miseria; todavía puede resistir un poco.

—Hace rato que no nos veíamos —le he dicho a Johnny—. Un mes por lo menos.

—Tú no haces más que contar el tiempo —me ha contestado de mal humor—. El primero, el dos, el tres, el veintiuno. A todo le pones un número, tú. Y ésta es igual. ¿Sabes por qué está furiosa? Porque he perdido el saxo. Tiene razón, después de todo.

—¿Pero cómo has podido perderlo? —le he preguntado, sabiendo en el mismo momento que era justamente lo que no se le puede preguntar a Johnny.

—En el metro —ha dicho Johnny—. Para mayor seguridad lo había puesto debajo del asiento. Era magnífico viajar sabiendo que lo tenía debajo de las piernas, bien seguro.

—Se dio cuenta cuando estaba subiendo la escalera del hotel —ha dicho Dédée, con la voz un poco ronca—. Y yo tuve que salir como una loca a avisar a los del metro, a la policía.

Por el silencio siguiente me he dado cuenta de que ha sido tiempo perdido. Pero Johnny ha empezado a reírse como hace él, con una risa más atrás de los dientes y de los labios.

—Algún pobre infeliz estará tratando de sacarle algún sonido —ha dicho—. Era uno de los peores saxos que he tenido nunca; se veía que Doc Rodríguez había tocado en él, estaba completamente deformado por el lado del alma. Como aparato en sí no era malo, pero Rodríguez es capaz de echar a perder un Stradivarius con solamente afinarlo.

—¿Y no puedes conseguir otro?

—Es lo que estamos averiguando —ha dicho Dédée—. Parece que Rory Friend tiene uno. Lo malo es que el contrato de Johnny...

—El contrato —ha remedado Johnny—. Qué es eso del contrato. Hay que tocar y se acabó, y no tengo saxo ni dinero para comprar uno, y los muchachos están igual que yo.

Esto último no es cierto, y los tres lo sabemos. Nadie se atreve ya a prestarle un instrumento a Johnny, porque lo pierde o acaba con él en seguida. Ha perdido el saxo de Louis Rolling en Bordeaux, ha roto en tres pedazos, pisoteándolo y golpeándolo, el saxo que Dédée había comprado cuando lo contrataron para una jira por Inglaterra. Nadie sabe ya cuántos instrumentos lleva perdidos, empeñados o rotos. Y en todos ellos tocaba como yo creo que solamente un dios puede tocar un saxo alto, suponiendo que hayan renunciado a las liras y a las flautas.

—¿Cuándo empiezas, Johnny?

Piantadas

Gracias a mi sistema de espionaje me he enterado también de que las socias del Club de las Piantadas se reúnen en los cafés para acordarse de su amiguita de la calle Montesdeoka.

De una carta a Alejandra Pizarnik,
14 de julio de 1965

Aurora habla vagamente de escribirte, pero yo no me fiaría, ya se sabe qué clima reina en el Club de las Piantadas.

De una carta a Alejandra Pizarnik,
8 de octubre de 1965

Las socias del Club: De izquierda a derecha,
Chichita Calvino, Aurora Bernárdez y Claribel Alegría, *c.* 1990

Piedra

La piedra es maravillosa. Es curioso, apenas me la dio Aurora y me dijo lo que era (o mejor de dónde venía y cuántos eones tenía, porque lo que era lo adiviné inmediatamente), lo primero que hice fue llevármela a la oreja y escuchar. Mi mano subió sola hasta la oreja y apoyó ahí la piedra. Luego estuve pensando en eso sin encontrarle explicación, pero cada vez que tomo la piedra vuelvo a sentir el deseo de escucharla. Tenés muchísima razón al definir el mito como una condensación instantánea de un proceso que en otro plano supone millones de años; eso explicaría su enorme fuerza, su eficacia en las zonas profundas. Y es además la negación del tiempo como fatalidad histórica o causal. Precisamente, con referencia a la causalidad, siempre he sentido que eso que llaman el instinto de los animales, y que sigue siendo totalmente inexplicable en términos causales, se relaciona de alguna manera con el mito en la medida en que sólo renunciando a las categorías del entendimiento es posible aprehender su esencia, confusa y penosamente, y entrever que esa esencia, el *ser* de los metafísicos, no nos será jamás revelada si no abolimos físicamente el tiempo. Porque una cosa es postular que el ser es intemporal, como en Parménides, y otra cosa es vivir el ser a través de la operación que supone una araña haciendo su tela. Con la araña, o por ella, se está por un instante en la dimensión del ser, y se mide el horror de seguir, antes y después, prisionero del tiempo donde nace también prisionera la inteligencia y casi toda la sensibilidad. En realidad la frágil tela de araña que veo en la ventana es la misma cosa que la piedra que me has regalado: las dos son todo el tiempo, es decir que lo anulan por una monstruosa acumulación en el caso de la piedra, o por una no menos monstruosa infalible repetición en el caso de la tela. Y si sigo así, viejo, el adusto correo suizo no querrá franquearme este ladrillo, de modo que irrumpo otra vez en el tiempo como una marsopa resoplante, para informarte que tu cursillo sobre Ballard me ha dejado casi tan petrificado como la madera que me mandaste.

Punta de flecha tehuelche encontrada por Paco Porrúa en Comodoro Rivadavia, Patagonia, y obsequiada a Cortázar

De una carta a Paco Porrúa, 5 de marzo de 1966

Pintura

*Acerca de las dificultades
para escuchar la pintura*

Yo pediría que el título fuera entendido literalmente, porque en el vasto y más bien fácil campo de las correspondencias todo el mundo está al tanto de la melodía del trazo de Botticelli o de los esfumados acordes de Claude Monet. Aquí aludo a algo concreto, a la dificultad real que me plantea la pintura cuando con todo derecho procuro escucharla, partiendo del principio recíproco de que la música, como la de Orfeo en el soneto de Rilke, nos dibuja sin esfuerzo un árbol en el oído. Así, mientras vuelvo a la improvisación de Charlie Parker en *Out of Nowhere*, veo distintamente las pinceladas que traza la melodía, y el resultado es un gran ventanal naranja en el que pequeñas nubes van y vienen como globos, una especie de Magritte pero a los saltos, dése usted cuenta.

Frente a esa traslación nada abstrusa, ¿por qué hasta hoy no he escuchado un dibujo o una pintura?

De Territorios

Algunos de los cuadros
que pertenecieron a Cortázar

María Korsak

Pipa

Felipe sostuvo la pipa con dedos inseguros. Nunca había visto una pipa tan hermosa. Raúl, de espaldas, sacaba algo del bolsillo de un saco colgado en el armario.

—Tabaco inglés —dijo, dándole una caja de colores vivos—. No sé si tengo por ahí algún limpiapipas, pero entre tanto me pedís el mío cuando se te ensucie. ¿Te gusta?

—Sí, claro —dijo Felipe, mirando la pipa con respeto—. Usted no tendría que darme esto, es una pipa demasiado buena.

—Precisamente porque es buena —dijo Raúl—. Y para que me perdones.

—Usted...

De Los premios

Pipa que fue de Cortázar

Plagiario

Como muchos niños, empecé a escribir poemas antes que prosa, poemas perfectamente rimados; y perfectamente ritmados. Muy malos como poemas, claro, cargados de sentimientos ingenuos y de toda la cursilería de un niño, sobre todo de un niño de mi generación. Pero los pocos que todavía recuerdo —escritos no tengo ninguno— me asombran por la eficacia formal, por las estructuras rítmicas y melódicas de la rima.

Son absolutamente impecables. A tal punto (te lo cuento como una anécdota que me hizo sufrir mucho) que después de haberle mostrado a mi madre dos o tres de esos sonetos, mi madre los mostró a mi familia. La cual familia era la familia más prosaica imaginable: le dijeron a mi madre que eso sólo tenía una explicación, esto es, que yo era un plagiario, que esos sonetos yo los había sacado de algún libro, puesto que me veían siempre leyendo. Entonces mi madre subió de noche a mi habitación antes de que yo me durmiera y muy avergonzada —porque en el fondo me respetaba y me quería mucho— trató de sonsacarme si esos poemas yo los había escrito o los había sacado de algún libro. Tuve un ataque de desesperación, creo que nunca he llorado tanto.

—¿Cuántos años tenías?

—Debía tener nueve años. Yo consideré eso como una ofensa, como algo que me vulneraba en lo más hondo. Yo había hecho esos sonetos con un amor infinito y me habían salido formalmente muy bien. El resultado era que me acusaban de plagio. Te cuento esto para que veas cómo desde el principio, digamos, los elementos formales los dominé muy bien.

De Omar Prego: La fascinación de las palabras

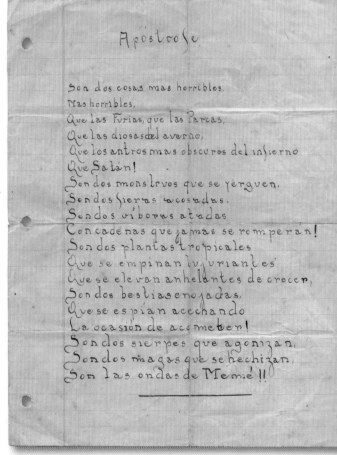

Poema a la hermana, *c.* 1928

Planes

¿*Cuáles son sus planes para el futuro inmediato?*

Sacar esta maldita hoja de la máquina y servirme un pernod doble con mucho hielo.

De las respuestas a un cuestionario de la editorial Pantheon (1964)

Planta Luvia

Pocos han visto la planta Luvia, y sería difícil saber si la planta los ha visto, la planta Luvia de tantos ojos, la planta-Argos, la extraña.

Se dice que crece aislada, en mitad de un prado donde el césped ahoga el ruido de los pasos, en el país que empieza al sur de los lagos australes. País de déspotas y carneros, casi sin pájaros ni leyes, sometido a un cielo intensamente azul y a noticias alarmantes que erizan las fronteras. En el medio del prado la planta Luvia crece hasta la altura de un hombre, sin hojas. Sus tallos como finos vástagos de un verde claro nacen desde la oculta raíz y suben en una curva graciosa

(Texto inédito)

Planta Luvia.

Pocos han visto la planta Luvia, y sería difícil saber si la planta los ha visto, la planta Luvia de tantos ojos, la planta-Argos, la extraña.

Se dice que crece aislada, en mitad de un prado donde el césped ahoga el ruido de los pasos, en el país que empieza al sur de los lagos australes. País de déspotas y carneros, casi sin pájaros ni leyes, sometido a un cielo intensamente azul y a noticias alarmantes que erizan las fronteras. En el medio del prado la planta Luvia crece hasta la altura de un hombre, sin hojas. Sus tallos como finos vástagos de un verde claro nacen desde la oculta raíz y suben en una curva graciosa

A B C D E F G H I J K L M N O P Q R S T U V W X Y Z

Poe

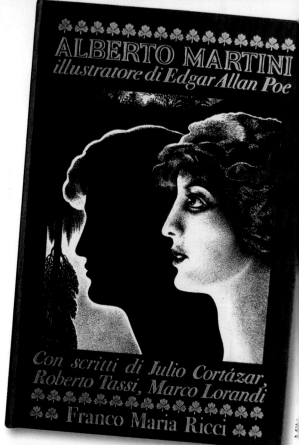

—¿Hiciste cuentos por seguir a Borges? ¿Gracias a su influencia?

—Más bien los escribí por Poe.

—¿Por eso tradujiste a Poe?

—Eso fue casi una fatalidad porque de niño desperté a la literatura moderna cuando leí los cuentos de Poe que me hicieron mucho bien y mucho mal al mismo tiempo. Los leí a los nueve años y, por Poe, viví en el espanto, sujeto a terrores nocturnos hasta muy tarde en la adolescencia. Pero Poe me enseñó lo que es una gran literatura y lo que es el cuento. Ya adulto me preocupé por completar mis lecturas de Poe, es decir, leer los ensayos que son poco leídos en general, salvo los dos o tres famosos —el de la filosofía de la composición— y Francisco Ayala, en la Universidad de Puerto Rico, muy amigo mío en Argentina, se acordó de nuestras conversaciones y me escribió preguntándome si yo quería hacer la traducción... Yo hice la primera traducción total de la obra de Poe, cuentos y ensayos que tampoco estaban traducidos. Fue un trabajo enorme, duró mucho tiempo, pero fue un trabajo magnífico porque ¡hay que ver todo lo que yo aprendí de inglés traduciendo a Poe!

—¿Esto lo hiciste en Argentina?

—No, ya en París. Dejé la Argentina en 1951 y me instalé definitivamente en París. Tenía 37 años; gran parte de mi vida había transcurrido en Argentina y me llevé mi casa a cuestas.

De Elena Poniatowska: "La vuelta a Julio Cortázar en (cerca de) 80 preguntas"

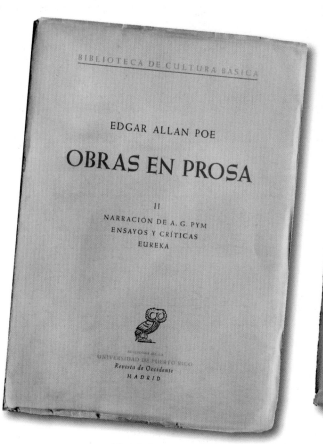

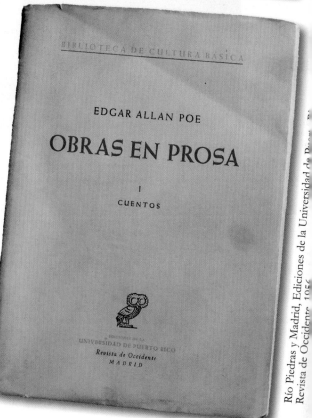

Río Piedras y Madrid, Ediciones de la Universidad de Puerto Rico, Revista de Occidente, 1956

San Francisco, City Light Books, 1997

Poemas

Durante mucho tiempo me desanimó el hecho de que mis poemas caían un poco en el vacío de mis amigos lectores, cuya opinión cuenta para mí. El sentimiento de que, o bien no leen mucha poesía (aunque todos dicen que sí, no puedo saberlo, yo sí soy un gran lector de poesía) o no están demasiado dispuestos a aceptar que un autor, al que tienen clasificado como cuentista o novelista, se les escape del casillero. Hay lectores de cuentos o de novelas y cuando un novelista o un cuentista se aparece con unos poemas, hay como una sensación de rechazo. Y voy a decir otra cosa, que no es cruel sino verdadera: en general, los occidentales somos demasiado clasificadores, estamos demasiado apegados a los géneros y a las etiquetas, contra las cuales yo he escrito muchas veces. El tipo que ha sido definido, clasificado como cuentista o novelista, parecería que no puede permitirse otra cosa. Bueno, yo me he pasado la vida tratando de hacer siempre otra cosa, pero sin salir de la prosa. Cuando la gente me esperaba en una esquina, el próximo libro salía en otra y eso creaba bastante desconcierto. Pero cuando se llega a la diferencia entre prosa y verso, te encontrás con una especie de manía clasificatoria implacable. Jorge Guillén es un poeta y eso está muy bien, pero si Jorge Guillén publicara una novela, eso provocaría un desconcierto tremendo.

De Omar Prego:
La fascinación de las palabras

Buenos Aires,
Compañía Editora
Espasa Calpe
Argentina, 1995

A B C D E F G H I J K L M N O P Q R S T U V W X Y Z

Policiales

Entre los dieciocho y los veintiocho años me convertí en un verdadero erudito en materia de novela policial. Incluso, con un amigo, hicimos la primera bibliografía crítica del género de la novela policial, que dimos a una revista cuyo primer número no alcanzó a salir, lo cual es una lástima, porque era bastante interesante. Sobre todo, porque le habíamos hecho un prólogo firmado por un falso erudito inglés... (nosotros dos, naturalmente) y que hubiera impresionado profundamente a muchos intelectuales argentinos. Llegó un día en que la novela policial completó en mí su ciclo y la abandoné después de haber leído todas las obras maestras del género de aquella época.

De la entrevista de Sara Castro-Klarén:
"Julio Cortázar, lector"

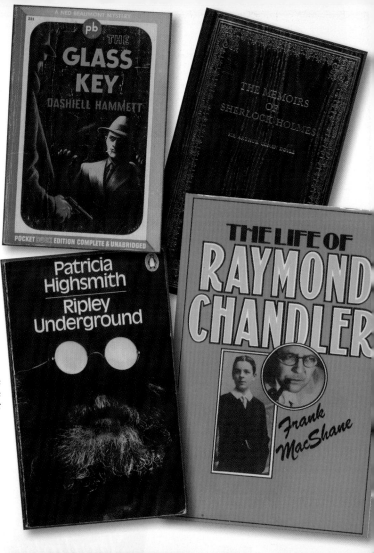

Libros que fueron de Cortázar

Polidor

"Quisiera un castillo sangriento", había dicho el comensal gordo.

¿Por qué entré en el restaurante Polidor? ¿Por qué, puesto a hacer esa clase de preguntas, compré un libro que probablemente no habría de leer? (El adverbio era una zancadilla, porque más de una vez me había ocurrido comprar libros con la certidumbre tácita de que se perderían para siempre en la biblioteca, y sin embargo los había comprado; el enigma estaba en comprarlos, en la razón que podía exigir esa posesión inútil.) Y ya en la cadena de preguntas: ¿Por qué después de entrar en el restaurante Polidor fui a sentarme en la mesa del fondo, de frente al gran espejo que duplicaba precariamente la desteñida desolación de la sala? Y otro eslabón a ubicar: ¿Por qué pedí una botella de Sylvaner?

(Pero esto último dejarlo para más tarde; la botella de Sylvaner era quizá una de las falsas resonancias en el posible acorde, a menos que el acorde fuese diferente y contuviera la botella de Sylvaner como contenía a la condesa, al libro, a lo que acababa de pedir el comensal gordo.)

De 62. Modelo para armar

41, rue Monsieur Le Prince, 75006 Paris

Política

Si eres un animal literario como yo lo soy, por vocación y por naturaleza, es relativamente fácil entregarse a la escritura, y las dificultades están en ir subiendo, digamos, por el camino de la perfección literaria. Pero si descubres un día, de golpe, que tienes una responsabilidad extra-literaria, pero que la tienes, sobre todo, porque eres escritor, ahí empieza el drama. Porque, ¿cuál es la razón de que un artículo político mío sea muy comentado, muy reproducido, muy leído? No es porque yo tenga el menor talento político, que no lo tengo, sino porque, tras muchos años de escribir sólo literatura, tú lo sabes muy bien, tengo una gran cantidad de lectores. Entonces, mi responsabilidad como argentino y como latinoamericano frente a los problemas pavorosos que tienen nuestros países es aprovechar ese acceso a miles de personas. Yo sé que hay pérdidas, lo sé muy bien; sé que si me dedicara sólo a literatura ese libro con el que estoy soñando quizá estuviera terminado ya. Pero como tengo la intención firme de escribirlo, no todo está perdido.

De la entrevista de Rosa Montero: "El camino de Damasco de Julio Cortázar" (1982)

Polonia

En un país con el que yo no tengo ningún contacto aparente, como es Polonia, mis libros han sido muy muy bien recibidos. Al punto que la edición de *Rayuela* se agotó muy pronto y fueron una vez más los jóvenes los que la leyeron y pidieron una segunda edición. Ésta es una historia muy divertida porque de acuerdo con las leyes de Polonia, no se puede hacer una segunda edición de un libro una vez agotado porque hay un programa cultural que hace que haya que dejar su lugar a nuevos autores. No se puede hacer como en los países capitalistas donde si un libro tiene éxito se hacen sesenta ediciones, allí no. Hacen una especie de cambio de cosas y entonces dijeron que no, que no se podía hacer una nueva edición de *Rayuela*. Y parece que la presión de los grupos de jóvenes, la presión popular fue tan grande, que aceptaron hacer una segunda edición. Entonces utilizaron una pequeña trampa burocrática: en vez de hacerla en Varsovia, la han hecho en Cracovia, con otra editorial, pero es el mismo plomo, han utilizado el mismo libro, es exactamente el mismo libro. Como anécdota complementaria, me contó alguien cuya palabra es absolutamente cierta, que el dirigente polaco Gierek, sucesor de Gomułka (Gierek fue minero, es decir, no un hombre intelectualmente cultivado, es un político, un dirigente), se quedó preocupado por esta historia de que la gente pedía una nueva edición de ese libro de un escritor extranjero. Entonces pidió el libro y en una reunión de amigos dijo que no entendía ni una palabra pero que si el pueblo lo pedía que se lo dieran. Cosa que me parece muy bien de su parte porque además es muy humilde. Él podría haber dicho que a él no le gustaba por cualquier motivo pero dijo que no entendía. Eso me parece maravilloso. Es un hombre que me gustaría conocer alguna vez.

De Evelyn Picon Garfield: Cortázar por Cortázar

Varsovia, encuentro y debate con los estudiantes, 1974

Poncho

Bueno, mamita, te mando una foto que me hizo Carol cuando volvíamos en el barco sueco, verás qué bien me queda mi poncho mexicano y qué aire de explorador tengo.

De una carta a la madre, 26 de abril de 1981

Popularidad

… llegar a la galería y ser literalmente aplastado contra una pared por veinticinco directores de revistas latinoamericanas sedientos de colaboraciones pagas o gratuitas, fue todo uno. Las sabinas debieron sentirse como yo al término del célebre banquete, con la diferencia de que la vida me ha dotado ya de una capacidad de indiferencia elegante que a mí mismo me asombra; he descubierto la profunda y a veces amarga satisfacción que hay en decir que no a todo eso que provoca el sí de tanta gente. Cuando el agregado cultural argentino te suplica que aceptes una recepción con motivo de la aparición de *Rayuela* en francés, y vos le decís muy amablemente que se vaya a lustrar zapatos a Resistencia, hay en ese acto una especie de revancha contra tanto rastacuerismo y tanta idolatría al divino botón. El problema de estos *vernissages* (por suerte son dos, y basta) es que la colonia sudamericana ve la ocasión de echar abajo las barreras que he construido con quince años de mala educación social, pero se precipitan tan inconteniblemente que yo, canchero como Manolete, les hago unas verónicas que no quieras saber, y todo acaba en risitas desencantadas. Una anécdota que te lo resume todo: la señorita argentina de "alta sociedad" que me dijo en nombre suyo y de otros cuatro o cinco pitucos presentes: "Quiero decirle que los argentinos venimos ahora a París para ver dos cosas: la torre Eiffel y Julio Cortázar", frase a la que contesté: "En realidad viene a ser una sola cosa", y que teniendo en cuenta que la niña en cuestión era muy petisa, la dejé totalmente aniquilada por el resto de la noche.

De una carta a Paco Porrúa, 18 de noviembre de 1966

En París, 198[

Los Premios

En *Los premios* intenté presentar, controlar, dirigir un grupo importante y variado de personajes. Tenía una preocupación técnica porque un escritor de cuentos –como lectores de cuentos, ustedes lo saben bien– maneja un grupo de personajes lo más reducido posible por razones técnicas: no se puede escribir un cuento de ocho páginas en donde entren siete personas ya que llegamos al final de las ocho páginas sin saber nada de ninguna de las siete, y obligadamente hay una concentración de personajes como hay también una concentración de muchas otras cosas (eso lo veremos después). La novela en cambio es realmente el juego abierto, y en *Los premios* me pregunté si dentro de un libro de las dimensiones habituales de una novela sería capaz de presentar y tener un poco las riendas mentales y sentimentales de un número de personajes que al final, cuando los conté, resultaron ser dieciocho. ¡Ya es algo! Fue, si ustedes quieren, un ejercicio de estilo, una manera de demostrarme a mí mismo si podía o no pasar a la novela como género. Bueno, me aprobé; con una nota no muy alta pero me aprobé en ese examen. Pensé que la novela tenía los suficientes elementos como para darle atracción y sentido, y allí, en muy pequeña escala todavía, ejercité esa nueva sed que se había posesionado de mí, esa sed de no quedarme solamente en la psicología exterior de la gente y de los personajes de los libros sino ir a una indagación más profunda del hombre como ser humano, como ente, como destino. En *Los premios* eso se esboza apenas en algunas reflexiones de uno o dos personajes.

De Clases de literatura

COLECCIÓN NOVELISTAS LATINOAMERICANOS

PRIMERA EDICIÓN
Publicada en noviembre de 1960

SEGUNDA EDICIÓN
Publicada en agosto de 1964

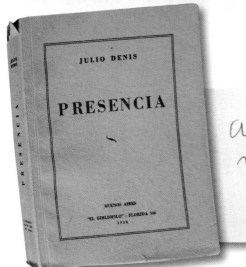

Presencia

A mi abuelita, esta primera tentativa
mía, con todo mi cariño,

Coco
1/4/38

Ese tomito de poemas fue una edición que se hizo con una tirada absurda, 250 ejemplares, y que en realidad estaba destinado a los amigos. En esa época había en la Argentina una combinación de libreros que eran al mismo tiempo pequeños editores. El librero vendió, supongo, algunos ejemplares; lo ponía a la venta, digamos, pero el libro no estaba destinado para eso. De modo que si yo lo escamoteo un poco en mi bibliografía es simplemente porque pienso que es la única transgresión al hecho de no querer publicar hasta más tarde, hasta estar finalmente seguro de que en alguna medida valía la pena. [...] Sé muy bien que un escritor no llega nunca a escribir lo que quisiera. Un libro más es en cierta medida un libro menos en ese camino para irte acercando al libro final y absoluto, que nunca escribes porque te mueres antes. Ésas son las etapas de la eliminación de lo superfluo para llegar a lo absoluto. Pero las cosas no son así: lo que yo tenía era una autocrítica bastante grande y me había fijado una especie de nivel, no por relación a modelos exteriores; naturalmente tenía mis grandes admiraciones, modelos un poco platónicos (Borges, por ejemplo, que en ese momento era nuestro maestro). Yo personalmente tenía mi camino, sentía lo que tenía que decir. El nivel me lo fijaba yo mismo.

De la entrevista de Joaquín Soler Serrano en A fondo, RTVE *(1977)*

Buenos Aires, Sudamericana,
1960; 2ª ed., agosto de 1964;
14ª ed., marzo de 1975

Proa

Un viaje maravilloso por el Alto Paraná. Ya casi no teníamos dinero; viajamos en la proa, y dormimos en cubierta, bajo unas lonas duras, admirables; y con un cielo fosforescente que no tenían los viajeros de primera clase...

De una carta a Mercedes Arias, 1 de junio de 1941

Profesionalismo

—Finalmente, Cortázar, ¿qué ha sido para usted ser escritor?; ¿una bendición?; ¿una condena?

—De ninguna manera una condena. Le hablaba de mi nostalgia de no haber sido músico. Suponiendo que pudiera rehacer mi vida, la música me interesaría más que la literatura. Sucedió que fue la palabra la que impuso su ley y no solamente no lo lamento sino que tengo la impresión de que a lo largo de mi vida de escritor lo he pasado bien.

En primer lugar —usted lo sabe, pero es útil repetirlo— porque nunca me he tomado en serio. Aún hoy que llevo escritos catorce libros, me niego a considerarme un profesional de la literatura. Cuando voy a países como México donde me dicen "maestro", me petrifico; esa atmósfera de respeto que me recibe en los ambientes académicos me produce una mezcla de irritación y de gracia. Porque pienso: "¡Si estos tipos supieran quién soy verdaderamente, hasta qué punto no tengo nada de profesional...!".

En un parking de la autopista París-Marsella, 198

Me consideraré hasta mi muerte un aficionado, un tipo que escribe porque le da la gana, porque le gusta escribir, pero no tengo esa noción de profesionalismo literario, tan marcada en Francia, por ejemplo.

La literatura ha sido para mí una actividad lúdica, en el sentido que yo le doy al juego y que usted conoce ya bien; ha sido una actividad erótica, una forma de amor.

Y todas esas cosas, con sus altos y sus bajos, han sido positivas en mi vida; no lo lamento en absoluto.

Me ha hecho muy feliz, escribir. Me ha hecho muy feliz sentir que en torno a mi obra había una gran cantidad de lectores, jóvenes sobre todo, para quienes mis libros significaron algo, fueron un compañero de ruta.

Eso me basta y me sobra.

De Ernesto González Bermejo: Conversaciones con Cortázar

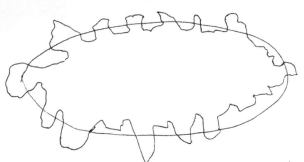

Proyecto jenhial.

la duración de las notas
debe traducirse en distancia
entre una y otra.

Desarrollo circular (en perspectiva en el dibujo, y en círculo horizontal
si se lo hace con alambre u otro material) de una melodía.

As time goes by
Preludios de Chopin
Saint Louis Blues etc

O sea: dibujar la melodía a base de la partitura (una línea,
no las notas,
claro está)
y realizar el dibujo con alambre

etc.

Venderle la hidea a Kartier!!
Slogan: "Toma, querida, esta fuga de Bach..."

PROYECTO JENHIAL

La *duración* de las notas debe traducirse en *distancia* entre una y otra.

Desarrollo circular (en perspectiva en el dibujo, y en círculo horizontal si se lo hace con alambre u otro material) *de una melodía.*

As time goes by
Preludios de Chopin
Saint Louis Blues etc

O sea: dibujar la melodía a base de la partitura (una línea, no las notas, claro está) y realizar el dibujo con alambre

Venderle la hidea a Kartier!!

Slogan: "Toma, querida, esta fuga de Bach..."

(Texto inédito)

Pruebas

Para el *Libro de Manuel*, cuando estuve revisando las pruebas que te conté fui con el auto solo a la montaña. En ese momento sucedieron los asesinatos de Munich, el asunto de los olímpicos. Y yo con esto, pues escuchaba. Como era también una historia de secuestro y yo estaba corrigiendo un libro de secuestro, la coincidencia de la historia y la novela me dejó tan impresionado que escribí un largo texto que se llama "Sobre la corrección de pruebas en la alta montaña", no me acuerdo porque no lo tengo aquí, donde hablo mucho del libro. Es decir, a medida que voy corrigiendo las pruebas, hago un poco fichitas suplementarias del libro, una especie de "Muñeca rota" del *Libro de Manuel*. Y eso lo voy a publicar y tal vez te interese leerlo.

De Evelyn Picon Garfield:
Cortázar por Cortázar

Barcelona, Tusquets, 1973

París, *La Différence*, 1991

Radio portátil que fue de C

México y Barcelona,
Editorial RM, 2012

Psicoanálisis

Nunca fui a un psicoanalista. Siempre me rehusé, incluso en la Argentina en esa época en la que el país se dividía —com creo que está hoy— en cincuenta por ciento de analistas y cincuenta por cierto de analizados. No, era una especie de análisi barato que yo hacía por mi cuenta. Además me leí todas las obras de Freud y las técnicas que él cuenta para analizar los sueño me ayudaron a descifrar no sólo los míos, sino también mis actos fallidos. Por ejemplo, cuando me olvido de una palabra, o u nombre. Eso no es gratuito y es muy interesante hacer el trabajo con uno mismo. Yo he descubierto así cosas muy curiosa Si la entrevista no se te hace muy larga te lo cuento. Yo, de muchacho, tenía una memoria extraordinaria, que he perdido. Po ejemplo, cuando iba al cine, durante muchos años me acordaba de los nombres de los actores y las actrices, pero también m acordaba de los nombres que tenían los personajes. Entonces, cuando se me bloqueaba un nombre, yo me daba cuenta de qu ahí algo no andaba. Un día veo una película con una actriz que tenía cierta fama en la época, que se llamaba Wendy Barri Bueno, vuelvo a casa y a la noche me doy cuenta de que no me acuerdo del nombre de la actriz. Me dormí sin recordarlo y la mañana siguiente empecé a buscar, a repasar el nombre de los otros actores, me empecinaba, me dejaba llevar, hasta que fin salió: Wendy Barrie. Pero ésa era sólo la primera etapa. La segunda es por qué lo olvidé. ¿Por qué? Mirá si no son sutiles l sueños: lo olvidé porque yo me acababa de pelear con una muchacha que me había dicho "lo que pasa es que vos no querí llegar a ser adulto, vos querés ser Peter Pan". ¿Te acordás de Peter Pan, el niño que no quería crecer? Ella lo usó como símbol Y ahí está la explicación: la amiga de Peter Pan se llama Wendy y el autor de *Peter Pan* es Sir James Barrie; ya ves, Wendy Barri ¡Estaba todo ahí!

Cortázar a Osvaldo Soriano, París (1983)

Libros que fueron de Cortázar

Las últimas investigaciones de los batiscafos en la cuenca atlántica han acabado con la leyenda que durante siglos engañó a la humanidad de tierra firme. El primero en sostener que el pulpo era un animal de costumbres apacibles parece haber sido Estrabón. "El pulpo de ojos suplicantes", tradujo Juan de Jáuregui una frase quizá equívoca del geógrafo latino, adelantándose a la mirada de seda que acataría Lautréamont en estos solapados y húmedos cefalópodos. Toda la Edad Media, desde el Indo hasta el Tyne, hizo del pulpo un dechado de virtudes y de recatada timidez. En bestiarios, centones, portulanos anotados, se repiten los mismos calificativos: animal tímido, inofensivo, de hábitos inocentes, de aspecto vegetal y musgoso, amigo de las sirenas, protector de los náufragos, solitario y casto, flor negra del abismo, rueda estrellada de resacas y espuma.

En pocos años, una serie de investigaciones auspiciadas por la Unesco y la ruleta de Mónaco han puesto en claro la verdadera naturaleza del octopus. De tamaño a veces gigantesco, es el origen tenebroso de los terrores marinos: el kráken, el leviatán, las pavorosas succiones del Mar de los Sargazos se basan en su monstruosa aptitud tentacular. El pulpo se alimenta de sangre, que succiona con los centenares de ventosas de sus brazos que el hacha más afilada no alcanza a cortar. Escondido en cuevas submarinas, espera al buzo, al nadador, a los pescadores de perlas, para envolverlos en un abrazo que preludia la más horrible de las agonías. Sus enormes ojos glaucos, del tamaño de platos, desprenden una luz helada que paraliza a sus víctimas y las priva de toda defensa; su boca en forma de enorme pico de loro, completa la obra de las ventosas y los tentáculos. Al final Victor Hugo tenía razón

(Texto inédito)

La Puñalada

El pasado mes de diciembre me encontraba en Madrid. [...] En la Galería Sen, regentada por la caraqueña (mantuana, diría ella) Eugenia Niño, estaban expuestos 35 ejemplares de un libro muy singular, ya desde el título, que era doble: de izquierda a derecha se titulaba primero *La puñalada* y luego *El tango de la vuelta*. *La puñalada* la firmaba Pat Andrea, y *El tango de la vuelta* Julio Cortázar. Cada uno de esos 35 ejemplares se abría por la página correspondiente a cada uno de los 35 dibujos a lápiz, carbón y acuarela de Pat Andrea, un pintor holandés que se enamoró de una argentina y del tango (imagino que por este orden), y realizó esos 35 dibujos teniendo como *leit motiv* el tema de la puñalada, tan recurrente en los tangos más reos, y en cierto Borges. Una vez concluida la serie, Pat Andrea le pidió a su amigo Julio Cortázar un prólogo para el libro que pensaba editar con esos dibujos. Pero a Cortázar se le ocurrió algo mejor, y en vez de un prólogo escribió un cuento titulado *El tango de la vuelta*. [...] Ustedes ni siquiera pueden imaginarse mi emoción cuando alcancé la última página impresa, en la cual podía leerse lo siguiente: "El presente libro ... se terminó de imprimir el 15 de febrero de 1984 en ... Bruselas". Una película vertiginosa se proyectó en la pantalla de mi memoria. Julio Cortázar murió a mediodía del domingo 12 de febrero de 1984, me enteré de la noticia por una llamada del malogrado Osvaldo Soriano a mediodía del lunes 13, y esa misma noche la pasé en blanco a bordo del expreso Moscú-París para llegar a la capital francesa a tiempo de estar presente en el entierro del Gran Cronopio, a mediodía del martes 14. Y tan sólo veinticuatro horas después ya se estaba editando en Bruselas, donde Cortázar había nacido casi setenta años antes, el 26 de agosto de 1914, este que habría de ser el primero de sus libros póstumos. Y es que la vida de Julio Cortázar fue una constante rayuela, una constelación cronopial de la gran siete, para decirlo mal y pronto.

De Ricardo Bada: "El primer libro póstumo de Julio Cortázar"

El presente libro coordinado por Paul Loiseau
se terminó de imprimir
el 15 de febrero de 1984
en los Talleres Gráficos de la Imprenta Weissenbruch
Bruselas.
Los filmes de las ilustraciones
son de la Fotograbadora P.A.G.
Bruselas.

PAT ANDREA
La Puñalada

JULIO CORTAZAR
El tango de la vuelta

Editions Elisabeth Franck

230

Quillango

Aurora y yo les agradecemos a los dos, y de todo corazón, el precioso quillango que nos han mandado, y que es una maravilla de abrigado y hermoso. Tú no nos dices nada en tu carta, pero la madre de Aurora se lo avisó hace un mes, y Ricardo Bernárdez, que anda por España, nos lo hizo llegar hace unos días por intermedio de un amigo que venía a París. Te imaginas nuestro entusiasmo al ver salir de la valija ese inmenso león espumoso, que en seguida, manso como un gran gato, se puso a acariciarnos las manos, a lamernos el cuello, y acabó subiéndose a la cama, de donde con gran pena nos vimos precisados a expulsarlo anoche, ya que hacía un calor de treinta grados y la cosa no estaba para quillango. Pero nos refocilamos pensando en el invierno, y yo he jurado que me lo pondré como una enorme capa (como los indios patagones en las aventuras del capitán Grant) y me pasearé por la vía del Babuino y la piazza di Spagna. Mil gracias de Aurora y mías a los dos por un regalo tan hermoso; a cada rato nos dan ganas de ir a meter las manos y acariciarlo. Es como un pequeño mar doméstico, con olitas en punta.

De una carta a los Jonquières,
24 de agosto de 1953

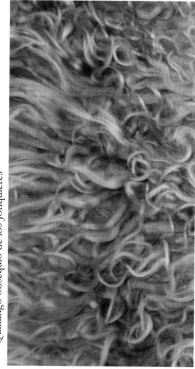

Quillango obsequio de los Jonquières

A B C D E F G H I J K L M N O P Q R S T U V W X Y Z

R

—*Alguna vez me llegó un disco suyo, publicado en Buenos Aires, sobre el Torito (Justo Suárez) que transmití muchas veces en mis espacios de radio. Hubo una gran adhesión por parte de toda la gente. Lo que llamaba la atención es que algunos me telefoneaban enfurecidos por su acento francés, siendo usted argentino...*

—Mire, eso es un ingrediente más en un lamentable y tal vez inevitable chauvinismo. Es curioso: mucha gente piensa que este acento yo lo he adquirido en Francia, y eso les resulta molesto. A mí también me molestaría si fuese cierto, porque sería la prueba de que me estoy olvidando del español y que el francés influye incluso en mi paladar y cuerdas vocales. Bueno, yo hablo así desde que empecé a hablar. Por una razón muy sencilla: nací en Bélgica, como usted sabe, en Bruselas, a comienzos de la Primera Guerra Mundial. Durante cuatro años mi familia se vio obligada a quedarse en Europa ya que por razones bélicas, no se podía volver a la Argentina. Y entonces hablé mucho en francés; es decir, el primer idioma que me enseñaron las criadas; no se olvide que las familias burguesas o pequeñoburguesas de esa época, se desplazaban siempre con niñeras. Casi todas eran francesas y suizas; de modo que, prácticamente, yo hablaba sólo francés. Luego, cuando a los cuatro años vine a la Argentina, como todo pibe me olvidé del francés en una semana y comencé a hablar español. Pero me quedó el acento: en esa época, esa ciencia maravillosa que se llama foniatría existía en un estado un poco larvario. De lo contrario, en quince días de ejercicios, un foniatra me hubiera quitado esta *r* tan incómoda; pero no me la quitaron y luego, bueno, pues yo crecí y fue prácticamente imposible eliminarla. Usted sabe que eso no es afrancesamiento. Además, ¿le parece que un afrancesado hubiera podido escribir "Torito"?

De Hugo Guerrero Marthineitz: *"La vuelta a Julio Cortázar en 80 preguntas"*,
Siete Días, n.° 311, Buenos Aires, 30 de abril a 8 de mayo de 1973

Con Max Aub y Alejo Carpentier, los tres escritores pronunciaban la erre a la francesa

AMB
DISCOGRAFICA
123 - 25

JULIO CORTAZAR
por él mismo

Es bastante horrible que todas las hojas de todos los árboles de nuestra vida, presentes para Funes el memorioso, estén perdidas para nosotros sin estarlo, estén ahí como si no estuvieran, en una memoria pasiva que se niega a obedecer a la voluntad y en cambio, estúpida, nos saca de golpe una vidriera de Roma en 1952, un lápiz azul de un cumpleaños infantil, una escena de una cinta de Pola Negri, un compás de tango y gracias, dejándonos vislumbrar sádicamente **que todo el resto está también ahí,** que podríamos acordarnos si solamente encontráramos el método; entonces, claro, las tentativas ilustres, Proust, el psicoanálisis, Alain Resnais. Se aducirá estimablemente que el peso de un pasado recordable en su totalidad sería el peor enemigo del presente, es decir de la vida; pero entonces, ¿por qué ese almacenamiento insensato, biológicamente antieconómico, para qué esa ardilla escondiendo nueces de las que sólo restituirá fragmentos casi siempre arbitrarios o intempestivos? Si somos optimistas, nos parecerá un signo alentador de que el hombre está todavía mucho más acá de sus últimas posibilidades mentales; pero hay algo que manda todo al suelo, y es el verificable sistema de falencias y traiciones que asoma ya en esta otra memoria obediente y a mano, en este supuesto fichero garantido de recuerdos a **full**

time. Cualquiera que vuelva a ver una película de hace treinta años, de la que creía acordarse sin mengua, sabrá lo que trato de decir; y por eso, mientras mascullaba **Torito** para este disco, pensé que fue escrito en 1952, veinte años después de los episodios que un púgil tuberculoso rememora en un hospital de Córdoba, y que en mi pieza de París sólo conté con una memoria que me iba alcanzando a su manera tanto nombre y pasaje que entonces le acepté confiado. Hoy, otros veinte años después, dudo de estas supuestas certezas, y me gustaría que algún historiador argentino del noble arte verificara los datos. A cuarenta años de la modesta saga de Justo Antonio Suárez (¿Antonio?), los nombres y situaciones que entrego a la investigación son éstos: El "patrón", claro, era Pepe Lectoure; el negro —"Flores, creo, algo así"—, Bruce Flowers. El episodio del príncipe ocurrió cuando la dictadura de Uriburu; el notorio Eduardo de Windsor, príncipe de Gales, vino a inaugurar la Exposición Rural de Palermo, y como buen sátrapa visitando sus dominios —frigoríficos, ferrocarriles y clubes de polo— se trajo bufones y juglares, por ejemplo un regimiento de gaiteros escoceses (los Cameron Highlanders), y al campeón de peso liviano de Inglaterra, Fred Webster, que Suárez noqueó en la primera vuelta para estupefacción del prín-

cipe (y tal vez de Uriburu) presentes en el ringside. A Tala creo que lo inventé, pero "el Brujo" era Juan Carlos Casalá, un uruguayo. El "Tani" Loayza vino de Chile en busca del sueño; el "yoni" del auto rojo era un yanqui llamado Herman; Suárez, cuya memoria también vacila en el cuento, tenía que acordarse sin embargo de que el hombre que acabó con él se llamaba Billy Petrolle, apodado "El expreso de Fargo". Mocoroa, tocayo mío, y Luis Rayo, admirable estilista español, no son nombres fácilmente olvidables; creo que "los hermanos" se llamaban Venturi, y que el episodio del chaparrón que obligó a suspender uno de los combates ocurrió realmente. ¿Por qué alguien no me precisa los errores y los aciertos, che, y así podemos acordarnos otro poco del Torito de Mataderos? Debe haber algún libro o estudio sobre Suárez, sin hablar de las colecciones de revistas. ¿Era en Lanús donde vivía su novia? Sé que **sé** su nombre, pero la otra memoria no quiere dármelo. ¿No era Pilar? ¿Hubo alguna vez un gimnasio en la calle Chacabuco? Víctor Peralta batió a Suárez por knock-out (¿en el décimo round?). Los versos del tango que canturrea Suárez, ¿son aproximadamente ésos? ¿Realmente hubo un tango dedicado a él?

JULIO CORTAZAR

LADO 1: **PALABRAS PRELIMINARES - "TORITO"**

LADO 2: **PALABRAS - ELECCIONES INSOLITAS - PALABRAS - LA INMISCUISION TERRUPTA - PALABRAS - LAS BUENAS INVERSIONES - PALABRAS -
LOS DISCURSOS DEL PINCHAJETA - PALABRAS - ALBUM CON FOTOS - PALABRAS - SOBREMESA**

Grabado en París para AMB por Julio Cortazar en febrero de 1970
Foto: SARA FACIO-ALICIA D'AMICO
Director de Colección: Héctor Yánover.

Impreso y confeccionado por FINKEL S.A.I.C. y A

Por si fuera poco, en esta ocasión que nos ocupa el autor-lector pronuncia las erres de una manera que sus menos amigos califican de afrancesamiento culpable en un latinoamericano, y sus más amigos comparan amablemente con la pronunciación que tenía Alejo Carpentier, para darle por lo menos ese consuelo, aunque él va a aprovechar esta oportunidad para decir que tal defecto no se debe a la aculturación ni a nada parecido, sino que se sitúa en el mismo nivel de los lunares, el color de los ojos y cualquier otra característica congénita, o sea que ni modo. Pero queda el hecho de que

233

Rayuela

Buenos Aires, Sudamericana, 1963 (Ejemplar que fue del autor)

EDITORIAL SUDAMERICANA

TIERRA

EDITORIAL SUDAME

235

Rayuela cuenta más para mí en cierto sentido que los cronopios. Los cronopios es un gran juego para mí, es mi placer. *Rayuela* no es mi placer; era una especie de compromiso metafísico, era una especie de tentativa para mí mismo además. Y entonces [cuando se publicó] descubrí, en efecto, que *Rayuela* estaba destinado a los jóvenes y no a los hombres de mi edad. Nunca lo hubiese imaginado cuando lo escribí. Ahora, ¿por qué? ¿Por qué fueron los jóvenes los que encontraron algo que los impresionó, que los "impactó", como dicen ahora en la Argentina. Yo creo que es porque en *Rayuela* no hay ninguna lección. A los jóvenes no les gusta que les den lecciones. Los adultos aceptan ciertas lecciones. Los jóvenes, no. Los jóvenes encontraban allí sus propias preguntas, sus angustias de todos los días, de adolescentes y de la primera juventud, el hecho de que no se sienten cómodos en el mundo en que están viviendo, el mundo de los padres. Y fíjate que en el momento en que *Rayuela* se publicó todavía no había *hippies*, todavía no había *angry young men*, en ese momento salía el libro de Osborne, creo que fue en esa época. Pero había una generación que empezaba a mirar a sus padres y a decirles: "Ustedes no tienen razón. Ustedes no nos están dando lo que pretendemos. Ustedes están dando en herencia un mundo que nosotros no aceptamos". Entonces *Rayuela* lo único que tenía era un repertorio de preguntas, de cuestiones, de angustias, que los jóvenes sentían de una manera informe porque no estaban intelectualmente equipados para escribirlas o para pensarlas y se encontraban con un libro que las contenía. Tenía todo ese mundo de insatisfacción, de búsqueda del "kibbutz del deseo", para usar la metáfora de Oliveira. Eso explica que el libro resultó un libro importante para los jóvenes y no para los viejos.

—Hay dos maneras de influir en la gente joven. Hay la manera que no les gusta, de enseñar con textos y teorías y hay otra manera, la que tú describiste una vez; poner una película de Buster Keaton en vez de enseñar. Esto es lo que es Rayuela para los jóvenes. Les acompaña; no están tan solos, tienen compañía.

—Claro. Te puedo dar un ejemplo muy patético. Un día recibí una carta de los Estados Unidos, de una niña, una chica de diecinueve años, encantadora, que escribía muy bien, poeta. Me decía, "Dear Mr. Cortázar, le escribo para decirle que su libro *Hopscotch* me ha salvado la vida". Cuando leí esa primera frase, me quedé... Porque es terrible sentirse responsable de la vida de los demás, ¿no? Me decía: "mi amante me abandonó hace una semana. Yo tengo diecinueve y es el único hombre que había conocido, lo amaba profundamente y cuando me abandonó, decidí suicidarme. Y no lo hice en seguida porque tenía algunos problemas prácticos que resolver" (tenía que escribirle a su madre, en fin, ese tipo de cosas de los suicidas, ¿no?). "Pasé dos días en casa de una amiga y encima de una mesa había un libro que se llamaba *Hopscotch*. Y entonces empecé a leerlo. Yo me iba a matar el día siguiente Y había comprado ya las pastillas. Leí el libro, lo seguí leyendo, lo leí toda la noche y cuando lo terminé, tiré las pastillas porque me di cuenta de que mis problemas no eran solamente los míos sino los de mucha gente. Y entonces quiero decirle que Ud. me ha salvado la vida. Y que ahora, a pesar de lo triste que estoy, pienso que tengo diecinueve años, que soy joven, que soy bonita —es una carta muy ingenua–, que me gusta bailar, que me gusta la poesía, que quiero escribir poesía, que ya he escrito para mí poemas. Y voy a tratar de vivir." Fíjate la impresión que me hizo a mí esta carta. Fue increíble. Entonces yo le contesté dos líneas diciéndole, "mira, me haces muy feliz al pensar que la casualidad ha hecho que yo haya podido ayudarte como un amigo, porque si a lo mejor hay mucha gente que piensa matarse y un amigo está allí, y lo toma así, lo convence de que es una tontería". Bueno, el libro era el amigo porque fue como si yo estuviera allí. Y desde entonces, hace cuatro años de esto, nos escribimos; ella me escribe, me manda poemas y le va bien. Supongo que tiene otro amigo y que está viviendo muy bien, ¿comprendes?

De Evelyn Picon Garfield: Cortázar por Cortázar

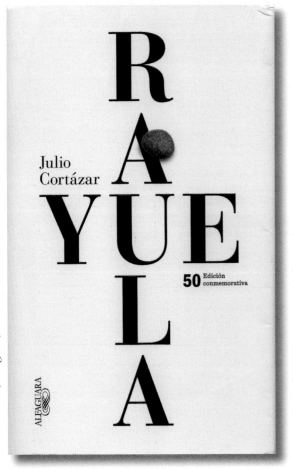

Julio Cortázar

R·A·YUE·L·A

50 Edición conmemorativa

Buenos Aires, Alfaguara, 2013

ALFAGUARA

La Habana, Casa de las Américas, 1969

Madrid, Archivos, 1991

Madrid, Cátedra, 1989 (5ª ed.)

Caracas, Biblioteca Ayacucho, 1980

(Alemán) Suhrkamp,
Frankfurt, 1981

(Alemán) Suhrkamp,
Frankfurt, 1987

(Alemán) Suhrkamp,
Frankfurt, 1996

(Croata) Pelago, Zagreb,
2009

(Francés) Gallimard,
París, 1979

(Inglés) Avon,
Nueva York, 1975

(Inglés) Collins,
Londres, 1967

(Inglés) Harvill Press,
Londres, 1998

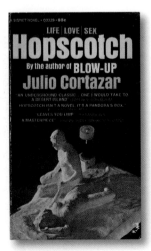

(Inglés) New American
Library, Nueva York, 1967

(Inglés) New American
Library, Nueva York, 1971

(Inglés) Pantheon,
Nueva York, 1987

(Italiano) Einaudi,
Turín, 1969

(Japonés) Shueisha,
Tokio, 1978

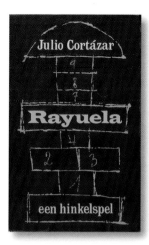

(Neerlandés) Meulenhoff,
Amsterdam, 1973

(Neerlandés) Meulenhoff,
Amsterdam, 1978

(Neerlandés) Meulenhoff,
Amsterdam, 1996

(Noruego) Solum,
Oslo, 1999

(Polaco) Czytelnik,
Varsovia, 1968

(Polaco) Muza,
Varsovia, 1994

(Polaco) Wydawnictwo Literackie, Cracovia, 1974

(Portugués) Abril Cultural,
São Paulo, 1985

(Portugués) Civilização
Brasileira, Río de Janeiro, 1970

(Rumano) Univers,
Bucarest, 1998

(Sueco) Fischer & Rye,
Falkenberg, 1989

A B C D E F G H I J K L M N O P Q R S T U V W X Y Z

Rayuel-o-matic

RE CRONOPIO FASSIO: En el libro mexicano sale toda la documentación sobre la máquina para leer *Rayuela*. ¿Me falla la imaginación o en una carta vos me decías que en la máquina había una tecla que hacía saltar todo el aparato si se quería? El detalle siempre me pareció muy bueno, pero en las explicaciones que acompañan los documentos no se habla de eso. Confírmame si es cierto, pues lo incluiría en el texto que he preparado para acompañar los gráficos y diseños.

De una carta a Paco Porrúa, 20 de diciembre de 1966

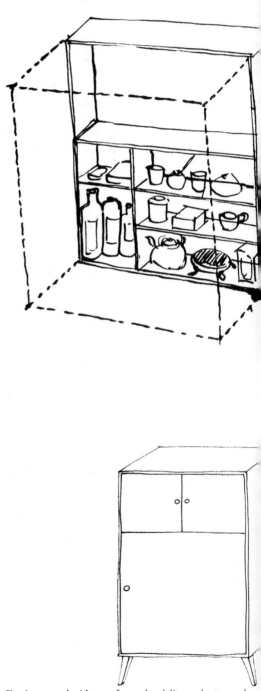

Diseños de la Rayuel-o-matic, máquina inventada por el patafísico Juan Esteban Fassio, reproducidos en *La vuelta al día en ochenta mundos*

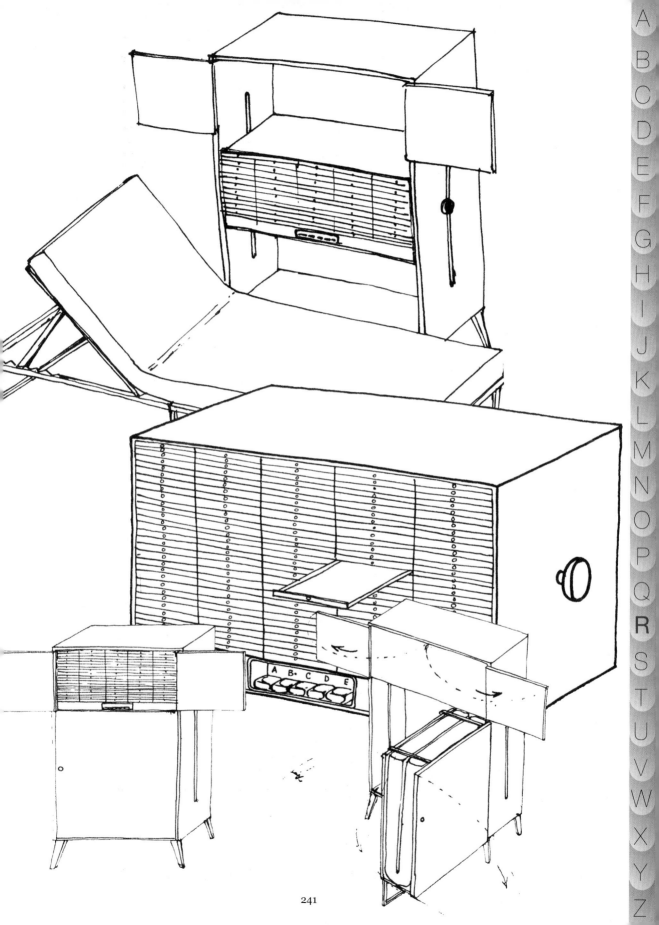

Recuerdos

Me acuerdo bruscamente de los ranchos riojanos y santiagueños que conocí en el 42 mientras daba la vuelta a la Argentina gracias a un boleto para maestros y profesores que valía ochenta pesos ochenta y permitía usar toda la red de los Ferrocarriles del Estado y nada menos que en primera clase subiendo y bajando donde a uno le daba la gana, que era en todas partes. En fin, la dignidad de las mujeres resplandecía; rodeadas de hijos mugrientos, las chinas de los ranchos trabajaban descalzas y metidas en el polvo mientras el marido se ocupaba de los caballos, el cigarrillo y otras cuestiones propias de su sexo; un embarazo de siete meses no les impedía doblarse hasta el suelo para juntar basuras combustibles, y todo eso tenía según nuestro Papa de turno una dignidad evidente, ya que con cada nuevo hijo la dignidad iba aumentando y al llegar al séptimo la miseria y la dignidad y el embrutecimiento eran casi estruendosos. 17.30. Otro brusco recuerdo

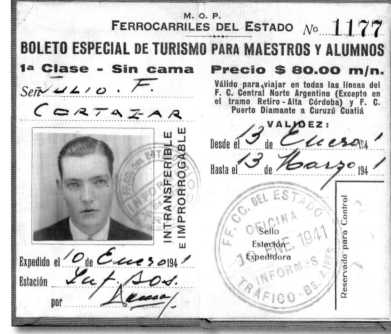

(¿pero qué mecanismo lo desencadena si yo estaba regando los árboles y decidiendo que los álamos parecían más lozanos que los tilos?) de un intérprete peruano, profesor universitario en los Estados Unidos, que hace tres meses me conoció en un congreso algodonero y me dijo que el pasaje erótico en glíglico de *Rayuela* había creado tales problemas de semántica, semiótica, semasiología y semiotecnia en el seno de su cátedra, que se decidió apelar a una máquina electrónica para que analizara algunas de las palabras esfingíacas, recayendo la elección en la secuencia siguiente: "le retila la murta", y la respuesta de la pobre máquina en algo aproximado a: *I don't work miracles, baby.*

De "Uno de tantos días de Saignon", en Último round

Reinhoud

Te hablaré ahora del asunto Reinhoud. Como él me dio total libertad, yo me puse a pensar en ese texto y a mirar las fotos que me había enviado. Escribí unas páginas que no me gustaban, y como personalmente estoy pasando una jodida época y no tengo ánimo para gran cosa, me empecé a deprimir bastante. De golpe, mirando las fotos sobre una mesa, vi una *bande dessinée*, sólo que ésta era una *bande sculptée!* Inmediatamente tuve el título, la idea y el resto.

De una carta a Julio Silva,
18 de julio de 1968

París, Galerie de France, 1968

LA FOSSE DE BABEL

Tapa

LA FOSSE DE BABEL

André Balthazar, Italo Calvino, Julio Cortazar **et** Joyce Mansour, ont capté des bribes de conversation, éventées par une foule née sous la plume de Reinhoud sans, toutefois, identifier les bouches responsables. A vous de jouer. Vous trouverez des phrases volantes sur papier adhésif, découpez-les, distribuez les rôles à votre gré: le dialogue est création du désir.

Portadilla

Página 1

Je parie que Joyce Mansour
va s'occuper de ton côté érotique,
donc moi je reste chaste, Marguerite.

Si tu trouves ça drôle
qu'il m'ait affublé d'une telle morphologie.

Sous ta croix de marbre, ton ciel de nacre,
avance, grand homme! Ronge ton silence. Tes dents ont soif.

Mettez un tigre de papier dans votre carter!
Vous ferez un pas en avant, deux pas en arrière.

Vous ne savez pas à qui vous avez affaire, Monsieur!

Tu rêves comme un bœuf. Trop de loisirs, mon petit!...

Pour des gens comme nous, Sire,
toute ligne de conduite et tout point de vue
exigent d'abord une bonne conduite des lignes
et une juste vue des points.

Laisse-moi, de l'ensemble, souligner la caresse
Qui moule dans l'écaille le chemin de ma peau...

Bande d'attrape-mouches, vous me goberez la lune!

Capricorne?

Il est meilleur d'honorer père et mère
que de maçonner des tours avec des corps d'enfants.

Il faut déjouer les tours de la cathédrale.

Laisse les jours agir.
La mort est une puissance stationnaire.

Le Paul avait raison,
ce soleil-là est vraiment une faute éclatante.

Et quand j'étais petit,
tu retournais mon oreiller écrasé par trop de cauchemars...

La Traviata, c'est comme ça!

Au fur et à mesure que les Furies
me furètent, le fou-rire me rend ahuri.

Je n'ai jamais fait une fausse couche, moi!

Bien sûr que la Révolution est souhaitable, cher ami,
mais tout de même, il ne faudrait pas
qu'elle porte atteinte aux valeurs
qui ont fait de nous ce que nous sommes.

Pág. adhesiva, 1 de 4

Colofón con dedicatoria manuscrita en este ejemplar

Cet ouvrage, tiré à 300 exemplaires numérotés de 1 à 300 sur Printemps Muguet des Papeteries Arjomari-Prioux, a été achevé d'imprimer le 15 janvier 1972 à Paris sur les presses de l'imprimerie Georges Girard, pour la typographie et sur celles de Clot, Bramsen et Georges, pour les lithographies.

París, s. ed., 1972; con frases de André Balthazar, Italo Calvino, Julio Cortázar y Joyce Mansour para las litografías de Reinhoud (Los textos se presentan en cuatro hojas sueltas, adhesivas, que el lector puede recortar y pegar sobre el dibujo elegido)

243

Relatos

A la hora de reunir la totalidad de mis relatos para esta edición he tenido que cumplir algunos gestos necesarios con miras a su buena ordenación; que esos gestos hayan despertado un recuerdo de hace más de veinte años –concretamente un viaje en tren de Córdoba a Salamanca– no tendría nada de extraño si no fuera que se trata de un recuerdo de España a la hora en que preparo este libro para un editor de ese país, y decirlo es ya una primera aproximación a los relatos que siguen, puesto que desde hace medio siglo ellos fueron naciendo de supuestas coincidencias, inesperadas asociaciones y puentes poco definibles en el tiempo y el espacio.

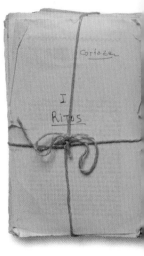

Los gestos a que aludo trajeron el recuerdo con una precisión en la que cada detalle se recorta estereoscópicamente: veo cómo mi mujer y yo subimos al tren con un mínimo de equipaje y de dinero después de descubrir que se nos había acabado la lectura en el hotel y correr al quiosco de la estación donde apenas pudimos conseguir una mala novela policial de tapas chillonas y autor merecidamente olvidado. El compartimiento estaba lleno, pero teníamos los asientos de ventanilla y durante una hora miramos el paisaje andaluz hasta que el aburrimiento ecológico nos incitó a la lectura. Empecé yo, y apenas terminada la primera página la arranqué y se la pasé a Aurora, que la leyó a su vez y la dejó volarse por la ventanilla mientras yo le pasaba la segunda, y así sucesivamente.

Los restantes pasajeros, que hasta entonces se habían dedicado a comer embutidos y tortillas y hablar animadamente entre ellos, empezaron a mirarnos de una manera inequívocamente escandalizada, y aunque ninguno se animó a decir lo que estaba pensando, la reprobación flotaba en el aire y nuestra lectura se volvió poco menos que pecaminosa. Gente que por su parte no habría de tocar un solo libro en un viaje de horas y horas, encontraba sin embargo que deshojar un volumen y regarlo a lo largo de los campos españoles era una especie de crimen cultural imperdonable. Cuando la última página voló por la ventanilla llevándose de paso la revelación del nombre del asesino, sentimos que los verdaderos criminales éramos nosotros para los demás viajeros, y el resto del viaje lo pasamos sintiéndonos como en capilla y luchando para no reventar de risa, conducta poco apropiada en circunstancias tan ominosas. De golpe descubríamos la fuerza de uno de los tantos tabúes que rigen las conductas usuales (años después una señora me armaría un lío en un restaurante de París porque yo apuntalaba la pata de una mesa chueca con un pedazo de pan, cosa que según me explicó no debe hacerse *jamás* puesto que el pan, etcétera).

Ahora acaba de sucederme que para preparar esta edición he tenido que poner todos mis libros de cuentos sobre la mesa, y desvencijarlos sistemáticamente para poder ordenar a mi gusto la totalidad de los relatos y ofrecerlos de la manera más cómoda y racional a los tipógrafos. No había acabado de arrancarle la cubierta al primero y engrampar un par de cuentos, cuando mis gestos puramente mecánicos me devolvieron al recuerdo de aquella lectura, probándome de paso que no solamente los pasajeros del tren habían condenado mi proceder sino que algo en mí mismo les daba la razón tantos años más tarde. Comprendí que los interdictos más estúpidos tienen una fuerza frente a la que poco puede la inteligencia, y la hora que pasé acabando con más de diez volúmenes para convertirlos en una pila de relatos barajables no tuvo nada de agradable.

Digo interdictos, pero podría decir igualmente supersticiones, transgresiones de leyes o principios, actos excepcionales, infracciones a la normalidad tranquilizadora. El lector irá viendo en este libro que la casi totalidad de su contenido nace de estados o situaciones o climas que favorecen o son el resultado de cosas así, de haber deshojado las páginas de algo que sólo debía asumirse o consumirse respetuosamente como un todo. Casi siempre los personajes de estos cuentos pasan explicablemente o no de la aceptación cotidiana de su entorno a una zona donde las cosas cesan de ser como se las presumía. Algunos de ellos podrían incluso llevar a imaginar a un pastor español que hace muchos años encontró una página impresa al lado de las vías del ferrocarril, donde se le informaba que Lord James trataba de huir por la ventana mientras un asesino lo acorralaba por razones que acaso figuraban en la página siguiente, página que flotaba ya en las aguas de un arroyo tres kilómetros más lejos; el libro de nuestra vida no siempre puede leerse entero y encuadernado.

Nada más diré de estos relatos, sobre cuyas razones de ser y mecanismos no he tenido jamás una idea clara; lo que pude ver en ellos y en mí mismo fue explicado ya en un par de ensayos que no repetiré aquí. Sólo quisiera agregar cuánto me alegra verlos hoy juntos en un hermoso volumen, ordenados por afinidades y por atmósferas. Digo juntos, digo ordenados; pero vaya a saber si algún día, en un compartimiento ferroviario, una pareja descubre que sólo tiene ese libro en la maleta, y entonces...

Texto de presentación escrito para una edición
de los relatos que no se publicó, recuperado en Papeles inesperados

Materiales utilizados por Cortázar
para reordenar sus relatos

ÍNDICE

I.
MITOS

Cartas de mamá
Liliana llorando
Tango de vuelta
Fin de etapa
Circe
Manuscrito hallado en un bolsillo
Siestas
Bestiario
Después del almuerzo
Silvia
Cambio de luces
Ómnibus
En nombre de Boby
Con legítimo orgullo
Las fases de Severo
Las ménades
Axolotl
Relato con un fondo de agua
La noche boca arriba
Reunión con un círculo rojo
Los buenos servicios
El ídolo de las Cícladas
Final del juego
Carta a una señorita en París
Vientos alisios
Orientación de los gatos
Queremos tanto a Glenda
Botella al mar.

II.
JUEGOS

Continuidad de los parques
Lugar llamado Kindberg
El río
Historia con migalas
Los pasos en las huellas
La puerta condenada
Cuello de gatito negro
Los venenos
Usted se tendió a tu lado
Estación de la mano
No se culpe a nadie
Sobremesa

Julio Cortázar

RELATOS

Bestiario
1951

Las armas secretas
1959

Final del juego
1964

Todos los fuegos el fuego
1966

EDITORIAL SUDAMERICANA

RELATOS

Julio Cortázar

EDITORIAL SUDAMERICANA

Buenos Aires, Sudamericana, 1970

Reloj

Piensa en esto: cuando te regalan un reloj te regalan un pequeño infierno florido, una cadena de rosas, un calabozo de aire. No te dan solamente el reloj, que los cumplas muy felices y esperamos que te dure porque es de buena marca, suizo con áncora de rubíes; no te regalan solamente ese menudo picapedrero que te atarás a la muñeca y pasearás contigo. Te regalan –no lo saben, lo terrible es que no lo saben–, te regalan un nuevo pedazo frágil y precario de ti mismo, algo que es tuyo pero no es tu cuerpo, que hay que atar a tu cuerpo con su correa como un bracito desesperado colgándose de tu muñeca. Te regalan la necesidad de darle cuerda todos los días, la obligación de darle cuerda para que siga siendo un reloj; te regalan la obsesión de atender a la hora exacta en las vitrinas de las joyerías, en el anuncio por la radio, en el servicio telefónico. Te regalan el miedo de perderlo, de que te lo roben, de que se te caiga al suelo y se rompa. Te regalan su marca, y la seguridad de que es una marca mejor que las otras, te regalan la tendencia a comparar tu reloj con los demás relojes. No te regalan un reloj, tú eres el regalado, a ti te ofrecen para el cumpleaños del reloj.

"Preámbulo a las instrucciones para dar cuerda al reloj"

En 1936

Retrato

Retrato por Eduardo Jonquières

Este retrato fué hecho con el entusiasmo que sólo la amistad y la juventud pueden despertar en el que te está "haciendo" en una actividad artística.
Tú sabes que estás enteramente en él aparte de lo externo (y no es vanidad de autor) por lo menos fue mi intención fijar en las líneas y los volúmenes, cosas que solamente tú podías haberme hecho pensar.

Con el afecto de

E. Jonquières

Octubre de 1936.

Reunión

Cuando el Che volvía en avión de una reunión en Argelia viajó con un escritor cubano amigo mío que tenía el cuento ["Reunión", de *Todos los fuegos el fuego*] en el bolsillo. En un momento dado le dijo: "Aquí hay un compatriota tuyo que ha escrito este cuento donde sos el protagonista". El Che dijo: "Dámelo". Lo leyó, se lo devolvió y dijo: "Está muy bien pero no me interesa".

Creo comprender muy bien esa reacción: que estuviera muy bien es el más alto elogio que el Che podría hacer ya que era un hombre cultísimo, poeta perfectamente capaz de distinguir entre un buen cuento y otro muy mediocre, pero que no le interesara era también su derecho. En primer lugar era imposible que se viera en ese cuento tal como era: soy un escritor que invento al Che tratando de ser lo más fiel posible a la idea histórica que me hacía de él en ese momento, pero la diferencia que va de la imaginación al documento exacto es siempre muy grande. Es evidente que cuando se leía hablando él mismo en primera persona tenía que tener una sensación muy extraña; a medida que avanzaba tenía que sentir cómo su propia imagen se borraba, se alejaba y –como cuando miramos el visor de la cámara– se cruzaba y se salía de foco para volver a entrar. Naturalmente eso tenía que distanciarlo porque no hay que olvidarse –y ésa es mi respuesta al Che en cierto sentido– que el relato nació cuando yo también estaba en un avión volviendo de Cuba a Europa y leí *La sierra y el llano*, una antología en la que los principales focos de la guerrilla escribieron episodios de sus memorias. Ahí hay trabajos de medio mundo: de Camilo Cienfuegos, de Fidel y Raúl Castro, y hay un texto del Che de veinte páginas. Ese texto es lo que reescribí en el cuento: el desembarco y los primeros combates son exactamente los episodios que él cuenta, incluso una anécdota que señala con humor y que yo repito de cuando en pleno combate ve a un combatiente muy gordo que se refugia detrás de una caña ¡y trata de protegerse del fuego del enemigo haciendo toda clase de movimientos detrás de una caña! Reconoció todas esas cosas pero ya no era su texto, yo lo escribí con mi lenguaje y ya no era la terrible vivencia que él tenía de ese desembarco, de ese primer contacto. Luego el final es totalmente imaginario: lo hago subir y encontrarse a último minuto con Fidel Castro y hay entonces un diálogo en el que los dos disimulan la emoción de saberse vivos con chistes, y el cuento termina con una reflexión un poco poética y un poco mística del Che pensando en un cuarteto de Mozart y mirando las estrellas. Todo eso evidentemente no formaba parte de sus vivencias, por eso encontró que estaba muy bien pero no le interesaba. Me parece una perfecta respuesta.

De Clases de literatura

Santiago de Chile, Quimantú, 1973

Los Reyes

Como sucede con todo escritor, mis cajones están llenos de papeles que tal vez pudieran publicarse, pero siempre algo en mí se opone a esas exhumaciones que me parecen, y nunca mejor dicho, tarea póstuma. Pero *Los reyes* es una excepción a esta regla, pues tengo de ellos una idea intemporal y siento que hubieran podido nacer tanto el mes pasado como en 1947 (año en que los escribí), tanto en París como en Buenos Aires.

Tal vez el lector [francés] piense lo contrario, pues con respecto a lo que de mí conoce, encontrará aquí un texto deliberadamente anacrónico y estetizante, en el que se da un contenido mítico a través de una escritura apenas menos imaginaria que, analógicamente, hace pensar en *Salammbô* comparada con *Madame Bovary*. ¿Qué tiene que ver ese texto con mis cuentos y novelas posteriores? En apariencia, nada. Pero es muy posible que Flaubert no hubiera llegado a *Madame Bovary* si no hubiese dejado atrás *Salammbô*, así como en la vida real, hay mujeres que son involuntariamente responsables de que, mucho después, otra mujer, muy diferente, las sustituyera en el corazón del hombre.

Dedicatorias en los ejemplares
que fueron de la madre de Cortázar
y de Ricardo Bernárdez

Si *Los reyes* me parece todavía muy cercano es porque, a pesar de las diferencias evidentes con mi escritura y mis preocupaciones ulteriores, su tema esencial es ya el móvil de casi todo lo que he escrito después: el sentimiento de la libertad creadora, o si se quiere, simplemente de la libertad. En aquella época yo no veía lo que había en el reverso de mi texto, pues lo estético me preocupaba entonces mucho más que lo ético o lo histórico; para mí se trataba simplemente de dar una versión diferente del mito del Minotauro y de Teseo, invirtiendo la versión que podía calificarse de oficial, es decir el punto de vista autocrático de Minos frente a la amenaza latente que representa para su trono el hijo del toro y de Pasifae. Recuerdo con extraordinaria precisión lo que podría llamar una iluminación: en el autobús que me llevaba a mi casa, en ese estado de distracción que siempre ha favorecido lo que he escrito, vi al Minotauro como una víctima del poder de Teseo, como guardián y defensor de ese poder. El mito giró sobre sí mismo para mostrarme su faz oculta, y Ariana me reveló el verdadero sentido de su estratagema: ese hilo que en lugar de guiar a Teseo hacia la salida, es en realidad un mensaje de amor a su hermano prisionero. Escena tras escena, escribí en unas horas esos diálogos que eran la única manera que me era dada de mostrar otra visión del mito a través de las palabras de los protagonistas.

Más de veinte años después, comprendí que pese a la envoltura espontáneamente anacrónica y el lujo verbal fuera de época –y especialmente de la mía, la Argentina de los años cuarenta–, había escrito sobre un terreno abstracto que más tarde trataría de comprender y expresar en el interior de la realidad que me rodeaba. Al igual que entonces, sigo creyendo que el Minotauro –es decir, el poeta, la criatura doble, capaz de aprehender una realidad diferente y más rica que la realidad habitual– no ha dejado de ser ese "monstruo" que los tiranos y sus secuaces de todos los tiempos temen y detestan y quieren aniquilar para que sus palabras no lleguen a los oídos del pueblo y hagan caer las murallas que los encierran en sus redes de leyes y de tradiciones petrificantes. Por su lado Teseo es siempre la encarnación de lo que recibe hoy diferentes nombres –fascismo entre otros– puesto que su espada no está al servicio de la libertad sino de lo que representa Minos, símbolo de la opresión, de la reificación de los pueblos. Y Ariana, que tiene el coraje desesperado de amar a su hermano infamante, vive en mí como el símbolo de la mujer que cada día se alza más a su verdadera condición que la historia le ha negado hasta ahora.

El día 20 de enero de 1949 se acabó de imprimi[r] libro, en la casa de Dón Francisco A. Colombo en [Bue]nos Aires, y bajo el cuidado de Daniel Devote[.] El tiraje consta de cien ejemplares en papel Ingre briano, numerados de 1 a 100, con el dibujo de Ca[...] coloreado a mano por el autor, y 500 en pape[l] nacional numerados de 101 a 600.

Ejemplar:

18

Colofón

Por todas estas razones me alegra que *Los reyes* pueda ser leído hoy en Francia y pienso que mis lectores compartirán mi certeza de que ese breve texto contiene ya una visión del mundo que yo habría de explorar sin pausa en las etapas ulteriores de mi trabajo. Todo está ya ahí, en su laberinto de espejos verbales, en su joven ingenuidad y su esperanza.

Nota a la edición francesa
de Los reyes, *publicada en 1983*

Ejemplar en papel Ingres Fabriano (izq.) y en papel nacional (dcha.)

Dibujos de Oscar Capristo en los ejemplares n.º 13 (izq.) y n.º 101 (dcha.)

Roberto Fernández Retamar

Anoche me entregaron tu carta del 3 de junio (¡cuánto tiempo, ya!) y me sentí tan emocionado y tan feliz por lo que me decías en ella que entré como en un trance, en una casilla zodiacal increíblemente fasta y próspera. Todavía no he salido de ella, y te escribo bajo esa impresión maravillosa de que un poeta como tú, que además es un amigo, haya encontrado en *Rayuela* todo lo que yo puse o traté de poner, y que el libro haya sido un puente entre tú y yo y que ahora, después de tu carta, yo te sienta tan cerca de mí y tan amigo. No sé si cuando te escribí hace unos meses para hablarte de tus poemas, supe expresar bien lo que sentía. Tú, en tu carta, me dices tantas cosas en unas pocas líneas que es como si me hubieras mandado un signo fabuloso, uno de esos anillos míticos que llegan a la mano del héroe o del rey después de incontables misterios y hazañas, y allí está condensado todo, más acá de la palabra y de las meras razones; algo que es como un encuentro para siempre, un pacto para hacer caer las barreras del tiempo y la distancia.

Mira, desde luego que lo que hayas podido encontrar de bueno en el libro me hace muy feliz; pero creo que en el fondo lo que más me ha estremecido es esa maravillosa frase, esa pregunta que resume tantas frustraciones y tantas esperanzas: "¿De modo que se puede escribir así por uno de nosotros?". Créeme, no tiene ninguna importancia que haya sido yo el que escribiera así, quizá por primera vez. Lo único que importa es que estemos llegando a un tiempo americano en el que se pueda empezar a escribir así (o de otro modo, pero así, es decir con todo lo que tú connotas al subrayar la palabra). Hace unos meses, Miguel Ángel Asturias se alegraba de que un libro mío y uno de él estuvieran a la cabeza de las listas de *best-sellers* en Buenos Aires. Se alegraba pensando que se hacía justicia a dos escritores latinoamericanos. Yo le dije que eso estaba bien, pero que había algo mucho más importante: la presencia, por primera vez, de un público lector que distinguía a sus propios autores en vez de relegarlos y dejarse llevar por la manía de las traducciones y el snobismo del escritor europeo o yanqui de moda. Sigo creyendo que hay ahí un hecho trascendental, incluso para un país donde las cosas van tan mal como en el mío. Cuando yo tenía 20 años, un escritor argentino llamado Borges vendía apenas 500 ejemplares de algún maravilloso tomo de cuentos. Hoy cualquier buen novelista o cuentista rioplatense tiene la seguridad de que un público inteligente y numeroso va a leerlo y juzgarlo. Es decir que los signos de madurez (dentro de los errores, los retrocesos, las torpezas horribles de nuestras políticas sudamericanas y nuestras economías semi-coloniales) se manifiestan de alguna manera, y en este caso de una manera particularmente importante, a través de la gran literatura. Por eso no es tan raro que ya haya llegado la hora de escribir así, Roberto, y ya verás que junto con mi libro o después de él van a aparecer muchos que te llenarán de alegría. Mi libro ha tenido una gran repercusión, sobre todo entre los jóvenes, porque se han dado cuenta de que en él se los invita a acabar con las tradiciones literarias sudamericanas que, incluso en sus formas más vanguardistas, han respondido siempre a nuestros complejos de inferioridad, a eso de "ser nosotros tan pobres" como dices a propósito del elogio de Rubén a Martí. Ingenuamente, un periodista mexicano escribió que *Rayuela* era la declaración de independencia de la novela latinoamericana. La frase es tonta pero encierra una clara alusión a esa inferioridad que hemos tolerado estúpidamente tanto tiempo, y de la que saldremos como salen todos los pueblos cuando les llega su hora. No me creas demasiado optimista; conozco a mi país, y a muchos otros que lo rodean. Pero hay signos, hay signos... Estoy contento de haber empezado a hacer lo que a mí me tocaba, y que un hombre como tú lo haya sentido y me lo haya dicho.

De una carta a Roberto Fernández Retamar, 17 de agosto de 1964

En la Habana, 1963

250

Robinson

Creo haber mentido al decirle que no salí de Buenos Aires durante las vacaciones. Empecé a traducir *Robinson* en febrero, y a partir de ese día me puse a viajar con él por los siete mares del mundo. Estuvimos en Argelia, donde nos apresaron los árabes; nos escapamos felizmente, decidiendo que nos haríamos plantadores en el Brasil… Luego, a causa de una terrible tormenta, abordamos en una isla desierta, donde vivimos veintiocho años y algunos meses. ¿No cree que he viajado mucho este verano? Y eso no es todo, porque luego vino la segunda parte (que pocos niños leen porque se suele traducir solamente el episodio de la isla) y nos embarcamos en pavorosas andanzas por la India, terminando con un memorable viaje en caravana desde Pekín hasta Rusia, para terminar en Londres muy fatigados…

No crea que me ha disgustado la tarea; cierto que Defoe escribía muy mal, que su personaje tiene los peores rasgos del británico (y algunos de los mejores, pero menos de lo que yo hubiese querido) y que largos capítulos resultan ahora aburridos y harto pesados. Pero está siempre el recuerdo inolvidable de la infancia, cuando los episodios de la isla nos llenaban la mente de fantasías, cuando junto a Robinson mirábamos la huella del pie en la arena, espiábamos a los caníbales, salvábamos al buen Viernes… Le aseguro que he pasado buenos ratos intentando una traducción del viejo relato.

De una carta a Lucienne Chavance de Duprat, 30 de marzo de 1944

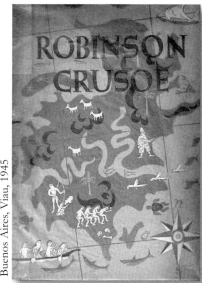

Buenos Aires, Viau, 1945

Sacralización

Te voy a hablar muy claramente: me molestan las sacralizaciones tipo Elvis Presley o Marilyn Monroe, porque creo que son absurdas en el campo de la literatura; creo que ahí entra en juego un fanatismo que no tiene nada que ver con lo literario. Pero, dicho eso, por otro lado no tengo ninguna falsa modestia. Yo sé muy bien que lo que llevo escrito se merece el prestigio que tiene, y no tengo ningún inconveniente en decirlo. Y puedo añadir algo que pondrá verde a mucha gente, porque lo considerarán de un narcisismo y un egotismo monstruosos: lo cierto es que, haciendo el balance de la literatura de la lengua española, y considerando el total de los cuentos que he escrito, que son muchos, más de setenta, pues, bueno, yo estoy seguro de que, en conjunto, cuantitativamente, he escrito los mejores cuentos que jamás se han escrito en lengua española. Ahora imagínate la cara que va a poner la gente si publicas eso...

Y lo voy a publicar, claro.

Me importa un bledo, porque es verdad, y porque además agrego a eso lo siguiente, y también lo vas a publicar, porque si no me enojo contigo: que, cualitativamente, conozco cuentos individuales que, en mi opinión, son mejores que cualquiera de los míos. O sea, que eso de la sacralización y la fama, cuando consiste sólo en las tonterías y los oropeles, me disgustan; pero tengo, sin embargo, una conciencia muy clara de lo que he hecho y sé muy bien qué significó, en el panorama de la literatura latinoamericana, la aparición de *Rayuela*. Y sería un imbécil o tendría una falsa modestia repugnante si no dijese esto.

De la entrevista de Rosa Montero: "El camino de Damasco de Julio Cortázar" (1982)

Año Cortazariano

La Comisión de Cultura y Difusión del Honorable Concejo Deliberante, invita a Ud. a la ceremonia de imposición del nombre "Julio Cortázar," al puente sito en la Avda. San Martín -entre Linneo y Avda. Chorroarín- a realizarse el próximo 26 de agosto a las 11 hs.

En dicha oportunidad con la presencia de los Concejales integrantes de la Comisión, autoridades municipales, la Sra. Aurora Bernardez, la Dra. Ana María Barrenechea y la Sra. María Lyda Canoso se procederá a descubrir una placa alegórica.

Buenos Aires, agosto de 1994

Gral. Abel Fatala
Presidente de la Comisión de Cultura y Difusión del HCD

Vicepresidentes 1° y 2°: Guillermo Oliveri- Pedro Calvo
Vocales: Roberto Arellano- Raúl Fernández- Inés Pérez Suárez- Marta Scaravaglione

---

Bertrand DELANOË
Maire de Paris

Christophe GIRARD
Adjoint au Maire de Paris
chargé de la Culture

Rémi FERAUD
Maire du 10e arrondissement

vous prient de bien vouloir assister

à l'inauguration de la plaque commémorative en hommage à

Julio CORTAZAR

en présence de sa famille

le vendredi 9 avril 2010 à 10 heures 45

4 rue Martel Paris 10e

Métro : Château d'eau

Cette invitation personnelle pourra être demandée sur place

La Maison de l'Argentine

vous prie d'assister à la nouvelle inauguration

de la Bibliothèque Julio Cortázar

le lundi 7 mars 2011 à partir de 16h30

27 A Boulevard Jourdan 75014 Paris, RER B & T3 : Cité Universitaire
www.casaargentinaenparis.com

Image : « Cortázar » - acrylique sur papier marouflé - Cristina Ruiz Guiñazú - 1999

Bibliothèque Cortázar
La Maison de l'Argentine à Paris

Fotografías cedidas por... en Paris

---

domingo 13 de febrero de 1994 ★ **CLARIN**

Calle Julio Cortázar

Se ha propuesto al Concejo Deliberante de la Capital Federal que sancione una ordenanza por la cual se designe con el nombre del escritor argentino **Julio Cortázar** una calle del barrio Agronomía.

Cortázar, quien nació el 26 de agosto de 1914 en la ciudad de Bruselas, capital de Bélgica, país ante el cual desempeñaba tareas su padre, funcionario consular argentino, ha sido recordado especialmente en estos días, al cumplirse el 12 de febrero diez años de su muerte.

No obstante su larga permanencia en el exterior, Cortázar quiso a Buenos Aires, destaca un grupo de cinco concejales, autores de la iniciativa: "Cortázar —afirman— fue constantemente argentino y de muy diversas maneras".

La propuesta es designar con su nombre a la calle **Espinosa**, en una zona que lo vio crecer y transitar. De aprobarse esta iniciativa un tramo de seis cuadras de Espinosa, entre **Zamudio** y **Tinogasta**, llevará su nombre. Los concejales La Porta, Yelicic, Jaimovich, Puy y Arellano consideran que esta será una forma de mantener viva su obra ya que no consistirá en un homenaje a su persona, aspecto que Cortázar desdeñaba.

253

Saignon

Saignon es inocente, pequeño, lleno de viejos que aran los campos y viejas que nos venden conejos y lechugas. Los sábados por la mañana bajamos al mercado en la plaza de Apt, recorremos los puestos para comprar nuestras provisiones, y tomamos nuestro *pastis* en el café, bajo el sol. Todo ha entrado ya en su ritmo lento, que tanto bien puede hacernos después del de París.

De una carta a Paco Porrúa,
30 de mayo de 1965

En Saignon, Provenza, 1967

Fotos de Cortázar

Salvo el crepúsculo

Por mi parte –a la vejez viruela– preparo un libro donde reuní montones de poemas inéditos y éditos, que se van alternando con pedazos de prosa (no explicativa, por supuesto, pero sí paralela). Me divierto mucho porque les tengo cariño a esos pameos y meopas de todos los tiempos y humores de la vida, y me alegro de que se publiquen.

De una carta a Ana María Barrenechea, 26 de diciembre de 1981

La digamos antología de poemas está prácticamente lista, y es bastante nutrida (poemas e intercalaciones en prosa, comentarios, etc). Me falta el título, pero ya vendrá uno de estos días; la dejé dormir en París mientras andábamos de viaje, y ahora la voy a retomar para seguir ajustando pequeños detalles, pero de hecho ya es un manuscrito presentable.

De una carta a Guillermo Schavelzon, 18 de abril de 1982

Poco a poco he puesto a punto el libro de poemas; me falta el título, aunque saltará como un conejo en cualquier momento, en cualquier relectura.

De una carta a Guillermo Schavelzon, 12 de mayo de 1982

Palabras para el juego creo que puede ser el título para mi libro de poemas...

De una carta a Guillermo Schavelzon, 10 de agosto de 1982

México, Nueva Imagen, 1984

Buenos Aires, Alfaguara, 2009

Saúl

Leí despacio, en voz alta como creo que hay que hacerlo, tus hermosos poemas. Cada vez estoy más seguro de que tu línea es buena y necesaria, que está quebrando un montón de basuras retóricas para ir a buscar la buena semilla más abajo. Los poemas que incluiré en *Último round* me suenan a viejo, a resabido, mientras corrijo las pruebas; mirá lo que me has hecho, malvado. Pero cada cosa tiene su tiempo, y cuando los escribí yo era ese que los escribía, estaba en la tierra semántica y estética que justificaba esas cosas. Vos nos estás mostrando tierras nuevas. Guanahani, Guanahani...

De una carta a Saúl Yurkievich, 2 de julio de 1969

Del Sentimiento de no estar del todo

Siempre seré como un niño para tantas cosas, pero uno de esos niños que desde el comienzo llevan consigo al adulto, de manera que cuando el monstruito llega verdaderamente a adulto ocurre que a su vez éste lleva consigo al niño, y *nel mezzo del camin* se da una coexistencia pocas veces pacífica de por lo menos dos aperturas al mundo.

Esto puede entenderse metafóricamente pero apunta en todo caso a un temperamento que no ha renunciado a la visión pueril como precio de la visión adulta, y esa yuxtaposición que hace al poeta y quizá al criminal, y también al cronopio y al humorista (cuestión de dosis diferentes, de acentuación aguda o esdrújula, de elecciones: ahora juego, ahora mato) se manifiesta en el sentimiento de no estar del todo en cualquiera de las estructuras, de las telas que arma la vida y en las que somos a la vez araña y mosca.

Mucho de lo que he escrito se ordena bajo el signo de la *excentricidad*, puesto que entre vivir y escribir nunca admití una clara diferencia; si viviendo alcanzo a disimular una participación parcial en mi circunstancia, en cambio no puedo negarla en lo que escribo puesto que precisamente escribo por no estar o por estar a medias. Escribo por falencia, por descolocación; y como escribo desde un intersticio, estoy siempre invitando a que otros busquen los suyos y miren por ellos el jardín donde los árboles tienen frutos que son, por supuesto, piedras preciosas. El monstruito sigue firme.

De La vuelta al día en ochenta mundos

Sergio

Querido Oso redondo y gruñón:

Corriendo el riesgo de que me llame hipócrita, mentiroso y adulador, he de decirle que los extraño mucho a Gladys y a usted. Extraño: el perfume de sus alcauciles, el ukelele de la Trovadora, la fonética del Bichito, las estampillas de Sergito, y el grato desorden de su taller y de su living. Es la primera vez en casi nueve años, que Buenos Aires no me ha envuelto en olvido y novedad. ¿Se inicia la vejez, la decadencia, el provincianismo? Me da muchísima rabia acordarme en esa forma desvergonzada de ustedes –y de Oonah y Felipe, a quienes también extraño muchísimo–. Quisiera no haberlos conocido, empiezan a resultarme antipáticos, aprovechadores; siento como si se tomaran atribuciones y prerrogativas a distancia; los detesto profundamente (en su actual forma de saudadescos fantasmas) y por eso mismo los extraño más. A usted lo odio en una forma particular; odio sus corbatas, su goulash, su grabado del Cortejo, el lado derecho de su cara, su caminar de contramaestre holandés en retiro. Lo considero un individuo tentacular, que no contento con fastidiarme noche y día en Mendoza (¡oh "buena vecindad"!) proyecta su imperialismo afectivo hasta la más linda de las capitales de la Tierra. Así es, Sergio Sergi; los extraño mucho, y esta carta no tiene otro motivo que el de decírselo e insultarlo por ello. (...)

De una carta a Sergio Sergi

Con Sergio Sergi y su nuera, Susana Ortega de Hocévar, en Uspallata, Mendoza, marzo de 1973

Sergio de Castro

Saignon (Vaucluse), 8 de julio de 1969

Gran Sergio:

Primero, perdón por escribirte a máquina, pero mis dos BIC y una ya arcaica Parker tienen las puntas dobladas en todas direcciones menos en las adecuadas; recibirías un raro palimpsesto y no creo que tu vocación champollionesca sea demasiado intensa.

Muchas gracias por tu carta, cronopio enormísimo; sos muy generoso conmigo, que me he portado muy mal durante largo tiempo pues siempre eras vos el que me telefoneaba o me escribía. Por la muy bellísima Maya, cuyo nombre encierra tantas cosas,[1] supe que estabas bien y que trabajabas a todo viento; por vos supe que te ibas a descansar al sur. Supongo que estas líneas te encontrarán de regreso en el San Gotardo de legendarias tenidas amistosas. Mirá, si he andado muy lejos de vos estos años, ha sido por razones graves, en todo caso graves para mí. La primera, cuestiones de compromiso político, del que te sé ajeno, y que me distanciaban psicológicamente de todos aquellos con quienes no podía compartir a fondo un ideal que me sigue pareciendo lo más importante en mi vida de hoy y de mañana. No pretendo ni espero que los demás piensen como yo o hagan lo que yo trato de hacer, pero te ruego que comprendas que desde mi primer viaje a Cuba, soy otro. Lo digo sin énfasis ni jactancia; lo digo, simplemente. Todo ese mundo primordialmente estético y poético que compartí con vos tantos años, ha quedado sometido a una visión revolucionaria del mundo; sigue siendo capital para mí, pero dentro de mi trabajo personal en pro de Latinoamérica. Si te digo esto, mal y confusamente, es para que trates de comprender que un encuentro con vos en estos tiempos me hubiera incomodado afectivamente, porque nadie respeta más que yo tus puntos de vista y en modo alguno hubiera querido resultarte molesto o impertinente; pero la verdad, Sergio, que mis tiempos de contemplador de obras de arte están pasados; ahora las contemplo con la tristeza de saber que como de costumbre están destinadas a quienes en general no las merecen, mientras una enorme humanidad (estuve de nuevo en la India, sabés, vi de nuevo ese horror) se muere de hambre o es pisoteada por los gorilas y los tiranos en la gran mayoría de los países de la tierra. Todo esto te dará una idea de por qué preferí dejarte solo y quererte de lejos, incluso citándote con todo afecto en "La vuelta al día en ochenta mundos", que quizá viste y que te probará que seguís siendo uno de los hombres que me mostraron la savia de la vida y las raíces de tanta cosa hermosa y necesaria.

La segunda razón de mi largo silencio y alejamiento fue una razón personal. Sabés que me separé, amistosamente, de Aurora; quizá no sabés que vivo muy cerca de una muchacha con la que comparto muchas de mis actividades de francotirador latinoamericano. Todo eso me perturbó y me sacó de mis casillas (sic); desde nuevas casillas, ahora, más sereno y tranquilo, puedo mandarte estas líneas y decirte que cuando regrese a París, en octubre (quiero pasar todo el verano en Saignon), iré a verte como tantas otras veces, alguna mañana en que me estés esperando con el vino cretense de los grandes toros de Minos, y pinturas admirables y amistad. Perdón por mi silencio, que nunca fue olvido. Te abrazo muy fuerte,

Julio

Saignon (84 Vaucluse)

1) Incluso una h, creo.

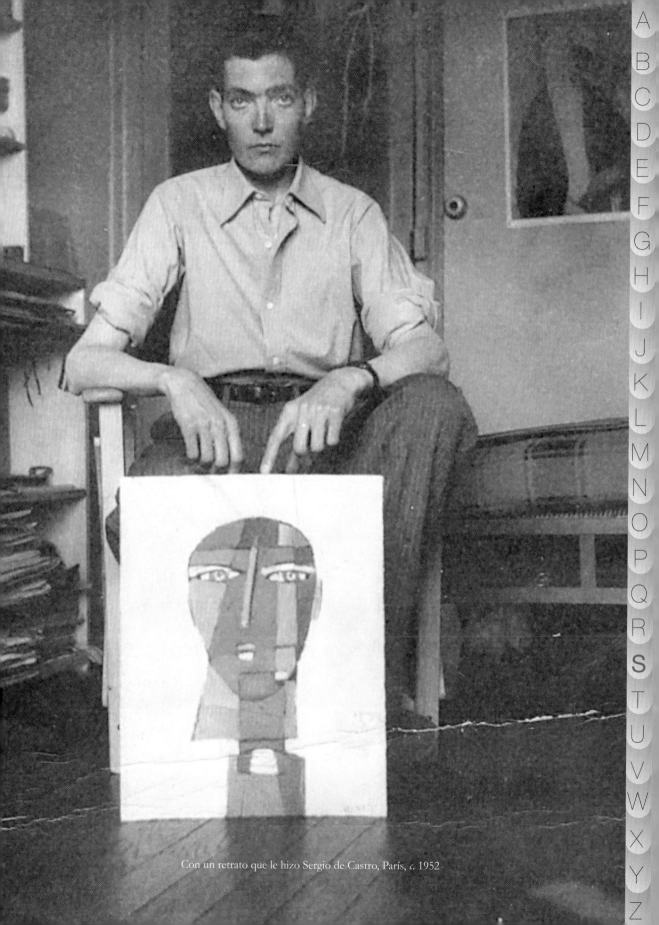

Con un retrato que le hizo Sergio de Castro, París, c. 1952

A B C D E F G H I J K L M N O P Q R S T U V W X Y Z

62 Modelo para armar

La voluntad de escribir *62* nació de esos climas, apuntados ya primariamente en el capítulo de *Rayuela*, que le dio su nombre, y donde se hace referencia a una posible novela en la que un grupo vinculado por el amor o la amistad, constituye una especie de constelación, de superindividualidad, y en la que los actos que cada uno de sus componentes cree producto de su libre albedrío nacen de una serie de interacciones voluntarias o involuntarias que desatan reacciones limitadas o en cadena, anudan o desanudan destinos.

En algún momento del libro un personaje dice que Sartre está loco, que nosotros no somos tanto la suma de nuestros actos como la de los actos ajenos. Desde luego esto es una *boutade*, una exageración.

—*Porque usted sigue creyendo en la responsabilidad.*

—Sí, claro, por supuesto. Lo que se trata es de imaginar la superposición sobre esa responsabilidad individual de una serie de carambolas, de la que nosotros no somos conscientes y que han hecho, por ejemplo, que usted y yo estemos hablando hoy aquí.

Usted ha venido a verme por una serie de decisiones que considera suyas y yo he estado de acuerdo en verlo por una serie de decisiones que considero mías. Pero valdría la pena investigar —ésa es la hipótesis— en qué medida estamos aquí conversando por decisión propia o por diversas acciones o interferencias de cinco o seis personas más, y no me refiero a personas que, por cualquier razón, pudieran estar interesadas en que usted y yo nos encontremos. Me refiero a cosas menos verificables.

—*Menos causales.*

—Menos causales. O que se mueven en una causalidad otra.

El resultado de esto es que *62*, para el lector no prevenido, fuera un poco desconcertante. Aunque sería bastante elemental que antes de leer mi novela, lo primero que hiciera un lector fuera reeler el capítulo 62 de *Rayuela* que le lleva dos minutos porque es muy chiquito; dudo que muchos lo hayan hecho. Si lo hubieran hecho, habrían tenido una buena óptica para leer *62*.

De Ernesto González Bermejo: Conversaciones con Cortázar

Sobrecubierta y tapa de la 1ª ed., Buenos Aires, Sudamericana, 196

720 círculos

Estos juegos fueron comenzados en Delhi, en casa de Octavio Paz y en una oficina de las Naciones Unidas, de febrero a marzo de 1967. Paz, que entonces trabajaba en sus *Topoemas*, analizó conmigo la primera tentativa, *720 círculos*. [...] Digo juegos con la gravedad con que lo dicen los niños. Toda poesía que merezca ese nombre es un *juego*, y sólo una tradición romántica ya inoperante persistirá en atribuir a una inspiración mal definible y a un privilegio mesiánico del poeta, productos en los que las técnicas y las fatalidades de la mentalidad mágica y lúdica se aplican naturalmente (como lo hace el niño cuando juega) a una ruptura del condicionamiento corriente, a una asimilación o reconquista o descubrimiento de todo lo que está al otro lado de la Gran Costumbre. El poeta no es menos "importante" visto a la luz de su verdadera actividad (o función, para los que insistan en esa importancia), porque jugar poesía es jugar a pleno, echar hasta el último centavo sobre el tapete para arruinarse o hacer saltar la banca. Nada más riguroso que un juego; los niños respetan las leyes del barrilete o las esquinitas con un ahínco que no ponen en las de la gramática. En mi caso el principio general consistió en escribir textos cuyas unidades básicas (que no hay que confundir con las que abundaban en la Argentina hacia 1950) puedan ser permutadas hasta el límite del interés del lector o de las posibilidades matemáticas. El poema se vuelve así circular y abierto a la vez; barajando las estrofas o unidades, se originan diferentes combinaciones; a su turno, cada una de éstas puede ser leída desde cualquiera de sus estrofas o unidades hasta cerrar el círculo en uno u otro sentido.

De "Poesía permutante", en Último round

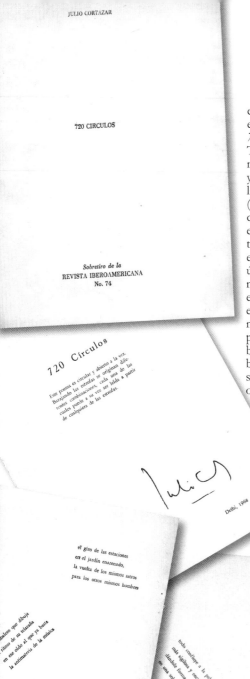

En la India, 1968

Sillón

En casa del Jacinto hay un sillón para morirse.

Cuando la gente se pone vieja, un día la invitan a sentarse en el sillón que es un sillón como todos pero con una estrellita plateada en el centro del respaldo. La persona invitada suspira, mueve un poco las manos como si quisiera alejar la invitación y después va a sentarse en el sillón y se muere.

Los chicos, siempre traviesos, se divierten en engañar a las visitas en ausencia de la madre, y las invitan a sentarse en el sillón. Como las visitas están enteradas pero saben que de eso no se debe hablar, miran a los chicos con gran confusión y se excusan con palabras que nunca se emplean cuando se habla con los chicos, cosa que a éstos los regocija extraordinariamente. Al final las visitas se valen de cualquier pretexto para no sentarse, pero más tarde la madre se da cuenta de lo sucedido y a la hora de acostarse hay palizas terribles. No por eso escarmientan, de cuando en cuando consiguen engañar a alguna visita cándida y la hacen sentarse en el sillón. En esos casos los padres disimulan, pues temen que los vecinos lleguen a enterarse de las propiedades del sillón y vengan a pedirlo prestado para hacer sentar a una u otra persona de su familia o amistad. Entretanto los chicos van creciendo y llega un día en que sin saber por qué dejan de interesarse por el sillón y las visitas. Más bien evitan entrar en la sala, hacen un rodeo por el patio, y los padres, que ya están muy viejos, cierran con llave la puerta de la sala y miran atentamente a sus hijos como queriendo leer su pensamiento. Los hijos desvían la mirada y dicen que ya es hora de comer o de acostarse. Por las mañanas el padre se levanta el primero y va siempre a mirar si la puerta de la sala sigue cerrada con llave, o si alguno de los hijos no ha abierto la puerta para que se vea el sillón desde el comedor, porque la estrellita de plata brilla hasta en la oscuridad y se la ve perfectamente desde cualquier parte del comedor.

"Propiedades de un sillón", en Historias de cronopios y de famas

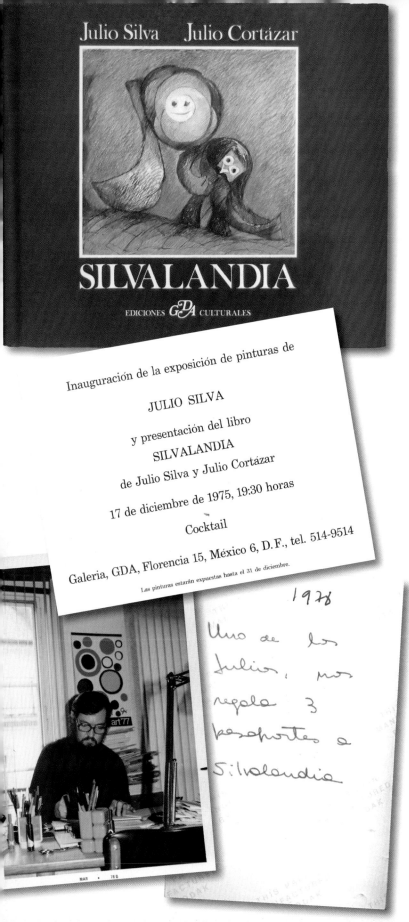

Julio Silva Julio Cortázar

SILVALANDIA

EDICIONES GDA CULTURALES

Inauguración de la exposición de pinturas de

JULIO SILVA

y presentación del libro
SILVALANDIA
de Julio Silva y Julio Cortázar

17 de diciembre de 1975, 19:30 horas

Cocktail

Galeria, GDA, Florencia 15, México 6, D.F., tel. 514-9514

Las pinturas estarán expuestas hasta el 31 de diciembre.

1978

Uno de los
Julios, nos
regala 3
pasaportes a
Silvalandia

Silvalandia

¿QUIÉN ES QUIÉN EN SILVALANDIA?

A pocos lectores se les ocurriría pedir explicaciones sobre la portada de un libro. En general las portadas están destinadas a dar alguna idea de lo que va a seguir, razón por la cual toda pregunta les hace pensar que no sirven para nada y las ofende muchísimo.

Ah, pero en Silvalandia es diferente. En Silvalandia es muy diferente porque las astutas criaturas que allí habitan pasan gran parte de su tiempo entregadas a la tarea de reírse y toda ocasión les parece buena para revolcarse entre carcajadas de múltiples colores. La primera prueba la proporciona la portada de su libro, en la que dos de ellas se han puesto debajo de los nombres de los Julios, sus cronistas, con la maligna intención de jorobarlos. Fíjese bien antes de entrar en Silvalandia, tenemos el deber de advertírselo: los desprevenidos, los inocentes pensarán que el más alto representa a Silva y el chiquito a Cortázar. ¿Qué se puede hacer contra tanta travesura? Mirar la portada en un espejo restablecería la verdad, pero los espejos son cómplices en Silvalandia y también nuestros nombres se verían invertidos, sin hablar del aspecto vagamente sánscrito que asumirían para regocijo de los causantes de tan complicadas operaciones.

No nos queda más que un recurso, el de rechazar toda semejanza con nuestros supuestos retratos. Admitimos, sin embargo, que el más chico podría hacer pensar en Silva y el otro en Cortázar. Incluso hemos terminado por encontrar un cierto parecido en las actitudes y los gestos, estamos cayendo tristemente en la trampa y los falsos Julios lo saben, como bien lo prueba el azul de satisfacción que los envuelve y esa manera de sonreír contra la que nada es posible, salvo hacer lo mismo. ¿De qué nos valdría enojarnos con las criaturas de Silvalandia? Son formas, colores y movimientos; a veces hablan, pero sobre todo se dejan mirar y se divierten. Son azules y blancas y se divierten. Aceptan sin protesta los nombres y las acciones que les imaginamos, pero viven por su cuenta una vida amarilla, violeta, verde y secreta. Y se divierten.

De Silvalandia

Snoopy

... en un *poster* imperecedero, Snoopy escritor reflexionando ante el teclado después de la primera frase de su novela: *Era una notte buia e tempestosa*. Oh inocencia perdida, si otra vez fuéramos capaces de empezar así una novela para erizos, para seres como el pájaro Woodstock, lector siempre maravillado de las incipientes obras completas de Snoopy.

De "Homenaje a una joven bruja"

Solentiname

A Solentiname llegamos entrada la noche, allí esperaban Teresa y William y un poeta gringo y los otros muchachos de la comunidad; nos fuimos a dormir casi en seguida pero antes vi las pinturas en un rincón, Ernesto hablaba con su gente y sacaba de una bolsa las provisiones y regalos que traía de San José, alguien dormía en una hamaca y yo vi las pinturas en un rincón, empecé a mirarlas. No me acuerdo quién me explicó que eran trabajos de los campesinos de la zona, ésta la pintó el Vicente, ésta es de la Ramona, algunas firmadas y otras no pero todas tan hermosas, una vez más la visión primera del mundo, la mirada limpia del que describe su entorno como un canto de alabanza: vaquitas enanas en prados de amapola, la choza de azúcar de donde va saliendo la gente como hormigas, el caballo de ojos verdes contra un fondo de cañaverales, el bautismo en una iglesia que no cree en la perspectiva y se trepa o se cae sobre sí misma, el lago con botecitos como zapatos y en último plano un pez enorme que ríe con labios de color turquesa.

Entonces vino Ernesto a explicarme que la venta de las pinturas ayudaba a tirar adelante, por la mañana me mostraría trabajos en madera y piedra de los campesinos y también sus propias esculturas; nos íbamos quedando dormidos pero yo seguí todavía ojeando los cuadritos amontonados en un rincón, sacando las grandes barajas de tela con las vaquitas y las flores y esa madre con dos niños en las rodillas, uno de blanco y el otro de rojo, bajo un cielo tan lleno de estrellas que la única nube quedaba como humillada en un ángulo, apretándose contra la varilla del cuadro, saliéndose ya de la tela de puro miedo. [...] Ya después hubo que pensar en volverse y fue entonces que pensé de nuevo en los cuadros, fui a la sala de la comunidad y empecé a mirarlos a la luz delirante del mediodía, los colores más altos, los acrílicos o los óleos enfrentándose desde caballitos y girasoles y fiestas en los prados y palmares simétricos. Me acordé que tenía un rollo de color en la cámara y salí a la veranda con una brazada de cuadros; Sergio que llegaba me ayudó a tenerlos parados en la buena luz, y de uno en uno los fui fotografiando con cuidado, centrando de manera que cada cuadro ocupara enteramente el visor. Las casualidades son así: me quedaban tantas tomas como cuadros, ninguno se quedó afuera y cuando vino Ernesto a decirnos que la panga estaba lista le conté lo que había hecho y él se rió, ladrón de cuadros, contrabandista de imágenes. Sí, le dije, me los llevo todos, allá los proyectaré en mi pantalla y serán más grandes y más brillantes que éstos, jodete.

De "Apocalipsis de Solentiname"

Fotos tomadas por Cortázar de pinturas
populares de Solentiname, Nicaragua

Soñar

Esa unidad del hombre consigo mismo se anuncia ya en las relaciones inevitables del sueño y la vigilia. Todo aquel que vive bien despierto sueña mucho, tiene una carga onírica particularmente densa. ¿Por qué no creer, entonces, que la relación recíproca es también válida, y que hace falta soñar mucho –es decir, aceptar y asumir los sueños– para vivir cada vez más despierto? Me acuerdo de un bello, enigmático verso de John Keats: *"And he's awake who thinks himself asleep"* ["Y está despierto aquel que se cree dormido"]. Creo que el hombre debería ir al encuentro de su doble nocturno, desterrado y perseguido, para traerlo fraternalmente de la mano, algún día, y hacerle franquear a su lado las puertas de la ciudad.

De una carta inédita a Roger Caillois, s. f. [1956]

(Anotaciones inéditas)

SOÑAR QUE SE VUELA

Sueño que vuelo a ras de tierra.

Cuando toco el suelo, encuentro a X y a Z. Les digo que acabo de volar, pero que no lo haré de nuevo ese día porque tengo miedo de fracasar.

Más tarde (con Silvina Ocampo y otras personas) explico que lo más triste es que cuando sueño que he volado, tengo la seguridad de que esa vez no es un sueño y me lo repito con la alegría del que por fin ha alcanzado una realidad; sin embargo, agrego, estoy soñando que no era un sueño... (y eso, ahora, lo estoy soñando).

Londres, 10/XII/64

LLUVIA DE PERROS EN ALABAMA (SUEÑO)

Como está muy pobre, el Congreso de los EEUU se dedica a la confección de mermelada de manzana, que los diputados fabrican y venden personalmente.

UN SUEÑO

Me he dormido contra ti, rozando tus piernas y tu flanco. Sin transición sueño lo mismo, que estoy contra ti y siento tu cuerpo contra el mío. Te acaricio, primero suavemente y después, deseándote, las caricias se vuelven íntimas y penetrantes. Me rechazas con una queja. Sueño que me despierto y que me doy cuenta de que lo que hacía lo hacía soñando. Te digo: "Perdóname, estaba soñando que te acariciaba, y te toqué sin querer". Y sólo entonces me despierto de veras.

266

LO ABSOLUTO. UN SUEÑO ETRUSCO

Etapas: Debe dar examen en la Facultad
Imposibilidad de ubicar el edificio
Tren (tranvía)
La muchacha desnuda junto a él: la conoce pero no la identifica
El enorme avión en aparente peligro. No pasa nada
El otro hombre. Lo conoce pero no sabe quién es.
No hablan entre ellos pero están de acuerdo en que:
   hay que comunicarse con —
   esa comunicación es algo absoluto, una totalización.
Van a una central de teléfonos.
Cada uno trata de encontrar *a quién* hay que llamar.
(No se hablan, no se consultan nunca. Todo ya está sabido entre ellos)
El otro da a entender (¿cómo?) que incluso hay que prescindir de la palabra hablada. Entonces van al telégrafo y c/u toma un formulario.
El problema es a *quién* enviar el telegrama.
La chica desnuda está con ellos
La vida parece seguir en una casa.
Los tres.
Hay como una completación, un encuentro. No hay en todo caso ninguna frustración.

Tarquinia, dic. 76

EL SUEÑO DEL GRAND CANYON

Un vendedor ambulante ofrece su mercancía.
La dueña de casa lo rechaza groseramente.
El hombre se va, pero dice una frase de despedida sin violencia en la que figura absurdamente la palabra
   asmaea
   asmae
   asmé
La mujer cuenta al marido lo ocurrido. "Y por si fuera poco me insultó con una palabra extranjera." La repite, dudando de las tres versiones.
El marido no le da importancia.
El niño oye la palabra. Por la tarde la escribe. Vuelve a escribirla. La escribe en su pizarra. Los padres la ven y la recuerdan.
[En mi sueño, en que yo mismo sabía *que eso era (para) un cuento*, me dije que la *palabra era la protagonista* del cuento.
                        Aquí ou: guesses.
La palabra invade la casa y destruye la familia (¿Cómo?)
La palabra es la venganza del pedlar.
Si escribo esto, no debe ser tan lineal. La obsesión debe mostrarse tangencialmente, *asmae* tiene que abrirse paso. ¿Cómo?
El niño: neurótico, repite y repite. Psiquiatra, etc.
Los padres, desequilibrados por la tragedia.
Falta aquí el click del cuento. Try.

El Tovar Lodge, nov. 75

Spenalzo

¿QUE HACEMOS CON EL POBRE SEÑOR SPENALZO?

REVÉS?
AL
LEYENDO
ESTUVIERA
QUE
POSIBLE
¿ERA

EN VEZ DE ARRIBA
ARRIBA
ABAJO   ABAJO ?
¿DE

Ivry-sur-Seine, 17 février 1948

A Messieurs Fernand Pouey
et René Guignard.

Très chers amis

    je crois que ce qui a bouleversé et passionné certaines personnes comme Georges Braque dans la Radio-Emission « Le Jugement de Dieu » est surtout la partie des sonorisations et xylophonies avec le poème dit par Roger Blin et celui dit par Paule Thévenin. Il ne faut pas gâter l'effet de ces xylophonies par le texte ratiocinant, dialectique et discutailleur du début. Je vous avais écrit un pneu pour vous indiquer certaines coupures à faire qui ne laissaient que certaines phrases du début et de la fin de l' « *Introduction* ».

100

(*) Con qué lucidez se juzga, se critica.
Fou, toi ?

Comentario en su ejemplar del libro de Artaud:
"Con qué lucidez se juzga, se critica.
Fou, toi? [¿*Loco, tú*?]"

Subrayar

    Desde muy joven adquirí una especie de deformación profesional, es decir, que yo pertenezco a esa especie siniestra que lee los libros con un lápiz al alcance de la mano, subrayando y marcando, no con intención crítica. En realidad alguien dijo, no sé quién, que cuando uno subraya un libro se subraya a sí mismo, y es cierto. Yo subrayo con frecuencia frases que me incluyen en un plano personal, pero creo también que subrayo aquellas que significan para mí un descubrimiento, una sorpresa, o a veces, incluso una revelación y, a veces, también una discordancia. Las subrayo y tengo la costumbre de poner al final del libro los números de las páginas que me interesan, de manera que algún día, leyendo esa serie de referencias, puedo en pocos minutos echar un vistazo a las cosas que más me sorprendieron. Algunos epígrafes de mis cuentos, algunas citaciones o referencias salen de esa experiencia de haber guardado, a veces durante muchos años, un pequeño fragmento que después encontró su lugar preciso, su correspondencia exacta en algún texto mío.

De la entrevista de Sara Castro-Klarén: "Julio Cortázar, lector"

Subte

En el principio fueron los olores. Yo tenía ocho o nueve años y desde el suburbio bonaerense donde vivíamos, mi abuela me llevaba de visita a la casa de unos amigos. Primero un tren local, luego un tranvía y por fin, desde el centro de la ciudad, el subterráneo, que los porteños llaman subte casi como si le tuvieran miedo a la palabra completa y quisieran neutralizarla con un corte desacralizador. Hoy sé que el trayecto en subte no duraba más de veinte minutos, pero entonces lo vivía como un interminable viaje en el que todo era maravilloso desde el instante de bajar las escaleras y entrar en la penumbra de la estación, oler ese olor que sólo tienen los metros y que es diferente en cada uno de ellos. Mi abuela me llevaba de la mano (su traje negro, su sombrero de paja con un velo que le cubría la cara, su invariable ternura), y había esos minutos en el andén en que yo veía la hondura del túnel perdiéndose en la nada, las luces rojas y verdes.

De "Bajo nivel" (1980)

Abono mensual de transporte

Susana Rinaldi

Texto inédito escrito en 1976 para un espectáculo de Susana Rinaldi

Vos quisieras otra cosa de mi voz. A lo mejor porque te suenan lo mismo: vos y voz.

El amor te acostumbró a pedir y a esperar, a pedir lo que esperabas y a esperar lo que pedías. Mi cuerpo atado al tuyo en una lenta interminable saga de batallas recurrentes, en una duración fuera de todo día y toda noche, llegaste a creer que estos ojos sólo lloraban para vos, por vos, que esta garganta sólo cantaba porque tu cuerpo atado al mío era un ávido escuchar, un latente recinto donde todo lo mío quedaba aprisionado en redes de caricias, en el lento egoísmo sedoso de los besos y las ceremonias de las pieles desnudas.

Cuánto te equivocabas, carcelero sonriente, cómo desconociste que mi voz no eras vos, que si nació de un rojo círculo entre quejas y murmullos, abriéndose paso en la maraña que tejían nuestras manos y nuestras piernas y nuestros dientes, su razón y su salto se desgajaban de esos lechos, de esas horas, de esos rituales de humedad y fiebre en que nos anegábamos buscando la cifra total, yendo a las citas últimas. ¿Cuándo comprenderás que mi canto es una sed que corre más allá de nuestros brazos? ¿Cuándo aprenderás a ver el mundo entre dos cuerpos, el horizonte entero entre dos besos?

No te renuncio, amor. Mi voz es tuya, por eso es de los otros, porque los otros somos vos y yo, los otros son y deben ser por eso, porque siempre son vos y yo, porque somos los otros y ellos son nosotros, y mi canto es ellos y es vos y en ellos y en vos estoy yo, y el canto es como un vos que fueran todos y es como si todos fueran vos y yo. Comprendé, creo que canto porque te amo, pero no quieras otra cosa de mi voz, no la

quieras solamente para vos. Se moriría, mi amor, se moriría como un pajarito, como un pasto de la pampa, como esa nube que estamos viendo deshilacharse mientras nos besamos, mientras tu cuerpo se ata a mi cuerpo como si una vez más quisiera arrancarme a todo para vivir una única ola, un único trago de vino, un único doble grito en lo más hondo del encuentro y de la sangre. Necesito que lo sepas, que lo envuelvas en tu mano como envolvés mi pelo para *hundirme en* tu violenta ternura. Yo canto para ríos de hombres, para trigales humanos, para un tiempo convulso y desdichado que necesita beber a ratos un agua de conciliación, un tango de encuentro. No tengas celos de un pueblo, no sufras porque voy hasta la ventana para cantar y te dejo atrás, tan desnudo y tan hermoso, mojado todavía de nuestra interminable fiebre. Escuchá vos también. Porque también para vos cantaré siempre.

Con Susana Rinaldi en París, 1976

Tango

Silbar viejos tangos centrados en melancólicos destinos de ida o de venida es una de mis muchas maneras de seguir estando en Buenos Aires, sobre todo ahora que ya no puedo volver y que por razones nada tangueras pero igualmente tristes me siento amurado en una de las dos puntas del ovillo, en uno de los dos inmensos espejos donde siempre se jugó el vaivén de mi corazón. Silbar viejos tangos me ayuda tanto a vivir como en otros momentos un tema de Bix Beiderbecke o de Ellington o de Charlie Parker o de Jacques Brel. Hay esos días que te caen como un gato desde la azotea y te arrasan la cara como un diluvio de zarpazos; entonces, en cualquier esquina de la noche, encendés otro cigarrillo y el silbido nace solo, se los escucha como si fuera otro el que silba mientras se camina con las manos en los bolsillos, a veces *Flores negras*, a veces *Save it, pretty mama*, a veces *Le Pays* (un poco mío puesto que en él nací). También yo puedo murmurar entre dos pitadas: "Cómo habrá cambiado tu calle Corrientes", pero es un murmullo tan diferente del de Gardel: se acabaron los viajes de entonces, el París de las luces y las fiestas para criollos seguros de sí mismos; otro tipo de anclados vegeta hoy en la vaga espera de que los vientos cambien, y es cierto que cambiarán pero vaya a saber si a tiempo para ellos; cada vez que la noche me agarra silbando en la calle, pienso que en otros barrios, en otras esquinas de aquí y de allá hay otra gente que también lo silba, que también se consuela malamente antes de volverse al bulín y al sueño.

De Monsieur Lautrec

Antigua carta de precios del café-concierto de París especializado en tango que tomaba el nombre del poema de Cortázar "Veredas de Buenos Aires" musicalizado por Juan Cedrón

Con Edgardo Cantón y Juan "Tata" Cedrón en París, octubre de 197

TOIRS DE BUENOS AIRES

ALCOOLS

CACHACA		COGNAC	
THOQUINO	60	REMY MARTIN	65
		HENNESSY VS	60
GINS		MARTELL VS	60
CHAPMAN	55	ARMAGNAC	65
GORDON'S	60		
TANQUERAY	65	WHISKY	
		JOHNNY WALKER	55
VODKA		J&B	55
POLIAKOV	55	CHIVAS	65
WYBOROWA	60	JACK DANIEL'S	60
ZUBROWKA	65	WILLIAM PEEL	60
ABSOLUT	65	CANADIAN CLUB 6 ans	60
TEQUILA		MALT	
CUERVO	55	GLENFIDDISH	60
CUERVO GOLD	60	GLENMORANGIE	60
SAUZA SILVER	55	CARDHU	65
SAUZA GOLD	55	GLEN ROGERS 8 ans	55
HORNITOS	55		
COMMEMORATIVO	60	IRISH WHISKY	
TROIS GENERATIONS	65	JAMESON	55
		PADDY	65
MEZCAL			
BRONCO	60	BOURBON	
DONAJI	65	FOUR ROSES	60
		OLD GRAND DAD	65

PARTICIPATION AU SPECTACLE

22 H 30	100 F
0 H 30	60 F

"Gosse, on l'appelait trottoir
et ça lui plaisait qu'on l'aime.
Le temps venu je suis parti très loin
mais je n'ai pas oublié les trottoirs.
Jusqu'à quand devrais-je errer
avant de les revoir."

Julio Cortazar

Tarjetas

Girama Woman
Femme Giriama.
Giriama Frau.

Auerdo Ricardo : 18/2/77

La postal es para que veas que vale la pena pasar un mes y medio en Kenia, pais maravilloso. # Tus fechas caen mal para mí : del 21 a fin de mes (febrero) estaré en España. ¿No podés venir a comienzo de marzo?) ((Vos podrías contestar : "¿No podés ir a España 8 días después??)). Por las dudas, mi teléfono: 236-4970. Ojalá nos veamos. No tengo contacto con Haudke, ni siquiera sabía que estoy aquí, mire lo que es la ignorancia.

Hasta pronto, ojalá, un abrazo,
Juli

Edition East Africa, 1337.
Copyright by : Frank Ltd, P.O. Box 81 133, Mombasa Kenya.

Espero que admires con qué majestad me apoyo en el bastón.

(Y el chiste involuntario de un francés ignorante : "Sentad..... Sitting Bull" !!

AUTOUR DE BUFFALO BILL, DEBOUT CREW AEGLE ET JULIO CORTAZAR. ASSIS, JULIO SILVA, SITTING BULL ET JOHNNY BAKER

Tarjetas postales inéditas

A B C D E F G H I J K L M N O P Q R S T U V W X Y Z

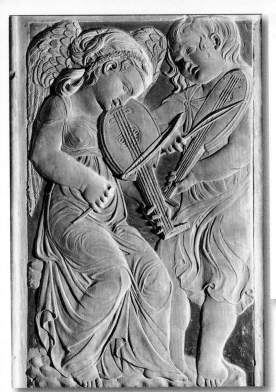

RIMINI - Tempio Malatestiano
Cappella di S. Michele: Angeli Musicanti
(Agostino Di Duccio)
Le Temple Malatestiano: Chapelle St. Michel
Anges Musiciens (Agostino Di Duccio): Chapelle St. Michel
Malatestiano Temple: St. Michael Chapel
Musician Angels (Agostino Di Duccio)
Malatestiano Tempel: He. Michael Kapelle
Musikeren Engelen (Agostino Di Duccio)

900

Vera Fotografia - Riprod. vietata

*Queridos Ricardo y Diny,
gracias por el cordial envío,
y muchas felicidades que
les desea su amigo*

Julio

*Si entendés la foto, diez puntos. En
todo caso tu peregrinaje joyciano
me hizo pasar un buen rato, a
la vez que lamenté el nuevo
(¿y cuántos van?) desencuentro
parisiense. Gracias por el Robinson
en holandés, me alegro de que Barte
lo haya traducido.
Tomo sol y vino blanco en las
Baleares. Buenas vacaciones para
ustedes también.
Abrazo Julio*

DOMINGUEZ - MADRID
reproducción prohibida
POSTALES
ESCUDO DE ORO
REGISTRO INTERNACIONAL
(Txerrepo)

Tarjetas postales inéditas

*Querido Ricardo: Me divertí
mucho con la cassette de
Robinson, y te agradezco la
gentileza de enviármela.
A partir de enero estaré bastante
"fijo" en París. Si venís, avisá
con tiempo para vernos.
Un abrazo
Julio
Espero que te guste esta foto.*

PARIS - PASSE QUI S'EN VA
5.5 - Petits plaisirs parisiens
François NUGERON
113ter, av. Charles de Gaulle · 92 NEUILLY
Reproduction interdite · Fabrication française
Tous droits réservés

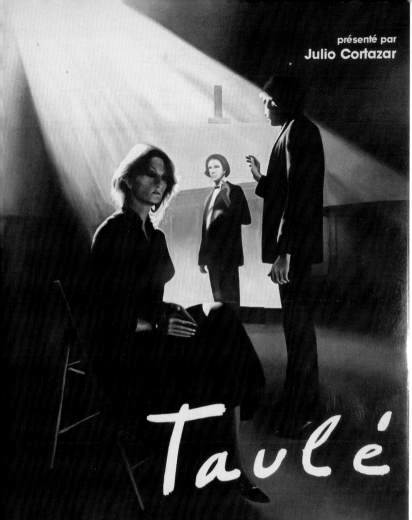

présenté par
Julio Cortazar

Taulé

Taulé

Taulé me mostró sus cuadros porque tenía que hacer un catálogo y me preguntó si le quería hacer un texto. Yo vi los cuadros y le dije: "Mirá, quiero hacerte el texto, porque me fascinan tus cuadros. No sé si vendrá o no, pero...". Él me dio una serie de reproducciones y yo hice como hago siempre (lo acabo de hacer con Luis Tomasello): puse todas las reproducciones en una pared, clavadas con chinches. Las fotos eran grandes, en color. Y dejé pasar el tiempo, diez, quince días, y mientras leía, entraba o salía, los miraba. Y de golpe –ése es el "de golpe" que deja insatisfecho al lector de este libro y de tantos libros–, de golpe, porque yo no puedo explicar eso, estaba yo en la máquina viendo la llegada de una mujer a un pueblo que yo sitúo en el sur de Francia, en la Provenza, su visita al museo y ahí empieza la cosa.

De Omar Prego: La fascinación de las palabras

Laboratoire de lumière, París,
Cesare Rancilio, 1981

Con Carol Dulop
y Antoni Taulé,
París, FIAC, 1981

Teatro

Aquí tienes, quiero decir aquí tenés, el texto sobre Juan Fernández [*Adiós, Robinson*].

Quiero decirte lo siguiente: jamás he escrito teatro y mucho menos piezas radiofónicas. Por consiguiente, vas a encontrar muy probablemente una considerable cantidad de torpezas, ingenuidades e imposibilidades de orden técnico. Desde ya queda en tus manos adaptar la cosa a su forma radiofónica, y de ninguna manera debés considerarla como algo monolítico o definitivo.

Pienso que la idea es buena, y que debidamente ajustada a los parámetros de la radio alemana, puede marchar. En todo caso he hecho lo que podía, y desde luego espero tu opinión y tus críticas.

De una carta a Ricardo Bada, 5 de septiembre de 1977

Te vas a divertir: resulta que hace más de treinta años, en un viaje en barco, escribí una pieza de teatro [*Nada a Pehuajó*] que quedó en un cajón olvidada, pues el teatro me resulta difícil y eso siempre me pareció un ensayo. Últimamente una amiga suiza, que es actriz, vio ese texto, lo tradujo al francés, y después de varias vueltas resulta que lo están traduciendo en alemán y que un gran director brasileño, Augusto Boal, la va a presentar en Graz, que es la segunda ciudad de Austria. Yo me divierto con la idea de lo que será eso; a lo mejor queman el teatro, a lo mejor les gusta... Es una pieza completamente loca, escrita por alguien que no sabe nada de teatro; pero ellos son gente del oficio, y si la llevan adelante por algo será...

De una carta a la madre, 1 de agosto de 1983

Primera página de Dos juegos de palabras

DOS JUEGOS DE PALABRAS

I.- PIEZA EN TRES ESCENAS

II.-TIEMPO DE BARRILETE

A Leonora Carrington
A Petrushka
A Federico García Lorca
A "The Man who came to Dinner"
A Benjamin Péret
A Jean Cocteau

Primera página de la pieza de radioteatro Adiós, Robinson

ADIÓS, ROBINSON

Pienso que el locutor debe reseñar en muy pocas frases lo esencial del tema: Daniel Defoe/Alejandro Selkirk/Robinson/Viernes.

El leit-motiv podría ser Solitude (Duke Ellington).

Ruido deavión que desciende

Robinson (excitado).-¡Mira, mira, Viernes!¡La isla!¡La isla!
Viernes.-Sí, amo (A la palabra "amo" sigue una risita instantánea y como para sí mismo, apenas una indicación de risa contenida).
Robinson.-¿Ves la ensenada? ¡Mira, allá, allá!¡La reconozco! ¡Allí desembarcaron los caníbales, allí te salvé la vida!¡Mira, Viernes!
Viernes.-Sí, amo (risita), se ve muy bien la costa donde casi me comen esos caníbales malos, y eso solamente porque un poco antes mi tribu había querido comérselos a ellos, pero así es la vida, como dice el tango.
Robinson.-¡Mi isla, Viernes, vuelvo a ver mi isla!¡Reconozco todo a pesar de los cambios, todo! Porque como cambios, los hay.
Viernes.-Oh sí, como cambia, amo (risita). Yo también reconozco la isla donde me enseñaste a ser un buen esclavo. Allí se ve el lugar donde estaba tu cabaña.
Robinson.-¡Dios mío, hay un rascacielos de veinticuatro...no, espera, de treinta y dos pisos!¡Qué maravilla, Viernes!
Viernes.-Sí, amo (risita).
Robinson.- Dime un poco, ¿por qué cada vez que te diriges a mí te ríes? Antes no lo hacías, sin contar que yo no te lo hubiera permitido, pero de un tiempo a esta parte...¿Se puede saber qué tiene de gracioso que yo sea tu amo, el hombre que te salvó de un destino horroroso y te enseñó a vivir ei como un ser civilizado?
Viernes.-La verdad, no tiene nada de gracioso, amo (risita). Yo tampoco comprendo muy bien, es algo completamente involuntario, créeme. He consultado a dos psicoanalistas, uno freudiano y el otro junguiano para doblar las chances como hacemos en el hipódromo, ypara mayor seguridad me hice examinar por una eminencia de la contra-psiquiatría. Dicho sea depaso, éste fue el único que aceptó sin dudar que yo fuera Viernes, el de tu libro.
Robinson.-¿Y cuálfue eldiagnóstico?
Viernes.-Todavía está en procesamiento electrónico en Dallas, perox según me informó Jacques Lacan el otro día, se puede

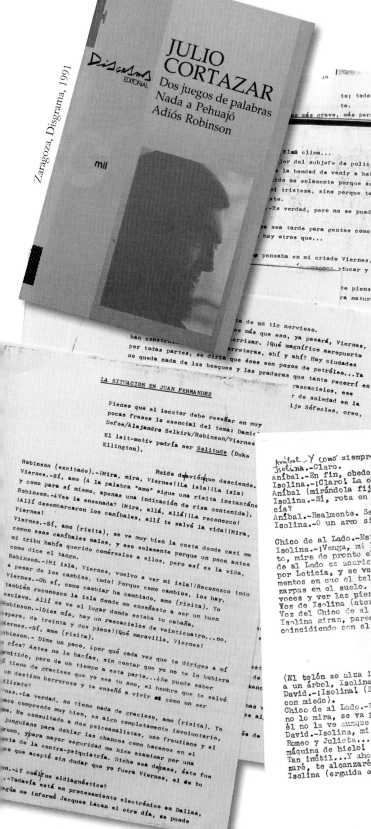

JULIO CORTAZAR
Dos juegos de palabras
Nada a Pehuajó
Adiós Robinson

mil

Zaragoza, Disgrama, 1991

LA SITUACION EN JUAN FERNANDEZ

Pienso que el locutor debe reseñar en muy pocas frases lo esencial del tema: Danie... Defoe/Alejandro Selkirk/Robinson/Viernes... El leit-motiv podría ser Solitude (Duke Ellington).

Robinson (excitado).-¡Mira, mira, Viernes! Ruido de avión que desciende.
Viernes.-Sí, amo (A la palabra "amo" ¡La islalila isla! y como para sí mismo, apenas una indicación de risa contenida).
Robinson.-¿Ves la ensenada? ¡Mira, allá, allí!¡La reconozco! ¡Allí desembarcaron los caníbales, allí te salvé la vida!¡Mira, Viernes!
Viernes.-Sí, amo (risita), se ve muy bien la costa donde casi me comen esos caníbales malos, y eso solamente porque un poco antes mi tribu había querido comérselos a ellos, pero así es la vida, como dice el tango.
Robinson.-¡Mi isla, Viernes, vuelvo a ver mi isla!¡Reconozco todo a pesar de los cambios, todo! Porque como cambios, los hay.
Viernes.-Oh sí, como cambiar ha cambiado, amo (risita). Yo también reconozco la isla donde me enseñaste a ser un buen esclavo. Allí se ve el lugar donde estaba tu cabaña.
Robinson.-¡Dios mío, hay un rascacielos de veinticuatro...no... espera, de treinta y dos pisos!¡Qué maravilla, Viernes!
Viernes.-Sí, amo (risita).
Robinson.-Dime un poco, ¿por qué cada vez que te diriges a mí... ríes? Antes no lo hacías, sin contar que yo no te lo hubiera permitido, pero de un tiempo a esta parte...¿Se puede saber qué tiene de gracioso que yo sea tu amo, el hombre que te salvó un destino horroroso y te enseñó a vivir como un ser...lizado?
...nes.-La verdad, no tiene nada de gracioso, amo (risita). Yo poco comprendo muy bien, es algo completamente involuntario. ...e. He consultado a dos psicoanalistas, uno freudiano y el ...junguiano para doblar las chances como hacemos en el ...romo, ypara mayor seguridad me hice examinar por una ...cia de la contra-psiquiatría. Dicho sea depaso, éste fue ...co que aceptó sin dudar que yo fuera Viernes, el de tu...
...on.-¿Y cuál fue eldiagnóstico?
...-Todavía está en procesamiento electrónico en Dallas.
...gún me informó Jacques Lacan el otro día, se puede

-11

Aníbal.-Y como siempre, la culpa...
Isolina.-Claro.
Aníbal.-En fin, obedeceremos, ¿verdad? Por ejemplo, ¿tiraste la cajita azul?
Isolina.-¡Claro! La obediencia ante todo. Total, estaba vacía.
Aníbal (mirándola fijamente).-¿Así que la tiraste?
Isolina.-Sí, rota en cinco mil pedacitos azules. ¿Para qué sirve una caja vacía?
Aníbal.-Realmente. Sería como un barrilete sin hilo.
Isolina.-O un arco sin alambre. (Se miran.)
(Entra el Chico de al Lado).
Chico de al Lado.-Estoy sumamente deprimido.
Isolina.-¡Venga, mi lindo, mi muñeco! (Lo mima. Aníbal, que parece muy inquieto, mira de pronto el matorral de la izquierda. Mientras Isolina y el Chico de al Lado se acarician, levanta con cuidado el palo de sándalo abandonado por Leticia, y se va con él. Isolina y el Chico de al Lado se besan. En momentos en que el telón desciende lentamente, se oye un ruido seco, como el zarpas en el suelo. El telón baja hasta un punto que sólo permite oír las voces y ver las piernas de los actores).
Voz de Isolina (atorrada).-¡Aníbal, An..!
Voz del Chico de al Lado.-¡Aaah! (Se ven sus piernas huyendo. Los pies de Isolina giran, parecen danzar, uno de ellos se alza, y luego cae el telón coincidiendo con el golpe sordo de su cuerpo en el suelo.)

ESCENA VIII.-La misma

ISOLINA, ISOLINA, DAVID.

(El telón se alza inmediatamente. En el suelo, el cuerpo de Isolina. Subida a un árbol, Isolina con la cara muy blanca. Entra David, tambaleándose.)
David.-¡Isolina! (Se arrodilla junto al cuerpo. Entra el Chico de al Lado, con miedo.)
Chico de al Lado.-Estaba conmigo, y la picó una mancuspia. (Al ver que David no lo mira, se va paso a paso. Isolina le saca la lengua desde el árbol, pero él no la ve aunque sus ojos miran en esa dirección. Sale).
David.-Isolina, mi pobre cosa querida...(Le da un hipo convulsivo).-Como en Romeo y Julieta...Sí, ese helado de crema...¿Qué hábil repostera hacías, oh máquina de hielo! (Se lleva las manos al estómago) Yo quería quedarme para. Tan inútil...Y ahora vas delante, me ganas por cinco minutos...¡Ah, te alcanzaré, te alcanzaré! (Muere.)
Isolina (erguida en el árbol, con una voz terrible).-¡Nunca!

TELON

M.S. "ANNA C", abril de 1950.

Última página de *Dos juegos de palabras*

Técnica

Para una técnica de relato.

Empezó a llover afectuosamente.

Les sirvieron la cena, lisa y limpita. Al rato los dos estaban como espejos. Nada pasaba en el muro que no rebotara y se hiciera gesto, risa, pavoneo, mohín, rascarse la cabeza, aceituna rellena.

Empezó a llover afectuosamente.

Les sirvieron la cena, lisa y limpita. Al rato los dos estaban como espejos. Nada pasaba en el muro que no rebotara y se hiciera gesto, risa, pavoneo, mohín, rascarse la cabeza, aceituna rellena.

(Texto inédito)

Teléfonos

Mordiendo el auricular
de un teléfono, París, 1958

Los descubrimientos importantes se hacen en las circunstancias y los lugares más insólitos. La manzana de Newton, mire si no es cosa de pasmarse. A mí me ocurrió que en mitad de una reunión de negocios pensé sin saber por qué en los gatos –que no tenían nada que ver con el orden del día– y descubrí bruscamente que los gatos son teléfonos. Así nomás, como siempre las cosas geniales.

Desde luego un descubrimiento parecido suscita una cierta sorpresa, puesto que nadie está habituado a que los teléfonos vayan y vengan y sobre todo que beban leche y adoren el pescado. Lleva su tiempo comprender que se trata de teléfonos especiales, como los *walkie-talkies* que no tienen cables, y además que también nosotros somos especiales en el sentido de que hasta ahora no habíamos comprendido que los gatos eran teléfonos y por lo tanto no se nos había ocurrido utilizarlos.

Dado que esta negligencia remonta a la más alta antigüedad, poco puede esperarse de las comunicaciones que logremos establecer a partir de mi descubrimiento, pues resulta evidente la falta de un código que nos permita comprender los mensajes, su procedencia y la índole de quienes nos los envían. No se trata, como ya se habrá advertido, de descolgar un tubo inexistente para discar un número que nada tiene que ver con nuestras cifras, y mucho menos comprender lo que desde el otro lado puedan estar diciéndonos con algún motivo igualmente confuso. Que el teléfono funciona, todo gato lo prueba con una honradez mal retribuida por parte de los abonados bípedos; nadie negará que su teléfono negro, blanco, barcino o angora llega a cada momento con un aire decidido, se detiene a los pies del abonado y produce un mensaje que nuestra literatura primaria y patética translitera estúpidamente en forma de *miau* y otros fonemas parecidos. Verbos sedosos, afelpados, adjetivos, oraciones simples y compuestas pero siempre jabonosas y glicerinadas forman un discurso que en algunos casos se relaciona con el hambre, en cuya oportunidad el teléfono no es nada más que un gato, pero otras veces se expresa con absoluta prescindencia de su persona, lo que prueba que un gato es un teléfono.

Torpes y pretenciosos, hemos dejado pasar milenios sin responder a las llamadas, sin preguntarnos de dónde venían, quiénes estaban del otro lado de esa línea que una cola trémula se hartó de mostrarnos en cualquier casa del mundo. ¿De qué me sirve y nos sirve mi descubrimiento? Todo gato es un teléfono pero todo hombre es un pobre hombre. Vaya a saber lo que siguen diciéndonos, los caminos que nos muestran; por mi parte sólo he sido capaz de discar en mi teléfono ordinario el número de la universidad para la cual trabajo, y anunciar casi avergonzadamente mi descubrimiento. Parece inútil mencionar el silencio de tapioca congelada con que lo han recibido los sabios que contestan a ese tipo de llamadas.

"Cómo se pasa al lado", en Un tal Lucas

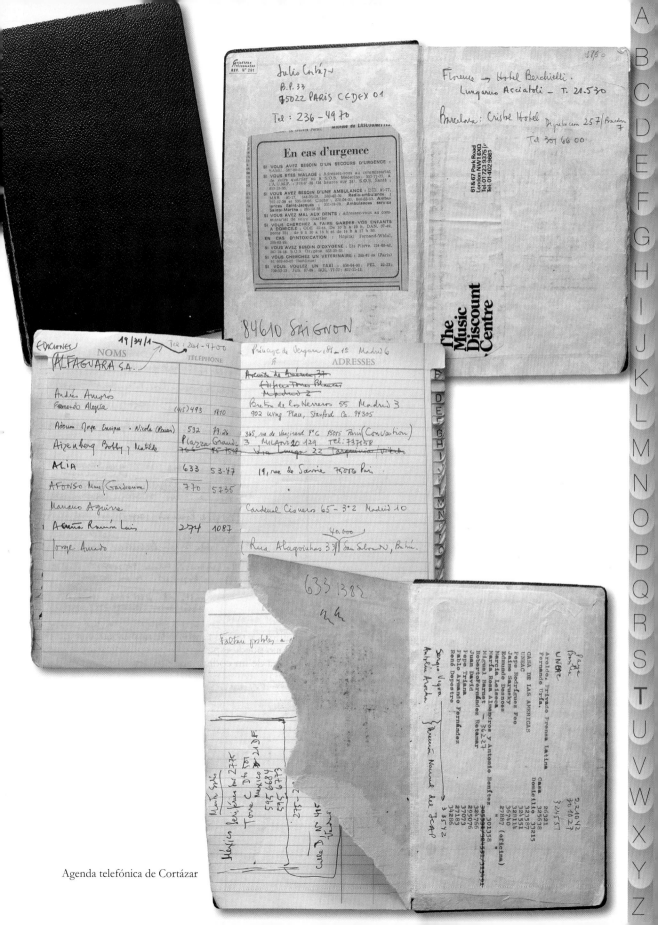

Agenda telefónica de Cortázar

Teodoro

... mi mujer y yo vimos llegar a Teodoro por
el sendero que baja al ranchito y era un gato
sucio y canalla, negro debajo de la ceniza
polvorienta que mal le tapaba las matadu-
ras, porque Teodoro con otros diez gatos de
Saignon vivía del vaciadero de basuras como
cirujas de la quema, y cada esqueleto de aren-
que era Austerlitz, los Campos Cataláunicos
o Cancha Rayada, pedazos de orejas arrancadas, colas sangrantes, la vida de un gato libre.
Ahora que este animal era más inteligente, se
vio en seguida cuando nos maulló desde la
entrada, sin dejar que nos acercáramos pero
dando a entender que si le poníamos leche
en una aceptable *no cat's land* condescendería
a bebérsela. Nosotros cumplimos y él entendió que no éramos despreciables; salvamos
por mutuo acuerdo tácito la zona neutraliza-
da, sin tanta Cruz Roja y Naciones Unidas,
una puerta quedó entornada con dignidad
para no ofender orgullos, y un rato después
la mancha negra empezó a dibujar su espiral
cautelosa sobre las baldosas rojas del líving,
buscó una alfombrita cerca de la chimenea,
y yo que leía a Paco Urondo escuché por ahí
el primer mensaje de la alianza, un ronroneo
confianzudo, entrega de cola estirada y sueño
entre amigos. A los dos días me dejó que lo
cepillara, a la semana le curé las matadura
con azufre y aceite.

De "La entrada en religión de Teodoro W. Adorno",
en Último round

Teresa

    Aquí tenemos a Teresa y su robusto
marido, viéndolos repetir en París las ex-
clamaciones, los silencios, los errores, los
descubrimientos y los entusiasmos que todos hemos vivido en nuestro primer viaje a
Europa. Por desgracia para ellos, están mal
preparados intelectual y estéticamente, y no
pueden saborear lo que otros alcanzan de entrada o al poco tiempo. Pero no importa; son
jóvenes y alegres (¡qué viejos nos sentimos
Glop y yo a su lado!) y se divierten como
cachorros.

De una carta a Eduardo Jonquières, 6 de
marzo de 1957

París, 1957;
con Teresa Bernárdez,
Jorge Bonesatti y Aurora Bernárde.

México, Siglo XXI, 1978

Julio Cortázar

TERRITORIOS

País llamado Alechinsky / Homenaje a una joven bruja /
Paseo entre las jaulas / De otros usos del cáñamo /
Reunión con un círculo rojo / El blanco, el negro /
Un Julio habla de otro / Diez palotes surtidos diez /
Constelación del Can / Estrictamente no profesional /
Traslado / Las grandes transparencias / La alquimia,
siempre / Diálogo de las formas / Yo podría bailar ese
sillón, dijo Isadora / Poesía permutante / Carta del
viajero /

siglo
veintiuno
editores

Territorios

Estoy trabajando con Julio Silva en la recopilación de unos cuantos textos –dieciocho o diecinueve– que a lo largo de los años fui escribiendo como un trabajo paralelo a la obra de amigos artistas, algunos de los cuales ya han muerto. No se trata de críticas, puesto que no soy crítico de arte, sino de trabajos paralelos que entonces me inspiraban cuadros, o esculturas o fotografías. El resultado de todo eso será un libro con ilustraciones, grabados, reproducciones. En estos días Julio Silva terminó las maquetas y yo de preparar los textos que voy a enviar a México, donde creo que antes de fin de año lo publicará Siglo XXI Editores. Todavía el libro no tiene título, puesto que no lo encuentro, pero ya vendrá.

De Osvaldo Soriano: "Julio Cortázar frente al canibalismo"

Tito

TITO MONTERROSO
París, 17 junio 77

ADULA SOL O JULIO HOY LUJO LO SALUDA*

En respuesta a tu carta del 29 de junio de 1968 (recibida en México a su tiempo, o sea ayer, como decía Fray), y con referencia a tu amable ofrecimiento de enviarme copia de palindromo genérico producido por supuesto belga, me honro enviándote XEROX de palindromo de Darío Lancini, que a lo mejor ya conoces pero no importa. El palindromismo crece. He propuesto que Albert O. Hirschman, tremendo economista de Harvard y amigo (ojo a su seudónimo con el que publicó palindromos suyos en el *New Yorker*: DR AWKWARD), tú y yo,** formemos una Sociedad Mundial de palindromistas dedicada a fomentar estas tonterías. Saludos a U.

* Falso
ACÁ SÓLO TITO LO SACA
Tito Balcárcel y Bárbara de Monterroso*

* de paso por aquí en viaje de regocijo vagamente nupcial.

** ¿Quién otro, Dios mío?

Carta inédita

281

Con Augusto "Tito" Monterroso

Todos los fuegos el fuego

El libro te está dedicado, y es una melancólica alegría y una curiosa extrañeza para mí que la segunda vez que dedico un libro, sea también a alguien que se llama Francisco. El primero fue un compañero de estudios y mi mejor amigo; murió en 1941, llevándose con él lo mejor de mí; dedicarle *Bestiario*, que él había visto hacerse, fue el vino y la leche que se vierte en las tumbas de los amigos jóvenes. Hoy, a tantos años, le ofrezco este libro a otro Paco, por suerte vivo, por suerte maravillosamente vivo. Nadie merece más esta dedicatoria; si el libro no te desencanta, me sentiré muy feliz de que sea tuyo. Pero que eso no borre tu sentido crítico; estamos a tiempo para todo, incluso para rehacerlo o no publicarlo. Seguí mereciendo la dedicatoria incluso después de conocida.

De una carta a Paco Porrúa, 25 de agosto de 1965

Buenos Aires,
Sudamericana,
1966

Tomasello

La complicidad sutil y como displicente de Luis Tomasello juega a ordenar lo desordenado, a peinar minuciosamente la cabellera de la luz, pero por debajo de esta disciplina hay el placer de liberar, en pleno rigor geométrico y plástico, algo como las emociones de la materia, su murmullo azul o naranja. Y ello sin necesidad del movimiento o del estímulo de fuentes externas; como en cualquier encuentro fortuito y feliz de elementos favorables, basta que la luz llegue a los nichos, a las colmenas aparentemente frías y austeras, para que un temblor de vida se difunda en el espacio contiguo y lo arrastre a su danza incontenible. Este alquimista no ha buscado congelar la luz en materia preciosa sino precisamente lo contrario: un objeto sólido e inmóvil se dilata en luz y color, tiembla en el espacio, late con el mismo corazón del que lo está mirando.

De "La alquimia siempre", en Territorios

Obra de Tomasello que fue de Cortázar

282

Torres Agüero

Cuadro de Torres Agüero que fue de Cortázar

Con un sutil artificio de rampa de lanzamiento, la pintura de Leopoldo Torres Agüero nos proyecta fuera de tanta monótona gravedad cotidiana para instalarnos en una órbita donde la amistad entre el espacio, la línea y las hormigas es posible, donde diminutos guantes de fieltro escriben inmovilizados y velocísimos un mensaje que va de rama en rama y de hongo en hongo; mensaje para nadie y quizá por eso para todos, ya que su eficacia nace justamente del esquivo azar que la sensibilidad suscita y favorece sin otro fin que el líquido caer de la gaviota sobre su ala, la danza en torno al arca, la misteriosa migración de las polillas en los plenilunios.

De "Leopoldo Torres Agüero", texto recuperado en Papeles inesperados

on Leo Torres Agüero y Jorge Milchberg, del grupo Los Incas, París, noviembre de 1974

A B C D E F G H I J K L M N O P Q R S T U V W X Y Z

Traducir

Los derechos de autor llegan o no llegan, pero si llegan es casi siempre tarde, razón por la cual un escritor que no sea hijo de *sheik* petrolero o de Henry Ford III pasa buena parte de su vida ganándosela como puede. (Falencias de la lengua: ¿por qué no "torcidos de autor", por qué no "perdiéndosela"? Obstinada hipocresía de ese vocabulario cómplice de la sociedad en lo que tiene de peor, sepulcros blanqueados de tres o cinco sílabas.)

En fin, quiero decir que como nunca esperé derechos de autor (y tal vez por eso acabaron por llegarme, consejo indirecto a muchos jóvenes ansiosos), pasé buena parte de mis ya copiosos lustros traduciendo libros, partidas de nacimiento, patentes, facturas consulares e informes del director general de la Unesco, estos últimos en colaboración con diversos y jocundos colegas catalanes, ecuatorianos, argentinos, vascos y gallegos. Trujamán silencioso, en mi juventud viví tiempos de delicia mientras traducía libros como *Mémoires d'Hadrien*, de Marguerite Yourcenar, o *L'immoraliste*, de André Gide, y años después los pagué con jornadas de horror o de letargo frente a los informes de algunos expertos de las Naciones Unidas en las esferas (ellos lo escriben así) de la sociología/alfabetización/regadío/medios masivos de comunicación(sic)/biblioteconomía/reactores atómicos de agua pesada, etc., que en general merecían su denominación de "informes" pero en segunda acepción.

De *"Translate, traduire, tradurre:* traducir*"*

Algunas de las obras traducidas por Cortáza

julio cortazar
max-pol fouchet
leonardo nierman

Transparencias

Territorio de Leonardo Nierman

Casi todos los cuadros de este pintor mexicano despiertan en mí la maravilla de la infancia, cuando bastaba mirar a través de una bola de cristal o un cuerpo translúcido para ver abrirse una tierra de nadie donde cualquier aventura de la imaginación era posible. Mi texto es una tentativa recurrente, una ansiedad por volver a vivir el vértigo de la transparencia.

De Territorios

...reenwich (Connecticut), Lublin Graphics, 1975

Trompeta

... he pasado largas horas soplando en mi trompeta para horror de los vecinos, pues eso constituye mi más segura manera de entrar a fondo en cualquier cosa que me interesa de verdad y que quiero conocer por dentro.

De una carta a Paco Porrúa,
18 de agosto de 1964

... sigo haciendo progresos con mi trompeta, y ya los vecinos no se quejan. Aurora sospecha que es porque ya no queda ninguno.

De una carta a Sara y Paul Blackburn,
17 de diciembre de 1964

A medida que perfecciono mi técnica de la trompeta, más me gusta la música y menos la literatura.

De una carta a Paco Porrúa,
6 de abril de 1967

En la trompeta he conseguido llegar al sol natural sobreagudo sin que vuelen por el aire pedazos de pulmón.

De una carta a Paco Porrúa,
22 de mayo de 1967

A B C D E F G H I J K L M N O P Q R S T U V W X Y Z

Túnel

Por mi parte pasé unas vacaciones bastante abúlicas, tomando sol y coca-cola (bebida infecta) y leyendo el *Ulysses*. Trabajo bastante en lo mío, he escrito y terminado *Los reyes*, de que le hablé –creo– en otra anterior, y adelanto un ensayo sobre la literatura contemporánea que quizá valga alguna cosa.

De una carta a Sergio Sergi, 5 de marzo de 1947

Genyfr mío (no daba Austin)

JULIO CORTÁZAR

TEORÍA DEL TÚNEL

Notas para una ubicación del surrealismo y el existencialismo

1947.

Ugné

Ya sabrás por diversos teléfonos árabes que Ugné y yo nos separamos; esto, que entra en cuatro palabras, no entra tan fácilmente en la realidad; hay el antes, el durante y el después. Desde el después te escribo, afortunadamente; supongo que ella también podrá hablarte algún día, las medallas tienen cara y cruz y es justo que los amigos conozcan los dos lados. No soy hombre confidencial, lo sabes, y te evito detalles; digamos que lo de siempre, incompatibilidades cada vez más manifiestas, de las que se desprende la infelicidad, la agresión, lo inútil de prolongar algo que fue bello y ha dejado de serlo. ¿Culpas? De los dos y de ninguno. ¿Versiones? Escucharás toda una suite. Te repito, no tiene sentido ir más allá de los hechos; mi esperanza es salvar la amistad y el respeto, poder seguir encontrándome con Ugné y sentirme bien cerca de ella.

De una carta a Ariel Dorfman,
10 de octubre de 1978

Con Claude Gallimard, Ugné Karvelis, José Lezama Lima,
Colette Duhamel y José Triana, La Habana, 1976

Último round

Me alegró su carta, que llegó en buen momento a mi ranchito del sur de Francia. Acababa de terminar la corrección de las pruebas de *Último round*, un librito que aparecerá a fin de año en México y Buenos Aires, y que de alguna manera continúa (y concluye, como lo insinúa el título) *La vuelta al día...* Sin duda la "novela" de que le han hablado es ese libro; aunque hay allí de todo, como en el primero, pienso que le gustará encontrar una gran cantidad de poemas –viejos y nuevos–, así como cuatro cuentos bastante largos; el resto es ensayos, historias de locos, pequeñas aventuras imaginarias, ejercicios de estilo, experiencias, todo lo que pueda admitir y reclamar un libro-almanaque.

De una carta a Graciela de Sola, 24 de agosto de 1969

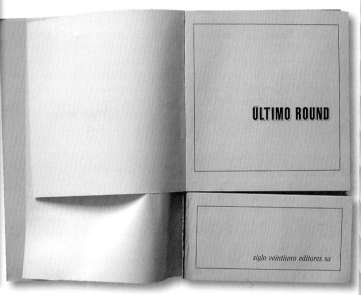

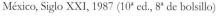
México, Siglo XXI, 1987 (10ª ed., 8ª de bolsillo)

México, Siglo XXI, 1969

Unesco

Aurora está muy bien, y trabaja conmigo en la Unesco, a pesar de que el reglamento lo prohíbe. Ocurre así: el reglamento lo prohíbe, y la llaman lo mismo, pero advirtiéndole que el reglamento lo prohíbe. Aurora agacha la cabeza, se resigna, piensa que si el reglamento lo prohíbe, será la última vez que la llamen… Y entonces recibe un neumático veloz, llamándola. Acude muy asombrada, y le hacen saber que el reglamento prohíbe que trabaje en la Unesco, pero que por esta vez trabajará. Y poco a poco ella y yo empezamos a vislumbrar una hiperrealidad, o infrarrealidad unesquiana, un sistema de leyes según el cual Aurora trabaja *porque* el reglamento lo prohíbe. No creas que es la única sospecha que tenemos de ese misterioso mundo: cada vez que me traen un documento minuciosamente chino para traducir, me pregunto si la Unesco no será el laboratorio involuntario de donde saldrán los robots del futuro. Estos robots (entre los cuales no habrá ningún cronopio, créeme) tendrán inteligencias maravillosamente preparadas para explicar y justificar lo que yo encuentro inexplicable e injustificable con mi pequeña inteligencia prerrobótica. La cuestión de las siglas, por ejemplo. Es así, la Unesco tiene tres lenguas de trabajo, inglés, francés y español. Ahora tú recibes un documento en inglés donde se dice que la CEA, la INTI y el ONOSAC conferenciaron con la RUTA, la TECLA y el OCOPUF para concluir acuerdos culturales. Provisto de tan fecundos datos, tienes que ir a la secretaría, abrir una enorme carpeta, y enterarte de que la CEA es la AEC, vale decir que cada organismo tiene también su sigla en español. Ergo escribes que la AEC, la ITIN y el SACONO, etc.… Pero he aquí que das vuelta una página del documento, y entras en una parte redactada en francés. Inmediatamente descubres que la INI, la PAC y el PERTAL… Pero la verdad es que esta INI es simplemente la AEC, es decir la CEA… etcétera. ¿Se nota o no se nota que es un asunto que ya nada tiene que ver con nuestra estructura mental? Robots, Damián, robots es lo que hace falta para el gran juego de las siglas…

Te diré, para ser justo, que la gente está demasiado predispuesta a calumniar a la Unesco y que en otros terrenos la pobre hace cosas extraordinarias. Montones de tipos interesantes, especialistas en moluscos malayos o en cristales terciarios, se encuentran y conferencian gracias a los desvelos de esta organización. No sé cuáles serán los resultados, pero el solo hecho de que un pobre y simpático erudito en cromosomas, oriundo del Nepal, pueda viajar a Nueva York y hablar lleno de entusiasmo sobre los cromosomas con otro entusiasta especialista en cromosomas oriundo de Bolivia, basta para justificar la existencia de la Unesco. Yo me he pasado la vida sin hablar con nadie de las cosas que realmente me interesan, y eso que no soy especialista. Creo que aparte de mi adolescencia, en que tanto yo como mis amigos no teníamos el menor empacho en decirnos mutuamente todo lo que soñábamos, sabíamos o creíamos saber, el resto de mi vida (cuando quizá ya sabía o sentía algo de veras) se ha pasado en silencio, frente al mal espejo de una hoja de papel o de una carta. Comprendo por eso muy bien la embriaguez que debe sentir el especialista en cromosomas, cuando por fin lo dejan mano a mano con otro especialista en cromosomas, y los dos se miran entusiasmados y empiezan a decirse cosas sobre los cromosomas, y todo eso lo está pagando la Unesco y entonces hay que reconocer que en el fondo la Unesco tiene algo de cronopio.

De una carta a Damián Bayón, 10 de agosto de 1954

En la Unesco, París, 1967

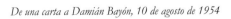

La dama del Unicornio, por Rafael

Tarjeta postal que fue de Cortázar

Saint-Simon creyó ver en este retrato una confesión herética. El unicornio, el narval, la obscena perla del medallón que pretende ser una pera, y la mirada de Maddalena Strozzi fija terriblemente en un punto donde habría fustigamientos o posturas lascivas: Rafael Sanzio mintió aquí su más terrible verdad.

El intenso color verde de la cara del personaje se atribuyó mucho tiempo a la gangrena o al *solsticio de primavera*. El unicornio, animal fálico, la habría contaminado: en su cuerpo duermen los pecados del mundo. Después se vio que bastaba levantar las falsas capas de pintura puestas por los tres enconados enemigos de Rafael: Carlos Hog, Vincent Grosjean, llamado "Mármol", y Rubens el Viejo. La primera capa era verde, la segunda verde, la tercera blanca. No es difícil atisbar aquí el triple símbolo de la falena letal, que a su cuerpo cadavérico une las alas que la confunden con las hojas de la rosa. Cuántas veces Maddalena Strozzi cortó una rosa blanca y la sintió gemir entre sus dedos, retorcerse y gemir débilmente como una pequeña mandrágora o uno de esos lagartos que cantan como las liras cuando se les muestra un espejo. Y ya era tarde y la falena la habría picado: Rafael lo supo y la sintió morirse. Para pintarla con verdad agregó el unicornio, símbolo de castidad, cordero y narval a la vez, que bebe de la mano de una virgen. Pero pintaba a la falena en su imagen, y este unicornio mata a su dueña, penetra en su seno majestuoso con el cuerno labrado de impudicia, repite la operación de todos los principios. Lo que esta mujer sostiene en sus manos es la copa misteriosa de la que hemos bebido sin saber, la sed que hemos calmado por otras bocas, el vino rojo y lechoso de donde salen las estrellas, los gusanos y las estaciones ferroviarias.

De "Instrucciones para entender tres pinturas famosas", en Historias de cronopios y de famas

A B C D E F G H I J K L M N O P Q R S T U V W X Y Z

Vampiro

Si el hombre-lobo no rondó demasiado mi cama de niño, en cambio los vampiros tomaron temprana posesión de ella; cuando mis amigos se divierten acusándome de vampiro porque el ajo me provoca náuseas y jaquecas (alergia, dice mi médico que es un hombre serio), yo pienso que al fin y al cabo las picaduras de los mosquitos y las dos finas marcas del vampiro no son tan diferentes en el cuello de un niño, y en una de ésas vaya usted a saber. Por lo demás las mordeduras literarias fueron tempranas e indelebles; más aún que ciertas criaturas de Edgar Allan Poe, conocidas imprudentemente en un descuido de mi madre cuando yo tenía apenas nueve años, los vampiros me introdujeron en un horror del que jamás me libraré del todo.

De "Paseo entre las jaulas", en Territorios

Celebrando Halloween en Berkeley, 1980

Vejez

Comprendo muy bien tu estado de ánimo frente a los problemas de la salud, porque de eso depende siempre nuestra manera de hacer frente a las cosas de cada día. Yo también envejezco, mamita, mis ojos se cansan mucho (los usé demasiado en esta vida) y me fatigo fácilmente; hay días en que me siento rabioso de no ser ya el que fui, aunque no puedo quejarme puesto que no tengo nada realmente grave. En tu caso, creo que los tratamientos de estos últimos tiempos te han hecho bien, y que el verano te va a ayudar a sentirte mejor, aprovechando de tu balcón florido aunque no te animes a salir a la calle (dicho entre nosotros, nunca te animaste mucho a salir, salvo por obligación, y siempre preferiste estar en casa que en la calle, de modo que no creo que la diferencia sea tan enorme ahora). En fin, yo veo por tu letra firme y clara que estás todo lo bien que es posible a *nuestros* años (qué lindo hablar como dos viejitos), y te deseo que sigas bien y aproveches del calor bonaerense.

De una carta a la madre,
26 de noviembre de 1980

En casa de Mario Muchnik, Segovia, 1983

THE ANNOTAT[...]
[...]RACUL[...]

a by BRAM STOKER
[...]duction, Notes, and Bibliography by
[...]ONARD WOLF
[...] Art by SÄTTY
[...] Maps, Drawings, and Photographs

The Illustrated
DRACULA

BY BR[...]

"A welcome change from most writing about Dracula."
—The New York Times

GABRIEL RONAY

The Truth
About
Dracula

NEW ENGLISH LIBRARY

the hand of
DRACULA

Robert Lory

The Most evil Vampire is yet loose upon the world!

The Seal of Dracula

ibros que
[...]ueron de Cortázar,
[...]iblioteca Julio Cortázar,
[...]undación Juan March, Madrid

Venecia

... a Venecia hay que dejarla tranquila, caminar con las manos en
los bolsillos y silbando, y de golpe cuaja el cristal, sos un peda-
cito legítimo del increíble mo-
saico, y entonces es la felicidad.
Lástima que, como siempre, estas cosas no se pueden escribir.

*De una carta a Paco Porrúa,
8 de octubre de 1962*

A
B
C
D
E
F
G
J
K
L
M
N
O
P
Q
R
S
T
U
V
W
X
Y
Z

Viajar

... yo soy profundamente internacional como ya te has dado cuenta. Yo soy absolutamente lo contrario del escritor, sobre todo latinoamericano, que le gusta quedarse en su país, en su rincón, y hacer su obra en torno a lo que lo rodea. El caso de Onetti, por ejemplo, que no se ha movido nunca del Uruguay, o el caso de Rulfo que no se ha movido nunca de México, o casi nunca. La lista es muy amplia. En mi caso, no. Y yo creo que la culpa la tuvo Julio Verne. Desde pequeño los viajes fueron para mí el objetivo final de mi vida. Cuando yo tenía 10 años le dije a mi madre que yo quería ser marino. Ahora, como era un niño de salud un tanto frágil, tenía asma y ese tipo de cosas, y además la carrera de marino cuesta mucho dinero en la Argentina y en mi casa eran muy pobres, entonces mi madre decidió que era mucho mejor que yo fuera maestro. Y me lo dijo francamente y, bueno, yo acepté. No podía hacer otra cosa. Tampoco tenía una vocación tan grande porque si la hubiera tenido me habría escapado y habría sido marino. No, era un capricho de niño que venía sobre todo por el deseo de viajar. Bueno, luego pude realizarlo sin necesidad de ser marino.

De Evelyn Picon Garfield: Cortázar por Cortázar

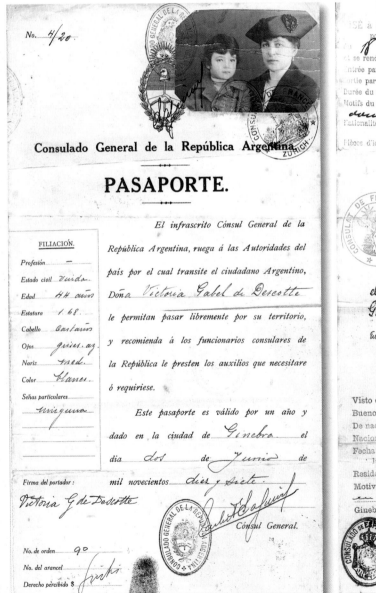

Visados en pasaportes de Cortázar

Vitrales

A altura de hombre, cara contra cara,
admitiendo ser vistos en su desnuda condición,
los donadores: carpinteros, herreros, panaderos,
peleteros, plateros, curtidores,
y los pacientes albañiles uncidos a la piedra,
y los samaritanos aguateros dando sus lunas de verano a cambio de monedas.

Más arriba, el Misterio.

Portulanos del alma, itinerarios
para encontrar pacientemente
la vía que remonta, el paso oscuro
por entre el lobo y el bandido y la ramera,
hasta la ermita en la meseta, y todo el cielo como un manto
que san Martín da entero al que se humilla.

Más arriba, la sal de las hagiografías.

¡Oh figurillas petulantes, segurísimas
de vuestra gloria, vuestro amor, vuestro martirio,
santos de un impecable itinerario,
profetas de palabra perfectísima,
pueblos de encaramadas torres rubias,
cuánto impudor de niños, cuánta fe,
como una flor que se dibuja minuciosa
en el centro del mundo!

Sus cumplidos trabajos los proponen
al que viene por paz o por ventura.
Como de un niño a otro
muestran al suplicante las promesas del Libro,
le dan las piedrecillas blancas
y el lucero del alba,
le dan un globo de figuras
y una pecera con sus peces
y todos los colores para el sueño.

El hombre sale de la iglesia:
después el hambre, los tributos, corvos
azores de combate contra el pecho,
y la desolación sin fin de días y de reyes.
Pero en el centro está la catedral
y en su manzana clara muerde el sol.

De "Los vitrales de Bourges"

Catedral de Bourges. Fotos de Cortázar

La Vuelta al día

Llega el día en que los reporteros, los críticos, los que escriben tesis sobre el artista, deducen, esperan o hasta pretenden la panoplia ideológica y estética. Pasa que el artista también tiene ideas pero es raro que las tenga sistemáticamente, que se haya coleopterizado al punto de eliminar la contradicción como lo hacen los coleópteros filósofos o políticos a cambio de perder o ignorar todo lo que nace más allá de sus alas quitinosas, de sus patitas rígidas y contadas y precisas. Nietzsche, que era un cronopio como pocos, dijo que sólo los imbéciles no se contradicen tres veces al día. No hablaba de las falsas contradicciones que apenas se rasca un poco son hipocresía deliberada (el señor que da limosna en la calle y explota a cincuenta obreros en su fábrica de paraguas), sino de esa disponibilidad para latir con los cuatro corazones del pulpo cósmico que van cada uno por su lado y cada uno tiene su razón y mueve la sangre y sostiene el universo, ese camaleonismo que todo lector encontrará y amará o aborrecerá en este libro y en cualquier libro donde el poeta rehúsa el coleóptero. Este día tiene ochenta mundos, la cifra es para entenderse y porque le gustaba a mi tocayo, pero a lo mejor ayer eran cinco y esta tarde ciento veinte, nadie puede saber cuántos mundos hay en el día de un cronopio o un poeta, sólo los burócratas del espíritu deciden que su día se compone de un número fijo de elementos, de patitas quitinosas que agitan con gran vivacidad para progresar en eso que se llama la línea recta del espíritu.

De "Casilla del camaleón", en La vuelta al día en ochenta mundos

México, Siglo XXI, 1967

Julio Cortázar

LA VUELTA AL DIA EN OCHENTA MUNDOS

⋊⋉ siglo veintiuno editores ⋊⋉

La vuelta al día en ochenta mundos
TOMO I

Julio Cortázar

La vuelta al día en ochenta mundos
TOMO II

Madrid, Siglo XXI, 1970 (5ª ed., 1ª de bolsi

W ——————— [Soñado]

— Hablaban de Hugo Wast.
— Dirás de Hugo Wasn't.

Anotación inédita

X

X, que sobresalía en los diálogos por sus impecables equivocaciones —

Anotación inédita

Xiros

. una de las muchas islas al margen de los circuitos turísticos. "No durará ni cinco años", le dijo la stewardess mientras be-
bían una copa en Roma. "Apúrate si piensas ir, las hordas estarán allí en cualquier momento, Gengis Cook vela." Pero Marini
siguió pensando en la isla, mirándola cuando se acordaba o había una ventanilla cerca, casi siempre encogiéndose de hombros
al final. Nada de eso tenía sentido, volar tres veces por semana a mediodía sobre Xiros era tan irreal como soñar tres veces
por semana que volaba a mediodía sobre Xiros. Todo estaba falseado en la visión inútil y recurrente; salvo, quizá, el deseo
de repetirla, la consulta al reloj pulsera antes de mediodía, el breve, punzante contacto con la deslumbradora franja blanca al
borde de un azul casi negro, y las casas donde los pescadores alzarían apenas los ojos para seguir el paso de esa otra irrealidad.

Ocho o nueve semanas después, cuando le propusieron la línea de Nueva York con todas sus ventajas, Marini se dijo
que era la oportunidad de acabar con esa manía inocente y fastidiosa. Tenía en el bolsillo el libro donde un vago geógrafo
de nombre levantino daba sobre Xiros más detalles que los habituales en las guías. Contestó negativamente, oyéndose como
desde lejos, y después de sortear la sorpresa escandalizada de un jefe y dos secretarias se fue a comer a la cantina de la compañía donde lo esperaba Carla. La desconcertada decepción de Carla no lo inquietó; la costa sur de Xiros era inhabitable pero
hacia el oeste quedaban huellas de una colonia lidia o quizá cretomicénica, y el profesor Goldmann había encontrado dos
piedras talladas con jeroglíficos que los pescadores empleaban como pilotes del pequeño muelle. A Carla le dolía la cabeza
y se marchó casi en seguida; los pulpos eran el recurso principal del puñado de habitantes, cada cinco días llegaba un barco
para cargar la pesca y dejar algunas provisiones y géneros. En la agencia de viajes le dijeron que habría que fletar un barco
especial desde Rynos, o quizá se pudiera viajar en la falúa que recogía los pulpos, pero esto último sólo lo sabría Marini en
Rynos donde la agencia no tenía corresponsal.

De *"La isla a mediodía"*

Pulpos en Grecia. Foto de Cortázar

A B C D E F G H I J K L M N O P Q R S T U V W X Y Z

Yin

EL YIN
EL YAN,

ÉSO ES EL TAO

Posdata de una carta a Manuel Antín, 5 de mayo de 1962

Yogurt

En esos años pasaron cosas increíbles, como por ejemplo que Julio cambió un cuadro por un autito muy parecido a un pote de yogurt al que se entraba por el techo de plexiglás en forma de cápsula espacial, y así le ocurrió que como estaba convencido de manejar muy bien fue a buscar su flamante adquisición mientras su mujer se quedaba esperándolo en la puerta para un paseo de estreno. Con algún trabajo se introdujo en el yogurt en pleno barrio latino, y cuando puso en marcha el auto tuvo la impresión de que los árboles de la acera retrocedían en vez de avanzar, pequeño detalle que no lo inquietó mayormente aunque un vistazo a la palanca de velocidades le hubiera mostrado que estaba en marcha atrás, método de desplazamiento que tiene sus inconvenientes en París a las cinco de la tarde y que culminó en el encuentro nada fortuito del yogurt con una de esas casillas inverosímiles donde una viejecita friolenta vende billetes de lotería. Cuando se dio cuenta, el mefítico tubo de escape del auto se había enchufado en el cubículo y la provecta dispensadora de la suerte emitía esos alaridos con que los parisienses rescatan de tanto en tanto el silencio cortés de su alta civilización. Mi amigo trató de salir del auto para auxiliar a la víctima semiasfixiada, pero como ignoraba la manera de correr el techo de plexiglás se encontró más encerrado que Gagarin en su cápsula, sin hablar de la muchedumbre que rodeaba el luctuoso escenario del incidente y hablaba de linchar a los extranjeros como parece ser la obligación de toda muchedumbre que se respete.

Cosas como ésa le han ocurrido muchas a Julio.

De "Un Julio habla de otro"

Con Julio Silva en Paris, 1969

Zen

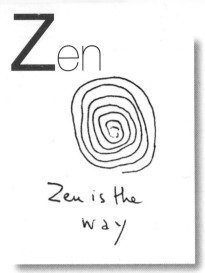

Zen is the way

Posdata de una carta a Sara Blackburn,
3 de junio de 1962

Zihuatanejo

Lo estamos pasando muy bien en esta playa del Pacífico, en una zona muy bella de México, y rodeados de una gran tranquilidad. Como creo que ya te había dicho en París, alquilamos un *bungalow* sobre el mar, lo bastante grande para que los tres estemos cómodos y Carol y yo podamos trabajar cuando tenemos ganas. La playa es una maravilla y disponemos de todo el espacio necesario ya que los únicos que van a ella son los habitantes de los otros siete bungalows del grupo, en general gente muy tranquila con la que nos entendemos muy bien. Cada cuatro o cinco días pedimos un taxi y vamos al pueblo para comprar provisiones y bebidas; hay una excelente heladera, aire acondicionado y cocina a gas, de modo que casi siempre cocinamos algo para nosotros; si preferimos ir a comer fuera, sobre la misma playa hay cuatro o cinco restaurantes donde se pueden comer almejas y ostras muy ricas, aparte de los tacos, tortillas y otras bellezas de la cocina mexicana. Hay una cantidad enorme de cocos por el suelo, pues estamos rodeados de palmeras; yo los pongo a enfriar en la heladera, les echo ginebra o ron para mezclar con el agua del coco, y eso da una bebida deliciosa.

De una carta a Luis Tomasello, 20 de julio de 1980

Querida Ofelia : ¡Feliz cumpleaños! Aunque mi saludo te llegue un poco tarde, mi cariño mi recuerdo son los mismos de siempre.

En esta foto tomada en México me verás con el hijo de Carol, que pasó sus vacaciones con nosotros y se divirtió mucho. Espero que te guste.

Un abrazo fuerte de tu hermano Jul

Bungalow "Las cigüeñas"
Playa de Zihuatanejo, México, 1980

Para mamá, con cariño
Julio

Madrid, Alfaguara, 1997

Zötl

Para mí fue un gran gusto, hace unos años, que el editor italiano Ricci me pidiera un texto para publicar con los grabados bellísimos de animales de un *naïf* austríaco llamado Zötl. Escribí un texto que no tiene nada que ver con los grabados pero donde cuento recuerdos de animales a lo largo de mi vida, toda clase de anécdotas.

De Ernesto González Bermejo:
Conversaciones con Cortázar

eso, a alguien le tocaba perder; por la mañana la manga remontaba el vuelo dejando tras ella una estela de fotografía de Verdún. No he olvidado un árbol cerca del patio de la estancia, de pronto ennegrecido por un follaje moviente, el ruido de millones de mandíbulas comiéndose las hojas, el rumor como de lluvia de las deyecciones cayendo al suelo de tierra pisada; por la mañana un esqueleto de árbol, un pájaro saltando de rama en rama, desconcertado frente a su nido tan visible y vulnerable.

Y yo pensaba forzosamente en Atila, porque todo eso era mucho antes de Hitler y de Hiroshima. (Recurrencia de un temor atávico, el de un totalitarismo zoológico lanzándose contra el hombre: *The Birds*, el relato de Daphne Du Maurier, que subsidiariamente dio una película de Hitchcock, y que ilustra lo que nos ocurriría si las aves se afiliaran al fascismo.)

L'Amphisbene noir
7 mayo 1848
Colección Louis Amie

72

Milán, Franco Maria Ricci, 1984

Zurda

era zurda de una oreja

Zzz...

Ahora que ya jugaste bastante, vení a sacar el ropero de arriba de la cama –dijo Gekrepten.
–¿Te das cuenta? –dijo Oliveira.
–Eh, sí –dijo Traveler, convencido.
–Quod erat demostrandum, pibe.
–Quod erat –dijo Traveler.
–Y lo peor es que en realidad ni siquiera habíamos empezado.

De Rayuela, *cap. 41*

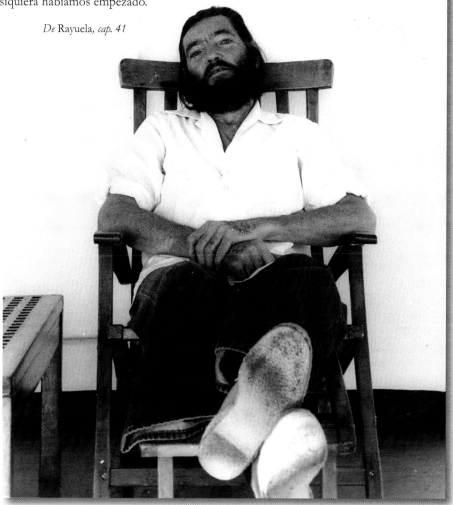

En el barco
de regreso de
San Francisco,
1980

Índice de ilustraciones[1]

---

[1] Salvo cuando se indique lo contrario, todos los libros corresponden a la primera edición; del mismo modo, salvo cuando se indique lo contrario, todo el material reproducido forma parte de la colección de Carles Álvarez Garriga.

Pág. 37: Aurora Bernárdez en París, 1956. Foto de Cortázar. Col. CGAI.

Con Aurora Bernárdez. París, 1955. Col. CGAI.

Con Aurora Bernárdez. París, 1957. Col. CGAI.

Pág. 38: Aurora Bernárdez en su casa de la Place du Général Beuret, 1970.

Págs. 39 a 41: "Axolotl". Primera edición con las correcciones manuscritas incorporadas como variantes desde la segunda edición.

Pág. 41: Contactos fotográficos correspondientes al rodaje del documental de Alain Caroff y Claude Namer. París, c. 1980. Col. CGAI.

Pág. 42: Carta de John Howell a Julio Cortázar, 25 de septiembre de 1973. Copia en el Fondo Julio Cortázar.

Pág. 43: En Bolívar, c. 1938. Col. CGAI.

Placa conmemorativa instalada en agosto de 2004 frente al terreno donde estuvo la casa familiar. Foto por cortesía de Mauro G. M. Gómez: www.banfield-web.com.

Casa familiar de los Cortázar en la calle Rodríguez Peña, Banfield, Buenos Aires. Col. CGAI.

Pág. 44: Tarjeta postal de los hermanos Cortázar, 1 de abril de 1918.

Post scriptum de la carta de la madre de Cortázar a Aurora Bernárdez de 1 de julio de 1985. Fondo Julio Cortázar.

Pág. 45: Inti, n.º especial 10-11 ("Julio Cortázar en Barnard"), Storrs, Connecticut, otoño de 1979-primavera de 1980.

Cendres parcours. Quarante photographies de Frédéric Barzilay. Avec une introduction de Julio Cortazar, París, edición del autor, 1978; trad. de Laure Guille-Bataillon.

Clases de literatura. Berkeley, 1980, Buenos Aires, Alfaguara, 2013; ed. de Carles Álvarez Garriga.

En el Sather Gate de la Universidad de Berkeley, California, 1975.

En Berkeley, California, 1980.

Págs. 46 y 47: Con Francisco Luis Bernárdez, su esposa Laura González Palau y Aurora Bernárdez. Toledo, ¿1956? Col. CGAI.

Pág. 48: Bestiario, Buenos Aires, Sudamericana, 1951.

Anuncio publicado en Sur, n.º 201, Buenos Aires, julio de 1951. Copia por gentileza de Librería del Centro de Arte Moderno, Madrid.

Pág. 49: Gustavo Adolfo Arango Toro: Un tal Cortázar, Medellín, Universidad Pontificia Bolivariana, 1987. Karine Berriot: Julio Cortázar, l'enchanteur, París, Presses de la Renaissance, 1988. Walter Bruno Berg: Grenz-Zeichen Cortazar: Leben und Werk eines argentinischen Schriftstellers der Gegenwart, Frankfurt, Vervuert Verlag, 1991. Nicolás Cócaro, Cecilia Noriega y Pío Clementi: El joven Cortázar, Buenos Aires, Ediciones del Saber, 1993. José P. Shafer: Los puentes de Cortázar, Buenos Aires, Nuevohacer, 1996. Gaspar Astarita: Cortázar en Chivilcoy, Chivilcoy, Grafer, 1997. Mario Goloboff: Julio Cortázar. La biografía, Buenos Aires, Seix Barral, 1998. Emilio Fernández Cicco: El secreto de Cortázar, Buenos Aires, Editorial de Belgrano, 1999. Cristina Peri Rossi: Julio Cortázar, Barcelona, Omega, 2001. Alberto Cousté: El lector de... Julio Cortázar, Barcelona, Océano, 2001. Miguel Herráez: Julio Cortázar. El otro lado de las cosas, Valencia, Institució Alfons el Magnànim-Diputació de València, 2001. Enzo Maqueira: Cortázar, de cronopios y compromisos, Buenos Aires, Longseller, 2002. Felipe Martínez Pérez: Julio Cortázar. Profesor en Bolívar, Buenos Aires, Dunken, 2003. Eduardo Montes-Bradley: Cortázar sin barba, Buenos Aires, Sudamericana, 2004. Jaime Correas: Cortázar, profesor universitario. Su paso por la Universidad de Cuyo en los inicios del peronismo, Buenos Aires, Aguilar, 2004. Jorge R. Deschamps: Julio Cortázar en Banfield: Infancia y adolescencia, Buenos Aires, Orientación Gráfica Editora, 2004. Carlos Polimeni y Miguel Rep: Cortázar para principiantes, Buenos Aires, Era Naciente, 2006. S. a.: Julio Cortázar. Compromiso y fantasía, Buenos Aires, Aguilar, 2006.

Pág. 50: Carta a Ana María Barrenechea, septiembre de 1976. Copia en el Fondo Julio Cortázar.

Julio Cortázar y Ana María Barrenechea: Cuaderno de bitácora de Rayuela, Buenos Aires, Sudamericana, 1983.

En Bolívar, c. 1937. Col. CGAI.

Borrador de un poema. Copia en el Fondo Julio Cortázar.

Pág. 51: En los bouquinistes del Sena, París, 1969. Fotos de Pierre Boulat. Col. CGAI.

Pág. 52: "El combate del siglo". Con Julio Silva, Saignon, 1972. Fotos de Karine Berriot. Col. part.

"Torito", Buenos Aires Literaria, n.º 16, enero de 1954. Col. part.

Pág. 53: En Buenos Aires, 1973. Col. CGAI.

Pág. 54: Buenos Aires Buenos Aires, Buenos Aires, Sudamericana, 1968; fotos de Alicia D'Amico y Sara Facio; trad. fr. Laure Guille-Bataillon, trad. ingl. Luis Harss. Col. part.

Pág. 55: Con Carlos Fuentes y Luis Buñuel, México, primavera de 1975. Foto de Héctor García.

Pág. 56: Con Lipa Burd, Esther Herschkovich y Aurora Bernárdez. París, 1953.

Calidoscopios que fueron de Cortázar.

Pág. 57: Imágenes de los calidoscopios Rollascope y Rumbold que fueron de Cortázar.

Pág. 58: Con Carlos Fuentes, México, primavera de 1975. Foto de Héctor García.

Carol Dunlop y su gata Flanelle, París, 1982. Foto de Carlos Freire.

Pág. 59: Dibujo de un pájaro con el que Carol Dunlop solía firmar. Posdata de una carta inédita de Cortázar a Aurora Bernárdez, s. l., s. f.

"Writing with the red fountain-pen you gave me...". Poema inédito. Fondo Julio Cortázar.

Carol Dunlop, c. 1980.

Pág. 60: Cartas a una pelirroja, Madrid, Orígenes, 1990; ed. de Evelyn Picon Garfield. Cartas desconocidas de Julio Cortázar, Buenos Aires, Sudamericana, 1992; ed. de Mignon Domínguez. Cartas, Buenos Aires, Alfaguara, 2000; ed. de Aurora Bernárdez. Julio Cortázar, Carol Dunlop y Silvia Monrós-Stojaković: Correspondencia, Barcelona, Alpha Decay, 2009. Cartas a los Jonquières, Buenos Aires, Alfaguara, 2010; ed. de Aurora Bernárdez y Carles Álvarez Garriga. Cartas, Buenos Aires, Alfaguara, 2012; ed. de Aurora Bernárdez y Carles Álvarez Garriga.

Pág. 61: Ficha de admisión en la Casa Argentina de la Ciudad Internacional Universitaria de París, 4 de noviembre de 1951. Copia por gentileza de la Casa Argentina.

En la Casa Argentina de la Ciudad Internacional Universitaria de París, 26 de marzo de 1952. Col. CGAI.

Pág. 62: Con Manuel Pereira en el Premio Casa de las Américas, La Habana, 1980. Foto de Carol Dunlop.

Con Raúl Roa, Haydée Santamaría y Armando Hart en el discurso inaugural del Premio Casa de las Américas, La Habana, 1980. Fotografía con anotación manuscrita al dorso.

Págs. 62 y 63: *Casa tomada*, Buenos Aires, Minotauro, 1969; diseño gráfico de Juan Fresán.

Pág. 64: Con Aurora Bernárdez en París, 22 de agosto de 1953. Foto de Lipa Burd. Col. CGAI.

Con Jean y Raquel Thiercelin, Claribel Alegría y Luis Tomasello, Provenza, diciembre de 1981. Foto de Carol Dunlop.

Pág. 65: Interior de la casa de Place du Général Beuret, París. Foto de Cortázar. Col. CGAI.

Interior del piso de rue Martel, París, mayo de 1982. Foto de Cortázar.

Pág. 66: Celestino Arias.

Ceremonias, Barcelona, Seix Barral, 1968.

Aurora Bernárdez en Saignon, 1966. Col. CGAI.

Pág. 67: Aurora Bernárdez en Saignon, 1966. Col. CGAI.

Dora Berdichevsky.

Pág. 68: VV. AA.: *Chili, le dossier noir*, París, Gallimard, 1974. Col. part.

Con Hortensia Bussi de Allende y Gabriel García Márquez, París, 21 de mayo de 1981. Col. CGAI.

Pág. 69: "Poetas chinos". Poema manuscrito en una servilleta. Fondo Julio Cortázar.

Págs. 70 y 71: En un baile en Chivilcoy, 1942. Col. CGAI.

Pág. 72: Cortázar cinetizado. Montaje fotográfico de Paul Bury, 1968. Col. CGAI.

Pág. 73: *Gouache* de René Portocarrero (1963). 91 × 74.

Anotación en el *Cuaderno de bitácora de Rayuela*, reproducida en la edición de Sudamericana, Buenos Aires, 1983.

Pág. 74: Citas que probablemente correspondan a la composición de *Salvo el crepúsculo*. Fondo Julio Cortázar.

"Realidad y literatura en América Latina", *The City College Papers*, n.º 19, Nueva York, abril de 1980; trad. ingl. de Gabriella de Beer y Raquel Chang-Rodríguez.

Pág. 75: Con Claribel Alegría, Nicaragua, 1981. Col. CGAI.

Con Bud Flakoll, Claribel Alegría y Carol Dunlop, *c.* 1980. Foto de Margaret Randall.

Pág. 76: En el domicilio de la rue Martel, *c.* 1980. Foto de A. Girard. Col. CGAI.

En París, 1979. Foto de Pepe Fernández.

Permiso de conducir expedido en 1958.

Cartel publicitario de la representación de Walid Garn de *L'homme qui vomit des petits lapins et autres scènes bizarres*, París, 1971.

Pág. 77: Corrección manuscrita por Cortázar en un ejemplar de la primera edición de *Rayuela*.

Págs. 78 y 79: Con Ofelia Cortázar, Juan Carlos Pereyra Brizuela, María Herminia Descotte de Cortázar, Aurora Bernárdez y Victoria Gabel de Descotte. Buenos Aires, *c.* 1955. Col. CGAI.

Págs. 80 y 81: Fotos de Cortázar y Carol Dunlop tomadas en la cosmopista, 1981.

Tickets de peaje de la autopista París-Marsella conservados por Cortázar. Col. CGAI.

Pág. 81: Mecanuscrito de Cortázar para *Los autonautas de la cosmopista*. Fondo Julio Cortázar.

Julio Cortázar y Carol Dunlop: *Los autonautas de la cosmopista, o Un viaje atemporal París-Marsella*, Barcelona, Muchnik Editores, 1983; México, Nueva Imagen, 1984.

Pág. 82: Materiales usados para la preparación de *Los autonautas de la cosmopista*. Fondo Julio Cortázar.

Pág. 83: *Obra crítica*, Madrid, Alfaguara, 1994; vol. 1, ed. de Saúl Yurkievich; vol. 2, ed. de Jaime Alazraki; vol. 3, ed. de Saúl Sosnowski.

Con un cronopio de felpa. París, 1972. Foto de Anne de Brunhoff.

"Cronopio auténtico". Foto de Chris Marker. Col. CGAI.

Pág. 84: En Trinidad, Cuba, 1966. Col. CGAI.

Pág. 85: Autorretratos. Col. CGAI.

Pág. 86: Aurora Bernárdez y Daniel Devoto. Foto de Cortázar.

Ex libris de Daniel Devoto y "Mariquiña" del Valle-Inclán, estampado en un ejemplar del libro de Karine Berriot: *Julio Cortázar l'enchanteur*.

Carnet del Club de Gimnasia y Esgrima de Villa del Parque, Buenos Aires, junio de 1940.

"Ciclismo metafísico". La Habana, 1980. Foto de Carol Dunlop. Col. CGAI.

Pág. 87: *Deshoras*, Madrid, Alfaguara, 1982. Col. part.

Materiales originales del libro *Deshoras*. Fondo Julio Cortázar.

Nuevos Aires, n.º 1, año I, Buenos Aires, junio-julio-agosto de 1970.

Oscar Collazos, Julio Cortázar y Mario Vargas Llosa: *Literatura en la revolución y revolución en la literatura*, México, Siglo XXI, 1970.

Pág. 88: *Diario de Andrés Fava*. Primera página del original. Copia en el Fondo Julio Cortázar.

Diario de Andrés Fava, Buenos Aires, Alfaguara, 1995.

Pág. 89: Dibujos de Cortázar. Las copias en blanco y negro son del Fondo Julio Cortázar.

Pág. 90: Billetera de Cortázar.

Libreta bancaria de Cortázar.

Pág. 91: *Cortázar lee a Cortázar*, Montevideo, Laberinto, 1967. *Readings by Julio Cortázar*, Washington, Library of Congress, 1967. *Julio Cortázar - Voz viva de América Latina*, Ciudad de México, UNAM, 1968. *Julio Cortázar por él mismo,* Buenos Aires, AMB, 1970. *Julio Cortázar. Narraciones y poemas*, La Habana, Casa de las Américas, 1978.

Pág. 92: En el domicilio de la rue Martel, *c.* 1981. Col. CGAI.

Pág. 93: "Discurso chino". Texto inédito escrito durante una de las sesiones de la Conferencia General de la Unesco celebrada en Montevideo en 1954 y obsequiado a Marta Llovet. Copia por cortesía de Jean-Philippe Barnabé.

Pág. 94: Portada manuscrita de *Divertimento*. Copia en el Fondo Julio Cortázar.

Divertimento, Madrid, Alfaguara, 1988.

Pág. 95: Fotos de carnet, 1952 y *c.* 1980. Col. CGAI.

Pág. 96: Carta a Luis Tomasello, *c.* 1979. Copia en el Fondo Julio Cortázar.

Págs. 96 y 97: *Un elogio del tres*, Zurich, Verlag 3 (Sybil Albers, Hans Bolliger y Dölf Hürlimann), 1980; grabados al linólco de Luis Tomasello. Trad. al.: Ursula Burghardt; trad. fr.: Jacques Lassaigne.

Pág. 97: Autorretrato, *c.* 1950. Col. CGAI.

Con Joaquín Soler Serrano en el programa *A fondo*, RTVE, 1977. Col. CGAI.

Con Mercedes Milà, Ricardo Utrilla y Ernesto Cardenal en el programa *Buenas Noches*, TVE, 24 de noviembre de 1983. Col. CGAI.

Pág. 98: En París, 1958. Foto de Aurora Bernárdez. Col. CGAI.

Págs. 98 y 99: Olivetti Lettera 31 R, máquina de escribir que fue de Cortázar.

Pág. 99: En su departamento en la rue Saint-Honoré, marzo de 1979. Foto de Pepe Fernández.

Pág. 100: Con Rafael Alberti en una reunión por los derechos humanos, Madrid, 1980. Fotografía con anotación manuscrita al dorso.

En el Molino del Salado, Prádena, agosto de 1983. © 2013 Mario Muchnik.

Pág. 101: "En toda espiral...". Anotación en una carta a Francisco Uriz.

Documentos acreditativos de Cortázar: cédula de identidad de 1929, libreta de enrolamiento de 1933 y pasaporte de 1981.

Pág. 102: Estrella dibujada por Cortázar.

Pág. 103: *El examen*, Buenos Aires, Sudamericana y Sudamericana-Planeta, 1986; Madrid, Alfaguara, 1987.

Pág. 104: Fotos de Fafner tomadas por Cortázar en 1982.

Pág. 105: Carol Dunlop y Fafner, 1982.

Pág. 106: "Le fantôme commence à se montrer". Dibujo de Cortázar.

Págs. 106 a 109: "Lo fantástico y lo real en la literatura latinoamericana de nuestros días". Texto inédito. Fondo Julio Cortázar.

Pág. 109: *Fantomas contra los vampiros multinacionales. Una utopía realizable*, México, Excélsior, 1975; Buenos Aires, Doedytores, 1995; París, La Différence, 1998, trad. fr. de Ugné Karvelis; Barcelona, Destino, 2002.

Pág. 110: *C.* 1960. Col. CGAI.

Págs. 110 y 111: Cámara filmadora que fue de Cortázar. Col. Aurora Bernárdez.

Pág. 112: *Final del juego*, México, Los Presentes, 1956; Buenos Aires, Sudamericana, 1964.

Pág. 113: Con la gata Flanelle. París, 1980. Fotos de A. Girard. Col. CGAI.

Págs. 114 y 115: Con Carol Dunlop. París, *c.* 1980. Foto de Manja Offerhaus.

Pág. 116: *Les discours du Pince-Gueule*, París, Michel Cassé Editeur, 1966. Litografías de Julio Silva.

On déplore la, s. l. [Vaduz], Brunidor, 1966. Xilografías de Guido Llinás.

Pág. 117: "Julio Cortázar ya es francés oficialmente", *Excélsior*, México, 13 de agosto de 1981.

"Je sais aujourd'hui, après 23 ans...". Manuscrito en el Fondo Julio Cortázar.

Pág. 118: En Montmachoux, Francia, 1960. Detalle. Col. CGAI.

Pág. 119: Con Gabriel García Márquez, París, 1974. Fotos de Sara Facio.

Pág. 120: En la Galerie Vivienne, París. Col. CGAI.

Tarjeta postal de la Galerie Vivienne que fue de Cortázar. Col. CGAI.

Pág. 121: En el puente de Ramallosa, Pontevedra, julio de 1957. Foto de Aurora Bernárdez. Col. CGAI.

Anotaciones manuscritas inéditas. Copias en el Fondo Julio Cortázar.

Pág. 122: En Ginebra, frente al Pont du Mont-Blanc, 1955. Foto de Aurora Bernárdez.

"Carta abierta a Glenda", *Clarín*, 8 de octubre de 1981. Col. part.

Queremos tanto a Glenda, México, Nueva Imagen, 1980. Col. part.

Pág. 123: "De trufas y topos". Original con anotación manuscrita del texto incluido en *Les Cahiers de l'Espace*, n.º 1. Fondo Julio Cortázar.

Les Cahiers de l'Espace, n.º 1, París, 1985. Trad. fr. de Françoise Campo-Timal. Grabados de Paolo Boni, Bertrand Dorny, Gisèle Celan-Lestrange, André Marfaing, Roberto Matta, Arthur Luis Piza, Antonio Saura, Antoni Tàpics, Enrique Zañartu y Zárate.

Pág. 124: *Graffiti*, Barcelona, Galeria Maeght, 1978. Pinturas de Antoni Tàpies. Trad. cat. de Pere Gimferrer.

"Cito de memoria...". Anotación manuscrita en un sobre. Fondo Julio Cortázar.

Pág. 125: En París, 1967. Fotografía de Sara Facio.

En París, principios de la década de 1960. Col. CGAI.

Hachas africanas que fueron de Cortázar. Col. Aurora Bernárdez.

Pág. 126: Hojas mimeografiadas originales de *Historias de cronopios y de famas*. Fondo Julio Cortázar.

Historias de cronopios y de famas, Buenos Aires, Minotauro, 1962. Col. part.

Pág. 127: En la construcción del nuevo Les Halles, París, junio de 1976. Foto de Anne de Brunhoff.

Págs. 128 y 129: Placa de la Orden de la Independencia Cultural "Rubén Darío", entregada por la Junta de Gobierno de Reconstrucción Nacional de la República de Nicaragua, Managua, 1983. Diploma de Doctor Honoris Causa, Université de Poitiers, 1981. Medalla de Honor de la Universidad Internacional Menéndez Pelayo, Sitges, 1982. Certificado de Miembro de Honor de la Sociedad de Estudios Hispánicos e Hispanoamericanos, Filadelfia, 1976. Título de miembro de la Academia de las Artes de la República Democrática Alemana, Berlín, 1978.

Pág. 129: *Hopscotch*, Nueva York, Pantheon Books, 1966; trad. de Gregory Rabassa.

Págs. 130 y 131: Paraderos de la autopista París-Marsella. Fotos de Carol Dunlop y Julio Cortázar, 1982.

Pág. 132: *Humanario*, Buenos Aires, La Azotea, 1976; fotos de Sara Facio y Alicia D'Amico, introd. de Antonio Pagés Larraya.

"Estrictamente no profesional". Copia del texto original incluido en *Humanario*. Fondo Julio Cortázar.

En París, 1967. Foto de Müller. Col. CGAI.

Bote para tabaco que fue de Cortázar. Col. Aurora Bernárdez.

Pág. 133: Anotación manuscrita en uno de los cuadernos correspondientes a la escritura de *62. Modelo para armar*. Copia en el Fondo Julio Cortázar por cortesía de Jean Andreu.

"Haciendo el santo" y "Ahorcando" a Evelyn Picon Garfield. Lacoste, Francia, julio de 1973. Col. CGAI.

Aguantando una señal de tráfico. Col. CGAI.

Sacando la lengua en la India, 1968. Col. CGAI.

Con flores en la cabeza. Col. CGAI.

Pág. 134: "Animales en la vía". Anotación manuscrita inédita. Fondo Julio Cortázar.

India, 1956 y 1968. Fotos de Cortázar. Col. CGAI.

Pág. 135: *Papeles inesperados*, Buenos Aires, Alfaguara, 2009; ed. de Aurora Bernárdez y Carles Álvarez Garriga.

Pág. 136: En Suiza, 1916. Col. CGAI.

En Suiza, 1916. Col. CGAI.

Pág. 137: En Suiza, 1916. Col. CGAI.

En Banfield, 1922. Col. CGAI.

Págs. 138 y 139: En el cementerio del Père-Lachaise, París, 197? Foto de Anne de Brunhoff. Col. CGAI.

Pág. 139: *Cuentos inolvidables según Julio Cortázar*, Buenos Aires, Alfaguara, 2006; ed. de Carles Álvarez Garriga.

Pág. 140: En París, junio de 1976. Foto de Anne de Brunhoff.

Pág. 141: Mandolina de juguete que fue de Cortázar. Col. part.

"Elogio del jazz. Carta enguantada a Daniel Devoto", *9 Artes*, n.º ? Buenos Aires, abril de 1949.

Pág. 142: Fragmento de una carta a Jean Andreu de 18 de febrero de 1969. Copia en el Fondo Julio Cortázar.

Caravelle. Cahiers du monde hispanique et luso-brésilien, n.º 10, Université de Toulouse, 1968.

En la Semana Latinoamericana, Université Toulouse-Le Mirail, 1978.

Pág. 143: Dedicatoria de *Las armas secretas* en el ejemplar de los Barnabé. Copia por cortesía de Jean-Philippe Barnabé.

Con Marta Llovet y Jean Barnabé en Toledo, 1956. Copia por cortesía de Marta Llovet.

Pág. 144: Jean Thiercelin y su cachorro Rilke, Aix-en-Provence, mayo de 1968. Fotografía con anotación manuscrita al dorso.

Con Jean Thiercelin en Serre, Provence, verano de 1981. Fotografía con anotación manuscrita al dorso.

Pág. 145: Fragmento de una carta a Jean Thiercelin de 22 de marzo de 1966. Copia en el Fondo Julio Cortázar.

Jean Thiercelin posando como Napoleón.

Pág. 146: Con Eduardo Jonquières. Foto de Alberto Jonquières. Col. CGAI.

Piedra pintada por Eduardo Jonquières. Col. Aurora Bernárdez.

Témpera sobre cartón de Eduardo Jonquières. 18 × 25.

Pág. 147: María Rocchi, *c.* 1950.

Aurora Bernárdez con los pequeños Jonquières en el jardín japonés de la Unesco. París, *c.* 1960.

Págs. 147 a 149: Tarjetas postales enviadas a los Jonquières. Col. part.

Pág. 150: Jorge D'Urbano Viau, 1937. Col. CGAI.

"El gran juego". Copia del manuscrito.

Reloj de arena que fue de Cortázar. Col. part.

Pág. 151: Con Julio Silva en el museo Saint-Croix, Poitiers, 197? Detalle. Col. CGAI.

Julio Cortázar y Julio Silva: *El último combate*, RM, Barcelona y México, 2013.

osdata de una carta a Marta Jordan, julio de 1978. Copia en el ondo Julio Cortázar.

ág. 152: En París, c. 1950.

n Buenos Aires, c. 1940.

ág. 153: Retrato de John Keats por Joseph Severn. Copia que per-eneció a Cortázar. Col. CGAI.

La urna griega en la poesía de John Keats". Separata del tomo II de evista de Estudios Clásicos, Universidad Nacional de Cuyo, Men-oza, 1946.

ichard Monckton Milnes (Lord Houghton): Vida y cartas de John eats, Buenos Aires, Imán, 1955; trad. y nota preliminar de Cortázar.

magen de John Keats, Madrid, Alfaguara, 1996.

ág. 154: Cuadernos Hispanoamericanos, n.º 364-366, Madrid, octu-re-diciembre de 1980 (monográfico dedicado a Cortázar).

stilográfica que fue de Cortázar. Col. Aurora Bernárdez.

ontacto de una serie de fotos como conferenciante en Estados Uni-os. Col. CGAI.

ág. 155: Con Laure Guille-Bataillon, su hijo, y Aurora Bernárdez, 958? Col. CGAI.

ág. 156: Monsieur Lautrec, Madrid, Ameris, 1980; dibujos de Her-nenegildo Sábat.

ortázar visto por Hermenegildo Sábat. Fondo Julio Cortázar.

Deshoras, México, Nueva Imagen, 1983.

ág. 157: C. 1980. Col. CGAI.

Detalle de una carta a Eduardo Jonquières, julio de 1954. Col. part.

ág. 158: Con José Lezama Lima, La Habana, 1967. Foto de Chi-olope. Col. CGAI.

ág. 159: Carta inédita de José Lezama Lima a Cortázar, 21 de oc-ubre de 1966. Fondo Julio Cortázar.

aballito de metal y tortuguita de jade que Lezama Lima regaló a ortázar. Col. Aurora Bernárdez.

ág. 160: En Buenos Aires, marzo de 1973. Foto de Sara Facio.

ibro de Manuel, Buenos Aires, Sudamericana, 1973.

n París, c. 1980. Col. CGAI.

ág. 161: Life en español, vol. 33, n.º 7, Chicago, 7 de abril de 1969.

Louis, enormísimo cronopio", Buenos Aires Literaria, n.º 6, marzo e 1953. Col. part.

ág. 162: Un tal Lucas, Madrid, Alfaguara, 1979; Buenos Aires, Su-americana, 1979.

n la autopista París-Marsella, 1982. Foto de A. Girard. Col. CGAI.

ág. 163: En Bolívar, 1937. Col. CGAI.

Dibujo en una carta a Esther Tusquets, 15 de enero de 1974. Copia n el Fondo Julio Cortázar por cortesía de Juan Murillo Barrena.

Pág. 164: "Para una poética", La Torre, año II, n.º 7, Puerto Rico, julio-septiembre de 1954.

Pág. 165: "El malumno". Anotación manuscrita inédita. Copia en el Fondo Julio Cortázar.

En la Escuela Nº 10 de Banfield, c. 1925. Col. CGAI.

Pág. 166: La abuela y la madre de Cortázar, c. 1900. Fotografía de A. S. Witcomb. Col. CGAI.

Págs. 166 y 167: Con su madre en Austria, 1963. Foto de Aurora Bernárdez. Col. CGAI.

Pág. 167: Dedicatoria manuscrita para la madre en un ejemplar de Final del juego.

Carta de María Herminia Descotte de Cortázar a Aurora Bernárdez, 1 de julio de 1985. Fondo Julio Cortázar.

Pág. 168: Carta de Cortázar a Manja Offerhaus, 27 de mayo de 1971. Copia en el Fondo Julio Cortázar.

Con Manja Offerhaus, París, c. 1981. Fotos de Carol Dunlop.

Pág. 169: En la playa en Île de Ré, abril de 1974. Detalle de una foto de Anne de Brunhoff. Col. CGAI.

"La noche de Mantequilla", Cambio, n.º 2, México, enero-febrero-marzo de 1976.

Pág. 170: María Lyda Canoso, ed.: "Cartas de cine" de Julio Cortázar a Manuel Antín (1961-1969), Buenos Aires, autoedición, 1995.

Con Manuel Antín en Sestri Levante, Italia, mayo de 1963. Copia por cortesía de Manuel Antín.

Carta de Cortázar a Manuel Antín, 2 de noviembre de 1964. Copia en el Fondo Julio Cortázar.

Págs. 170 y 171: Alumnos del séptimo año de Letras de la Escuela Normal de Profesores Mariano Acosta, Buenos Aires, 1935. Foto-grafía con anotación mecanuscrita al dorso.

Págs. 172 y 173: "Discurso pronunciado por el alumno de 7º año Letras Julio Florencio Cortázar con motivo de cumplirse el 61º aniversario de la Escuela Normal de Profesores Mariano Acosta", Buenos Aires, 1935.

Pág. 174: Con Aurora Bernárdez, Mario Vargas Llosa y una pareja no identificada, Grecia, 1967. Archivo Mario Vargas Llosa.

Tablero de recortes de Cortázar. Col. CGAI.

"El obispo de Evreux", raíz enjaulada por Cortázar. Col. CGAI.

Pág. 175: Cortázar mateando.

Radiocasete que fue de Cortázar. Col. Aurora Bernárdez.

Págs. 176 y 177: Festejo después de la toma de la Universidad Na-cional de Cuyo, Mendoza, octubre de 1945. Fotografía por gentileza de Jaime Correas.

Pág. 177: En el Consejo de la Facultad de Filosofía y Letras de la Universidad Nacional de Cuyo, Mendoza, 1945. Fotografía por gen-tileza de Jaime Correas.

Págs. 178 y 179: Carta a la hermana, manuscrita sobre un menú del Conte Biancamano, 17 de enero de 1950. Fondo Julio Cortázar.

Pág. 180: *Viaje alrededor de una mesa*, Buenos Aires, Editorial Rayuela, 1970.

Con la hermana y el capitán Pereyra Brizuela, vecino, en el patio de la casa de Banfield, *c.* 1920. Col. CGAI.

Pág. 181: En 1981. Foto de Pepe Diniz.

Págs. 182 y 183: En Buenos Aires, 1936. Col. CGAI.

Fichero de mitología hecho por Cortázar. Copias por gentileza de Facundo de Almeida.

Pág. 183: *La casilla de los Morelli*, Barcelona, Tusquets, 1973; ed. de Julio Ortega. Col. part.

Pág. 184: "Morelliana". Anotación manuscrita inédita. Copia en el Fondo Julio Cortázar.

C. 1930. Col. CGAI.

Pág. 185: Tumba de Cortázar y Carol Dunlop en el cementerio de Montparnasse, París. Foto de Carles Álvarez Garriga.

Pág. 186: París, *c.* 1975. Foto de E. Mesquida, con anotación manuscrita al dorso.

Pase permanente para el Centre national d'art et de culture Georges Pompidou de París, 1979.

Pág. 187: Medalla bautismal de Cortázar.

Libreta de familia de los Cortázar.

Pág. 188: En Galicia, julio de 1957. Fotos de Aurora Bernárdez. Col. CGAI.

Pág. 189: "Julio Cortázar entrevistado por Osvaldo Soriano", *La Opinión*, Buenos Aires, 11 de marzo de 1973. Recorte que conservaba la madre y en el que hizo una anotación.

Documento nacional de identidad francesa, 1981.

Págs. 190 y 191: *Negro el 10,* París, Galerie Maximilien Guiol, 1983; grabados de Luis Tomasello. París, Clot, Bramsen et Georges, 1994, ed. al cuidado de Aurora Bernárdez con facsímil del poema manuscrito.

Pág. 192: Manuscrito inédito de la trad. cortazariana al francés de "El cobre", poema VI de *Incitación al nixonicidio y alabanza de la revolución chilena*, de Pablo Neruda. Fondo Julio Cortázar.

Pág 193: *Nicaragua tan violentamente dulce*, Managua, Editorial Nueva Nicaragua-Ediciones Monimbó, 1983; Barcelona, Muchnik Editores, 1984.

Copia por cortesía de Sergio Ramírez.

Pág. 194: *C.* 1980. Detalle. Col. CGAI.

C. 1924. Col. CGAI.

Pág. 195: En Córdoba, Argentina, 1942. Col. CGAI.

En París, 1955. Foto de Aurora Bernárdez. Col. CGAI.

Págs. 196 y 197: Fotografías tomadas por Cortázar en el observatorio de Jaipur, Nueva Delhi, en 1968. Col. CGAI.

Pág. 197: *Prosa del observatorio*, Barcelona, Lumen, 1972; Barcelona, Lumen, 1974.

Pág. 198: *Octaedro*, Buenos Aires, Sudamericana, 1974; Madrid, Alianza Editorial, 1974.

Con Octavio Paz en Nueva Delhi, India, 1968. Col. CGAI.

Pág. 199: Ofelia Cortázar y su madre en Buenos Aires, 8 de mayo de 1979. Col. CGAI.

Ofelia Cortázar, Buenos Aires, abril de 1940.

Con su hermana Ofelia, 1918. Col. CGAI.

Tarjeta de felicitación de Ofelia Cortázar.

Pág. 200: En París, *c.* 1951. Col. CGAI.

Cuadernillo publicado en Norman, Oklahoma, con el texto de dos conferencias dictadas por Cortázar.

Págs. 200 y 201: Con un grupo de profesores en la Universidad de Oklahoma, Norman, 1975. Col. CGAI.

La raíz del ombú, Caracas, Presidencia de CADAFE-Editorial Amón, 1981; dibujos de Alberto Cedrón.

Pág. 202: En su departamento de la rue Saint-Honoré, 16 de marzo de 1979. Foto de A. Girard.

"De una manera u otra...". Anotación manuscrita. Copia en el Fondo Julio Cortázar.

Pág. 203: Carta a María Rocchi de Jonquières, 5 de abril de 1952. Col. part.

Págs. 204 y 205: Con Paco Porrúa en casa de Juan Esteban Fassio, Buenos Aires, *c.* 1962.

Págs. 206 y 207: Con Paco Reta en Córdoba, Argentina, 1942. Col. CGAI.

Pág. 207: Paco Reta en Córdoba, Argentina, 1942. Col. CGAI.

Pág. 208: *Pameos y meopas*, Barcelona, Llibres de Sinera, 1971.

"Le ragioni della collera", *Carte scoperte*, n.º 2, Matera, Rocco Fontana Editore, 2º trimestre de 1982; trad. it. de Gianni Toti.

Pág. 209: *Papelitos*, Barcelona, Raiña Lupa, 2009. Ed. no venal a cargo de Aurora Bernárdez y Carles Álvarez Garriga.

Pág. 210: En París, 26 de marzo de 1952. Col. CGAI.

Mecanuscrito original del texto incluido en *París. Ritmos de una ciudad*. Fondo Julio Cortázar.

Pág. 211: *C.* 1960. Col. CGAI.

Pág. 212: *Cronopios and Famas*, Nueva York, Pantheon Books, 1969; trad. de Paul Blackburn. Col. part.

Paul Blackburn, invierno de 1970. Fotografía con anotación manuscrita al dorso. Fondo Julio Cortázar

Pág. 213: Primera página de una carta a Toby Olson, 1 de octubre de 1971. Copia en el Fondo Julio Cortázar.

Pág. 214: "Monólogo del peatón", *Motor 16*, n.º 13, Madrid, 21 de enero de 1984.

Pág. 215: *El perseguidor y otros cuentos*, México, Pepsa Editores, 1970.

El perseguidor", *Revista Mexicana de Literatura*, n.º 9-10, México, enero-abril de 1957. Col. part.

Pág. 216: Chichita Calvino, Aurora Bernárdez y Claribel Alegría, París, *c.* 1990.

Punta de flecha tehuelche que Paco Porrúa obsequió a Cortázar. Col. Pol Álvarez Mansanet.

Pág. 217: Siet Zuyderland: "The Red Wall" (1979). Acrílico sobre tela. 52 × 67.

En París, 1979. Foto de Pepe Fernández. Col. CGAI.

Maria Korsak: sin título. Óleo sobre tela. 102 × 70.

Pág. 218: París, 1967. Foto de Alberto Jonquières. Col. CGAI.

Pipa que fue de Cortázar.

"Apóstrofe". Manuscrito original. Fondo Julio Cortázar.

Pág. 219: París, *c.* 1970. Foto de Manja Offerhaus. Col. CGAI.

"Planta Luvia". Copia del manuscrito en el Fondo Julio Cortázar.

Pág. 220: *Alberto Martini illustratore di Edgar Allan Poe. Con scritti di Julio Cortázar, Roberto Tassi, Marco Lorandi*, Milán, Franco Maria Ricci, 1984. Col. part.

Edgar Allan Poe: *Obras en prosa*, Río Piedras y Madrid, Ediciones de la Universidad de Puerto Rico y Revista de Occidente, 1956. Trad., introd. y notas de Cortázar. Col. part.

Pág. 221: *Oeste. Volante de Poesía*, año v, n.º 9, Chivilcoy, diciembre de 1949; *Oeste. Revista Literaria*, año x, n.º 18-20, Chivilcoy, marzo de 1955. Col. part. *Algunos pameos y otros prosemas*, Barcelona, Plaza & Janés, 1997. *Save Twilight*, San Francisco, City Light Books, 1997; trad. de Stephen Kessler. *Point of Contact/Punto de contacto*, vol. 2, n.º 1, Nueva York, verano de 1978. *Veredas de Buenos Aires y otros poemas*, Buenos Aires, Compañía Editora Espasa Calpe Argentina, 1995; sel. de Mario Benedetti.

Pág. 222: Dashiell Hammett: *The Glass Key*, Nueva York, Pocket Books, 1945. Arthur Conan Doyle: *The Memoirs of Sherlock Holmes*, Harmondsworth, Penguin Books, 1957. Patricia Highsmith: *Ripley Underground*, Harmondsworth, Penguin Books, 1973. Frank MacShane: *The Life of Raymond Chandler*, Londres, Jonathan Cape, 1976. (Libros que fueron de Cortázar. Biblioteca Julio Cortázar. Fundación Juan March, Madrid.)

Restaurant Polidor, rue Monsieur Le Prince, París. Fotos de Carles Álvarez Garriga.

Pág. 223: *Textos políticos*, Barcelona, Plaza & Janés, 1985.

En el Club Estudiantil Kwant, Varsovia, mayo de 1975. Fotos de Henryk Kimak. Col. CGAI.

Con Zofia Chądzyńska y Elżbieta Komarnicka en el Club Estudiantil Kwant, Varsovia, mayo de 1975. Foto de Henryk Kimak con anotación manuscrita al dorso.

Pág. 224: Cortázar con un poncho, primavera de 1981. Foto de Carol Dunlop. Col. CGAI.

Con Jacques Chancel, París, 1980. Foto de C. Doucé. Col. CGAI.

Págs. 224 y 225: *Los premios*, Buenos Aires, Sudamericana, 1960; 2ª ed., agosto de 1964; 14ª ed., marzo de 1975.

Pág. 225: *Presencia*, Buenos Aires, El Bibliófilo, 1938; con el seudónimo Julio Denis. Ejemplar que fue de la abuela, dedicado por el autor con el apodo familiar: *Cocó.*

Pág. 226: *C.* 1940. Col. CGAI.

En un parking de la autopista París-Marsella, 1982. Foto de Carol Dunlop. Col. CGAI.

Pág. 227: "Proyecto jenhial". Manuscrito inédito. Copia en el Fondo Julio Cortázar.

Pág. 228: VV. AA.: *Convergencias/Divergencias/Incidencias*, Barcelona, Tusquets, 1973; ed. de Julio Ortega. *Epreuves*, París, La Différence, 1991; trad. de Ugné Karvelis. *Corrección de pruebas en Alta Provenza*, México y Barcelona, Editorial RM, 2012.

Radio portátil que fue de Cortázar.

Carl Gustav Jung: *El yo y el inconsciente*, Barcelona, Luis Miracle, 1955. John Carl Flugel: *Man, Morals and Society. A Psycho-analytical Study*, Harmondsworth, Penguin Books, 1955. Gilles Deleuze y Félix Guattari: *Capitalisme et schizophrénie. L'Anti-Œdipe*, París, Éditions de Minuit, 1972. Jean Starobinski: *La relación crítica. Psicoanálisis y literatura*, Madrid, Taurus, 1974. (Libros que fueron de Cortázar. Biblioteca Julio Cortázar. Fundación Juan March, Madrid.)

Pág. 229: "La verdad sobre los pulpos". Manuscrito inédito. Copia en el Fondo Julio Cortázar.

Pág. 230: *La puñalada*, Bruselas, Editions Elisabeth Franck, 1984; dibujos de Pat Andrea.

Págs. 230 y 231: Quillango obsequio de los Jonquières. Col. Aurora Bernárdez.

Pág. 232: Con Max Aub y Alejo Carpentier. París, 1970. Col. CGAI.

Pág. 233: *Julio Cortázar por él mismo*, Buenos Aires, AMB, 1970.

Fragmento de un texto inédito, introducción a una lectura pública. Copia carbónica en el Fondo Julio Cortázar.

Págs. 234 y 235: *Rayuela*, Buenos Aires, Sudamericana, 1963.

Pág. 236: *Rayuela*, Buenos Aires, Alfaguara, 2013; edición conmemorativa.

Pág. 237: *Rayuela*. La Habana, Casa de las Américas, 1969; pról. de José Lezama Lima. Madrid, Archivos, 1991; ed. crítica coord. por Julio Ortega y Saúl Yurkievich. Madrid, Cátedra, 1989 (5ª ed.); ed. de Andrés Amorós. Caracas, Biblioteca Ayacucho, 1980; pról. y cronología de Jaime Alazraki.

Pág. 238: *Rayuela*. Trad. alemana de Fritz Rudolf Fries: Suhrkamp, Frankfurt, 1981, 1987 y 1996. Trad. croata de Dinko Telecan: Pelago, Zagreb, 2009. Trad. francesa de Laure Guille-Bataillon y Françoise Rosset: Gallimard, París, 1979. Trad. inglesa de Gregory Rabassa: Avon, Nueva York, 1975; Collins, Londres, 1967; Harvill Press, Londres, 1998; New American Library, Nueva York, 1967 y 1971; Pantheon, Nueva York, 1987. Trad. italiana de Flaviarosa Rossini Nicoletti: Einaudi, Turín, 1969. (Todos los ejemplares pertenecen a la Biblioteca Julio Cortázar de la Fundación Juan March, Madrid.)

Pág. 239: *Rayuela*. Trad. japonesa de Kouji Toki: Shueisha, Tokio, 1978. Trad. neerlandesa de Barber van der Pol: Meulenhoff, Ámsterdam, 1973, 1978 y 1996. Trad. noruega de Christian Rugstad: Solum, Oslo, 1999. Trad. polaca de Zofia Chądzyńska: Czytelnik,

Varsovia, 1968; Muza, Varsovia, 1994; Wydawnictwo Literackie, Cracovia, 1974. Trad. portuguesa de Fernando de Castro Ferro: Abril Cultural, São Paulo, 1985; Civilização Brasileira, Río de Janeiro, 1970. Trad. rumana de Tudora Sandru Mehedinti: Univers, Bucarest, 1998. Trad. sueca de Peter Landelius: Fischer & Rye, Falkenberg, 1989. (Todos los ejemplares pertenecen a la Biblioteca Julio Cortázar de la Fundación Juan March, Madrid.)

Págs. 240 y 241: Diseños de la Rayuel-o-matic, máquina inventada por el patafísico Juan Esteban Fassio, reproducidos en *La vuelta al día en ochenta mundos*.

Pág. 242: Boleto especial de turismo de los Ferrocarriles del Estado a nombre de Cortázar, 1941.

La bande (sculptée) à Reinhoud, París, Galerie de France, 1968; con ilustraciones de esculturas de Reinhoud.

Pág. 243: VV. AA: *La fosse de Babel*, París, s. ed., 1972; litografías de Reinhoud. Ejemplar dedicado a Ugné Karvelis.

Págs. 244 y 245: Materiales utilizados por Cortázar para reordenar sus relatos. Fondo Julio Cortázar.

Pág. 245: *Relatos*, Buenos Aires, Sudamericana, 1970.

Pág. 246: En Buenos Aires, 1936. Col. CGAI.

Copia fotográfica de un retrato de Cortázar, obra de Eduardo Jonquières, 1936, con dedicatoria manuscrita al dorso.

Pág. 247: *Reunión*, Santiago de Chile, Quimantú, 1973.

Págs. 248 y 249: *Los reyes*, Buenos Aires, Gulab y Aldabahor, 1949; ejemplares n.º 13 y n.º 101, ambos dedicados.

Págs. 250 y 251: Con Roberto Fernández Retamar, La Habana, 1963. Col. CGAI.

Pág. 251: Daniel Defoe: *Vida y extrañas y sorprendentes aventuras de Robinson Crusoe, marinero de York, contadas por él mismo*, Buenos Aires, Viau, 1945; trad. de Julio Cortázar, ilustraciones de Carybé. Copia por gentileza de Librería El Astillero, Barcelona.

Pág. 252: *Encyclopædia Universalis* (Vol. 4: "Cavafy-Cortázar"), París, Encyclopædia Universalis France, 1968.

Págs. 252 y 253: *Memorabilia* cortazariana: taza, chapas, minibiografía, sobre de azúcar, invitaciones a inauguraciones, sello postal, designación de una calle con su nombre.

Pág. 254: En Saignon, 1967. Col. CGAI.

Fotos de Cortázar de la casa de Saignon, Provenza. Col. CGAI.

Pág. 255: *Salvo el crepúsculo*, México, Nueva Imagen, 1984; Buenos Aires, Alfaguara, 2009 (edición definitiva).

Con Saúl Yurkievich, 13 de mayo de 1977. Foto de Joël Rumien. Col. CGAI.

Pág. 256: *C*. 1982. Col. CGAI.

Pág. 257: Con Sergio Sergi y su nuera, Susana Ortega de Hocévar, en Uspallata, Mendoza, marzo de 1973. Foto de Fernando Hocévar. Copia por cortesía de Sergio Hocévar y Jaime Correas.

Pág. 258: Carta inédita a Sergio de Castro, 8 de julio de 1969. Copia por cortesía de Dominique Souse.

Pág. 259: Con un retrato que le hizo Sergio de Castro. París, c. 1952. Col. CGAI.

Pág. 260: *62. Modelo para armar*, Buenos Aires, Sudamericana, 1968.

Pág. 261: "720 círculos". Sobretiro del n.º 74 de *Revista Iberoamericana*, Pittsburgh (Pennsylvania), 1971.

En la India, 1968. Col. CGAI.

Pág. 262: En París, 1976. Foto de Alberto Jonquières. Col. CGAI.

Pág. 263: *Silvalandia*, México, Ediciones Culturales GDA, 1975; dibujos de Julio Silva. Col. part.

Invitación para la presentación de *Silvalandia*, México, 17 de diciembre de 1975.

Cortázar ¿dedicando ejemplares de *Silvalandia*? Fotografía con anotación manuscrita al dorso.

Pág. 264: París, enero de 1973. Foto de Anne de Brunhoff.

Págs. 264 y 265: Cuadros pintados por campesinos de la comunidad de Solentiname, Nicaragua. Fotos de Cortázar, 1976. Col. CGAI.

Págs. 266 y 267: Anotaciones inéditas de sueños. Copias en el Fondo Julio Cortázar.

Pág. 268: "¿Qué hacemos con el pobre señor Spenalzo?". Fondo Julio Cortázar.

Antonin Artaud: *Pour en finir avec le jugement de Dieu*, París, K Editeurs, 1948. Ejemplar anotado por Cortázar.

Pág. 269: *Carte Orange* de Cortázar.

Pág. 270: Con Susana Rinaldi. París, febrero de 1976. Foto de Pep Fernández.

"¿Por qué canto así?". Texto inédito. Fondo Julio Cortázar.

Pág. 271: En un concierto de Susana Rinaldi, París, 1976.

Págs. 272 y 273: Antigua carta de precios del café-concierto de París *Trottoirs de Buenos Aires*, especializado en tango.

Pág. 272: Con Edgardo Cantón y Juan "Tata" Cedrón en París, 1. de octubre de 1979. Fotos de Pepe Fernández.

Págs. 273 y 274: Tarjetas postales inéditas. Copias por cortesía de Ricardo Bada y Diny Hausen.

Pág. 275: *Laboratoire de lumière*, París, Cesare Rancilio, 1981; ilustraciones de Antoni Taulé. Incluye el relato "Fin de etapa", traducido por Laure Guille-Bataillon.

Con Carol Dunlop y Antoni Taulé. París, 1981. Col. CGAI.

Pág. 276: *Nada a Pehuajó (Un acto) / Adiós, Robinson*, México, Katún, 1984.

Págs. 276 y 277: Originales de *Dos juegos de palabras* y de *Adiós, Robinson*. Fondo Julio Cortázar.

Pág. 277: *Dos juegos de palabras / Nada a Pehuajó / Adiós, Robinson*. Zaragoza, Disgrama, 1991.

Originales de *Adiós, Robinson* y última página mecanuscrita de *Dos juegos de palabras*.

Pág. 278: "Para una técnica de relato". Anotación manuscrita inédita. Copia en el Fondo Julio Cortázar.

En París, 1958. Foto de Aurora Bernárdez. Col. CGAI.

Pág. 279: Agenda telefónica de Cortázar.

Pág. 280: Con el gato Teodoro W. Adorno en Saignon, c. 1968. Col. CGAI.

Con Teresa Bernárdez, Jorge Bonesatti y Aurora Bernárdez. París, 1957. Col. CGAI.

Pág. 281: *Territorios*, México, Siglo XXI, 1978. Col. part.

Carta inédita de Augusto "Tito" Monterroso a Cortázar, París, 17 de junio de 1977. Fondo Julio Cortázar.

Con Augusto Monterroso. ¿Nicaragua, 1982?

Págs. 282 y 283: *Todos los fuegos el fuego*, Buenos Aires, Sudamericana, 1966.

Pág. 282: Luis Tomasello.

Luis Tomasello: "Reflexión 5" (1962). Metal y pintura sobre madera. 28 × 23. Col. Aurora Bernárdez.

Pág. 283: Óleo de Torres Agüero que fue de Cortázar. 72 × 92.

Con Leo Torres Agüero y Jorge Milchberg, del grupo Los Incas, en el cóctel ofrecido por Gallimard por la concesión del Premio Médicis Extranjero a Cortázar, París, 25 de noviembre de 1974. Foto de Pepe Fernández.

Pág. 284: Walter de la Mare: *Memorias de una enana*, Buenos Aires, Nova, 1946. André Gide: *El inmoralista*, Buenos Aires, Argos, 1947. André Gide: *Así sea o La suerte está echada*, Buenos Aires, Sudamericana, 1953. Marguerite Yourcenar: *Memorias de Adriano*, Buenos Aires, Sudamericana, 1955. Henri Brémond: *La poesía pura*, Buenos Aires, Argos, 1947. Jean Giono: *Nacimiento de la Odisea*, Buenos Aires, Argos, 1946. Lord Houghton: *Vida y cartas de John Keats*, Buenos Aires, Imán, 1955. Gilbert Keith Chesterton: *El hombre que sabía demasiado y otros relatos*, Buenos Aires, Nova, 1946. Alfred Stern: *Filosofía de la risa y del llanto*, Buenos Aires, Imán, 1950. Traducciones de Cortázar. Col. part.)

Pág. 285: Leonardo Nierman, Julio Cortázar y Max Pol-Fouchet: *The Great Transparencies*, Greenwich (Connecticut), Lublin Graphics, 1975; ed. y diseño de Aline Elmayan y Antoine Capel. Col. part.

En París, 1967. Foto de Alberto Jonquières. Col. CGAI.

Pág. 286: *Teoría del túnel*. Copia del mecanuscrito. Fondo Julio Cortázar.

Con Claude Gallimard, Ugné Karvelis, José Lezama Lima, Colette Duhamel y José Triana, La Habana, 1976. Foto de Chantal Triana.

Pág. 287: *Último round*, México, Siglo XXI, 1969 (diseño de Julio Silva); México, Siglo XXI, 1987 (10ª ed., 8ª de bolsillo, maquetación de Virginia Silva).

Pág. 288: Frente al edificio de la Unesco, París, marzo de 1967. Foto de Sara Facio. Col. CGAI.

Pág. 289: Rafael: "La dama del unicornio". Tarjeta postal que fue de Cortázar.

Pág. 290: En la fiesta de Halloween en Berkeley, California, 1980. Col. CGAI.

En 1980 en Berkeley, California, "vampirizando" a Carol Dunlop. Col. CGAI.

En el Molino del Salado, Prádena, agosto de 1983. © 2013 Mario Muchnik.

Págs. 290 y 291: Bram Stoker: *Dracula*, Londres, Arrow Books, 1969. *The Annotated Dracula*, Nueva York, Clarkson N. Potter, 1975. *The Illustrated Dracula*, Nueva York, Drake, 1975. Gabriel Ronay: *The Truth About Dracula*, Nueva York, Stein and Day, 1972. Robert Lory: *The Hand of Dracula*, Londres, New English Library, 1973. Barrie Pattison: *The Seal of Dracula*, Londres, Lorrimer, 1975. (Libros que fueron de Cortázar. Biblioteca Julio Cortázar. Fundación Juan March, Madrid.)

Pág. 291: Con Aurora Bernárdez en Venecia, 1954. Col. CGAI.

Pág. 292: Pasaporte de Cortázar y de su abuela expedido en Ginebra en 1917. Col. CGAI.

Pág. 293: Visados en pasaportes de Cortázar.

Págs. 294 y 295: Vitrales de la Catedral de Bourges. Fotos de Cortázar. Col. CGAI.

Pág. 296: *La vuelta al día en ochenta mundos*, México, Siglo XXI, 1967; Madrid, Siglo XXI, 1970 (5ª ed., 1ª de bolsillo).

"Hablaban de Hugo Wast...". Anotación inédita. Copia en el Fondo Julio Cortázar.

Pág. 297: "X*x, que sobresalía...". Anotación inédita. Copia en el Fondo Julio Cortázar.

Pulpos en Grecia. Foto de Cortázar.

Pág. 298: "El Yin, el Yan, eso es el Tao". Posdata manuscrita con dibujo en una carta a Manuel Antín, 5 de mayo de 1962. Copia en el Fondo Julio Cortázar.

Págs. 298 y 299: Con Julio Silva, París, 1969. Fotos de Pierre Boulat. Col. CGAI.

Pág. 300: "Zen is the way". Posdata manuscrita con dibujo en una carta a Sara Blackburn, 3 de junio de 1962. Copia en el Fondo Julio Cortázar.

Con Stéphane Hébert en Zihuatanejo, México, 1980. Fotografía dedicada al dorso a su hermana Ofelia.

Pág. 301: Bungalow "Las cigüeñas" en Zihuatanejo, México, 1980. Fotografía dedicada al dorso a su madre.

Cuaderno de Zihuatanejo. El libro. Los sueños, Madrid, Alfaguara, 1997; ed. no venal.

Pág. 302: *El bestiario de Aloys Zötl*, Milán, Franco Maria Ricci, 1984; pinturas de Zötl.

Pág. 303: "Era zurda de una oreja". Frase escrita en un papel suelto. Copia en el Fondo Julio Cortázar.

En el barco de regreso de San Francisco, 1980. Foto de Carol Dunlop.

Julio Cortázar

Nacido accidentalmente en Bruselas en 1914, Julio Cortázar es uno de los escritores argentinos más importantes de todos los tiempos. Realizó estudios de Letras y de Magisterio y trabajó como docente en varias ciudades del interior de la Argentina. En 1951 fijó su residencia definitiva en París, desde donde desarrolló una obra literaria única dentro de la lengua castellana. Algunos de sus cuentos se encuentran entre los más perfectos del género. Su novela *Rayuela* conmocionó el panorama cultural de su tiempo y marcó un hito insoslayable dentro de la narrativa contemporánea. Cortázar murió en París en 1984.

Aurora Bernárdez nació en Buenos Aires en 1920 y es traductora. Ha traducido al español obras de Lawrence Durrell, Gustave Flaubert, Italo Calvino, Vladimir Nabokov, Albert Camus, Jean-Paul Sartre y William Faulkner, entre tantos otros. En 1948 conoció a Cortázar, con quien se casó en 1953. El escritor la nombró su albacea y heredera universal. A partir de entonces cuida la obra de Cortázar: ha editado sus libros póstumos y su voluminosa correspondencia.

Carles Álvarez Garriga (Barcelona, 1968) se doctoró en Filología Hispánica con una tesis dedicada a los prólogos de Julio Cortázar. Ha escrito crítica literaria en diversos periódicos y revistas especializadas, y ha colaborado como comentarista cultural en algunos programas televisivos. Editó *Cuentos inolvidables según Cortázar* (Alfaguara, 2006), *Clases de literatura* (Alfaguara, 2013) y, junto con Aurora Bernárdez, *Papeles inesperados* (Alfaguara, 2009) y los cinco tomos de *Cartas* (Alfaguara, 2012).

Sergio Kern nació en Rosario, Argentina, en 1954, donde aprendió el oficio gráfico en la imprenta familiar. Historietista, ilustrador, poeta y narrador. Es autor de textos e ilustraciones de libros para niños. Ha publicado, en poesía, *Escuchen* (1982) y *La muerte y la niña* (1989). Integró las antologías *Poesía viva de Rosario* (1976) y *TransAtlánticos* (2012). Dirigió *Tinta, la revista de los dibujantes solitarios*. Reside en Barcelona y en la Seu d'Urgell (Alt Urgell).

Alfaguara es un sello editorial del Grupo Santillana

www.alfaguara.com

Argentina
www.alfaguara.com/ar
Av. Leandro N. Alem, 720
C 1001 AAP Buenos Aires
Tel. (54 11) 41 19 50 00
Fax (54 11) 41 19 50 21

Bolivia
www.alfaguara.com/bo
Calacoto, calle 13 nº 8078
La Paz
Tel. (591 2) 279 22 78
Fax (591 2) 277 10 56

Chile
www.alfaguara.com/cl
Dr. Aníbal Ariztía, 1444
Providencia
Santiago de Chile
Tel. (56 2) 384 30 00
Fax (56 2) 384 30 60

Colombia
www.alfaguara.com/co
Carrera 11A, nº 98-50, oficina 501
Bogotá
Tel. (571) 705 77 77

Costa Rica
www.alfaguara.com/cas
La Uruca
Del Edificio de Aviación Civil 200 metros
    Oeste
San José de Costa Rica
Tel. (506) 22 20 42 42 y 25 20 05 05
Fax (506) 22 20 13 20

Ecuador
www.alfaguara.com/ec
Avda. Eloy Alfaro, N 33-347 y Avda. 6 de
    Diciembre
Quito
Tel. (593 2) 244 66 56
Fax (593 2) 244 87 91

El Salvador
www.alfaguara.com/can
Siemens, 51
Zona Industrial Santa Elena
Antiguo Cuscatlán - La Libertad
Tel. (503) 2 505 89 y 2 289 89 20
Fax (503) 2 278 60 66

España
www.alfaguara.com/es
Av. de los Artesanos, 6
28760 Tres Cantos, Madrid
Tel. (34 91) 744 90 60
Fax (34 91) 744 92 24

Estados Unidos
www.alfaguara.com/us
2023 N.W. 84th Avenue
Miami, FL 33122
Tel. (1 305) 591 95 22 y 591 22 32
Fax (1 305) 591 91 45

Guatemala
www.alfaguara.com/can
26 avenida 2-20
Zona nº 14
Guatemala CA
Tel. (502) 24 29 43 00
Fax (502) 24 29 43 03

Honduras
www.alfaguara.com/can
Colonia Tepeyac Contigua a Banco Cuscatlán
Frente Iglesia Adventista del Séptimo Día,
    Casa 1626
Boulevard Juan Pablo Segundo
Tegucigalpa, M. D. C.
Tel. (504) 239 98 84

México
www.alfaguara.com/mx
Avda. Río Mixcoac, 274
Colonia Acacias, C.P. 03240
Benito Juárez, México, D.F.
Tel. (52 5) 554 20 75 30
Fax (52 5) 556 01 10 67

Panamá
www.alfaguara.com/cas
Vía Transísmica, Urb. Industrial Orillac,
Calle segunda, local 9
Ciudad de Panamá
Tel. (507) 261 29 95

Paraguay
www.alfaguara.com/py
Avda. Venezuela, 276,
entre Mariscal López y España
Asunción
Tel./fax (595 21) 213 294 y 214 983

Perú
www.alfaguara.com/pe
Avda. Primavera 2160
Santiago de Surco
Lima 33
Tel. (51 1) 313 40 00
Fax (51 1) 313 40 01

Puerto Rico
www.alfaguara.com/mx
Avda. Roosevelt, 1506
Guaynabo 00968
Tel. (1 787) 781 98 00
Fax (1 787) 783 12 62

República Dominicana
www.alfaguara.com/do
Juan Sánchez Ramírez, 9
Gazcue
Santo Domingo R.D.
Tel. (1809) 682 13 82
Fax (1809) 689 10 22

Uruguay
www.alfaguara.com/uy
Juan Manuel Blanes 1132
11200 Montevideo
Tel. (598 2) 410 73 42
Fax (598 2) 410 86 83

Venezuela
www.alfaguara.com/ve
Avda. Rómulo Gallegos
Edificio Zulia, 1º
Boleita Norte
Caracas
Tel. (58 212) 235 30 33
Fax (58 212) 239 10 51

Cortázar de la A a la Z
Esta obra se terminó de imprimir en Diciembre de 2013
en los talleres de Impresora Tauro S.A. de C.V.
Plutarco Elías Calles No. 396 Col. Los Reyes Iztacalco
Delg. Iztacalco C.P. 08620. Tel: 55 90 02 55

31901055686994